中国社区福利体系研究

刘继同 著

中国社会科学出版社

图书在版编目(CIP)数据

中国社区福利体系研究 / 刘继同著 . —北京：中国社会科学出版社，2018.6

ISBN 978-7-5203-1723-8

Ⅰ.①中… Ⅱ.①刘… Ⅲ.①社区—社会福利—研究—中国
Ⅳ.①D632.1

中国版本图书馆 CIP 数据核字(2017)第 314141 号

出 版 人 赵剑英
责任编辑 王莎莎
责任校对 张爱华
责任印制 张雪娇

出　　版 中国社会科学出版社
社　　址 北京鼓楼西大街甲 158 号
邮　　编 100720
网　　址 http：//www.csspw.cn
发 行 部 010-84083685
门 市 部 010-84029450
经　　销 新华书店及其他书店

印　　刷 北京君升印刷有限公司
装　　订 廊坊市广阳区广增装订厂
版　　次 2018 年 6 月第 1 版
印　　次 2018 年 6 月第 1 次印刷

开　　本 710×1000 1/16
印　　张 31.25
插　　页 2
字　　数 495 千字
定　　价 98.00 元

凡购买中国社会科学出版社图书，如有质量问题请与本社营销中心联系调换
电话:010-84083683

致　谢

本书是2005年笔者主持国家哲学社会科学基金项目（批准号：05BSH040）《社会转型期社会政策框架与卫生政策战略地位》课题终期成果之一。

2010年笔者主持国家社会科学基金项目（批准号：10BSH060）《中国特色医务社会工作实务模式研究》课题终期成果之一。

2015年笔者主持国家社会科学基金重点项目（批准号：15ASH008）《中国特色现代社会福利体系建构研究》阶段性成果之一，特此说明与致谢。

目　录

第四部分　社区需要界定与城市社区问题

第五部分　社区服务政策与社区建设政策目标

第六部分　社区就业、社区经济与地方经济发展

第七部分　社区生活结构转型与社区福利体系

第八部分　社区福利财政与地方财政体制

第九部分　中国社区社会工作实务模式与社区福利体系

第十部分　欧美社区社会工作经典实务模式与发展趋势

第十一部分　“东亚福利模式”与社区福利体系比较研究

前　言

2018 年是中国改革开放四十年的历史时刻，将在人类社会发展和当代中国历史变迁中占据独特、重要、辉煌和具有划时代的全球意义、中国国家意义和社会发展意义的战略性地位。改革开放四十年，中国社会环境、价值观念、权力结构、法律制度、经济发展、市场机制、社会结构、社会需要、社会问题、生活质量、行政管理体制和文化模式，均发生史无前例和翻天覆地的革命性变化，其中最具全国性、战略性、全局性、长期性、历史性、革命性、典型性、代表性、结构性、体系性和方向性的历史变化是，中国社会结构全面、系统、快速、战略、深刻转型和社会现代化程度不断提高，社区概念、社区环境、社区理论、社区政策、社区需要、社区问题、社区就业、社区经济、社区商贸、社区金融、社区服务、社区建设、社区文化、社区娱乐、社区组织、社区治理、社区生活、社区结构等“社区结构因素”出现，社区再度（20 世纪三四十年代是首个高峰期）成为中国现代社会结构、社会体系与社会生活的重要组成部分，再度成为中国社会结构重要的结构性因素，社区因素首次具有全国性、国家性、战略性、长远性、系统性、政治性、经济性、社会性和文化性的社会意义，理论意义、政策意义和制度建设意义。社区结构、社区生活、社区政策法规与社区服务体系既是中国社会结构战略转型的历史产物，又是中国社区结构分化和现代社会福利制度建设的最重要结构特征。

中外历史经验证明：社会结构分化与社会现代化程度越高，社区结构与社区生活内涵越丰富；社会结构分化与社会现代化程度越高，社区类型、社区人群与社区需要类型多元化程度越高；现代社会结构分化程度越高，社区在社会生活中地位越高，作用越大，社区结构内涵越丰富；社会结构分化与社会现代化程度越高，社区生活、社区结构与社区关系对人们的社会意义越大；社会结构分化和社会体系复杂性程度越高，社区越是观察、理解和研究社会体系的最佳场域；社会结构分化和社会现代化程度越高，地域、功能社区在社会生活和社会结构中主体性越强；社会结构分化与社会现代化程度越高，社区需要、社区问题与社区政治学议题越具政治性；社会结构分化与社会现代化程度越高，地域社区与功能社区代表性、典型性与社会性越鲜明；社会结构分化与社会现代化程度越高，社区环境、社区需要、社区问题、社区生活、社区关系、社区经济、社区服务、社区发展、社区治理、社区政策法规和社区结构议题国家性越强。简言之，社会现代化程度越高，社区生活与社区福利体系地位越高，作用越大，影响越广泛。

众所周知，中文的“社区”（community）概念是由中国著名社会学家、人类学家费孝通于1930年代提出的。因为与区域相联系，所以中文社区概念具有地域性含义，意在强调这种社会群体生活是建立在一定地理区域之内的。这是“地域社区”的历史和传统渊源。伴随社会发展，尤其是社会结构分化，工业化、城市化与现代化程度不断提高，“功能社区”：主体是各式各样社会组织，越来越成为社区主要类型，在社会生活中发挥越来越大的作用。1970年代以来，以专门共同体为主的“网络社区”日益兴旺发达，在社会生活中影响增强。1990年代以来，伴随互联网发展，各式各样的“虚拟社区”大量涌现，成为社会结构重要因素。

改革开放四十年来，社区概念在当代中国社会恢复、重建历程典型反映改革开放的历史进程。中国改革开放四十年的伟大实践与社会结构战略转型的社会现实环境，赋予当代中国社区概念丰富多彩的国家涵义、政治涵义、经济涵义、社会涵义、文化涵义和历史涵义，影响深远。令人庆幸和高兴的是，我生活在这个伟大的时代，我亲身经历了改革开放四十年光辉历程；我有幸感受、感知、经历和生活在当代中国的城乡社区中；我有幸亲身参与中国社区研究，承担一些有关社区的实证研究和理论政策研究课题，迫使我更多地思考中国社区问题；我有幸撰写了一些有关社区问题的学术文章和研究报告，无意识地间接记录中国社会变迁；我有幸亲眼目睹和亲身见证中国社区生活越来越美好历史过程，社区福利体系主题日益鲜明。这是我出版此书的初衷，也算是我们这一代人对中国改革开放四十年辉煌成就的个人性答卷。

自1986年开始工作以来，尤其是民政部长崔乃夫推动的社区服务与社区建设10年工作经历，导致社区问题成为我最主要的研究兴趣和学术关注点之一，开启我漫长社区研究之路。1986—2017年的31年间，除1995年在中国社会出版社出版笔者独著的《中国社区工作》，2004年与王青山教授合著《中国社区建设模式研究》（中国社会科学出版社2004年版）学术专著外，根据不同时期的社会关注点与社区环境，我撰写多篇有关社区研究的学术论文和研究报告。

限于篇幅的限制，我忍痛将一些自认为不重要，或是在中国知网（CNKI）里比较容易找到，或是原来篇幅太长，例如《社会企业》，或是一些会议综述，或是在出版书籍中已发表的有关中国社区健康服务的理论政策议题，社区精神健康服务历史与现状的长篇文章，或是我与研究生合著的一些文章（个别文章非常优秀，被多个刊物转载，例如《我国城市社区卫生服务体制困境与全科医师收入现状实证研究》，《中国全科医学》2010年第12期），或是一些与本书主题非常相关的优秀译文，例如《中英社区服务比较》（原载中国社会科学院社会学所苏国勋研究员主编的《国外社会学》1996年第1期），或是我撰写的与本书主题高度契合的论文，例如《香港社区工作的回顾与经验》（原载《民政论坛》，1995年第5期），予以割爱舍弃。原来想作为附录形式出现的附录1：中国社区政策法规与社区福利体系大事记；附录2：中央政府有关社区主要政策法规基本状况一览表；附录3：改革开放以来中国社区研究主要著作目录一览表，也只能放弃，待日后有机会时再奉献给大家。特此说明。

我将有关社区研究的部分文献分为11个主题，每个主题既是相对独立的部分，又是社区福利体系重要有机组成部分，目的是尽可能全面、系统、历史性地描述中国社会结构变迁与社区结构分化的真实、客观状况，并用“社区福利体系”主题统领全书各个部分，主题鲜明。

第一部分是“中国社会结构转型与社区结构分化状况”，目的是将“中观层次”的社区生活与社区研究议题放在中国社会结构转型与社会现代化的宏大历史环境中予以全面、动态考察。这部分的理论、政策与服务主题是国家、社会、市场关系的形成，社区成为重要“结构性因素”。

第二部分是“城市街居工作历史与社区管理模式”，目的是试图全面、系统、客观描述中华人民共和国成立以来城市街道办事处、居民委员会等社区组织结构、社区组织的功能角色地位作用与日常运行机制，尤其是城市社区管理和社区工作基本模式，说明社区组织结构功能作用角色变迁的社会结构逻辑、社区发展内在逻辑和社区福利体系历史逻辑。这部分的理论、政策与服务主题是城市社会结构与社区结构变迁和具体而微的社区运行模式。

第三部分是“社区概念的社会建构与社区福利基础理论”，目的是紧紧围绕社区概念的内涵外延与构成要素，社区建设、和谐社区建设与社区福利制度设计的若干基础理论政策议题，尤其是国家与社会、国家与社区的关系，提供理论思考和基础理论支撑。理论建构是主题。这部分的理论、政策与服务主题是，理论设计是社区建设政策与服务体系的价值基础与前提，社区理论设计质量与理论视角质量决定社区政策质量与社区服务体系质量，理论是最关键的。

第四部分是“社区需要界定与城市社区问题”，目的是立足社区生活的现实处境和真实状况，直面社区问题，科学合理准确地界定社区需要，找准社区服务、社区建设与社区治理最佳切入点，及时、有效和专业化地满足社区居民不断变迁和趋高的社区需要，提高社区福利水平。这部分理论、政策与服务主题是社会问题、社区问题与社会需要、社区需要，社区福利体系应运而生。

第五部分是“社区服务政策与社区建设政策目标”，目的是全面、系统地梳理、澄清、分析、评估国家社区服务与社区建设政策目标，探讨价值目标、理论目标、政策目标、工作目标、服务目标、现实目标、长远目标、国家目标、社区目标、经济政策与社会政策等目标间关系。这部分的理论、政策与服务主题是目的与目标，国家政治意图与社区政策目标是重中之重。

第六部分是“社区就业、社区经济与地方经济发展”，目的是聚焦丰富多彩和日新月异的社区就业与社区经济生活，尤其是地方经济发展的国际趋势，社区就业和社区经济福利色彩浓厚。这部分的理论、政策与服务主题是劳动就业、经济发展与经济福利、社区福利内在逻辑关系。

第七部分是“社区生活结构转型与社区福利体系”，目标主要是阐述社区型社会福利体系的现代理念，尤其是运用从“身份社区”到“生活社区”的概念框架，描述、分析和解释中国社区环境、社区需要、社区结构、社区生活和社区福利体系发生的“静悄悄的革命过程”，首次提出现代型社区福利体系框架，为城乡社区治理与和谐社区建设运动指明未来发展方向。这部分的理论、政策与服务主题是社区需要结构、社区生活结构革命与社区福利体系形成。

第八部分是“社区福利财政与地方财政体制”，目的是在社区服务与社区建设背景下，首次明确、系统地提出“社区福利财政”概念框架与社区福利财政制度建设议题，清晰界定社区福利财政涵义、历史、目标、体系、范围、功能、特点，分析社区福利财政制度建设的体制困境、面临障碍与结构性成因，简述社区福利财政制度建设面临的若干核心理论与政策争论议题，提出政府责任承担方式与国家社区福利财政制度建设行动战略，目标是全面推进中国社区福利财政制度建设的理论基础、政策法规和服务体系，为社区型福利体系奠定社区福利财政制度基础，为全体城乡社区居民美好生活需要的满足提供社区福利财政制度基础。这部分理论、政策与服务主题是现代社区福利财政、地方财政体制与现代财政制度建设。

第九部分是“中国社区社会工作实务模式与社区福利体系”，目的是从专业社区社会工作角度，全面、系统总结中国社区社会工作实务模式，界定社区社会工作实务模式的范围内容，梳理社区实务模式研究历史脉络和理论框架，尝试建构中国特色社区社会工作实务理论体系。这部分理论、政策与服务主题是中国特色社区社会工作实务模式和理论体系，聚焦中国智慧。

第十部分是“欧美社区社会工作经典实务模式与发展趋势”，目的是全面、系统、客观介绍欧美社区社会工作实务经典模式，尤其是若干值得高度关注发展趋势，历史经验的主体是规律。这部分的理论、政策与服务主题是欧美社区社会工作实务经典的社区规划、社区发展、社区行动模式。

第十一部分是“‘东亚福利模式’与社区福利体系比较研究”，目的是全面、客观介绍日本、韩国社区福利体系，以加强中国、日本、韩国三个东亚型福利国家在社区福利领域中相互理解。这部分的理论、政策与服务主题是东亚福利模式与中国、日本、韩国社区福利体系比较研究。

需要强调的是，本书是我多年社区理论、政策与服务研究，尤其是宏观性、总体性社会福利与中观性、局部性社区福利理论思考的缩影，直接反映中国社会结构转型与社区结构分化历史轨迹和发展过程。为了真实客观记录中国社会变迁，所有文稿一律采取“保留历史原貌”的原则，未做任何改动和刻意修饰，这是需要特别交代和告知的，希望读者通过本书看到真实的中国，了解中国亿万普通社区居民的日常生活、喜怒哀乐和家庭生活图画。

更重要的是，回顾30年社区研究渐入佳境、曲折坎坷和“收获多于付出”的历程，我曾先后提出若干创新性理论观点和思想主张，例如社区福利体系与社区福利制度框架设计议题，从绝对依附到相对自主，社区型NGO，网络控制与基层组织体系建构，组织性动员与政治经济运动，内源性革命与民间社会的兴起，社区的客观界定与社区的主观建构，社区需要研究，社区问题，街居经济与社区参与革命，社区就业概念，最早引入OECD的“社会企业”概念与理论，从身份社区到生活社区，社区福利财政制度，社区型安置保障模式，从“个人不幸”到“社区照顾”，北京“牛街模式”的社会建构与民族社区福利体系，最早引入欧美经典的社区规划、社区发展、社区行动模式，开拓性从事日本社区福利制度历史、现状与经验，尤其是中、日、韩社区福利比较研究议题，范围内容覆盖中国特色现代社区福利体系建设的所有领域。毫无疑问，这些概念框架、理论模式与服务体系是中国模式、中国道路和中国智慧的一部分。关于这些理论创新、政策分析和服务研究成果是否是最佳答案，是否是最佳答案的权威判官，就是各位读者，就是中国亿万社区居民，就是中国众多的城乡社区，就是中国社区福利历史！

第一部分

中国社会结构转型与社区结构分化状况

从绝对依附到相对自主：国家、市场与社区关系模式的战略转变

摘要： 国家、市场与社区关系是社区研究和社会科学研究的战略课题。社会结构转型期中国社会的国家、市场与社区关系尤为重要，是具有重大理论意义与政策涵义的现实问题。改革开放以前，市场与社区完全依附在父权主义国家羽翼之下，形成国家一统天下的局面。改革开放以来，国家与社会高度一体化局面逐渐让位于国家、市场与社区“金三角”的现代关系，市场与社区成为国家的得力助手。这种关系模式反映转型时期中国社会的中介性社会性质。

研究问题与研究视角

改革开放以来，城市社区结构变迁成为观察中国社会结构变迁的最佳视角，社区建设成为中国社会科学研究的热点议题。1980 年代以来，政治体制改革领域中的政府职能转变，政企分开与权力下放；经济体制改革领域中企业自主权的扩大和成为自主经营的经济实体，劳动、工资和社会保险三项制度改革；社会福利领域中职业福利待遇与福利政策模式转变，社区服务业兴起与蓬勃发展，从政治、经济和社会的角度促进了城市社区发育与社区发展。社区概念逐渐深入人心、妇孺皆知，社区首次成为观察中国社会结构变迁的最佳视角之一。

1990 年代以来，城市社区服务模式逐渐让位于更为综合、全面、系统的社区建设工作模式。伴随社区建设工作由调查研究、理论论证、实验区实践转向全面推进阶段，社区建设引发的社区概念内涵外延，社区党建与社区政治发展，社区发展与城市发展规划，社区组织创新与社区自治，

社区文化建设与社区教育，社区服务与社区福利，社区治安综合治理与社区管理，社区经济发展与社区结构变迁，经济全球化与社区建设，国家与社区、市场关系等议题，既是决策者与社会管理者高度关注的重大现实问题，又是理论工作者倍感兴趣的核心理论课题。1990 年代末期以来，全国各地有关城市社区建设的政策文件、研究报告、理论研讨、学术专著大量涌现，城市社区建设已成为当前中国社会科学研究的热点议题。

中国社会国家、市场与社区关系模式的变迁轨迹和基本规律，是城市社区工作理论与政策研究的核心议题，是深化社区建设理论研究的基本途径，有助于将微观社区放在特定社会处境与宏观社会体系中予以动态考察，以便更为全面、综合和深刻地理解社区建设。中国政府提出社区建设概念已有十多年历史，但是真正开展社区建设却是近几年的事情。什么是社区建设，为什么要开展社区建设，为什么社区服务要向社区建设转移，社区建设的内容与范围是什么，如何领导、指导和抓好社区建设，建设社区的基本途径是什么，这些都是亟待解决的基本理论与政策问题。

总体来说，目前社区建设研究的基本思路有二，其一是在社区层次与微观角度探索社区建设的相关议题，从社区内部关系角度讨论社区议题。其二是在社会层次与宏观角度探讨社区建设的相关议题，从社区内外关系角度讨论社区议题。本文主要是从国家与市场、社区互动关系模式的角度，将城市社区发展活动放在特定时空处境与宏观取向社会体系中予以动态考察，以便更为全面、准确地描述中国社会变迁轨迹，指明中国社会结构变迁的基本路向，解释转型时期国家、市场与社区关系模式的社会特征。

需要特别指出的是，本文并非纯粹的理论研究。本文理论分析是以上海市社区建设实践的经验调查发现为基础的。在某种意义上说，本文是上海市社区建设调查报告的部分成果。更准确地说，本文的描述、分析和理论抽象是以上海社区结构变迁和社区建设实践为基础的。由于上海经济市场化程度较高，社区结构变迁、社区建设模式具有代表意义和典型意义，所以上海社区结构变迁，特别是国家与社区、市场关系可预示中国社会结构变迁方向。

经济体制改革与社区结构变迁

改革开放以前，中国社会生活中国家与社区、国家与市场关系是典型的绝对依附模式，国家与市场、国家与社区关系呈现虚幻化状况，市场与社区都缺乏相应的生存发展空间，完全依附和掩盖在无所不包的父权制国家羽翼之下。1949 年新中国成立以来，在国际关系上，由于深受东西方“冷战”、两大阵营对峙和苏联计划经济体制的影响；在国内环境上，国民经济基础薄弱，百废待兴，国家逐步建立中央集权的计划经济体制；社会生活中，国家逐步建立城乡有别的户籍制度，严格限制城乡居民的社会流动与职业流动；意识形态领域中，一大二公、彻底否定市场机制和公有制程度越高越好的极“左”思潮曾盛极一时。

不言而喻，在这样的社会环境与制度安排处境下，一方面，全国各地区间的差异之处达到最小化程度，中国社会结构的同质性特征异常突出，人们的社区意识与社区特色极为淡薄。另一方面，中央集权的计划经济体制导致市场机制几乎销声匿迹。国家主要通过中央集权的计划经济体制配置社会资源，人们对市场经济与市场机制深恶痛绝，将其等同于资本主义社会制度。这样，在计划经济时代，国家遂成为父权主义的全能家长，掌管社会经济生活的所有领域。中国社会关系高度重叠为国家与社会关系，“国家”基本覆盖和等同“社会”。国家与社区关系、国家与市场关系像国家与家庭关系、国家与个人关系一样，形成程度不同的“虚幻化”现象：即理论上国家与社区、国家与市场关系存在，实际上国家与社区关系名存实亡。社区、市场完全依附和掩盖在父权主义国家羽翼下，缺乏独立自主的生存环境与发展空间。这既意味改革开放前中国社会结构与社会关系的高度同质性与简单化，又意味社区概念与市场机制在中国社会生活中处于边缘化状况，缺乏实质性生活意义、社会意义和理论意义。

改革开放以来，中国社会结构与社会关系发生史无前例和翻天覆地的结构性变迁，国家与社区、国家与市场关系终于“浮出水面”，并且成为中国社会经济政策议程的核心议题。改革开放以来，中国社会发生前所未有的结构性变迁，社会流动、社会分层与社会结构分化成为中国社会关系最显著和最主要的特征（北京大学课题组，1991）。社会结构与社会关系日趋复杂化与异质化，社会领域从父权主义全能国家的羽翼下逐渐分离出来，国家与社会关系开始具有实质性社会意义与理论意义。国家与市场、国家与社区之间错综复杂和相互交织的真实社会关系，开始取代以往国家与社会之间高度简单和绝对依附的虚幻关系。1980 年代中期，经济体制综合改革与城市社区服务蓬勃发展直接导致市场、社区概念日趋流行。经济改革深化使城市居民真切感受到市场竞争的残酷无情和优胜劣汰的市场规则，无形之手的市场机制在营造机会平等的环境、社会资源配置与社会生活中扮演日趋重要角色。

1990 年代初期，中共十三届三中全会正式确立社会主义与市场经济之间的内在关系模式，社会主义市场经济应运而生（中共中央，1993）。1990 年代初期全面启动的财政分税制、工商税制、金融体制、外汇管理、投融资体制、价格形成机制、外贸体制、现代企业制度等重大经济体制改革（中财办，1994），对中国市场经济体制发展与市场机制培育产生广泛而决定性影响，市场经济与市场机制开始拥有适宜的社会环境与相对独立的社会空间。与此同时，为老年人、残疾人、精神病患者、儿童及优抚对象等弱势群体提供的社区福利服务，以城市社区居民为主的便民利民服务，以及城市职工社会保险管理服务业组成的社区服务业发展迅猛（白益华、吴忠泽，1996）。社区服务进入千家万户，社区概念由学术性用语变为日常生活用语，城市居民社区意识普遍增强，地域社区与功能社区（社会经济组织）开始在中国城市社会生活中扮演日趋重要的角色。

更为重要的是，在市场经济发展和经济体制改革深化处境下，中央政府与地方政府的关系，国家与市场的关系，国家与社区的关系，无论是在性质与形式，还是在内容与特征方面均发生根本变化。转型期的中国社会国家与社区、国家与市场的关系最终形成，终于“浮出水面”，成为观察、分析中国社会结构变迁的基本关系。

城市社区结构变迁涉及社区生活的所有领域，社区人口构成、阶级结构、产业结构、就业途径、生活方式等方面均发生结构变迁，社区结构变迁成为社会结构变迁的真实缩影。改革开放以前，城市社区人口构成比较单纯，除机关事业单位有极少数农民临时工之外，社区人口构成主要是城市居民，同质性较高。改革开放以来，社区人口构成发生实质变化。除原有城市居民之外，各式各样的外来人口急遽增加，有的数量甚至超过本地社区人口数。一般来说，外来人口主要由四类人群组成，一是进城务工经商的农民工，这是外来人口的主体；二是社会流动与职业流动范畴的城市居民；三是国内外观光游客和短暂停留的过客；四是长期在华居住的各类外国人。城市社区人口构成多样化势必导致社区阶级结构多元化。仅以中国城市居民为例，社区阶级结构至少可以分为社会精英、优势群体、普通成员、劣势群体和弱势群体五大类型，每类群体又可以再细分为若干亚类型或亚阶层。

与此同时，城市社区产业结构也发生结构性变化，第二产业的比重有所下降，第三产业普遍兴旺发达，社会服务、公共福利事业蓬勃发展，适应和回应城市社区就业途径的变动与生活方式的变化。统筹兼顾、国家安排与自谋职业相结合的方法取代了国家劳动计划，“市场就业”与“社区就业”开始具有重要的经济意义与社会意义。更为重要的是，随着就业方式转变与收入水平提高，城市居民生活方式发生重大变化，安居乐业和追求生活质量成为市民的生活目标。城市社区结构变迁与生活方式转变也改变了传统的中国社会结构与社会关系，孕育和催生了国家与市场、国家与社区、国家与非政府组织的关系，丰富和发展了中国的社区类型。

改革开放以来，中国城市社区类型日趋多样，地方社区特色与地方社区文化应运而生。改革开放以前，城市社区类型比较单一，居住区较少，工作区与生活区混合在一起的较多。改革开放以来，城市社区结构变迁同样反映在社区类型日趋多样，社区文化蔚然成风方面。以上海市为例，从地域社区类型的角度看，由于受城市规划、旧城改造、新区建设、浦东开发开放和重塑上海国际化大都市形象等因素的影响，目前多层次的城市社区类型与城、镇、郊的连续统已初见端倪。

第一是城乡接合部的混合性社区。这类社区既具有小城镇社区的因素，又拥有乡村社区的特征，是介于城市社区与乡村社区之间的地域；第二是新形成的“镇建社区”。这类社区居民的身份已由农民转变为市民，他们已基本告别传统的农业劳动，进入城市劳动市场，生活方式正处于缓慢的转变过程之中（浦东花木镇政府，2001）；第三是传统的城市居民居住区。这类居住区多分布在城市中心区，主要是指传统里弄，包括石库门（连排别墅）和棚户区。一般来说，这类居住区规模不大、数量越来越少；第四是新式里弄的居住区。这类社区主要是指20世纪七八十年代市政府统建的居住区；第五是1990年代以来新建的中、高档商品房住宅区。这类社区人员构成比较复杂，主要由各式各样的优势群体组成；第六是涉外社区和国际社区。这类社区主要是指那些居民构成中外籍人士占总户数30%以上的居住区，这是一种新兴的社区类型，是改革开放和国际化大都市的产物；最后，地域社区与功能社区（社会经济组织）相互交织在一起的混合社区，仍然是城市社区基本形态。

总体来说，目前上海市社区类型是旧城区占1/3；普通社区占1/3；中、高档商品房与国际社区占1/3。不言而喻，城市社区类型多样化既说明众多重大的理论与政策问题，又反映目前中国城市社区结构变迁与社会关系的基本特征。毋庸置疑，改革开放以来，中国社会发生了翻天覆地的历史性变化，城市社区类型与结构变迁就是这种社会变迁的缩影，说明中国社会正处于由传统社会向现代社会转型时期，说明社区概念、社区意识、社区生活和社区文化已成为城市居民生活方式的重要组成部分，说明国家与社会的基本关系已发展和分化为国家与地方社区、国家与市场经济、国家与非政府组织等具体的现代社会关系。更为重要的是，社区类型多样化与社区结构变迁反映社区、市场和非政府组织部门的发展，已成为影响城市居民社会生活的结构因素与重要的社会力量，反映国家与社区（含非政府组织）、国家与市场间的关系已经形成，城市社区建设为这些关系的发展创造条件，奠定基础。

社区建设与社会主义市场经济

社会主义市场经济是城市社区建设运动最直接的推动力量和最主要的动因，在社区建设理论、政策与实践的产生发展中扮演促进和基础性角色。一般来说，中国城市社区建设是由社区服务发展演变而来的，上海的情况也不例外。社区服务是指在政府倡导下，根据社区居民的社会生活需要，充分利用社区资源，发动社区成员开展的公益性、福利性和互助性的居民生活服务活动（施德容，1999）。

上海的社区服务兴起发展于1980年代中期。1990年代特别是邓小平南方谈话和浦东开放开发以来，上海社会结构的转型速度显著加快，由此引发一系列巨大而深刻的社会变化，导致社区服务向社区建设的必然转变：面对大量农村人变为城市人，单位人变为社会人，就业者变为下岗失业者，如何维持社会秩序和管理社会的问题日益突出。“两级政府，一级管理”的传统行政管理体制已无法胜任日趋繁重的城市管理任务，1995年上海市委市府明确提出“两级政府，三级管理”的社会管理理念，按

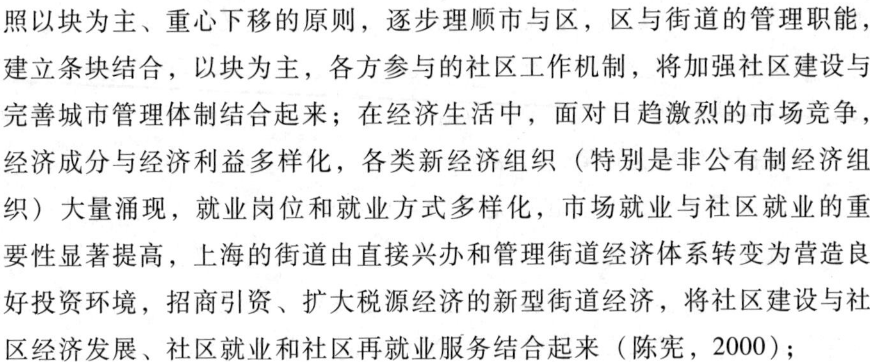

照以块为主、重心下移的原则，逐步理顺市与区，区与街道的管理职能，建立条块结合，以块为主，各方参与的社区工作机制，将加强社区建设与完善城市管理体制结合起来；在经济生活中，面对日趋激烈的市场竞争，经济成分与经济利益多样化，各类新经济组织（特别是非公有制经济组织）大量涌现，就业岗位和就业方式多样化，市场就业与社区就业的重要性显著提高，上海的街道由直接兴办和管理街道经济体系转变为营造良好投资环境，招商引资、扩大税源经济的新型街道经济，将社区建设与社区经济发展、社区就业和社区再就业服务结合起来（陈宪，2000）；

在社会生活中，面对城市居民不断增长的物质文化需要，迫切需要建立服务完善、环境优美、治安良好、生活便利、人际关系和谐的新型现代社区，追求幸福美好生活和生活质量的社会需要，政府努力实践民有所呼，我有所应；民有所需，我有所为，把加强社区建设与满足人民群众日益增长的物质文化需要结合起来（潘烈青，2002）。显而易见，社区建设的兴起与发展是政治、经济和社会因素互动的必然产物。表面上看，社区建设直接动因与推动力量是加强社会管理，维持社会秩序和营造良好社会环境，政治考虑与社会因素位居首位，实质上市场经济与经济发展是社区建设最主要的动力源泉，因为市场经济发展既影响社会管理体制与社会环境，又为社区发展提出更多和更高要求。

社区建设既能够培养城市居民的社区意识，塑造社区形象，为发展市场经济营造良好投资环境，又可以促进社区综合发展，为社会主义市场经济服务。社区建设并非单纯、被动地接受市场经济影响，社区建设同样能够影响市场经济发展，直接为市场经济服务。总体来说，社区建设通过如下多种不同途径为市场经济健康发展发挥不可或缺的积极作用。

首先，社区建设是社会系统工程，社区服务设施建设、社区便民利民服务、社区特色服务、社区新风尚与精神文明建设、社区志愿者服务、社区就业与社区再就业服务、社区医疗服务、社区老年人、残疾人、青少年儿童和婚育服务，以及旧城改造和新区建设都有助培育、发展人们的社区意识和社区归属感、凝聚力。

其次，社区建设是项社会文化建设，社区公益文化、社区娱乐文化、社区节庆活动、驻区单位商业文化活动、社区居民休闲娱乐、楼组文化和家庭文化、社区人文景观、企业文化与社区文化的互动，不仅有助发掘和弘扬传统文化，开发利用传统文化积淀，促进社会主义精神文明建设，而且有助塑造社区环境优美，社区居民安居乐业，社区事业欣欣向荣，社区文化兴旺发达的良好社区形象，为招商引资、繁荣地方经济和社会经济协调发展营造良好社会环境（徐中振、孙惠民，2000a）。

更为重要的是，社区建设是全面建设社区、发展社区、重塑社区形象，促进基层社区民主政治和区域经济发展，提高社会整合度和社区认同感，培育社会资本的社区综合发展过程，这样社区发展与国家发展便有机地联系在一起（戴星翼、何惠琴，2000）。简而言之，社区建设为市场经济发展奠定多方面、综合性基础，营造和谐稳定、秩序井然、宽松自由的环境。

社区建设与市场经济是相互促进、相辅相成和相互依赖的鱼水关系，这既说明社区因素与市场力量已成为游离于国家控制之外相对独立的社会力量，又说明社区发展与市场经济之间的互动关系日益突出和日趋密切，预示中国社会结构演变方向更趋合理化与现代化。改革开放前，国家与社区、国家与市场关系虚幻化，社区与市场完全依附在国家羽翼下，社区与市场之间的关系自然无从谈起。改革开放以来，在国家与社区、国家与市场关系逐渐回归“常态化”处境下，社区与市场关系同样逐渐回归常态化状况。

1980 年代，在社区与市场力量都十分脆弱无力的情况下，社区与市场的关系主要反映在社区服务领域中，市场经济与社区发展之间的内在逻辑关系表现的尚不清晰，社区与市场的关系主要局限于社区服务一个层面。进入 1990 年代以来，伴随市场经济力量的增强，市场经济体系日趋成熟，市场机制作用越来越大，一方面，市场经济的自发性与自身发展规律表现得越来越明显清晰。另一方面，市场经济与社区生活相互作用的范围显著扩大，市场与社区相互依赖与相互渗透的程度显著增强，这种变化在经济市场化程度较高的上海市表现得淋漓尽致，最为典型。

1990 年代以来，上海经济增长与社会发展在各领域取得历史性突破、根本性变化和举世瞩目的发展：经济快速发展、居民收入水平大幅度提高和生活方式的根本转变，导致以低水平的社会救济、弄堂里小修小补式社区服务为代表的传统民政工作方式和内容，已越来越不能适应城市社区居民不断增长的物质文化需要。与此同时，改革开放不断深化、城市人口结构变化、产业结构调整、城市规划发展和旧城改造，导致贫富两极分化、弱势群体与劣势群体的社会保护亟待加强，社会不稳定与不确定因素急遽增多的新情况（施德容，2002）。因此，在社会结构转型与市场经济发展处境下，如何更新思想观念，改变工作方法，扩大服务范围，提高服务层次，及时回应变迁社会需要，有效解决社会问题，自觉服务于改革、稳定和发展大局，实现社区服务向社区建设的转变是顺理成章的事情。社区建设与市场经济相互促进、相辅相成和相互依赖的鱼水关系，也表现得十分充分和颇具典型意义。

社区建设与非政府组织的发展

非政府组织兴起与发展为社区建设奠定组织基础，为单位人向社会人转变和发展社会化社会福利事业培育了适宜的组织环境。非政府组织是个广义概念，泛指所有独立于政府部门和商业部门之外的社会经济单位，它们通常以第三部门或第三体系著称于世。目前，中国社会的非政府组织主要由社会团体、民办非企业单位、基金会、外国商会和社区居民自娱自乐的社区民间组织构成（吴忠泽、陈金罗，1996）。非政府组织的基本性质是民间性。社区型民间组织是非政府组织体系中最基础的层次，也是数量最多和民间色彩最浓的组织。中国社会的民间组织是改革开放与市场经济发展的历史产物，是社会结构转型与国家、社会关系变化的必然产物。

改革开放以来，伴随政府职能转变与政企分开、政社分开，企业劳动、工资和社会保险制度改革，以及社会福利社会化政策的形成，过去主要由政府和企业承担的福利保障职能与社会公益事务大量剥离于政府、企业之外，转由地域社区与功能社区来承接、承担。功能社区的主体就是形形色色和大中小型并存的社会经济性组织。这意味社区民间组织实际成为独立于政府与市场之外的第三体系，成为联结政府与市民、市场与社区居民的中介组织，成为中国转型时期承接社会福利社会化政策的主要组织载体。

例如 1990 年代以来，上海新社会组织与新经济组织（特别是非公有制经济组织）大量涌现，它们在更新价值观念、传播现代管理知识、广泛动员社会资源、直接提供社会服务、培育社区文化、满足社区居民多样化需要、推进基层民主政治发展、扩大国际交流与合作等方面均发挥了不可替代的重要作用，实际上为单位人向社会人转变奠定社区民间组织基础（林尚立、马伊里，2000）。不言而喻，市场经济发展为非政府组织发育、壮大提供了最直接、最有力的动力源泉，并且促使国家与社区、国家与市场、国家与民间组织关系的健康发展。

城市社区建设有力地推动社区民间组织兴旺发达与繁荣昌盛，社区民间组织在社区建设与社区生活中扮演积极角色，促进基层民主建设和政府由直接提供服务转向购买服务。总体来说，城市社区建设的核心工作是培育民间组织和建立新型管理体制。社区建设工作重在建设。社区建设工作的切入点是基础建设，社区建设的基础建设工作就是培育工作。这既包括培育社区意识、社区居民和驻区单位的参与意识和社区居委会的民主自治意识，培育专职、兼职和志愿者相结合的社区工作者队伍，丰富以社区服务为主体的社区型活动，又包括培育新的社会组织与社区组织，加强社区党组织、社区居委会组织和社区民间组织建设（潘烈青，2002）。

例如，社区居委会组织在推进城市基层民主建设与社区政治发展方面扮演积极的角色。上海市卢湾区社区委员会在推进基层民主自治实践中摸索出的协调会、听证会和评议会制度，是社区居委会实现自我管理、自我教育、自我服务和民主决策、民主管理、民主监督的有效工作方法，也是社区居委会组织建设中的组织创新与制度创新。协调会制度是指对社区成员间的公益性、社会性事务和一般矛盾、利益冲突，由居委会召开协调会进行协商解决；听证会制度是指政府有关部门或居委会在社区实施的项目和涉及群众性、社会性、公益性的重大工作，在做出决策前，由居委会组织部分社区成员召开听证会，进行听证，提出具体意见；评议会是指由居委会组织社区成员对被评议的机构、事件和对象的工作进行考核评议（卢湾区民政局，2001）。

与此同时，市场经济与社区建设推动社区民间组织在社区卫生、社区教育、社区体育、社区文化、社区环境和社区再就业等服务中发挥更大作用，扮演更加积极角色，推动政府由已往的直接提供服务转向购买服务，促使政府角色由服务决策者、提供者转变为服务监督者、规划者。行业协会、社区服务中心、社区工作者协会、社区老年协会、社区卫生服务中心、社区文化中心等社区民间组织，也在政府购买服务趋势的推动下异军突起、迅猛发展（浦东新区人民政府，2002）。实际上，社区民间组织发

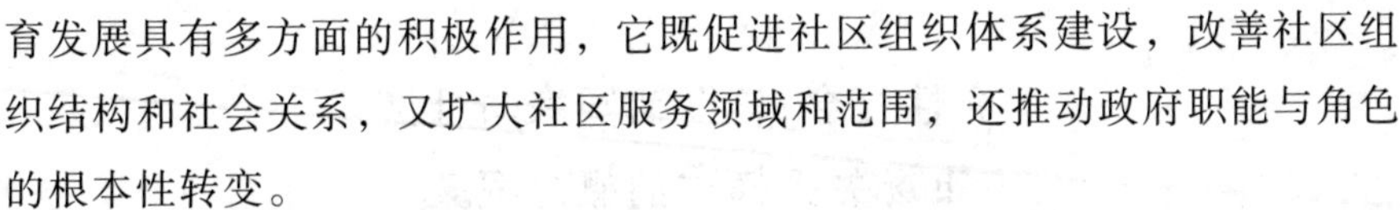

育发展具有多方面的积极作用，它既促进社区组织体系建设，改善社区组织结构和社会关系，又扩大社区服务领域和范围，还推动政府职能与角色的根本性转变。

市场经济发展、社区民间组织成长与社区建设之间存在显著的相关关系，三者相互促进与相互依赖，共同推动中国市民社会的发展，孕育公民文化和促进社会经济结构的转型，其最直接的社会影响是社会环境优美和谐，社会结构科学合理，人民生活质量的显著提高。从功能社区的角度看，社区建设与非政府组织发展关系的实质就是市场经济与社区的关系，只不过这种关系更加侧重于市场经济与新型社会经济组织，与社区型民间组织的关系而已。市场经济既为新型社会组织与社区民间组织发展奠定社会经济的基础，营造适宜社会环境，拓展广阔生存空间，搭建施展才华舞台，在社会经济生活中大展身手，指明未来发展方向，又带来自主、选择、公平、机会、平等、多元、社区、市场、民主、自由、开放、非政府组织和个人意识等崭新的价值观念，培育个人、家庭、社区、非政府组织、市场、国家和社会各部门的发展，有助于推动中国市民社会发展，培育现代取向的公民文化，促进中国社会结构转型与社会经济结构合理化。这种状况又为市场经济发展营造更加良好宽松环境，促进市场经济发展和推动市场经济走向成熟。市场经济、社区建设、地域社区与功能社区三者良性互动，相互促进，有助于实现中国社会现代化与个人现代化的社会经济政策目标。

更为重要的是，从市场经济、社区民间组织发展和社区建设过程中，现代取向的社会结构与社会组织体系会逐渐定型成熟，各类社会组织职责任务清楚明确、各司其职、运作有序，以确保社会资源最佳配置，将社会制度运作成本降低到最低点，建构现代社会的组织框架。需要特别强调的是，从某种意义上说，市场经济发展、社会组织发展与社区建设只是社区发展与社会发展的基本途径和手段，社区发展与国家发展的最终目标是个人的最大化发展，是亿万普通民众生活质量的改善，是最大化满足社区居民丰富多彩和不断变化的社会需要。国家富强、民族兴旺、经济发展和社会现代化最集中体现在个人福利与社会福利水平上。

中介性社会:转型期国家与社区、市场关系模式的概念框架

中介性社会是分析社会转型时期中国社会形态的概念框架，是解释社会转型时期中国社会形态、性质、特征的理论框架，是理解社会转型时期中国社会中国家与社区、市场关系模式的最佳切入点。改革开放以前，中国社会结构的基本特征是国家与社会高度一体化，国家等于社会，社会被掩埋在无所不能父权主义国家的羽翼之下，国家与市场、国家与社区关系无从谈起。改革开放以来，中国社会结构变迁的基本轨迹是国家与社会的二元分化，是计划经济向市场经济的过渡，是传统社会向现代社会的转变，转型过渡成为时代的特征。在此处境下，专门描述与解释转型时期经济生活规律的过渡经济学应运而生（盛洪，1994）。同理，由于中国社会长期在国家的压制和父权主义保护羽翼之下，中国社会的发育先天不足，营养不良，导致社会意识十分薄弱，社会基础异常脆弱，缺乏现代社会的特质。实质上，社会的构成与社会的形态并非固定不变，而是经历不断发展和逐渐演化的阶段，由低级到高级，由简单到复杂，由传统到现代，并且形成由发展初期到成熟完善的连续统。毫无疑问，目前中国社会形态正处于社会发育与社会分化的早期阶段，处于由传统社会向现代社会转变过渡的中介性形态。

所谓中介性社会是指介于传统社会与现代社会之间的社会形态。这个社会既具有传统社会的浓厚色彩，又具有现代社会的若干特征。它既不是传统社会，又不是现代社会，而是兼具传统社会与现代社会双重特征的混合性、中介性社会。中介性社会的发展方向是迈向现代社会。中介性社会的性质是暂时性、过渡性和中介性的。中介性社会的基本特征是社会结构不尽科学合理，国家、市场与社会关系相互交织程度较高，政治、经济与社会、文化领域的界限模糊不清，社会经济组织职责功能角色相互重叠，国家、市场、社区与民间组织之间的相互关系既不清晰，边界又不明确等。不言而喻，中介性社会是描述、分析和理解社会转型时期中国社会结构变迁方向与社会关系网络特征，是理解社会转型时期中国社会形态的有用概念框架，为理解社会转型时期中国社会中国家与社区、市场关系模式

提供现实的社会处境，指明社区发展、国家发展和社会发展的方向。

中介性社会概念框架有助于解释上海市社区建设实践与中国社会结构转型趋势。1990 年代初期，由于浦东开放和上海市场经济迅猛发展，社区层面制度创新与民间组织发展成果显著，社区服务向社区建设的位移和转变已悄悄开始了（袁华音，1994）。国家与社会的点、线关系已让位于国家与市场、社区的三角关系，现代社会结构雏形与框架已经出现。市场和社区已从绝对依附于父权主义全能国家，发展到拥有相对独立自主的生存与发展空间。然而，从权力结构角度看，虽然上海街区和市场的力量异军突起，发展迅猛，但是国家的力量同样极为强大，国家与社会领域既相互交织，又同步发展，由此形成强国家和强社会的关系模式（朱健刚，1997）。更为重要的是，市场经济的发展不但没有改变这种关系模式，反而有所强化。

目前，上海社会结构变迁与制度创新出现一些值得注意的新特点：一方面，国家与社会关系分化为国家与市场、社区、非政府组织的关系，社会结构分化的结构框架已清晰可见，社会组织结构与体系的发育状况日趋现代取向，民间社会的框架已经形成。另一方面，市场经济发展不但未削弱国家的权力与资源动员的能力，反而极大强化了国家的权威，显著增强了国家的能力，明显改善了国家宏观调控、规管社会的能力。与此同时，党的力量同国家力量不仅结合得更为紧密，而且像国家力量一样在基层社区得到极大加强，社区党建成为上海社区建设的特色和不可或缺的重要组成部分（课题组，2000）。城市社区发展的行政化推动与社会发展的社会化趋势并存共生，相互渗透（徐中振，2000b）。这一方面说明在市场、社区和社会中介组织羽翼尚未丰满的处境下，市场经济发展的最大受益者是国家；另一方面又说明市场、社区和民间组织还不成熟，目前尚扮演国家助手的角色。但是国家、市场与社区平等互惠的制度性伙伴关系和三足鼎立模式的发展方向已清晰可见。

简要讨论与基本结论

本文以上海市社区建设实践的实地调查与研究发现为基础，以城市社区建设为例证，从经济体制改革与城市社区结构变迁，城市社区建设与社会主义市场经济发展的关系，城市社区建设与非政府组织发展的关系，中介性社会的概念框架与社会转型时期中国社会的性质及基本特征的层面，探讨中国社会结构分化模式的历史背景、基本过程和动力源泉。本文侧重于描述国家与社会特别是国家与市场、社区关系的历史演变轨迹，概括社会结构转型时期中国社会国家与市场、社区关系的基本模式，以便更为深刻地理解社区建设出现的历史必然性与现实重要性，准确理解社会转型时期中国社会的性质与特征，更好地把握中国社会结构变迁的基本方向。转型时期中国社会的性质、基本特征、社会结构分化过程与社会变迁方向等议题，是当代中国社会学与社会科学研究议程中的战略性议题，其重要性无论如何强调都不会过分。这个问题有助于我们从总体上宏观把握中国社会发展基本脉络。城市社区和地方社区是我们观察、描述和分析当代中国社会结构变迁的最佳视角与切入点。地方社区不仅是国家制度有效运作的基础社会层次，又是社会结构与组织体系的基础设施。1990 年代兴起的城市社区建设不仅为描述中国社会结构转型过程创造适宜环境，又为分析国家与社会特别是国家与市场、社区的关系提供了难得的机遇。作为中国经济之都的上海，城市社区建设所引发的国家、社区与市场的关系模式无疑具有相当大的示范和方向性意义。

中国社会结构分化与社会组织体系变迁是改革开放与市场经济发展的历史产物。改革开放以前，国家居高临下，唯我独尊，掌控所有社会资源，控制所有社会经济生活，社会生活与社会领域完全依附在父权主义全能国家的羽翼之下，没有独立自主的生存空间，社会结构与社会关系网络低级、简单和同质性特征明显。改革开放特别是市场经济发展以来，国家与社会高度一体化、重叠化的格局逐渐让位于国家与市场、社区的三角复杂关系。市场、社区已成为中国社会结构与组织体系中相对独立自主的重要组成部分和活跃因素，尽管市场力量、社区因素尚很脆弱，处于父权主义国家的襁褓之中，充当国家的左右助手。

中国社会结构变迁轨迹与国家、市场、社区关系模式的战略转变，既在某种程度上回答了什么是社区建设，为什么要搞社区建设，社区建设主要建设什么，以及如何推进社区建设等基本问题，又为我们观察、理解和分析转型时期中国社会性质与基本特征提供宏观背景。中国社会结构分化的基本特征是，改革开放以来，市场与社区同时出现在社会生活之中，市场经济发展促进了社区发育，社区发展又为市场经济发展营造适宜社会环境与社会基础，市场与社区相互促进与相互影响，共同推动中国社会结构转型与社会结构更趋科学合理。与此同时，中国城市地域社区与功能社区的互动关系既日趋密切和一体化发展，二者之间的分野与边界又日趋清晰。总体来说，市场、社区（地域与功能社区）、家庭已成为中国社会的三大主要组成部分。国家与社会的关系已演变为国家、市场、社区、家庭之间的关系。

社会转型时期中国社会的性质是过渡性的，社会结构的基本特征是国家与社会领域相互渗透、相互交织的程度较高，传统社会与现代社会因素并存共生，政治、经济与社会、文化的边界不清，社会形态呈现出典型的中介性特征。中介性社会形态的经济基础是过渡性经济形态。中介性社会概念框架的重要理论意义与政策涵义是，既指出了当代中国社会发展演变的阶段性问题，又提出了社会转型时期中国社会的结构构成与主要构成元素之间的关系模式问题。中介性社会概念理论创新的现实意义是，社会结构转型时期的中国社会性质既不完全是农业经济为基础的传统社会，又不是以完全工业文明为基础的现代社会，而是介于传统社会与现代社会中间的状态。中介性社会是种新的社会形态，它向现代社会的转变过渡主要取决于市场经济发展状况，取决于国家、市场、社区间的组合模式与性质。

主要参考文献

上海市卢湾区民政局编：《上海市卢湾区社区居委会“三会”制度 100 例》，卢湾区民政局 2001 年版。

中国城市社区党建研究课题组编：《中国城市社区党建》，上海人民出版社 2000 年版。

中共中央委员会：《中共中央关于建立社会主义市场经济体制若干问题的决定》，《人民日报》1993 年 11 月 17 日。

中央财经领导小组办公室主编：《当前几项重大经济体制改革电视系列讲座专辑》，人民出版社 1994 年版。

北京大学课题组：《从城乡分化的新格局看中国社会的结构性变迁》，社会学研究 1991 年 2 月版。

白益华、吴忠泽主编：《社会福利》，中国社会出版社 1996 年版。

吴忠泽、陈金罗主编：《社团管理工作》，中国社会出版社 1996 年版。

朱健刚：《城市街区的权力变迁：强国家和强社会模式》，《战略与管理》1997 年第 4 期。

林尚立、马伊里：《社区组织与居委会建设：上海浦东新区研究报告》，上海大学出版社 2000 年版。

陈宪等：《社区经济与社区服务：上海虹口区京城街道研究报告》，上海大学出版社 2000 年版。

徐中振主编：《上海社区发展报告（1996—2000）》，上海大学出版社 2000b 年版。

徐中振、孙惠民等：《社区文化与精神文明：上海静安寺街道、南京东路街道等研究报告》，上海大学出版社 2000a 年版。

袁华音：《社区服务与社会保障四题——兼论浦东新区社区服务向社区建设之移位》，社会工作研究 1994 年 4 月版。

潘烈青主编：《中国社区建设明珠：上海市》，中国社会出版社 2002 年版。

浦东新区花木镇人民政府：《花木镇社区工作交流 2001》，浦东花木镇政府 2001 年版。

浦东新区人民政府：《奋发有为　与时俱进　努力实现浦东新区社区建设的跨越式发展》，2002（打印稿）。

盛洪主编：《中国的过渡经济学》，上海三联书店 1994 年版。

施德容主编：《上海市社区服务手册》，文汇出版社 1999 年版。

施德容：《跨世纪的中国民政事业（1994—2002）上海卷》，中国社会出版社 2002 年版。

戴星翼、何惠琴：《社区发育与社会生活：上海闵行区龙柏街道研究报告》，上海大学出版社 2000 年版。

本文原载《毛泽东邓小平理论研究》（上海）2003 年第 3 期。该文被人大报刊复印资料《社会学》，2003 年第 10 期全文转载。

社区 NGO 与城市社区服务转型：北京新街口街道社区服务中心的个案研究

摘要： 地域社区型社区服务中心是观察中国社会结构变迁轨迹与第三部门发展的代表性组织，在社会生活中扮演重要角色，发挥重要作用，成为诸多社会学科研究的基本对象。本研究采取个案研究方法，在实证研究基础上，对社区服务中心的结构功能作用、NGO 与政府关系、社区服务与社区建设关系、社区服务中心影响与发展趋势等进行社会政策分析。

一　NGO 议题的形成与本研究的理论视角

改革开放特别是 1980 年代中期以来，NGO 的迅猛发展与相关理论政策研究成为社会热点议题，是中国社会生活与社会科学研究最引人注目的现象之一，NGO 组织与研究史无前例地处于社会生活与公共政策议程的中心位置，不约而同地成为社会各界关注的焦点。目前，尽管人们对 NGO（非政府组织）的定义、性质、分类、功能、角色、作用与统计口径众说纷纭、莫衷一是，但是中国 NGO 异乎寻常的迅猛发展和相关理论政策研究急遽升温却是有目共睹、普遍认同。按照民政部的官方权威统计，截至 2001 年年底，全国共登记社团 12.9 万个，其中全国及跨省域活动的社团 1687 个，省级及省内跨地域活动的社团 19540 个，地级及县以上活动的社团 50633 个，外国商会及港澳台社团 64 个。社团的数量、性质类型、活动领域、服务范围、发展趋势和社会影响，均以非同寻常的速度在快速增长。

与此同时，为适应 NGO 的迅猛发展，专门性 NGO 研究机构应运而生。1998 年 10 月，全国第一个专门性机构：清华大学 NGO 研究中心成立，标志着 NGO 理论政策研究进入学术化、组织化和系统化时代。从此以后，有关 NGO 的理论、政策研究活动日趋活跃、增多，NGO 研究首次破天荒成为中国社会科学研究与公共政策议程的核心议题，地位显赫。更为重要的是，欧美学者“发现”始于 1980 年代“全球社团革命”与“第三次民主化浪潮”，同中国社会结构转型中的社团革命与民主化浪潮不期而遇，交相辉映和高度吻合一致。国际背景与国内环境相互呼应和相互叠加，为 NGO 研究营造难得历史机遇，提供不竭动力源泉。中国政治体制改革与民主化进程，市场经济发展与市民社会，社会结构分化和重构国家与社会关系，公民文化发展和现代价值观念更新均“不约而同”聚焦于 NGO 组织。

当前 NGO 研究的理论视角多种多样，国家与社会的理论分析框架占据主导地位，理论分析框架政治化色彩浓厚，严重缺乏人类需要与社会福利的理论视角。1990 年代以来，伴随 NGO 数量急遽增多，种类日趋多样，民间组织在社会生活扮演越来越重要角色，先后出现多种研究视角与理论分析框架。一是政府部门关注的社团本身的社团管理的视角，主要关注组织管理、社会行政管理与社会管理议题；二是学者倡导的国家与社会，特别是国家与市民社会（或公民社会）关系的理论框架，该理论将 NGO 视为市民社会兴起发展的最主要标志，主要探索国家、市场与市民社会之间的关系，试图理论解释社会结构分化过程、规律与趋势；三是专门侧重于关注市民社会与第三部门之间关系的理论视角，主要探讨民主、发展、市民社会与第三部门之间错综复杂的互动关系与合流化趋势。总体来说，目前已有的理论视角与分析框架主要侧重于社团组织本身及其政治生活的层面，但对社团组织的经济与社会层面关注不多。实际上，NGO 组织兴起发展的最初动因和最基本职能是社会福利，旨在回应和满足变化的社会需要。本研究便采取人类需要理论框架。

二　社会结构转型与街道社区服务中心的历史变迁

中国社会结构转型，城市综合改革，生活状况与生活方式转变，社区服务的蓬勃发展，政府社会福利网络建设三年规划与行动推动，既是街道社区服务中心出现的宏观社会背景，又是街道社区服务中心兴起发展的直接动因和不竭动力源泉，充分说明街道社区服务中心出现的历史必然性、紧迫性与重要性。1970 年代中期，北京市街道与居委会社区福利服务组织主要是“三站两代一所”：红医站、校外活动站、服务站、代营食堂、代销店和托儿所。

改革开放以来，中国社会进入史无前例和翻天覆地的社会结构转型期，社会结构分化速度显著加快。在政企分开、政社分开和政府职能转变背景下，“国家与社会”关系框架开始具有实质性社会意义，以社区组织（主要是社区福利组织）为主的民间社会逐渐成为新兴社区组织体系主体部分。1980 年代中期，城市综合与经济体制改革开始起步，企业承担的社会职能迫切需要剥离出来，城市社区（街道、居委会）成为福利社会化最佳的组织载体，社区居民多种多样的基本生活难题迫切需要以社区为基础的社区福利组织。

与此同时，改革开放以来，城市居民生活状况迅速得到改善，生活方式不知不觉中发生静悄悄的转变，在家庭自我服务功能不断弱化的同时，减轻家务负担的需要日趋强烈，迫切需要服务保障。1986 年，国家“七五”计划提出“有步骤建立起具有中国特色的社会主义的社会保障制度雏形”的总体战略规划，为社区福利与整体社会福利制度建设营造适宜的宏观社会环境，社区服务概念与服务实践应运而生。1986 年，北京市民政局制定以民政工作对象为主要服务对象的社会福利服务网络三年建设规划。规划要求在三年内基本实现四个层次（市、区、街道、居委会），三条线（老年人、残疾人、优抚对象），并以街道网络为重点的社会福利保障体系。1988 年，西城区筹资 200 万元，建设街道层面社区服务中心。1989 年 12 月，新街口街道社区服务中心大楼落成并投入使用，拉开西城区灿烂辉煌的“街道社区服务中心时代”。

新街口街道社区服务中心基本经历网络社区、地域性社区服务中心和功能性社区服务中心三大历史发展阶段，贯穿街道社区服务中心历史变迁的鲜明主题是社区福利体系建构与社区型民间组织成长，街道社区服务中心是观察政府与非政府组织关系演变的最佳视角。根据西城区社区福利组织体系发展过程，街道社区服务中心的组织变迁大体分为三大阶段：

一是街道社区服务中心孕育萌芽期，始于1970年代中期，终于1988年，其主要特征是尚未建立街道社区服务中心的组织体系，社区服务服务机构主要是专门化的活动站，如文化站、退休活动站、残疾人活动站和老年活动站，社区福利服务机构基本处于网络社区状态。二是地域性社区服务中心时期，始于1989年新街口街道社区服务中心落成，终于1996年，其主要特征是正式建立街道社区服务中心，街道社区服务中心成为典型的地域性社区服务中心和街道地域范围内社区福利服务的中心组织，开展以街道地域社区为基础的福利服务。三是功能性社区服务中心时期，始于1996年新街口街道社区服务中心领导班子调整至今，其主要特征是街道社区服务中心服务远远超出街道地域范围，街道社区服务中心职能由地域性社区上升为更高层次的功能性与网络化社区，街道社区服务中心既成为社区福利组织网络的中心，又成为以社区为基础民间社会组织体系的核心组成部分，政府与非政府组织的关系清晰可见。

纵观西城区和新街口街道社区服务中心的历史变迁轨迹，我们可以清楚看到，一方面，街道社区福利组织地位日益提高，社区福利组织在社会生活扮演越来越重要角色，发挥越来越大作用；另一方面，街道社区服务中心的“官化”色彩越来越淡，社区型“民间组织”色彩越来越浓，在地域社区基本形成国家、市场与非政府组织三足鼎立局面。更为重要的是，街道社区服务中心的兴起发展完全适应了传统地域社区的结构转变与重构，并在传统社区改造和建设新型现代社区中扮演多种积极性角色，成为社区建设的组织主体。简言之，街道社区服务中心变迁轨迹成为观察社会政策转型与社区型NGO发展的最佳角度。

三　变迁的社区需要与社区服务中心结构功能的变化

改革开放特别是1990年代以来，宏观社会环境与社会问题发生重大变化，中观城市社区需要也发生重大结构变化，推动社区福利服务体系与街道社区服务中心结构功能的转变。需要（need）是社会福利制度运作的价值基础与社会资源分配的基本原则。需要决定谁是服务对象，谁是服务提供者，提供什么样的福利服务，社会通过什么途径提供服务和人们如何评估服务质量等关键性议题，是社会政策模式与社会福利制度运作的灵魂，而且决定福利制度的结构性特征。社会福利制度基本功能就是及时回应不断变化中的人类需要，通过需要满足过程解决社会问题，促进社会进步和提高生活质量。

人类需要体系主要分为个人、家庭、社区（群体）、地区和社会五个层次，社区需要是最基础和最重要的需要层次。社区福利组织基本功能与运作机制就是及时回应社区需要，解决社区问题，改善社区居民的生活状况与福利水平。改革开放特别是1990年代以来，城市社区环境与社区问题均发生重大变化，社区居民的生活状况与基本需要也随之发生结构性变化。例如，1980年西城区在职人员年平均工资878.6元，1993年升为4341.1元，比1980年提高3.94倍。社区居民收入增加导致其基本生活需要结构和社区问题的显著变化：北京市民的生活水平已从温饱向小康型、富裕型发展，衣食行用等低层次的基本生活需要已经满足。市民开始追求休闲娱乐、文化教育、医疗保健、精神心理健康和个人发展等高层次非物质福利需要。城市人最向往的生活状况已从“经济富裕”转变为更加偏重“身体健康和心情愉快”。衣着成品化，饮食营养化，居住单元化，交通现代化，消费档次化，旅游日常化，生活便捷化，健康中心化，环境园林化，通信网络化，服务个性化已成为社区居民基本需要的真实状况。这意味绝大多数城市居民已告别绝对贫困和物质生活极度匮乏的状态，生活状况发生显著变化。简言之，社会环境与社区需要的转变推动社区服务中心及其福利服务的变化。

街道社区服务中心服务对象发生五大重要变化：由特殊民政对象扩大到普通社区居民，由贫困和弱势群体为主转变为以正常和一般社区居民为主，由有限服务对象发展为高密度服务对象，由本地域社区居民扩大到全市居民，由城市社区居民扩大到外地来京务工人员。纵观新街口社区服务中心服务对象构成近15年的历史变迁，几个大的发展趋势清晰可见。1986年，北京市建设社会福利网络时明确规定主要服务对象是民政工作的传统服务对象，主要是老年人、残疾人和优抚对象三大类。目前，新街口街道常住人口7.3万，其中老年人1.25万人（17.12%）；残疾人1115人（1.53%）；优抚对象307人（0.42%）；社救对象657人（0.9%）。各类民政工作对象总计占街道总人口的19.97%，典型反映老城区人口结构的特征。经过十多年的发展，街道社区服务中心服务对象早已超出民政对象范围，扩大到所有社区居民，青少年、退休人员、家庭主妇和普通社区居民均成为街道社区服务中心的服务对象。社区服务中心服务对象由特殊群体，转为一般社区居民，反映选择性向普及性服务转变的趋势；

与此相关的是，社区服务兴起之初的民政工作对象基本是城市贫困与弱势群体，生活水平普遍低于普通社区居民，他们所有人的基本生活都困难重重，迫切需要“雪中送炭”救助服务。目前社区服务中心服务对象主要是正常和一般社区居民，他们多属“锦上添花”性的发展服务；与此同时，伴随社区服务范围扩大，内容增多，街道社区服务中心所服务的人群急遽增多，例如，2002 年中心全年共为近 17 万人次提供服务，服务中心各项服务实施“满负荷”运转；令人高兴的是，街道社区服务中心最初的服务范围和对象基本局限于本地域社区范围之内，伴随服务中心服务质量不断提高，特色服务和社区文化日趋活跃，跨街道与城区社区居民越来越多；最为重要的是，1990 年代以来，越来越多外来务工人员既是社区服务的提供者，又是社区服务对象。例如家政服务的保姆，社区文化的观众，社区网点的外来务工人员。社区服务中心服务对象变化说明，社区服务已成为影响社区居民生活状况的重要因素。

新街口社区服务中心服务范围不断扩大，领域不断拓宽，内容不断增多，十多年来街道社区服务经历多种革命性变化。一是由单纯生活服务扩大到综合化社区服务。早期社区服务主要是解决衣食住行用领域中最基本生活需要“难题”和诸多“不便之处”。1990 年代以来，街道社区服务的范围急遽扩大，已形成多形式、多层次社区服务格局，如由单项服务发展为综合服务，由单纯机构服务发展为邻里、志愿、上门和机构多种服务，由物质福利服务提高到精神心理服务；二是单纯无偿福利服务发展为无偿服务、低偿服务和有偿商业化服务并存共生，相互补充。街道社区服务兴起之初，服务性质基本是清一色的无偿福利服务，服务目标主要是民政对象。1990 年代以来，逐渐形成对无依无靠社会孤老残幼、烈军属和贫困户采取无偿的福利服务，对老年人、残疾人、优抚对象和社区居民等采取互助性义务服务和只收取成本的低偿服务，对普通社区居民采取商业化有偿服务。目前商业化服务在数量上已成为社区服务的主体；三是由直接服务扩大为直接服务与中介服务相结合，编织社区福利服务的网络体系。

1980 年代晚期，社区服务形态主要是由服务中心提供面对面的直接服务，这种状况在 1990 年代发生重大变化。1998 年 6 月新街口街道社区服务中心开通社区服务热线，设立专人专线，每天实施 9 小时服务。同时开展中介性家政、婚姻介绍和社区便民网点等服务；四是由补救性、保障性服务提高到发展性、预防性服务，由群体化服务发展为系列化服务，由群体化服务提高到个性化服务，实质是由选择性服务发展为普及性服务。早期社区服务主要是解决社区居民的日常生活难题，服务保障色彩浓厚。1990 年代以来，娱乐性、文化性、教育性、培训性、健康类服务日渐增多，而且形成青少年、残疾人、优抚对象、便民利民和社区文化教育五大服务网络，及个性化服务。显而易见，社区服务范围与内容最能够体现社区问题与社区需要的变化趋势。

街道社区服务中心服务范围与内容中最具革命性变化的是，由服务保障性社区服务发展到收入保障性社区就业服务，服务保障与经济保障、社区服务与社区就业最巧妙结合起来。1980 年代后期到 1990 年代初期，总体来说，社区服务范围内容基本停留在服务保障层面。但是 1990 年代中期以来，伴随下岗待业人员急遽增多、城市贫困问题和社区就业政策形成，如何发展便民利民的社区网点，既为社区服务提供经济基础，又为下岗失业者创造就业机会，成为街道社区服务中心的中心任务。为此，1996 年在新街口街道社区服务中心内又成立“企业法人”性质的社区服务开发中心，专门发展社区便民网点，为劣势群体创造社区就业机会。实践证明，新街口社区服务中心在发展社区便民网点和为劣势群体创造社区就业机会上均获得极大成功，取得令人瞩目的辉煌成就，实现经济效益与社会公平两个效益的完美结合。

2001 年开始，新街口地区旧城改造和拆迁严重影响便民网点建设和社区就业状况。简言之，社区网点建设与社区就业有机结合既说明经济与社会政策，经济生产与社会服务在社区高度整合，又说明社区结构与社区需要不断变化，社区服务能积极回应不断提高的社区需要。

新街口社区服务中心服务方式也经历多种重大变化，由设施化服务扩大为网络化服务，由系列化服务转变为综合化服务，由福利化服务转变为与商业化服务并存共生，由家庭化、机构化服务发展为团队化、专门化服务，由直接服务转变为间接服务、中介服务和网络服务相结合，由福利服务转变为信息服务，社区服务方式更加高级灵活、高效多样和社区化。社区服务兴起之初，社区服务主要是通过街道社区服务中心提供的，设施化服务色彩浓厚。

表 1　1996—2003 年新街口社区服务中心便民服务网点与社区就业安置状况

年份	当年网点数量	其中(退户)★	(新办)	安置人数	其中(下岗)	(待业)	(残疾)	(劳释)	(退休)	(外地)
1996	19									
1997	186	15	201	279	56	25	7	4	15	172
1998	224	37	75	121	34	13	2	2	22	48
1999	213	49	38	73	22	8	5	1	18	19
2000	225	46	58	95	23	11	2	1	24	34
2001	231	54	60	110	26	24	2	3	31	24
2002	182	75	26	49	20	7	2	2	3	15
2003	194	34	46	58	16	10	1	2	4	25
合计		310	504	785	197	98	21	15	117	337

★括号及其内的数字表示“当年网点数”其中的两类，及“安置人数”其中的详细群体组成类型。

1990 年代特别是大力发展社区服务网点以来，餐饮、修理、家政、小食品、汽车配件、百货、摄影、服装加工、理发、装饰、小五金、标牌打字复印等十几个门类网络化服务日趋活跃，在更高层次回归社区服务组织网络化的发展趋势，将集中服务与分散服务结合起来；同时，社区服务兴起之初主要为老年人、残疾人和优抚对象提供系列化和专门化服务项目。1990 年代以来，一方面，服务对象超出民政对象范围；另一方面，街道社区服务转变向综合化：家政服务、文化团队建设、文化培训和科普、图书馆建设、便民利民网点建设和抗击非典等各种服务。与此密切相关的是，1980 年代末期社区服务主要是困难家庭和个人的服务，服务对象与群体之间的自助、互助和相互支持网络建设并未引起足够的重视。1990 年代以来，伴随志愿服务、邻里互助和社会互助活动深入开展，团队化和专门化服务方式日趋流行。例如 2001 年 10 月—

2002 年 3 月，新街口街道社区服务中心一方面大力拓展服务项目和文化活动内容，服务项目由原来 27 项增加到 31 项；另一方面文化团队和文体活动队由原来的 9 个队两个项目，增加到 6 个项目 21 个队。更为重要的是，1980 年代基本是直接服务方式，中介服务和信息服务均比较缺乏。1990 年代以来，中介服务和信息服务越来越多。例如 1998 年开通便民服务热线；2003 年建成“北京市 96156 社区服务网络新街口网站”，建设街道社区服务中心图书馆和电子阅览室，满足社区居民不断提高的文化需要。总体来说，新街口街道社区服务中心服务方式日趋高级多样，市场化方法色彩越来越浓厚。

新街口街道社区服务中心工作队伍建设取得显著成就：工作队伍由退休人员、专职干部转变为专职干部、兼职人员和志愿工作者相结合，由设施服务人员扩大为社区服务网点工作人员，社区服务中心工作者身份性质由单纯行政编制扩大为行政编、事业编和临时聘用人员（合同工）、服务项目工作人员四部分组成。社区服务中心工作人员的总体发展趋势是，一方面社区服务中心的用工机制日趋灵活多样和市场化取向；另一方面社区服务中心工作人员专业化与职业化水平不断提高，社区工作者和社区社会工作者呼之欲出。1980 年代后半期是西城区社区福利网络建设时期，全区 10 个街道福利网点管理人员共有 79 人，基本都是退休人员，包括退休工人、教师、少数医务人员和干部，退休人员占主导地位。

1989 年新街口街道社区服务中心投入使用后，队伍建设与用工制度历经三次较大变化：2001 年以前，街道配备 8 名专职人员和 9 名临时工从事社区服务中心承担的文体、残联、老龄、家政热线、中介、网络、便民网点的管理与服务工作，人员构成为行政与事业混编；2001 年初，北京市第三次城市管理会议提出转变观念，加快政府机构改革，实现政事分开，培育社区中介组织，积极承接由政府剥离出去的社会职能。为此社区办公室与社区服务中心实行政事分开，行政编制与事业编制人员分开办公，职能分开。街道办事处将所有行政编制干部调回，中心只剩下事业编制工作人员；时隔半年，2001 年 6 月，街道办事处又将事业编制人员调离，中心只留下一名主任（正式干部），其余 6 人均为临时聘用人员。此后，新街口街道社区服务中心工作人员由三部分组成：（2003 年时）一是社区服务中心主任1人，他是事业编制干部，工资、待遇均由财政全额拨款；二是社区服务中心和社区服务开发中心聘用并支付开支的员工15人；三是参与中心婚介、司法等服务项目工作人员21人，他们的费用由项目开支，人随项目走。街道社区服务中心里三类工作人员共计37人。总体来说，社区服务中心工作人员变化喜忧参半：一方面，中心工作人员数量显著增多，类型日益多样。另一方面，人员构成身份发生重大变化，队伍稳定性降低，官化色彩日益淡薄。

新街口街道社区服务中心组织结构与体系发生巨大变化：由事业法人性质的社区服务中心扩大为企业法人性质的社区服务开发中心，由社区服务中心扩大到社区服务便民网络，由单纯社区服务组织发展为社区经济、社区工会和社区党组织混合体，社区服务中心组织结构由简单日趋复杂多样，组织制度化与系统化建设步伐越迈越大，组织成熟度不断提高。

新街口社区服务中心成立之初登记注册性质是事业单位法人，职能定位是社区型福利组织。1996年为实现社区服务经济效益与社会效益统一，探索“以实业养事业”和“以服务养服务”路子，在新街口社区服务中心内又登记注册和成立企业法人的社区服务中心开发中心，专门负责发展社区服务便民网点和市场开发工作。开发中心是集体性质的企业，所属网点均为不具有独立民事责任的营业单位（这是它们与个体户的本质区别）。开发中心将每个网点视为是企业内部的班组，实施企业化管理，网点通常与开发中心鉴定“承包经营协议书”“担保书”和交纳一定数额的风险抵押金。街道社区服务中心组织性质由单纯事业法人变为企业法人与事业法人并存共生。2002年4月，在新街口地区工会帮助下，中心成立工会组织，首批会员52人。2003年6月，中心又成立党支部，中心和网点员工中现有党员19人。社区基层工会和社区党建既促进街道社区服务中心组织发展，又增强社区归属感。与此同时，社区服务中心组织结构日趋复杂，先后设有办公室、财务室、社区服务开发中心、信息网络服务中心和社区福利服务中心等部门，构成社区型福利服务组织体系与网络。总体来说，社区服务中心组织发展基本脉络是由社区福利网络开始，兴盛于以社区服务中心为基础的社区网络化福利组织，服务中心组织化与社区福利组织发展网络化的趋势明显。

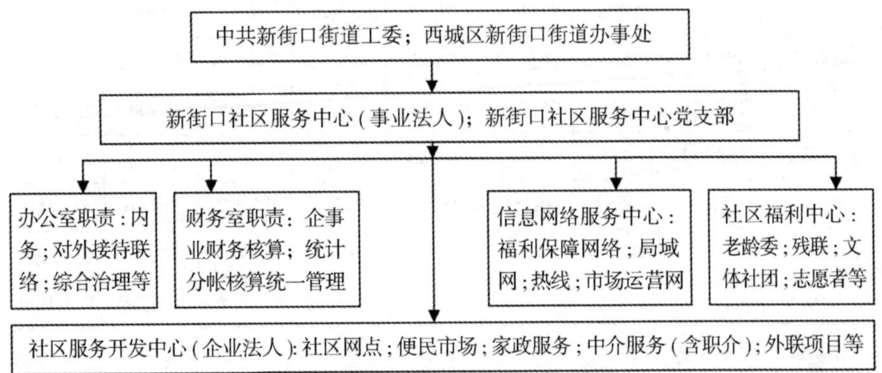

图 1　2003 年新街口社区服务中心组织结构与社区型福利组织网络关系图

新街口社区服务中心收入来源与筹资渠道日趋多元化，中心日常运作自负盈亏，自养有余，每年还向街道上缴相当可观费用，成为西城区 10 个街道社区服务中心少有的“富户”。社区服务诞生之初就面临如何确保经常性资金来源、拓宽筹资渠道，以及中心是按照商业化，还是福利化方法运作的激烈争议。新街口社区服务中心始终坚持两个效益一起抓原则，积极探索以服务养服务，以实业养事业路子。1996 年专门成立社区服务开发中心，大力发展社区型便民服务网点。

总体来说，中心收入来源主要有五：一是便民服务网点与项目的经营性收入，这是最主要收入来源。例如中心与企业合开的养老、旅游、电化教学、房屋租赁、月嫂和书店服务等。据统计，1998 年以来，中心网点数一直维持在 220 个左右，6 年间纳税 44 万，上缴工商管理费 30.6 万元，支援社区居委会建设 46.5 万元，上缴办事处约 165 万元；二是各种承包经营业务的收入。例如理发、法律服务和职业技能培训学校；三是中心承接政府剥离出来的职能；四是政府费随事转划拨的经费；五是接受社会单位和个人的捐赠。例如 2003 年香港黄楚和先生捐赠 25 万元。但在旧城改造、大规模拆迁和加强社区管理处境下，社区网点收入将大受影响，进而可能影响中心经常收入状况。

表 2　1997—2003 年新街口社区服务中心经济来源与收支结构状况表★

	1997	1998	1999	2000	2001	2002	2003	合计
总收入	385406	555872	565681	594053	656893	749298	670000	4177203
中心收入	209088	304440	362206	412316	479543	588646	520000	2876239
居委返还	108809	114135	70602	48583	82584	83999	74943	543655
工商费用	67508	79561	46256	36210	46723	36000	36000	348258
上缴税金		57735	86618	96943	88043	89000	72000	490338
上交街道	14.6 万元	22 万元	27 万元	25 万元	30 万元	27 万元	20 万元	1656000

★中心年度总收入主要由中心收入、社区居委会返还、工商管理费和上缴税金四部分组成。中心开支范围主要是上交街道办事处、中心人员工资费用、中心日常运作和水电话费用等。

需要特别指出的是，在西城区 10 个街道社区服务中心之中，新街口街道社区服务中心既是唯一的商业化运作中心，又是经济状况最好的中心，还是社区福利服务开展最好的中心。社区服务中心的商业化运作、足够的经济收入和社区福利政策目标之间达到高度和谐一致和良性互动。这既说明新街口街道社区服务中心社区便民网点建设的卓越成就和成功之道，说明商业化运作方法与社区福利政策目标之间并无本质矛盾，又说明目前绝大多数街道社区服务中心缺乏足够经济来源和商业化运作方法，社区服务中心经济效益与社会效益均差。从长远来看，如何建立社区发展基金和确保中心正常运作的经常性资金来源是首要核心议题。

新街口街道社区服务中心的管理模式与运作机制的变迁历程也颇为典型，耐人寻味：由街道办事处的一个“内部科室”转变为相对独立的“事业法人”，由服务、人员和中心的全面管理转变为单纯中心主任的管理，由低层次“以租代管”转变为整体性开发管理模式，由单纯福利服务管理转变为福利服务与福利经济相结合，运作机制主要变化是由福利化转向福利化与市场化相结合。街道社区服务中心成立至 2000 年，街道社区服务办公室与街道社区服务中心合署办公，两块牌子一班人马，属于街道办事处的一个科室，服从街道的行政领导。街道社区服务中心形象就是政府的一个行政部门，而非相对独立的非政府组织，“事业法人”名称与性质均形同虚设。中心的服务、人员和日常运作均处于街道的控制下，中心服务设施使用和创收的主要方式是简单地以租代管，服务范围主要是单纯的福利服务。街道社区服务中心管理模式基本是行政管理，运作机制主要是单纯行政领导和福利性服务，缺乏灵活性、自主性、多样化和系统性。

2000 年民政部颁布“关于在全国推进社区建设的意见”和 2001 年北京市第三次城市管理会议以后，按照转变观念，政府与事业单位分开和培育社区中介组织的改革原则，新街口街道社区服务中心紧紧围绕“拓展社区服务，繁荣社区文化”两大主题开展工作，重新将中心的运作模式定位为“以社会效益为主，适当融入市场机制，资源共享，资金多元，社会共建”，并在管理模式、运营机制和用工制度上进行了有益的探索，由服从街道办事处的领导转变为更加积极主动回应社区居民变化的需要。2001 年，借助社区服务中心大楼的改造装修，中心基本建立起新型的管理模式与运作机制。中心服务项目由原来 27 项发展到 31 项，并采取承包、合作、引进与自办等多种形式运作。中心文化项目由 9 项发展到 21 项，并采取自我组建、向外引进、与人合作和向外辐射方式运作，最大限度利用中心场地资源和服务设施。中心用工制度分为正式工、合同工和项目工三种类型，中心运作机制空前灵活多样和市场化，中心的自主性、独立性与社区中介组织特征日趋明显。

更为重要的是，中心改变以往社区服务项目大部分是以租代包，以包代管的粗放型管理模式，改变服务商与中心是简单租赁承保和经济关系的状况，转变为中心工作人员直接参与服务项目管理，引进社区网点承包制和与他人合作，形成“大楼外面我们是一家（指各服务项目），关上门我们（中心与服务商）分着过”的整体开发型经营运营模式。简言之，社区服务中心管理模式与运作机制转变实质是由服务政府转为回应社区居民需要。

四　核心理论政策议题：国家、市场与 NGO 的关系

街道社区服务中心历史发展与结构变迁涉及众多基础理论议题，关系诸多核心政策争议，反映国家、市场与 NGO 互动关系模式，是观察中国社会结构变迁与现代化最佳视角。街道社区服务中心是改革开放与社会转

型的历史产物，并在城市管理与社区生活中扮演越来越重要角色，具有举足轻重的理论政策意义，这是笔者从事实证研究的最基本动因与目的。中国社会结构转型与历史变迁既有世界各国的普遍性特征，又有诸多“中国特色”的特殊性，这既增加中国社会政策研究的重要意义与独特价值，又增加社会政策研究的复杂性与困难。虽然如此，在社会结构转型与社会现代化背景下，社区组织与社区议题是观察中国社会转型的最佳理论视角。因为社区组织与社区议题势必关系到国家、市场与社区互动关系模式，牵涉一系列核心政策争议与理论议题。核心理论政策议题就是那些事关全局和决定发展进程的基本与战略问题，它们是社区居民、决策者与社会管理者共同关注的重大现实性问题。囿于篇幅限制，依据笔者的实证调查研究，本文简要探讨最为紧迫与最为核心的几个议题。

第一，NGO 定义、分类标准、演化过程与典型形态议题。世界各国 NGO 研究面临的首要议题是 NGO 概念与分类，中国社会也不例外。现有文献回顾发现，NGO 是个宽泛定义，相似概念众多，例如非营利组织、第三域、第三部门、独立部门、志愿部门和利他部门等。这些概念基本都是从西方国家社会结构与文化处境下衍生出来的，均有自身独特的界定角度。严格说来，这些概念并不完全适合中国社会的状况。中国社会结构与 NGO 均有独特之处。在社会结构初步分化与社会转型背景下，中国社会的 NGO 刚刚面市，尚处初级进化阶段。它们既有政府职能，又有非政府组织使命，政治目标、经济目标与社会目标高度相互交织，形成“似是而非”和“几不像”的奇特现象，离标准 NGO 之间尚存在多方面的巨大差距。但是我们不应据此断言，它们不是 NGO。中国城市的街道社区服务中心就是处于这种状况。这便提出 NGO 的动态分类方法与界定标准，特别是“中国特色”定义和分类标准的问题。

从世界历史经验看，一方面 NGO 均有历史进化过程；另一方面最初的 NGO 多是福利性的，而且多是社区型民间组织。从前述角度看，中国的街道社区服务中心是典型 NGO。本研究基本假设是，社区型民间组织是转型期中国社会民间组织的标准形态；民间组织与市民社会之间存在共同渊源与进化关系；国家、市场与社区之间存在高度相关性，相互依赖；如何从宏观社会环境与结构变迁角度看 NGO，是中国社会科学与社会政策研究的重大议题。

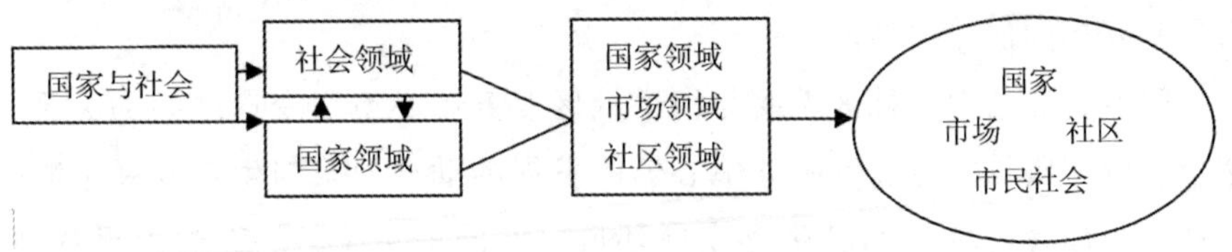

图 2 国家、市场与社区的关联

第二，NGO 的发展原因、历史阶段划分与理论分析框架构成议题。为什么出现 NGO，NGO 的历史发展阶段及其基本特征是什么，如何观察、分析和解释 NGO 现象，NGO 是如何回应社区需要与解决社会问题的，什么因素影响和制约 NGO 的健康发展，这是 NGO 研究中不可回避的基础议题。目前欧美学者主要从经济学、社会学、政治学、组织学和社会政策角度探讨 NGO，充分显示 NGO 及其研究的多样化。从世界历史经验和中国社会状况看，变迁的人类需要与社会结构转型间关系，是说明 NGO 出现和形成不同历史发展阶段的重要理论视角，其理论解释力较强。

更为重要的是，NGO 理论分析框架因社会、文化、时间、民族和地域的不同而各具特色。从目前中国社会状况看，政府行为与国家政策取向是影响 NGO 发展的最主要因素，市场力量和人口结构变动位居其次，NGO 的自身状况与结构—功能同样举足轻重，各种因素之间相互交织与相互影响，形成独立的社会系统。简言之，中国社会 NGO 理论框架可采取“过程取向”分析模式，以更准确理解 NGO 发展。

第三，政府与社区服务中心之间的关系。这个关系实质是国家与 NGO 关系，国家与市民社会关系，是 NGO 关系中最基础和最重要的关系，相当大程度上决定 NGO 的发展状况。与欧美国家不同，中国社会的 NGO 与政府组织之间存在天然、原生和亲密的“血缘关系”。NGO 诞生、发展和变化均主要取决于政府组织的社会选择与行为模式，NGO 寄生和依附在政府的羽翼之下，缺乏独立自主和 NGO 的观念意识，行政化和商业化色彩浓厚，社会化和福利化色彩不足。但是，从新街口街道社区服务中心历史变迁角度看，NGO 脱离政府，自立门户，寻求真实独立自主身份的冲动、条件和能力日趋强烈，非政府化趋势十分明显。社区服务中心对人员聘用、资金使用、设施管理、重大决策和身份的“自主”要求越来越强。需要指出的是，NGO 与政府分离并不意味双方的对立，而是转为平等互惠的伙伴关系。

第四，变动中的社区需要与街道社区服务中心组织变迁之间的关系。这个议题实质是确定社区服务中心健康发展的动力源泉与生存发展策略，是社区与社会，NGO与其生存发展环境之间的关系议题。综观世界各国历史，NGO均有自身发展所需的独特环境、动力源泉与生存策略。一般来说，社会结构分化、社会结构转型、社会现代化、社会革命与变革之时，通常是NGO大量涌现和迅猛发展的最佳环境。这种现象背后的“潜规则”是社会需要与人类需要的变化，是公民生活状况与生活方式的变化，是个人福利与社会福利水平的提高。不言而喻，社会发展与社会结构变迁的基本规律是增加人们的选择机会，改善人们生活质量。更为重要的是，NGO的兴起发展彻底改变社会结构与生活方式，民主化、自由化、多样化、开放性、个性化、创新性等价值观念与行为模式应运而生。需要特别指出的是，世界历史经验证明：及时回应社会问题，有效地解决社会问题，既是NGO生存发展最有效的策略，又是NGO服务社会，造福人群，满足不断提高的人类需要和自身健康发展的最主要动力源泉。

第五，街道社区服务中心的福利性质与市场化运作手段，以及经济效益与社会效益之间的关系议题。这个议题的实质是目的与手段、城市社区福利组织与市场机制间的关系议题。社区服务兴起之初，社区服务中心的性质、定位、角色、功能与运行机制等基本问题并未引起人们足够的重视，人们基本是在“什么是社区服务”和“如何开展社区服务”的问题框架下开展服务的。1990年代以来，在建立社会主义市场经济体制和“福利社会化”的处境下，社区服务中心的福利性质与市场化运作模式便成为服务中心一线工作者和决策者共同面对的难题，为此形成激烈的理论争议，成为长期困扰社区服务中心发展的核心政策议题。实质上，社会福利性质是目标，市场化运作模式是手段问题，二者间是目的与手段的关系。全国各地和新街口街道实践证明：只要正确处理社区服务中心福利性质与市场化运作之间的目的与手段关系，中心的经济效益与社会效益就会实现完美结合。否则，就会适得其反。

第六，街道社区服务中心的核心角色与基本功能作用问题。这个问题实质是回答为什么现代社会不可缺乏NGO，以及NGO为什么会在现代社会生活中扮演举足轻重角色，发挥越来越大作用的问题。NGO在社会生活中扮演什么角色，发挥何种作用是个基础理论议题。从新街口街道社区服务中心历史发展过程看，一方面，NGO 的角色越来越多和越来越清晰，另一方面，NGO 的作用越来越大和影响越来越广。1990 年代初期，街道社区服务中心通常只扮演社区服务“载体”和“基地”的角色，影响和作用通常也主要局限于社会福利与生活服务，社区经济发展、社区文化发展、社区参与和基层民主政治发展作用与功能不明显。2000 年以来，社区服务中心的定位“应该是街道办事处与社区居民之间最大的中介组织”；“应该是社区服务、社区文化的重要基地”；“应该是政府一些文化和社会福利工作的重要载体”；“应该是社区组织（含地方政府）与社区居民的好后勤”。这意味社区服务中心既扮演“中介、基地、载体和后勤”的角色，又发挥全面性社会影响与社会服务的作用。

五　简要讨论与基本结论

本文是中国 NGO 个案研究系列报告之一，北京西城区新街口街道社区服务中心是最佳的典型个案。本研究及其发现具有多方面的重大现实、理论和政策意义。由于历史原因，中国社会 NGO 研究基本是从个案研究起步的，个案的类型、选择和代表性问题应运而生。依据本研究的研究目的与理论假设，城市街道社区服务中心是社区型 NGO 中最重要的类型。从时间维度看，社区福利网络与社区服务中心的兴起发展基本是与城市综合改革步伐同步，街道社区服务中心自然而然成为观察、分析社会结构转型与社会需要变动的最佳分析单位。西城区既是北京市第一个初步建成社会福利网络化的城区，又是社区服务中心最早的发源地。

新街口街道社区服务中心既是西城区第一个街道社区服务中心，又是发展最好的模范中心，是观察北京市社区服务与社区服务中心发展的“窗口”，多次荣获国家、市、区授予的荣誉，创造多个辉煌的“第一”：北京市首个面积超千米的中心；是西城区 10 个街道社区服务中心里首个完成行政、党支部和工会组织“三位一体”的中心；是首个多功能综合服务中心。更重要的是，新街口街道社区服务中心既是历史发展最长的中心，又是变迁最典型的中心。需要特别指出的是，虽然个案研究代表性和研究发现概推化范围值得探究，但其研究发现的现实意义、理论意义和政策意义是不容置疑的。这对社会转型的中国社会而言尤其如此。

社区型 NGO 组织兴起发展与角色变化既反映中国社会结构特征，又说明我们正身处一场静悄悄的社区革命之中，社区结构与社区关系正在发生革命性与结构性变革。在中国社会，各类 NGO 的迅猛发展既是个引人注目的新现象，又是个新兴的理论政策议题。在社会结构转型与社会现代化背景下，作为典型社区型 NGO 组织的街道社区服务中心应运而生。从新街口街道社区服务中心历史发展过程看，中心经历社区福利网络化、地域性社区服务中心和功能性社区服务中心三大时期，总体发展趋势由低层次、无中心的社区福利网络化发展、提高和回归到高层次、以社区服务中心为基础的网络化社会福利体系。

不言而喻，推动社区服务中心的组织结构、功能角色变化的最主要动力源泉是社区需要的变化，是社区居民价值观念转变，实际收入增加，生活状况改善和福利水平提高的结果。这些结构性变化既反映中国社会"国家与社会"关系框架开始具有实质社会意义，反映中国社会结构分化状况，又说明中国正在发生一场静悄悄的结构变迁与社区革命。社区革命的实质与精髓是社区结构与社区关系的革命与结构变化：国家与 NGO 关系的形成；社区福利服务与社区经济发展完美结合；社区文化建设与社区物质福利服务相得益彰；社区福利服务与基层民主政治、广泛社区参与、社区经济发展与公民文化建设形成有机整体；社区型 NGO 角色功能由单纯服务与组织载体转变为"中介、基地、载体和后勤"等多种角色。更为重要的是，街道社区服务中心的兴起发展改变国家与公民的关系，重建新型社区结构与社区关系。

街道社区服务中心兴起发展所引发社区革命的最大社会意义是政府职能、角色的变化，促进国家有关 NGO 政策框架日趋完善，建构转型社会中国家、市场与社区互动关系模式。

街道社区服务中心的兴起发展说明：政府原有回应和解决社会问题的传统行政方式已无法完全满足变迁的社区需要，迫切需要新型社区型 NGO 及其灵活、高效、多元和开拓创新的工作方法，迫切需要国家在政府与 NGO 的"无形竞争"中提高及时回应社会问题的组织敏感性和解决社会问题的制度能力，进而推动政府机构职能和角色转变，增进社会福利。新街口街道社区服务中心十多年的历史变迁过程发现：NGO 发展壮大与能力建设不仅提高政府机构的效率与管治能力，而且增强 NGO 回应社会问题和满足变迁社会需要的能力，同时还培育城市社区民间社会，建构国家、市场、社区（民间社会）关系，是个三方共赢的美好结局。需要特别指出的是，社区革命性变迁刚刚开始，国家、市场与社区均任重道远。

主要参考文献

民政部法规办编：《民政工作文件选编 2002 年》，中国法制出版社 2003 年版，第 577 页。

王名主编：《中国的 NGO 研究：以个案为中心》，清华大学 NGO 研究中心 2000 年版，第 281 页。

萨洛蒙，L. M.：《全球公民社会》，贾西津等译，社会科学文献出版社 2003 年版。

吴忠泽、陈金罗主编：《社团管理工作》，中国社会出版社 1996 年版。

邓正来，J. C. 亚历山大编：《国家与市民社会》，中央编译出版社 1999 年版。

何增科主编：《公民社会与第三部门》，社会科学文献出版社 2000 年版，第 2 页。

Wolfenden, L. et al. (1978), *The Future of Voluntary Organisations: Report of the The Wolfenden Committee*, London: Croom Helm.

周沙尘主编：《甘家口街道志》，机械工业出版社 1993 年版，第 70 页。

段育达主编：《北京市西城区志》，北京出版社 1999 年版，第 350 页。

Doyal, L. & Gough, I. (1991), *A Theory of Human Need*, New York: The Guilford.

刘继同：《中国城市社区建设的最佳“突破口”：社区需要研究》，《中国民政》2002 年第 9 期。

段育达主编：《北京市西城区志》，北京出版社 1999 年版，第 422 页。

北京青年报社编：《中国百姓蓝皮书》，解放军文艺出版社 2002 年版，第 76 页。

新街口社区服务中心：《把握两个主题，为百姓和政府服务》，2003 年 3 月 25 日（打印稿），第 2 页。

段天顺：《民苑集》，中国社会出版社 1994 年版，第 80 页。

新街口社区服务中心：《新街口社区服务中心工作运作机制初探》，2002 年 3 月 22 日（打印稿），第 3 页。

新街口社区服务中心：《新街口社区服务工作情况汇报》，2001 年 6 月（打印稿）。

新街口社区服务中心：《2003 年工作总结》，2003 年 12 月 5 日（打印稿），第 2 页。

新街口社区服务中心：《新街口社区服务中心工作运作机制初探》，2002 年 3 月 22 日（打印稿），第 2 页。

段天顺：《民苑集》，中国社会出版社 1994 年版，第 115 页。

新街口社区服务中心：《2003 年工作总结》，2003 年 12 月 5 日（打印稿），第 4 页。

新街口社区服务中心：《新街口社区服务工作情况汇报》，2001 年 6 月（打印稿），第 4 页。

民政部：《全国社区服务经验交流会议文件汇编》，民政部社会福利司 1995 年版，第 7 页。

新街口社区服务中心：《把握两个主题，为百姓和政府服务》，2003 年 3 月 25 日（打印稿）。

James, E. (1989), *The Nonprofit Sector in International Perspective: Studies in Comparative Culture and Policy*, New York: Oxford University Press, p. 12.

Lewis, D. (ed.) (1999), *International Perspective on Voluntary Action: Reshaping the Third Sector*, London: EARTHSCAN, p. iii.

本文原载《上海城市职业管理技术学院学报》2007 年第 5 期。此次系全文发表。

第二部分

城市街居工作历史与社区管理模式

网络控制与基层组织体系建构：20世纪50年代城市社区工作模式初探

摘要：城市社区工作模式既是社区理论、政策与实践的核心议题，又是当代中国历史研究的重要组成部分。本文采取文献回顾与历史研究方法，从基层组织体系建构等层面，首次将20世纪50年代城市社区工作模式概括为网络控制，填补中国城市社区工作研究的空白点。

城市工作与城市社区工作模式

城市工作是当代中国党和国家工作重心，是观察理解和描述分析社区工作模式的基础。1949年中华人民共和国成立，标志中国历史进入崭新发展阶段，中国社会发生革命性变化：全党工作重心由农村转移到城市。如何在和平环境中建设、管理城市和社会主义新中国，既成为摆在全党面前的当务之急，又是崭新历史课题和首要战略任务，标志全党工作战略重点转移。这种战略重点转移集中表现为农村工作让位于城市工作，城市工作代表新中国的发展方向。这种方向是建立社会主义中国政策框架，努力发展生产、繁荣经济，实现社会主义工业化，使中国由农业国变为工业国，由传统社会转为现代社会，在此社会背景下，城市工作成为全党工作战略重点。城市社会成为描述分析社区工作模式的主导性社会处境。

城市社区工作模式集中代表和反映了社会主义国家社会生活与制度安排的基本特征，为理解社会主义中国20世纪50年代社会结构特征与社会经济政策模式取向提供最佳观察视角。社区工作是社会工作三个专业方法之一，泛指所有在地域社区与功能组织层面上有计划社会变迁过程和增进社区福利的专业社会服务活动，旨在满足不断变迁的社区需要。社区工作模式是社区福利实践活动基本规律与“理想类型”的概念化描述，是社区福利制度本质特征与社区政策模式取向的理论概括，是社区工作实践理论体系的主体。这意味社区工作模式是对社区居民生活方式与社区实务活动规律的理论升华，成为观察描述和分析社区居民生活状况、社区结构特征与社区政策模式的最佳理论视角。本文主要采取文献回顾与历史比较方法，以便全面、深入、系统和科学总结社区工作模式。1958 年国家政策发生重大变化，成为划分不同时期的历史分界线。1949—1957 年社会环境与城市社区结构独具特色，城市社区工作与实务模式同样如此。本文重点探讨 20 世纪 50 年代城市工作与社区工作模式。

社会秩序与城市社会经济环境

20 世纪 50 年代是建立和巩固社会主义政权时期，社会环境与城市工作主题是重建社会秩序。1949 年中华人民共和国成立伊始，以苏联为首社会主义阵营和以美国为主的资本主义阵营相互对峙，形成东西方“冷战”局面和“一边倒”的外交格局：如何确立人民民主专政和民主统一战线，树立中央政府领导权威，制止通货膨胀，迅速解决物价猛涨、居高不下的失业率和其他诸多紧迫经济问题，建立正常经济秩序，改造传统文化教育事业和建立新型社会组织，重建新型社会结构与社会秩序，改造旧的新闻媒体，加强宣传报道和弘扬社会主义价值观，建立新的公共话语体系，成为新生人民政府面临的当务之急和紧迫任务。这些任务集中体现为建立正常社会秩序。不言而喻，这种社会环境与百废待兴的社会状况决定国家的行动逻辑与社会经济政策取向，是理解 50 年代城市社区工作模式社会的基础与基本切入点。

思想领域主导意识形态是社会主义与人民民主专政思想，主流价值观念是新民主主义与集体主义。如何建立各级宣传机构，健全对人民群众经常性与组织性的宣传工作体系，肃清封建、买办和法西斯思想，划清敌我界限，批判资产阶级思想，反对大汉族主义、贪污浪费和官僚主义，树立爱护公共财物、男女平等、婚姻自由等新观念，宣传马列主义和毛泽东思想、爱国主义，这既是摆在国家领导人面前的首要政治任务，又是文化建设基本内容。综观 50 年代思想解放与文化建设运动，革命与反革命、民主主义与封建主义、社会主义与资本主义是当时主流与盛行的公共话语，是贯穿 50 年代思想改造运动的主题。总体来说，20 世纪 50 年代思想改造领域基本发展趋势是，废弃封建残余和资本主义价值观念，批判反革命与落后思想意识，将多样与混乱的思想认识统一到马列主义思想上，树立社会主义和共产主义价值观；思想领域由多样走向统一，意识形态由武装革命转为经济建设，社会价值观由异质转为同质。这为 20 世纪六七十年代达到高峰的“左倾”冒进与中央集权体制奠定思想基础。

社会主义政权由弱到强，政府机关功能分化与职能分工日趋明确，国家机关与行政管理体系运作日趋规范有序，国家在社会经济中扮演越来越重要角色，发挥越来越大作用，逐渐成为社会经济生活的主导力量，国家与社会关系逐渐失去平衡。通过 20 世纪 50 年代初期恢复生产，调整公私关系和整顿税收，土地改革与企业管理民主改革，镇压反革命和“三反”“五反”运动，特别是提前完成国民经济一五计划，基本完成农业、手工业和资本主义工商业的社会主义改造，使国民经济和社会面貌发生深刻变化：社会生产力迅速提高：初步奠定社会主义工业化基础：国有经济与社会主义性质经济成分已成为决定性力量：国家综合实力与宏观调控能力显著增强。经济成就不仅巩固新生人民政权，而且极大丰富国家政治资本，提高政府社会地位，打破已往国家与社会之间的平衡关系，国家地位日趋主导性。

市场经济环境日渐衰萎，市场竞争逐步纳入国家计划范畴，市场在社会生活中扮演角色逐渐转为负面和边缘，市场机制发挥作用日趋减小。新中国成立伊始，市场经济气氛比较浓厚。这突出反映在多样化所有制形态及其相互平等互利关系上。例如《中国人民政治协商会议共同纲领》指出，生产资料所有制分为国有经济、合作社经济、农民和手工业者的个体经济、私人资本主义经济和国家资本主义经济五种形式：各种经济成分在国有经济领导之下，分工合作，各得其所，以促进整个社会经济发展。1954 年通过的《中华人民共和国宪法》仍然明确规定，生产资料所有制主要有国家所有制、合作社所有制、个体劳动者所有制，资本家所有制四类：国有经济是社会主义经济，是国民经济的领导力量和国家实现社会主义改造的物质基础；国家保证优先发展国有经济。

但是，由于三种相互作用力量影响，市场机制在50年代末期基本退出社会经济生活：一是多为军人出身的政府官员对市场机制与市场经济知识知之甚少。他们对军事化供给制度与计划管理体制更为熟悉；二是20世纪50年代初期，封建买办和资产阶级利用市场机制公然挑衅新生的人民政权，囤积居奇、哄抬物价、投机倒把，扰乱经济秩序，市场机制成为资本家威胁和攻击社会主义的工具；三是受苏联计划经济体制和“左倾”冒进思想影响，认为计划经济才是社会主义，市场经济“等同”资本主义。国家从1953年对粮食等主要农产品实行统购统销，拉开计划经济体制序幕。到50年代后期，市场经济环境日渐衰萎，市场机制在社会生活中扮演边缘化角色。

城市社区与基层组织体系建设

划分城市行政区域，建立健全街道、居委会组织体系与工作机构，既是50年代城市工作核心内容，又为开展城市工作奠定组织基础。新中国成立后，如何尽快废除国民党保甲制，将城市居民组织起来，建立城市基层组织体系，建立社会秩序，组建人民政府与国家机关，建立民主政权和召开人民代表大会，使人民政府正常运作起来，将党和国家大政方针迅速贯彻落实到基层，成为执政兴国的首要政治任务和战略议题。北京与全国各地探索实践、制度创新，为城市基层组织体系建立奠定经验基础。1954年12月31日，第一届全国人大常委会四次会议通过《城市居民委员会组织条例》《城市街道办事处组织条例》和《公安派出所组织条例》，全国统一城市基层组织体系正式建立。《条例》规定街道办事处是市辖区、不设区市人民委员会的派出机关。公安派出所管辖范围与街道行政区域基本重合。城市行政区域、工作机构与基层组织体系相互交织。尽管城市管理体制与基层政权组织变动频繁，但街道和居委会为主的基层组织体系却没有变化，一直维持到2000年，时间长达46年之久。总体来说，城市行政区域范围逐渐扩大，街道办事处职能不断增多，地位不断提高，街道与居委会、城市社区、城市基层组织与工作机构的角色越来越清晰，作用越来越大。

20 世纪 50 年代城市基层社区组织工作内容比较有限，工作范围基本局限于地域社区范畴内，城市社区实务在社会主义经济建设和社会主义改造，以及城市工作中处于次要和边缘地位。50 年代初期，城市工作中心任务是工厂管理、恢复和发展生产、劳资关系、工会工作、对工商业的领导方向、工人阶级中的建党建团、城市政权和社会秩序等。政府主要是建立以国家机关、企事业单位为基础的社会结构与社会组织体系，通过工作单位体制解决城市建设与管理问题。城市基层组织与社区工作分为截然不同的两部分，一是以工作单位为主的单位体制与工作；二是以地域社区为基础的街居体制与工作；单位体制在城市工作中处于主导地位，街居工作则处于次要和边缘地位。城市社会结构与运行模式是工作单位体制支配和主导街居体制。这种状况自然规定和限制街居工作范围与内容。

《城市街道办事处组织条例》规定，街道办事处任务有三：一是办理市、市辖区人民委员会有关居民工作的交办事项；二是指导居委会工作；三是反映居民意见和要求。比较而言，居委会工作范围与服务内容更为具体明确。居委会工作任务与服务范围有五：一是办理有关居民的公共福利事项；二是向当地人民委员会或它的派出机关反映居民意见和要求；三是动员居民响应政府号召并遵守法律；四是领导群众性治安保卫工作；五是调解居民间纠纷。总体来说，由于单位与街居体制的主辅关系、街居组织规模与机构设置、工作人员构成与经费来源等限制，城市基层组织处于次要地位。社区工作局限于地域社区范围，社区工作内容主要是管理无工作单位的社区成员，社区工作层次较低，范围较小，对象有限。

20 世纪 50 年代城市社区居民构成由复杂多样逐渐转为两极化和简单化，社区居民群体特征由“正常化”变为“特殊化”，社区居民逐渐成为低人一等和边缘化的劣势群体。50 年代初期，城市居民构成与社会阶级结构复杂多样，阶级阵线与阶级队伍划分是身份的界定主要标准。当时全国人民分为“人民”与“国民”两大类。人民主要是指工人、农民、革命军人、知识分子、小资产阶级、民族资产阶级，少数民族以及从反动阶级觉悟过来的某些爱国民主人士。国民主要是指反革命分子，例如一般反革命分子、封建地主和官僚资本家，在必要时期内剥夺他们的政治权利，但同时给予生活出路，并强迫他们在劳动中改造自己，成为新人之前他们不属人民范围，但仍然是中国国民。

但是，通过农业、手工业和资本主义工商业的社会主义改造，国家机关、企事业单位和人民团体制度不断完善，以及思想改造与频繁社会运动，1956 年党的八大召开时，中国社会阶级结构与群体构成已发生根本性变化：官僚买办资产阶级已经在中国大陆上消灭了；封建地主阶级，除个别地区以外，也已经消灭了：富农阶级也正在消灭中，原来剥削农民的地主和富农正在被改造为自食其力的新人：民族资产阶分子正处在由剥削者变为劳动者的转变过程中；广大农民和其他个体劳动者已经变为社会主义集体劳动者：工人阶级已成为国家的领导阶级；知识界已经改变了原来的面貌，组成了一支为社会主义服务的队伍。总体来说，中国社会阶级结构由复杂多样变为泾渭分明和针锋相对的两部分：以工农为主体的革命群众和以地主资本家为主的反革命分子。而且社会阶级结构两极化与简单化的变迁趋势同样反映在城市社区阶级结构之中。更为重要的是，在单位制度处境下，城市街居管辖居民是边缘化一族，成为典型的劣势群体。

城市社区掌控资源由多到少，社区动员能力由弱到强，城市社会处于由传统社区文化向社会主义文化转变过程中，社区革命性质与政治功能初见端倪。1950 年代中期以前，全国财政状况不稳固，寅吃卯粮，基本没有财政积累和起码的后备金。直到 1956 年党的八大时国家财政状况才有所好转，但是国家财力仍然薄弱。国家逐渐成为掌控社会资源的分配主体，国家计划成为资源分配主要机制与手段。这种宏观背景与社会环境在某种程度上决定城市社区工作中资源分配状况。1949 年以来，国家权力逐渐深入基层社区生活，社区掌控的资源日趋减少。与此同时，基层社区政治功能日趋强化，经济社区与生活社区色彩淡化，传统社区逐渐向社会主义社区过渡，街道与居委会组织体系建设是典型例证。这意味 50 年代发生两种相互关联的反向变化：一方面，国家能力与财力由弱到强、由小到大，对社会生活干预范围不断扩大；另一方面，基层社区自主空间与资源由多到少、由大到小，社区与国家关系变得既直截了当，又不平衡。基层社区从属和依赖国家权力，国家能力与社区状况发生截然相反的变化。

更为重要的是，城市社区革命化性质日趋明显，基层社区生活化色彩日趋淡化，政治性功能日趋重要。例如肃清国民党残余，统一全中国，抗美援朝，土地改革，镇压反革命，恢复生产，“三反”“五反”运动，知识分子思想改造，农业、手工业和资本主义工商业社会主义改造，以及其他各项民主改革运动，都是以社区为基础的社会政治运动。在这种社会运动中，城市基层社区组织与动员能力不断提高，并为日后的组织动员奠定基础。总体来说，50 年代社会革命与社会重构深刻改变社会结构与社会资源分配模式，国家、市场与社区关系发生实质变化：基层社区掌控资源逐渐减少，基层社区政治功能日趋增强，传统文化习俗处于迅速消失过程中，基层社区革命化性质更加鲜明。

网络控制与社会主义改造实践

20 世纪 50 年代城市社区工作模式是网络控制，网络控制成为观察理解和描述分析社会主义改造实践与城市基层社区组织运作运作机制的概念化框架。社会网络概念与理论是 1980 年代欧美国家福利制度改革产物，与社区照顾模式和非正式照顾服务实践日趋流行密切相关。社会网络是指社会中存在的人际关系结构，彼此沟通的联系，以满足个人的需要。社区网络主要是指社区层面的社会关系网络与人际关系结构。社区网络概念核心是社区关系组合，如个人、小组、社团和其他社会组织之间的联系与互动关系。社会学意义的控制是指社会关系中的社会联系形式与社会结构特征，泛指优势者对劣势者（主要是从属者和依赖者）有意识、有计划施加的强制性支配与不平等的社会影响。

社会控制是社会关系与社会管理的基本手段，是实现社会秩序的基本途径，是理解社会稳定与个人自由、社会冲突与社会整合之间动态平衡的关键。社会控制范围广泛，涉及社会生活所有领域。社会控制形态与工具多种多样，阶级、法律、舆论、风俗、习惯、宗教、精神心理是公认的社会控制形态。网络控制是网络与控制的有机结合，主要是指国家通过社会关系与单位组织对社区成员施加全面性强制支配和社会影响的活动与过程。在中国文化与社会生活中，除表示社会互动关系与社会联系形式之外，从社会语意学角度看，网的概念还具有纵横交织、全面覆盖、完全彻底、无处不在、无法躲避和难以逃逸的深刻涵义。例如汉语成语的天罗地网、天网恢恢，疏而不漏，一网打尽、网开一面、网开三面等明确表达了这些意思。网的基本涵义特别适合当时社会生活中对社会不良分子、地富反坏右和反革命分子的全面性社会控制。

网络控制的价值取向是严格控制与军事管制，个人自由屈从于社会稳定，个人权利服从于社会利益，个人价值湮没在国家权威之中。极权而非民主，控制而非自由，垄断而非选择，封闭而非开放，静态而非动态，强制而非自然秩序等成为网络控制模式的价值基础。新中国成立伊始，错综复杂的客观环境与多种的主客观因素导致中央集权与社会控制思想流行。当时严峻客观环境迫使政府采取严厉措施和实施人民民主专政：地主、资本家、官僚买办、国内外敌对势力和美蒋反动派伺机反扑，不择手段破坏新生人民政权，军事打击和镇压反革命任重道远，以巩固新生人民政权；中国社会直接脱胎半殖民地、半封建社会，家长制和中央集权思想盛行，缺乏民主、自由、合作观念；驰骋沙场的军事将领普遍缺乏如何管理和建设城市的经验，他们仍然习惯用传统简单的军事化方法管理纷繁复杂与千变万化的现代城市。

更为重要的是，受苏联计划经济体制和“左倾”意识形态影响，许多人认为军事化管理方式比较简单实用和方便顺手，普遍倾向采取社会控制的社会管理方式，导致迫切需要扩大民主与个人自由的思想意识。在人民民主专政、阶级意识日趋明确和社区居民劣势群体化处境下，城市社区的从属地位和依赖状况是“合情合理”的。这间接反映50年代社会主流价值观念是社会控制与中央集权，国家与社区、国家与个人关系是非平等性的。这种权威、集权、控制、静态与封闭取向的价值观为网络控制奠定思想基础。

网络控制目标是严格规范社区居民行为模式，强化社区管理，将社区居民纳入组织化管理渠道，建立强制性社会秩序。1949年后，如何将社会闲散人员、家庭妇女和无工作单位的社区居民组织起来是党和国家领导人高度关注的优先议题。这种状况是当时特定社会环境与社会主义改造事业的客观需要。第一，城市街道和居委会组织是在废除国民党保甲制度基础上，由接管委员会（办公室）或接管专员办事处（如上海）、街公所（如郑州）、街政府（如武汉）、街道人民委员会（如天津）演化而来的，基本目标是运用新组织方式将城市居民有效组织起来：

第二，当时社会治安形势严峻，社会不稳定因素众多。一方面，生产形势严峻，可供就业机会有限；另一方面，旧社会遗留下来大量失业人员迫切需要安置，就业压力巨大。如何管理城市游民与闲散人员，建立稳固社会基础与社会秩序是新生政府面临的紧迫任务。1950 年全国失业工人占全国工人总数 1/6，他们因为失业缘故，可能在情绪上反对新生政权。

第三，20 世纪 50 年代初期，如何肃清封建残余和帝国主义影响，改变人们思想观念与列惯，规范人们的行为模式，建立新型社会关系，建构社会文化与社会管理体系，以实现思想文化建设与控制是当务之急。1950 年中央人民政府教育部《关于加强对学校政治思想教育的领导的指示》典型反映当时争取、团结和改造知识分子的政策。简言之，50 年代严峻社会环境与国家政策导致城市社区工作目标更多侧重于社会控制与秩序重建。

网络控制范围广泛，领域宽广，覆盖社会生活所有领域，基本形成全面改造、建设社会主义的新型社会管理体系与天罗地网式社会控制网络。中国社会规管首先是从政治领域和政权建设入手的。民主建政核心是建立以工农联盟为基础的人民民主专政，实质是对帝国主义及其走狗以及一切反动派和帮凶实行人民民主专政，“只许他们规规矩矩，不许他们乱说乱动”。

其次，经济秩序是党和国家关注的重要领域。组织群众恢复和发展生产，制止通货膨胀和物价飞涨，建立正常经济秩序，这是既关系新生政权稳定与否，又关系社会秩序的基础领域。总体来说，50 年代街道与居委会经济活动的社会意义微不足道，社区政治生活位居主导地位。

再次，意识形态、思想文化教育革命和知识分子改造，是社会主义建设与思想改造的第三个领域。政府在党内外思想斗争与宣传鼓动工作、文化教育政策制定、民众教育与举办工农速成中学、争取、团结和知识分子的思想改造教育、禁演旧剧和戏曲改革、加强学校政治思想工作教育、改进出版事业等领域进行卓有成效工作，以培育社会主义新思想，建设社会主义文化教育和思想宣传工作体系。

最后，在日常生活与社会服务领域，改革传统生活方式，建立新型伦理道德与社会关系，建立新的生活方式。1950 年公布的《婚姻法》指出，社会主义婚姻原则是婚姻自由、一夫一妻和男女平等。同年国家接办和改造美国津贴文化教育救济机关及宗教团体的社会服务。简言之，五十年代社会主义改造是全方位的，涉及社会生活的所有领域，是一场深刻的社会革命，主要结果是建立社会主义道德规范和文化价值，制约人们行为模式，改变人们的生活方式。

网络控制手段多种多样，涉及社会生活所有领域，各种控制手段相互交织。按照控制手段政治化色彩与强制性程度，社区网络控制基本方式如下：一是人民民主专政。这种方式主要是肃反、镇压反革命和加强公安司法工作，对象主要是美帝国主义、官僚买办、地富和反革命分子，性质是阶级控制。二是军事管制。这种方式主要是接管城市、肃清土匪、加强国防与军队建设、维持社会治安和建立准军事化社会组织与管理体系，对象是境内外敌对势力与潜在敌特，性质是军事控制。三是统一战线。这种方式主要是政治协商会议、统战工作、进步力量联盟、民族团结与和睦、民族区域自治、人民团体、民主党派、人民政权机关与人民政协机关之间的相互合作监督，对象是各民族、各阶级、各民主党派、各人民团体、各界民主人士及其他爱国分子，性质是政治协商、党派合作与社会监督相互交织，综合性色彩浓厚。四是组织控制。这种方式主要是健全各类组织体系，将社会组织区分为国家机关、企业、事业和人民团体四种类型，尽可能将所有社会成员纳入组织体系，对象是所有社会成员，性质是社会性组织控制。五是政治思想教育。政治思想教育主要是政治学习、思想改造与教育挽救，主要对象是普通民众与知识分子，性质是思想控制。六是整风学习运动。这种方式主要是批评与自我批评、反对贪污、浪费和官僚主义、命令主义和违法乱纪、批判大汉族主义等，对象主要是国家机关工作人员和社会管理阶层，性质是社会舆论和工作作风控制。七是时事宣传。这种方式主要体现为形势宣传、思想教育、宣传栏和墙报、专题演讲、街头宣传、机关团体、学校工厂和部队的讨论、健全各级宣传机构、开展理论政策研究等，对象既包括普通群众，又包括国家干部，性质是舆论信仰、教育、社会、宗教性质的控制。八是经济计划。这种方式主要是年度和国民经济五年计划，对象主要是国家机关工作人员和普通群众，性质是社会资源与经济控制。九是阶级身份划分与确定。这种方式主要是城乡阶级划分、身份确定与社会主要矛盾界定等，范围涉及所有阶级。地富反坏分子和官僚买办要接受人民民主专政，他们的人身自由与思想意识受到严格控制，阶级划分性质是阶级控制与人民民主专政。简言之，50 年代网络控制手段涉及社会生活所有领域，既有政治经济手段，又有社会文化手段，既有社会阶级与身份地位划分，又有意识形态与思想观念灌输，进而编织一张无所不在和无形的天罗地网。

城市社区工作者主要扮演组织者、中间人、服务提供者与社区控制者角色，成为第一代社区工作者。街道和居委会组织条例颁布标志城市社区工作者群体形成。当时街居干部年龄偏大，文化素质偏低，是边缘化社会管理群体。他们首先扮演将无工作单位社区居民组织起来的角色，目的是将所有社区成员纳入组织化管理体系。其次，街居工作者处于国家与社区居民之间的位置，主要扮演上传下达，反映居民意见和要求的角色。再次，街居工作者是社区福利与公共服务的提供者。他们在社会福利、治安保卫、文教卫生、民间调解和妇女工作等方面扮演举足轻重角色。最后，社区工作者扮演社区控制者的角色。例如当时居委会带有人民民主专政特征，居民中被管制分子和其他被剥夺政治权利的人，虽被编入居民小组但不得担任居委会干部，必要时居民小组长有权停止他们参加居民小组的某些会议。简言之，首批社区工作者主要扮演组织者、中间人、服务提供者与社区控制者角色。

简要讨论与基本结论

本文采取文献回顾与历史研究方法，主要从城市工作，社会秩序与社会环境，社区基层组织体系建设，网络控制与社会主义改造实践层面，全面描述与分析城市工作与社区基层组织运作模式，首次将城市社区工作模式概括为网络控制，目的是总结中国社区工作实践模式，以便与欧美经典社区实务模式对话，深化中国社区理论与社区工作研究，创建中国特色社区理论体系，丰富世界社区实务模式。这既为方兴未艾与蓬勃发展的社区建设运动提供理论指导和理论解释，又加深对城市社区工作的深度理解，总结历史经验，理解现实状况与制度安排，预测未来发展，为发展社区福利与改善社区居民生活质量提供理论基础。

1949 年中华人民共和国成立到 1957 年的“一五”计划超额胜利完成，这既是以社会主义改造闻名的历史时期，又是中国社会革命取得胜利与新民主主义向社会主义过渡的初期阶段，总体上社会处于由半殖民、半封建社会向社会主义、现代社会转型过渡和结构性变迁阶段。无论从何种角度看，50 年代都是中国历史转折与社会发展的关键时期，形成独特的时代特征。中华人民共和国成立标志中国历史进入新纪元，标志党的工作重心由乡村转移到城市工作，标志中共由在野党转变为执政党，标志由打碎旧的国家机器转变为建设与发展新型的社会制度。但是当时国内外社会环境与世界政治格局无形中限定中国社会结构变迁基本范围与方向。如何恢复正常的经济生活、重建社会秩序和巩固新生的人民政权成为头等重要的国家大事。

在此处境下，城市基层组织体系建设与重建社会秩序自然成为城市工作和社区工作的主题。这意味我们应将 50 年代城市工作和社区工作放在特定时空处境下予以历史和动态考察。

社会主义中国独特历史发展逻辑与社会环境导致城市社区结构、社区组织体系建设与社区实务形成独特的模式，中国与欧美社区实务模式是两个平等、互补的理论体系，完全可以进行理论对话与比较研究。欧美社区实务模式产生发展的环境主要是资本主义，社区运作环境是古典工业化与城市化处境。经典社区实务模式是社区发展、社区行动与社区规划。这些模式典型反映欧美社会环境与文化价值。总体来说，50 年代中国城市社区实务模式属于社会控制典范，为世界上第四种社区实务模式典范提供具体生动的例子。这种模式同样典型反映 50 年代中国社会环境与文化价值观。

需要特别指出的是，中国社会控制模式具有自身特色。这种特色突出反映在网络化控制特征上。网络控制概念说明社会控制是如何实施和通过什么途径实施的，指明社会控制的组织结构与运作模式，反映社会控制的制度安排特征与文化价值观。

更为重要的是，这种社区实务模式适应当时社会环境与社会需要，对巩固新生人民政权，恢复和发展经济，实现社会主义改造，奠定国家工业化基础与改善人民群众生活发挥不可磨灭的历史贡献。这意味在当时社会环境与特定历史处境下，社会控制是积极性与进步性的，因为网络控制体制确保“一五”计划与社会主义改造任务顺利完成。在社会结构转型与社会革命处境下，社会不确定因素剧增，社会不稳定因素繁多，社会秩序与国家权威成为社会有序运作的社会前提，而非社会经济政策优先目标。关键的问题是，网络控制模式是暂时与过渡性的，什么条件下和如何转变工作模式才是核心问题。

主要参考文献

中央文献研究室编：《建国以来重要文献选编（第一册）》，中央文献出版社 1992 年版，第 2 页。

费正清主编：《剑桥中华人民共和国史（1949—1965）》，王建朗等译。上海人民出版社 1990 年版，第 1 页。

薄一波：《若干重大决策与事件的回顾（上卷）》，中共中央党校出版社 1991 年版，第 35 页。

人民手册编辑委员会：《1957 人民手册》，大公报社 1957 年版，第 191 页。

中央文献研究室编：《建国以来重要文献选编（第一册）》，中央文献出版社 1992 年版，第 7 页。

人民手册编辑委员会：《1957 人民手册》，大公报社 1957 年版，第 2 页。

薄一波：《若干重大决策与事件的回顾（上卷）》，中共中央党校出版社 1991 年版，第 255 页。

李秀琴、王金华：《当代中国基层政权建设》，中国社会出版社 1995 年版，第 223 页。

高凯、熊甲光主编：《新中国的历程（1949.10.1—1989.10.1）》，中国人民大学出版社 1989 年版，第 85 页。

中央文献研究室编：《建国以来重要文献选编（第二册）》，中央文献出版社 1992 年版，第 11 页。

王思斌主编：《转型中的城市基层社区组织——北京市基层社区组织与社区发展研究》，北京大学出版社 2001 年版，第 3 页。

上海市社会学学会编：《解放以来我国城市管理法令法规选编》，上海社会学会 1985 年版，第 225 页。

白益华、马学理主编：《居民委员会工作手册》，中国社会出版社 1990 年版，第 2 页。

中央文献研究室编：《建国以来重要文献选编（第一册）》，中央文献出版社 1992 年版，第 17 页。

人民手册编辑委员会：《1957 人民手册》，大公报社 1957 年版，第 9 页。

邓小平：《邓小平文选》（第一卷），人民出版社 1994 年版，第 195 页。

香港社会服务联会：《社区网络》，《社联季刊》1994 年第 129 期，第 3 页。

［美］罗斯：《社会控制》，秦志勇、毛永征等译，华夏出版社 1989 年版，第 1 页。

薄一波：《若干重大决策与事件的回顾（上卷）》，中共中央党校出版社 1991 年版，第 6 页。

周恩来：《周恩来选集》（下卷），人民出版社 1984 年版，第 47 页。

崔乃夫主编：《当代中国的民政》，当代中国出版社 1994 年版，第 123 页。

李荣时主编：《民政统计历史资料汇编》，民政部计划财务司 1993 年版，第 562 页。

李荣时主编：《民政统计历史资料汇编》，民政部计划财务司 1993 年版，第 561 页。

全国人大：《中华人民共和国发展国民经济的第一个五年计划（1953—1957）》，人民出版社 1955 年版，第 17 页。

中国社科院哲学所：《三十年来阶级和阶级斗争论文选集（第一集）》，中国社科院哲学所 1980 年版，第 1 页。

崔乃夫主编：《当代中国的民政》，当代中国出版社 1994 年版，第 124 页。

Warren, R. (1978), *The Community in American* (3rd ed.), Chicago: Rand McNally, p. 9.

Weil, M. (1996), Model Development in Community Practice: An Historical Perspective, *Journal of Community Practice*, Vol. (3/4): pp. 5 - 67.

Rothman, J. &Tropman, J. E. (1987), Models of Community Organization and Macro Practice Perspectives: Their Mixing and Phasing, pp. 3 - 26, Rothman, J., Erlick, J. L. & Tropman, J. E. (eds.), *Strategies Community Intervention*, New York: Peacock.

Steven, B., (1978), A Fourth Model of Community Work, *Community Development Journal*, Vol. 13 (2): 86 - 94.

本文原载《华东理工大学学报》（社会科学版）2003 年第 2 期

组织性动员与政治经济运动：20世纪六七十年代城市社区工作模式

摘要： 城市社区工作模式既是社区理论、政策与实践的核心议题，又是当代中国史研究的重要组成部分。本文采取文献回顾与历史研究方法，从政治经济运动等层面，首次将20世纪六七十年代城市社区工作模式概括为组织性动员，填补中国社区工作理论研究的空白点。

一　问题的提出及其理论政策意义

1950年代末期到1980年代初期中国城市社区工作实务模式，是中国社会科学研究与社区研究的空白点，是亟待探索的重大理论与政策问题。1949年中华人民共和国成立特别是改革开放以来，海内外对当代中国历史的研究已取得世人瞩目的丰硕成果（费正清，2000）。但是，1957年社会主义改造基本完成到1980年代初期实施改革开放政策的20多年间，城市居民的生活状况与生活方式如何，城市基层组织体系框架与运作模式如何，城市社区生活与频繁政治运动的关系如何，城市社区工作实务模式及其主要社会影响是什么，这些都是鲜有人涉足的重大理论与政策问题。在中华人民共和国历史发展中，1950年代末期到1980年代初期是承前启后的重要阶段，前接社会主义改造时期，后连改革开放时代，是解释过去、理解现在和预测未来的关键时期。这是社会主义制度稳固确立和计划经济体制最终形成，是“大跃进”运动兴起与城乡人民公昙花一现，是党和国家为探索适合中国国情的社会主义建设道路而上下求索，适时提出“调整、巩固、充实、提高”方针，是“文化大革命”与政治运动盛行一时，是拨乱反正和确立对外开放、经济改革政策等一系列重大历史事件发生的伟大变革时代。这意味此时既是社会主义改造阶段的自然性延伸，又是激进社会主义思想与集体主义文化，是国家社会主义制度与社会经济政策框架的形成，是社会结构转型与阶级结构重构的关键时期，还是当今城市生活与社区工作模式的“前奏曲”。不言而喻，无论从何种角度看，从微观取向的城市生活方式与社区工作实务模式角度，历史研究这个时期社会变迁的结构性特征、社会运行机制和一般性规律，总结城市工作与基层社区组织实践的经验模式，提炼城市社区工作实务模式的“理想类型”，这是摆在理论工作者与社区实务工作者面前的当务之急。因为当代中国社会状况根植它的历史与社会传统。

中国20世纪六七十年代城市生活与社区工作实务模式理想类型的研究具有重要的现实意义、政策意义与理论意义。改革开放特别是1980年代中期以来，城市综合经济体制改革与社区服务兴起，导致城市社会生活与城市居民生活方式发生翻天覆地的变化。1990年代，伴随经济体制改革不断深化，企业下岗失业人员急遽增加，城市贫困问题骤然形成，如何加强社会团结与重建社会秩序成为国家政策议程中心议题，城市社区建设政策应运而生（多吉才让，2001）。

虽然，目前社会环境不同于20世纪六七十年代，但是当前城市社区建设运动中面临的问题都可以在六七十年代城市社区工作实务模式与历史经验中找到直接或间接答案。这意味20世纪六七十年代城市生活与社区工作实务模式具有极强的现实意义。与此同时，如何完善目前城市社区政策，处理好国家与社区关系，历史经验同样发挥不可或缺的借鉴意义。更为重要的是，社区实务模式研究可以为深刻剖析中国城市社区结构与有计划的社区变迁，总结中国社区理论与社区分析框架提供最直接与最适当的个案经验，理论的意义十分重大。本文采取文献回顾与历史研究方法，按照历史发展的时间顺序，重构当时社会处境与制度安排，将中国20世纪六七十年代城市生活与社区工作实务模式放置在当时历史环境中动态考查。

二 社会主义改造与社会主义社会

1958年“大跃进”前夕，中国已基本完成由新民主主义社会向社会主义社会的过渡，建立起稳固的社会主义制度与国家。1949 年中华人民共和国成立，标志民主主义革命的基本结束和社会主义革命的开始。关于民主主义革命与社会主义革命的关系问题，当时主导性社会理解与基本判断有三：一是新民主主义革命是社会主义革命的必要准备，社会主义革命是新民主主义革命的必然趋势；二是新民主主义社会是个过渡性质的社会，新民主主义社会过渡到社会主义社会需要相当长的时间；三是党在过渡时期的总路线与总任务是，逐步实现国家的社会主义工业化，并逐步实现国家对农业、手工业和资本主义工商业的社会主义改造，最终建立没有阶级剥削与压迫的社会主义社会（中共中央文研室，1993）。

为实现这一宏伟目标，中华人民共和国成立以来，在肃清国民党军队残余、统一全中国、抗美援朝、土地改革、镇压反革命、恢复生产、增产节约、反对资产阶级进攻的“三反”“五反”、知识分子思想改造和各种民主改革运动，特别是成功实施“一五”计划（1953—1957）基础上，从 1953 年起，中国从经济恢复阶段进入有计划的经济建设和对非社会主义经济成分实行有系统改造的阶段。政府全面实施农业、手工业和资本主义工商业的社会主义改造，并取得了决定性胜利，基本完成经济战线上（以生产资料所有制为主）的社会主义革命。1957 年底，民主专政与社会主义制度已稳固建立起来，社会主义公有制经济成分在国民经济中比重显著增长。无产阶级领导地位已经确立，人民生活状况明显改善，形势一片大好。国际环境同样形势喜人，捷报频传，世界社会主义运动蓬勃发展，中苏友好合作达到顶峰（社论，1958）。简言之，中国政府是在“从胜利走向胜利”的环境中，满怀激情与喜悦跨入 1958 年的。这种形势大好的环境也为“大跃进”等“左倾”冒进与极“左”思潮的盛行奠定相应的社会基础。

社会主义改造和有计划经济建设的最大成果是初步建立社会主义社会制度框架与组织体系。中华人民共和国是通过武装革命，在推翻国民党统治和彻底打碎旧的国家机器的基础上建立起来的，国家政权的权力框架与国家机关组织体系基本是参照苏联模式建构的。1954 年 9 月 20 日，一届全国人大一次会议通过的首部《中华人民共和国宪法》明确规定国家的性质与政体、全国人民代表大会和立法机关、国家机关与国务院、人民法院与人民检察院、公民的基本权利和义务等，基本搭建起社会主义国家的政治制度框架（人民手册编委会，1957）。到 1950 年代末期，社会主义制度的框架与国家行政管理体系已基本建成。

1954 年 12 月 31 日，全国人大常委会四次会议通过的《城市街道办事处组织条例》和《城市居民委员会组织条例》标志城乡基层组织体系建立，为实现将群众组织起来，动员一切力量建设社会主义国家的目标奠定组织基础（上海市社会学会，1985）。在经济领域中，社会主义经济建设和社会主义改造已取得丰硕成果。到 1956 年 6 月，全国一亿两千万农户中，加入农业合作社的一亿一千万户，占农户总数的 91.7%，其中加入初级合作社的 31.82%；加入高级合作社的 68.18%；全国手工业者加入工业生产合作社、生产小组或供销生产合作社的已占从业人员总数的 90%。个体渔民、个体盐民和运输业的个体劳动者也基本实现合作社；资本主义工商业已基本实现全行业公私合营。个体小商贩也已基本实现合作社，为国有商业和合作社商业执行代购代销的业务；国营工业产值到 1955 年时已占全部工业产值的 51.3%。人民政府把全部私营银行和钱庄改造为国家银行领导下的统一的公私合营银行，由国家集中经营银行信贷、保险业务和黄金、白银、外币的交易，建立对外贸易的管制和外汇管理。国家掌握了几乎全部的铁路，绝大多数钢铁工业和其他重工业的主要部分，以及轻工业的某些重要部分（人民手册编委会，1957）。这意味着 1950 年代末期，以国有经济为主导的社会主义经济体系与经济制度框架已经基本建立，合作社经济已成为改造个体农业和手工业主要方式，为全民所有制迅猛发展和社会主义经济的优越地位奠定物质基础。

三　政治思想改造与社会结构变迁

20 世纪 50 年代末期，各条战线的政治思想教育与社会主义思想改造方兴未艾，社会主义意识形态与集体主义文化价值观念日趋普及，政治思想领域的社会主义革命也取得初步胜利。中华人民共和国成立以来，在经济战线全面实施社会主义改造的同时，政治思想领域也全面实施社会主义思想改造，以便创造社会主义经济建设与政治生活所需的思想、文化前提。在政治思想上，加强全党的政治思想教育，督促党员干部学习马列主义理论和党的总路线，遵守党的纪律和国家纪律的教育，加强党对各种群众组织领导，提高社会主义觉悟和认识；在思想改造领域中，为使知识分子适应社会主义建设事业的需要，党在全国范围内对知识分子实行团结、教育和改造的政策，积极推动科学研究、工程技术、医药卫生、教育、文学艺术等领域知识分子的自我思想改造，使他们抛弃地主和资产阶级思想，接受工人阶级和社会主义思想，知识分子政治觉悟和思想认识显著提高。截至 1956 年时，缺乏政治觉悟或者在思想上反对社会主义的落后高级知识分子约占百分之十几；反革命分子和其他坏分子约占百分之几（周恩来，1984）。

在社会文化生活领域中，为废除封建陋习和习惯，改变生活方式与传统价值观念，中央人民政府实施广泛的文化建设与社会思想教育。例如，1950 年实施《中华人民共和国婚姻法》，废除包办强迫、男尊女卑、漠视子女利益的封建婚姻制度。实行男女婚姻自由、一夫一妻、男女权利平等、保护妇女和子女合法利益的新民主主义婚姻制度，以树立社会主义新风尚和倡导民主、平等的价值观念（《人民日报》，1950）。简言之，到 50 年代末期，社会主义意识形态和集体主义价值观念已经在全社会基本确立，而经济建设与政治思想领域中的成功助长“左”倾思想的膨胀，并为大跃进奠定思想文化基础。

20 世纪 50 年代末期，工人阶级主导的社会阶级结构已经形成，无产阶级与资产阶级、社会主义与资本主义的矛盾仍然是社会的主要矛盾，为“左倾”冒进、大跃进和大规模阶级斗争奠定社会阶级基础。新中国成立伊始，中国社会的阶级结构异常复杂多样，除反动分子、封建地主和官僚资本家之外，尚有工人阶级、农民阶级、革命军人、知识分子、小资产阶级、民族资产阶级、少数民族、国外华侨和其他爱国民主分子，社会阶级结构错综复杂多样。经过肃反、镇压反革命和社会主义改造运动，到 1956 年时，中国社会阶级结构的革命化与同质化特征已十分明显。官僚买办、封建地主、富农和民族资产阶级已经在中国销声匿迹。工人、农民和知识分子社会地位发生革命变化，他们已经成为社会主义集体劳动者与社会的主人（人民手册编委会，1957）。

与此同时，1956 年中共八大政治报告决议案中曾正确地指出，在农业、手工业和资本主义工商业社会主义改造基本完成的情况下，无产阶级与资产阶级之间的矛盾已经基本解决，国内的主要矛盾已经是人民对于建立先进的工业国的要求同落后的农业国的现实之间的矛盾，已经是人民对于经济文化迅速发展的需要同当前经济文化不能满足人民需要状况之间的矛盾。这一矛盾的实质，在中国社会主义制度已经建立的情况下，也就是先进的社会主义制度同落后的社会生产力之间的矛盾。党和全国人民当前的主要任务，就是要集中力量来解决这个矛盾，把我国尽快地从落后的农业国变为先进的工业国（人民手册编委会，1957）。

然而，令人遗憾的是，不仅党的八大确立的正确方针路线并未贯彻实施，而且党和国家方针路线开始明显“左倾”，由此拉开长期偏离正确发展方向的序幕，为1958年“大跃进”运动和1966年“文化大革命”历史悲剧的发生埋下伏笔。例如1957年的整风运动演变为“反右”运动，反右派斗争的严重扩大化和修改八大关于社会主要矛盾的论断（薄一波，1993）。简言之，到50年代末期，经过社会主义经济改造和政治思想改造，中国社会主义社会制度已经建立起来。但是，“一五”计划的成功和社会主义经济建设丰硕成果带来三方面巨大影响，一是社会主义意识形态稳固建立起来；二是政治路线的根本“左倾”；三是社会阶级结构发生革命变化，奠定中国社会未来发展的制度性框架。

四 组织性动员与政治经济运动

组织性动员是中国20世纪六七十年代城市社区工作实务模式，是观察城市生活方式，描述城市基层社区组织运作机制，分析国家与社区互动关系模式，发展中国社区理论的理论化概念。组织行为与组织理论是政治学、经济学、社会学、心理学和企业管理等诸多学科共同研究的对象，其共同研究领域包括正式结构、小群体、领导权、人际关系、官僚机构、沟通传播、革新与改革、组织发展、权威与控制、决策与评估等（帕隆博，1996）。组织类型多种多样，既有正式组织，又有非正式组织，既有政治性组织，又有经济性组织。一般来说，组织是致力于获得某些特定目标的社会单位（Etzioni，1975）。本文关注的组织主要是城市街道、居委会及其相关基层组织。动员也是多学科研究的重要概念，是1960年代学生动员和各种抗议运动，特别是1970年代兴起的以强调理性和有组织社会运动为特点的资源动员理论的核心概念（Rucht，1991）。

一般来说，动员是社会组织为特定目的发动、说服、控制、管理和组织目标群体的社会过程与活动。组织性动员是组织与动员概念的合成词。组织性是动员的定语，说明动员的组织化方式。动员是组织性动员的核心，强调说明动员是中国政治、经济和社会运动的主要目的。简单地说，组织性动员是城市街居组织和工作单位，有意识、有目的将社区居民组织起来的社会运动过程和政治动员活动总称。组织性动员既与社会运动密切相关，是社会运动过程的重要组成部分，是政治性斗争的重要组织策略，又与社区权力、社区政治模式、集体行动逻辑和社区公共福利的发展休戚相关，相互交织（奥勒姆，1989）。本文主要从社区工作模式角度，将中国 20 世纪六七十年代城市社区生活与基层组织运作模式概括为组织性动员，以丰富和发展社区工作理论。

组织性动员的价值基础是集体主义思想、组织观念、群众路线和阶级斗争为纲等观念。新中国成立伊始，为实现社会主义改造和建设社会主义社会的宏伟目标，一方面，政府大力弘扬集体主义文化；另一方面，国家建立健全政权机关、工作单位和基层组织体系，形成一种组织性集体主义。组织性集体主义是指以功能组织为基础的集体主义文化。这种文化既为街道和居委会解决社区问题，发展社区经济与公共福利事业，动员、组织和管理无工作单位的社区居民，又为 20 世纪六七十年代政治经济和社会运动提供相应价值基础（费正清，2000）。与集体主义思想密切相关的是中国人浓厚的组织观念。

中国社会组织结构特征是由各种工作单位组成，每个人的身份、地位和福利状况均取决于单位。没有工作单位的社区居民是形形色色的边缘社群，街道和居委会成为他们唯一可以归属和依赖的组织。因此，街道和居委会成为组织、动员和管理他们的主要组织（王振耀、白益华，1996）。

从组织角度看，中国人都是典型“组织人”，组织观念根深蒂固。这也部分解释了为什么中国社会动员的基本模式是组织性动员。广泛发动、组织和动员群众，坚持依靠群众，走群众路线，这既是中国革命与社会主义建设的成功经验，又为六七十年代政治、经济和社会运动产生营造适宜的思想基础与社会环境。“大跃进”与人民公社、“文化大革命”和 1970 年代末期的社区经济发展都可找到群众路线影响。在政治运动风起云涌和革命化时代，是站在运动最前列，敢于放手发动群众，还是找各种借口压制群众运动，是检验一个人阶级立场与态度的试金石（联合研究所，

1968）。1950年代末期开始，以阶级斗争为纲和“左倾”思想成为主流的观念，这种思想既贯穿党和国家方针策，又反映在城市街居日常工作之中。如何管理和控制街道内的地富反坏右分子，将社会闲散人员组织起来，为社会主义建设贡献力量成为街居工作基本任务。如1958年街道成为农工商学兵五位一体的政社合一组织，广泛动员家庭妇女参加社会劳动，1959年后对居民的社会主义教育和组织知识青年上山下乡等（李秀琴、王金华，1995）。简言之，1950年代末期到1980年代初期的20多年，社会主义与集体主义、组织观念、群众路线和以阶级斗争为纲等价值观念成为组织性动员的思想基础。

组织性动员的目的多种多样，政治、经济与社会、文化目的既相互交织，又不断变化。如何尽快将人民群众组织起来，这是中华人民共和国成立初期党和国家面临的紧迫任务。到20世纪50年代中期，中国政府已建立健全政权机关和城乡基层组织体系，所有人都被纳入组织化管理的轨道。自50年代末期始，如何管理、控制无工作单位的社会闲散人员、地富反坏右和反革命分子成为街道居委会工作的基本目标。这种目标清晰反映在1954年通过的《城市居民委员会组织条例》之中。而且调解民间纠纷、维护社会治安、开展社区矫治和确保社会秩序的政治目标，在1989年通过的《中华人民共和国城市居民委员会组织法》中仍然清晰可见（白益华、马学理，1990）。

与此同时，社会主义建设与革命迫切需要动员一切可以动员的力量，充分挖掘社会资源，多快好省地建设社会主义。例如1958年“大跃进”和人民公社的基本内容是，倡导妇女解放，动员广大妇女走出家门，积极参加社会主义建设。“以发动和组织妇女参加生产为中心”成为街道、居委会和各级妇联组织的基本任务（冯书耕，1991）。这意味中国的经济运动与政治运动高度相互交织，而且经济运动常以政治运动的面貌和形式出现。

从社会生活角度看，组织性动员过程与活动成为社会教育、舆论宣传和社会改造基本手段。例如，要信任群众、依靠群众，尊重群众的首创精神，放手发动群众，让群众在运动中自己教育自己，这是开展“无产阶级文化大革命”的重要目的之一（联合研究所，1968）。最后，组织性动员的文化目标是通过动员过程来推动思想批判，强化组织观念和集体纪律，破除封建迷信和资产阶级个人主义思想，灌输集体主义和社会主义思想，培育阶级立场和态度，树立新型社会价值观念与道德行为规范（谢和耐，1995）。简言之，20 世纪组织性动员的政治目的是实施组织化管理与控制，经济目的是资源动员，社会目的是实施社会教育、宣传和社会改造，文化目标是培育集体文化、塑造阶级斗争取向的行为道德规范和思想改造。这些目标常相互交织，难以区分，有时以文化和政治目的为主，有时以经济和社会目的为主。

组织性动员的范围广泛，活动领域宽广，覆盖城市生活和社区活动的所有领域。组织性动员成为观察、描述和分析城市社会经济生活规律与街道、居委会工作模式的基本视角。20 世纪 50 年代中期，国家机关、企业、事业单位、民主党派和人民团体的组织体系已经确立，绝大多数社会成员进入这些工作单位就业，只有少数人因为各种各样的原因留在单位之外。

这些无法进入工作单位的社会闲散人员、地富反坏右和反革命分子由街道和居委会来管理。按照历史发展顺序，城市基层社区层面的组织性动员最初是从居民的政治思想改造与社会主义教育动员入手的。1956 年以后，街道和居委会开始组织以家庭妇女为主的社会闲散劳动力参加社会劳动，经济动员的色彩浓厚。1958 年在"为社会主义添砖加瓦"的口号下，全国各地掀起大办街道生产和生产服务运动热潮。街道居民特别是家庭妇女纷纷走出家门，参加各种生产、生活服务活动，形成"全民生产"局面，城市社区经济动员达到高潮（汪海粟，1996）。1959 年特别是 1963 年和"文化大革命"期间，各地贯彻"以阶级斗争为纲"的基本路线，街道和居委会的主要精力是"抓阶级斗争"，清理阶级队伍、批林批孔和斗私批修，学唱样板戏与开展大批判，组织、动员知识青年上山下乡，街居工作主要工作与职能是政治动员与政治运动，完全背离为居民服务和兴办有关居民的公共福利事业的根本宗旨。

1978 年党的十一届三中全会召开，党和政府废除"以阶级斗争为纲"的口号，将工作重心转到经济建设上来。经济工作和社区经济发展重新成为街居工作重点。当时解决大量返城知青的就业问题、城市居民生活方式转变和价值观念更新，迫切需要发展家务劳动和社区服务也为经济动员与资源动员提供客观动力源泉。而且这种趋势一直持续到 1980 年代中期

（李秀琴、王金华，1995）。显而易见，城市生活规律与基层社区组织性动员的领域是依据国家宏观社会环境与政策模式的转变而变化的，动员领域始于政治思想和社会教育，经过短暂的经济动员，转为长期的政治动员与政治运动，最后回归到经济动员和资源动员。简言之，20 世纪六七十年代组织性动员以思想意识为主线，政治动员为核心，社会动员为基础。

组织性动员的方式与手段多种多样，典型反映中国社会运动的动员方法与文化的特色。概括说来，中国 20 世纪六七十年代组织性动员的首要方法是组织性身份的确定和阶级地位划分。在一个高度组织化和单位化的社会中，较好的工作单位和根正苗红的阶级地位是至关重要的。组织化流动机会为那些无阶级问题的人提供奋斗目标，为有阶级问题的人设置难以逾越的障碍。例如清政治、清思想、清组织和清经济的“四清”运动和统一战线。第二，舆论宣传和思想灌输。这是世界各国政府普遍使用的组织性动员的基本方法。注重舆论宣传和思想灌输是中国革命胜利的基本经验，也是长期行之有效的思想动员方法。例如用文学艺术作品鼓舞人。第三，社会学习与社会辩论。社会学习内容主要是马列主义毛泽东思想、社会主义思想和时事，社会辩论主要是大鸣大放和大字报、大批判。

第四，风俗改造与社会倡导。风俗改造主要是用无产阶级的新思想、新文化、新风俗、新习惯改变整个社会的精神面貌。社会倡导内容丰富多彩，包括舆论引导、典型示范、表彰先进、学习榜样和推广应用。例如工业学大庆，农业学大寨，全国学人民解放军。第五，群众路线与群众运动。群众路线就是发动群众，信任群众，依靠群众，尊重群众的首创精神。坚持从群众中来，到群众中去。第六，法律制度与政策规定。法律制度与政策规定体现国家意志和价值取向，是社会影响广泛的动员工具。第七，经济计划和社会规划方法。经济计划是政治、经济和社会动员的强有力工具，诞生于 1950 年代，成熟于六七十年代，成为国家动员最主要的方法。街道兴办的集体企业长期处于边缘状况，无法纳入国家计划反映经济计划的政治取向（季龙，1991）。简言之，六七十年代的动员方法多种多样，政治、经济与社会、文化相互交织。总体来说，舆论宣传、阶级斗争说教、意识形态灌输、社会主义理想和经济计划较为重要。

第一代城市社区工作者主要扮演组织动员、倡导宣传者、中间人、直接服务提供者、社区管理与控制者等多种角色。1954 年城市街道办事处与居委会组织条例颁布，标志着中国第一代城市社区工作者诞生。整体来说，第一代社区工作者的活动时间直到 1970 年代末期。

他们主要群体特征是阶级出身根正苗红，革命热情饱满高涨，政治觉悟与思想认识水平高，组织动员能力强，责任心和事业心极强，但是他们的文化教育水平普遍偏低，年龄普遍偏大。

在 20 世纪六七十年代日常街居工作中，社区工作者的首要角色是组织动员者。由于当时政治运动十分频繁，阶级斗争天天抓，而街道和居委会可以动员的物质和社会资源又十分有限，所以对街居范围内无工作单位社区居民的组织动员便成为街居工作者最主要的工作内容（王思斌，2001）。其次，虽然生产资料所有制的社会主义改造在 50 年代已基本完成，但是在政治思想领域社会主义改造与教育始终没有中断，而且斗私批修和思想批判力度越来越高。新观念、新风尚、新政策的倡导、宣传和推广应用成为街居工作者的重要使命。再次，在六七十年代频繁阶级斗争和政治运动中，街居工作者始终处在国家与无工作单位社区居民之间，主要扮演国家代理人角色，上情下达，向政府反映社区居民意见、要求和提出建议。最后，在城市人民公社和 60—80 年代街居工作中，街道和居委会为社区居民办理公共事务，提供公共福利事业，特别是从事生产服务，发展社区经济和为家庭妇女提供就业机会，发展便民利民生活服务，兴办公共食堂和举办托儿所、幼儿园等，为解放妇女和解除她们的后顾之忧，方便社区居民生活提供方便方面做了大量卓有成效的工作，并为改变社区居民生活方式与提高生活质量发挥不可或缺的重要作用（季龙，1991）。

这种提供直接服务，大力兴办街居企业和社区经济发展的功能，在 1970 年代末期和 1980 年代初期再次发挥重要社会作用，对缓解就业压力、消除社会矛盾和重建正常的社会经济秩序贡献良多（林宏桥，1987）。对街居工作者来说，在六七十年代越来越重要的职能是组织管理和控制社区，以便为各种政治运动服务，为社会主义物质和精神文明建设服务，为国家大政方针政策贯彻落实服务。简言之，在六七十年代的街居工作中，第一代社区工作者扮演多种角色，其中尤以组织、动员和社区管理控制最为重要；宣传倡导和直接服务位居其次。

六 简要讨论与基本结论

本文采取文献回顾与历史研究的方法，从问题的提出及其理论政策意义，社会主义改造与社会主义社会，政治思想改造与社会结构变迁，组织性动员与政治经济运动的层面，首次全面论述了20世纪六七十年代城市社区工作的组织性动员的实务模式，为我们观察、描述和分析城市生活与基层社区组织运作模式提供概念化的分析框架和理论工具。如果说50年代国家建设的主要任务是建构国家政权机关体系和基层组织结构，基本建立社会主义国家的制度框架，那么这一光荣而艰巨的历史使命基本上随社会主义改造基本结束而胜利完成。有鉴于此，1958年成为当代划分中国历史发展阶段的重要分界线，标志中国社会发展与政治生活进入全新阶段，城市生活与基层社区工作实务模式同样如此。

组织性动员模式有其产生社会历史背景，出现于50年代过渡时期和社会主义改造任务胜利完成的处境下。表面上看，50年代社会主义改造基本完成，社会主义制度稳固确立和政治经济形势一片大好的社会处境，客观上有助于为反右扩大化、“左倾”冒进思想、1958年“大跃进”和人民公社，以及“文化大革命”的出现奠定思想与组织基础，创造物质基础与适宜社会环境。因为国民经济恢复，“一五”计划胜利超额完成、社会主义改造初战告捷和国家政权日趋稳定，有可能极大地刺激了政治领袖与决策者的革命热情和乐观主义情绪，助长和滋生了“左倾”冒进的思想。但是，实质上，组织性动员模式的产生并非单纯受客观环境与政治经济条件的影响，更要符合中国革命发展的客观规律，有其内在的逻辑关系和历史必然性。舆论宣传、组织动员、统一战线、思想改造、相互监督、整风运动、阶级斗争和计划经济，都是中国革命取得胜利的法宝和行之有效的革命策略。这意味组织性动员体制与工作模式的出现并非偶然现象，而是有其深刻的社会历史根源，完全符合中国马克思主义者追求的社会理想与奋斗目标，完全符合中国共产党的思想逻辑和行动模式，深刻反映当代中国的历史发展规律与社会传统。

组织性动员模式的基本目的是，在将人民群众组织起来的基础上，再将所有人都纳入组织化动员、管理和控制的轨道，以便广泛动员一切可以动员的力量，建立广泛统一战线，服务于深入开展阶级斗争与政治运动，服务于全党实现全面建设社会主义社会的宏伟目标。新中国成立伊始，如何在打碎旧国家机器的基础上，重建社会主义社会的社会秩序与制度，成为国家政策议程中的当务之急。50 年代中后期，社会主义制度与基层组织体系已确立，所有社会成员都已纳入组织化管理的轨道。那些无工作单位的边缘社群成为街道、居委会管辖的主要服务对象。在 1958 年八大二次会议制定的“鼓足干劲，力争上游，多快好省地建设社会主义”总路线的指引下，在“大跃进”和人民公社化运动，特别是在“左倾”冒进思想和阶级斗争为纲路线的影响下，城市生活与基层社区工作的组织性动员模式逐渐形成，并在六七十年代的阶级斗争、经济建设、生产关系和社会主义制度变革的伟大社会实践中日趋成熟和定型化。

在急剧的社会结构转变和频繁的政治、经济与社会运动中，组织性动员模式解决了如何组织、动员、管理和控制社会群体的政治性问题，解决了在社会资源相对匮乏和国家经济基础相对薄弱处境下如何全面建设社会主义的经济性问题，解决了在封闭和准军事化管理社会中国家如何动员组织社会力量，建构社会阶级结构与合法统治权威，实现社会经济政策目标和维持社会秩序的社会性问题，其历史地位、社会影响和政治作用是不可低估的。城市社区的组织性动员模式既与国家社会主义的整体性动员体制吻合一致，又是社会主义中国动员体制具体形象的直接反映，为观察、描述和分析当代中国社会结构变迁与社区工作实务提供了最佳的视角和典型例证。严格来说，组织性动员只是中国六七十年代频繁政治经济运动的动员策略与基本手法，本身并无好坏优劣之分，而且也并非仅仅局限于中国社会。关键问题是，组织性动员模式已成为中国政治文化的重要组成部分，成为独具中国特色的城市生活方式、社区管理、社区理论和社区实务模式的重要组成部分。

主要参考文献

人民日报社论：《乘风破浪》，《人民日报》1958 年 1 月 1 日。

人民日报：《中华人民共和国婚姻法》，《人民日报》1950 年 4 月 16 日。

人民手册编辑委员会：《1957 人民手册》，大公报社 1957 年版。

上海市社会学学会编：《解放以来我国城市管理法令法规选编》，上海社会学会

1985 年版。

王振耀、白益华主编：《街道工作与居委会建设》，中国社会出版社 1996 年版。

王思斌主编：《转型中的城市基层社区组织——北京市基层社区组织与社区发展研究》，北京大学出版社 2001 年版。

中共中央文献研究室编：《建国以来重要文献选编（第三册）》，中央文献出版社 1993 年版。

白益华、马学理主编：《居民委员会工作手册》，中国社会出版社 1990 年版。

李秀琴、王金华：《当代中国基层政权建设》，中国社会出版社 1995 年版。

多吉才让主编：《城市社区建设读本》，中国社会出版社 2001 年版。

汪海粟：《社区合作经济论》，经济科学出版社 1996 年版。

季龙主编：《当代中国的集体企业》，中国社会科学出版社 1991 年版。

冯书耕主编：《中华全国妇女联合会四十年（1949—1989）》，中国妇女出版社 1991 年版。

周恩来：《周恩来选集下卷》，人民出版社 1984 年版。

林宏桥主编：《辽宁城镇集体经济》，辽宁大学出版社 1987 年版。

联合研究所：《中共中央文件汇编（关于文化大革命）1966—1967》，联合研究所 1968 年版。

薄一波：《若干重大决策与事件的回顾（下卷）》，中共中央党校出版社 1993 年版。

［法］谢和耐：《中国社会史》，耿升译，江苏人民出版社 1995 年版。

［美］丹尼斯·J. 帕隆博：《组织理论与政治学》，格林斯坦编《政治学手册精选下卷》，储复耘译，商务印书馆 1996 年版，第 83—147 页。

［美］安东尼·M. 奥勒姆：《政治社会学导论》，董云虎等译，浙江人民出版社 1989 年版。

［美］费正清：《伟大的中国革命（1800—1985）》，刘尊棋译，世界知识出版社 2000 年版。

Etzioni, A. (1975), *A Comparative Analysis of Complex Organization: On Power, Involvement and Their Correlates*, New York: The Free Press.

Rucht, D. (ed.) (1991), *Research on Social Movements: The State of the Art in Western Europe and the USA*, Colorado: Westview Press.

本文原载《北京科技大学学报》2005 年第 1 期。

从居民委员会到社区委员会：自下而上的革命与民间社会的兴起

摘要：全国社区建设运动方兴未艾，社区管理与社区政策成为国家政策议程优先领域。社区建设核心是深化社区体制改革，关键是社区组织结构—功能转变，目的是建构新型社区。社区发展与国家发展的关系是中国社会重大的现实与理论问题。本文以沈阳市社区建设模式经验调查为基础，从社区建设概念界定与重新划分社区范围、组织创新与社区组织框架、社区权力结构与运行机制、社区领袖与社区队伍建设、结构矛盾与制度创新角度，描述分析社区建设，指明社区建设性质是中国第三次社会革命，其社会影响是民间社会兴起。实证研究发现，城市社区建设面临最大结构性矛盾是社区自治组织与国家的关系，实质是国家何时和如何光荣退出社区自治领域，以重构国家、市场与社区的金三角关系模式；城市社区建设、市场经济和民间组织发展已引发当代中国的第三次社会革命。革命性质既不是单纯由上而下的推动，也非纯粹由下而上的革命，而是社会结构转型处境下中国城市社会的内源性革命。

城市社区的战略地位与本研究的基本角度

1990年代以来，社区建设运动是社会各界高度关注的重大现实问题与基础理论课题，处于中国社会经济政策议程与社会发展战略的中心。1989年12月26日，第七届全国人大常委会第十一次会议通过了《中华人民共和国城市居民委员会组织法》，目的是加强城市居委会建设，使城市居民依法办理自己的事情，促进城市基层民主政治发展（白益华、马学理，1990）；1990 年代以来，经过近十年积极探索与改革实践，充满生机活力的社会主义市场经济体系初见端倪。企业逐渐成为自主经营、自负盈亏的独立主体，已往由政府、企业承担的职业福利和社会职能由谁来承接已成当务之急。社会福利社会化政策应运而生，社区成为社会福利社会化的主要场所与基本途径（莫邦豪、刘继同，1998）。

随着企业劳动、工资和社会保险制度改革的不断深化，企业优化劳动组合、减员增效和下岗待业人员急遽增加，如何发展地方社区经济与社会服务业，如何为下岗失业等劣势群体创造更多更好的就业岗位，成为关系社会稳定、经济发展和改革能否顺利进行的关键，社区就业与社会整合成为社会的热点问题；在社会生活领域中，水平与纵向的社会流动频率显著提高，社会分层速度加快，社会资源分配机制由国家垄断转变为向市场过渡，人们对工作单位的人身依附程度大为降低，“单位人”向“社会人”转变趋势引人注目，就业场所与生活社区的分离，特别是城市社区服务的普及提高和兴旺发达导致社区在居民社会生活中扮演愈来愈重要角色；在社会管理领域中，经济改革与社会结构变迁使城市社区管理模式面临三大基本矛盾：城市现代化建设高速发展与管理手段严重滞后的矛盾，市场经济迅猛发展与 50 年代建立在计划经济基础上中央集权式管理体制的矛盾，社会经济巨大进步与市民素质提高相对缓慢的矛盾（王振耀，1997），这些状况迫切要求改革现行社区组织体系，探索社区管理新方式与新手段。

更为重要的是，改革开放以来，城市居民生活方式发生重大转变，物质精神生活质量显著提高，如何为城市居民创造管理有序、服务完善、环境优美、治安良好、生活便利、人际关系和谐的新型现代化社区，已成为城市工作和社区建设的优先目标。长期以来，由于中国社会民间组织不发达，商品经济与市场机制尚处于发展初期的状况，如何推进社会主义基层民主政治，谁来承接政府、企业分离出来的社会职能，如何解决就业问题与创造就业机会，促进经济社会协调发展，如何确定社区在社会生活中的地位，如何建立适合市场经济的基层社会管理模式，提高人民群众生活质量，维护社会稳定，推动城市改革与发展的现实需要，导致人们“不约而同”地将目光投向社区，社区成为基层民主政治发展的主要场所，城市工作和社会福利社会化的最好载体，社区就业的基本途径，培育社区意识和地域社会共同体的主要手段，探索社会管理模式的最佳试验场，改善城市居民生活质量与提高福利水平的基本落脚点。简言之，改革开放以来，中国社会的政治经济、社会文化力量出于不同原因，从不同角度不约而同地将关注焦点聚集在城市社区。城市社区成为政治领袖、社会管理者和普通民众共同关注的焦点。社区与社区发展首次成为国家层面上社会经济政策议程的核心议题。因此，城市社区建设不仅是事关全局的重大现实与理论问题，具有战略性意义，而且是观察、描述、理解中国社会结构变迁与社会现代化的最佳切入点。

沈阳不仅是“全国社区建设实验区”的首批试点单位，而且“沈阳模式”闻名全国，在诸多方面具有广泛代表性和典型意义。沈阳是辽宁省会，是全省政治、经济和文化中心，是东北地区最大的中心城市，市辖九区、一市和三县，总面积 12980 平方公里，人口 720 万；沈阳是满族和清王朝的发祥地，人口结构以汉族和满族为主，山东籍移民占有相当比例，人际关系中存在浓厚的故里乡情，这直接影响社区人口结构与社区文化；沈阳是全国著名的重工业基地，产业结构以机械制造、钢铁冶金、汽车工业为主。在经济改革与国家产业结构调整处境下，大批工人失业下岗，城市就业压力巨大，社会稳定与经济改革之间的矛盾、冲突关系表现得淋漓尽致，堪为典型。

辽宁和沈阳又是国家“完善社会保障体系”的试点省市，如何将城市社区建设与探索建立一个独立于企业事业单位之外的社会保障体系有机结合起来，确保绝大多数国有企业下岗失业和离退休人员的基本生活，加强失业保险和城镇居民最低生活保障线制度，保证社会稳定、国家长治久安和国有企业改革顺利进行，沈阳都是最佳的社会试验场所（多吉才让，2001）；最为重要的是，虽然沈阳城市社区建设起步时间相对较晚，但是沈阳社区建设在培育社区意识、推动社区自治、社区组织创新和理顺关系等诸多方面进行了有益的探索，成为研究城市社区建设最适合的典型个案。

本研究采取定性研究与现存文献回顾相结合的方法，主要是从社区建设过程与运作模式角度研究相关的问题出发，客观描述城市社区建设现状与问题，目的是为方兴未艾与蓬勃发展的社区建设提供政策建议，与此同时，尝试对社区理论与中国社会现代化提供理论创新。1991 年时，由于考虑到城市基层政权与自治组织建设是民政部门的传统职能，在经济改革处境下如何将这项工作开展起来，不但需要明确工作职责，选准工作立足点，也需要总体性工作思路；二是鉴于1980年代中期兴起的社区服务发展迅猛，服务内容已超出社区服务范围，显得名不符实，社区建设自然成为深化社区服务的基本途径；三是根据社区工作实际状况，城市社区发展工作既有悠久历史传统，又有改革开放和社区发展实践的基础，民政部前部长崔乃夫提出“社区建设”的概念与基本工作思路。

1996年江泽民在谈到深化城市改革时指出，要大力加强城市社区建设，充分发挥街道办事处与居委会的作用。1998年国务院机构改革“三定”方案，首次明确民政部“指导社区服务管理，推动社区建设”的职能。1999年民政部启动“全国社区建设实验区”试点工作，选择社区服务和城市基层工作基础比较好的26个城区为社区建设实验区。2000年11月19日，中共中央、国务院办公厅转发《民政部关于在全国推进城市社区建设的意见》的通知，社区建设运动在全国铺开（多吉才让，2001）。

在经济改革不断深化与社会结构转型处境下，社区建设是如何界定的，城市社区是如何划分的，组织创新与社区组织框架，社区权力结构与运行机制如何，社区工作者队伍建设状况如何，目前城市社区建设主要面临哪些结构性问题，城市社区建设已取得哪些成果，社区建设运动性质是什么，城市社区建设发展方向与政策建议是什么，这些是本研究试图探讨与回答的主要研究问题。为了方便论述和条理清楚，本文按照社区体制改革步骤，从社区建设过程角度依次论述相关问题。

本研究资料来源主要有二，一是现存文献回顾，这包括国家、辽宁省、沈阳市、各城区、街道办事处和社区层面上有关社区建设的法规政策文件、新闻报道、理论专著、工作经验总结、会议论文和统计报表等。二是笔者对不同层次人员的深度访谈。按照事前拟定的深度访谈大纲，笔者访问了沈阳市民政局基层政权建设处处长（1人），沈河区民政局局长（2人），沈河区基层政权建设科科长（1人），沈河区惠工街道办事处负责街政工作的副主任（1人），东陵区泉园街道办事处社区建设调研室主任（2人），沈河区与东陵区的社区委员会主任、书记（5个社区委员会，8人次），共计访谈15人次。每次访谈时间在1.30—2.30小时之间。沈阳市的实地调查与深度访谈是2002年8月19—22日进行的。简言之，本研究的性质是社会政策研究，目的是全面了解方兴未艾城市社区建设运动的现状与问题，为深化社区建设运动提供政策建议与理论支持。

社区建设概念界定与重构新型城市社区

社区建设概念形成与内涵外延的变化是深度理解中国城市社区发展工作现状的基础。社区建设是个充满争议和具有中国特色的核心概念，类似欧美国家的社区发展概念。中国社区建设理念既起源社区服务实践，又是对社区服务实践的深化发展与超越升华。总体来说，目前中国社区建设概念的界定取向主要有“范围说”“活动说”“功能说”和“过程说”。不同界定取向反映社区建设工作不同的价值理念、工作重点和优先领域。范围说主要是从社区建设涵盖内容与工作范围角度界定的。例如民政部前部长崔乃夫 1991 年时认为，社区建设是一个社区内的整体建设，包括社区服务、社区文化、社区卫生、社区道德等。是个全方位的工作，社区服务只是其中的一项。这两者的关系是局部与整体的关系（崔乃夫，1992）。这种界定取向主要是从社区服务与社区建设的关系，从社区建设工作范围的角度入手，比较表面与直观，容易把握和理解，主要问题是缺乏对社区建设本质属性的探究。

活动说主要是从社区建设活动与发展社区事业的角度界定社区建设。例如，民政部主管全国社区建设工作的负责人 1991 年时认为，社区建设就是依靠社区力量，利用社区的资源，来强化社区的功能，发展社区的事业（马学理，1991）。这种界定取向的突出优点是将关注焦点由社区的外部关系转向社区的内部活动，主要问题是对社区建设活动的界定过于空泛笼统，侧重社区建设的形式与活动，容易忽略社区建设的目的。目前，这种界定取向仍然具有一定的普遍性，辽宁省的社区建设概念便属此种类型（杨军，2002）。

功能说主要是从社区建设运动在社会发展中发挥作用与功能角度界定的。例如全国城市社区建设发源地之一的杭州市下城区领导 1992 年时认为，社区建设是在各级政府帮助和指导下，调动和依靠社区各方面的力量，利用社区的资源及优势改善社区的经济、社会、文化环境，强化社区的综合功能，发展社区的各项事业，使社区与整个国家的社会生活融为一体，从而全面地提高社区工作水平，促进整个社会的不断进步（楼勇才，1992）。这种界定取向的优胜之处是由表及里，深入社区建设的社会功能，触及社区建设基本目标与主要作用等核心问题，主要问题是社区建设的主体仍然含糊不清。

过程说主要是从社区建设过程和过程目标的角度界定的。1996 年学者与实际工作者联袂撰写的首部中国社区建设理论专著认为，社区建设是指基层社区在政府的帮助和指导下，依靠社区力量，利用社区资源，发展社区事业，提高社区成员生活质量，促进社区经济和社会协调发展的过程（吴德隆、谷迎春，1996）。这种界定的优越之处是充分吸收和综合以往各种定义的优点，而且独辟蹊径，角度新颖，明确提出社区建设界定的过程学说，其精神为 2000 年 11 月公布的《民政部关于在全国推进城市社区建设的意见》所采用，正式成为官方的权威定义：社区建设是指在党和政府的领导下，依靠社区力量，利用社区资源，强化社区功能，解决社区问题，促进社区政治、经济、文化、环境和健康发展，不断提高社区成员生活水平和生活质量的过程（多吉才让，2001）。这个官方定义的主要问题是将社区建设的途径、功能作用与过程目标融为一体，内容庞杂、体系宏大、性质不清，可能影响对城市基层社区建设实践的指导作用，因此有必要从新的角度重新界定社区建设概念。

笔者认为，社区建设是指社区组织回应社区问题，满足社区居民不断增长的基本需要，提高生活质量和建设现代化社区的过程。这个定义的要点有四，一是明确社区建设主体是社区居民与组织；二是说明社区建设功能是解决社区问题；三是聚焦社区建设的目标；四是突出社区建设的福利性与发展性的性质。概括而言，纵观中国学者与决策者对社区建设概念理解的变化轨迹，我们可清楚看到人们思想认识的逐渐深化，由侧重社区建设的外部关系转变为注重内部关系，由关注社区层面的活动转变为关注社区活动的主体，由关注社区环境、社区活动质量转变为关注社区中的人与个人需要的满足程度，由静态、水平式界定社区建设转变为动态、纵向地看待社区建设，由以社区、社区活动为主转变为以人、人的需要满足和改善生活质量为最高目标。

沈阳市社区建设运动是由重新划分社区，扩大社区范围，建立新型社区组织体系和推行社区体制改革入手的。1954 年 12 月 31 日，为加强城市中街道居民的组织工作，增进居民的公共福利，全国人大常务委员会四次会议通过《城市居民委员会组织条例》，首次用法律形式确定居民委员会的性质、地位与作用，城市居民委员会应运而生，成为城市社会最基础的社区层次（王振耀、白益华，1996）。这种状况一直维持了 35 年。改革开放

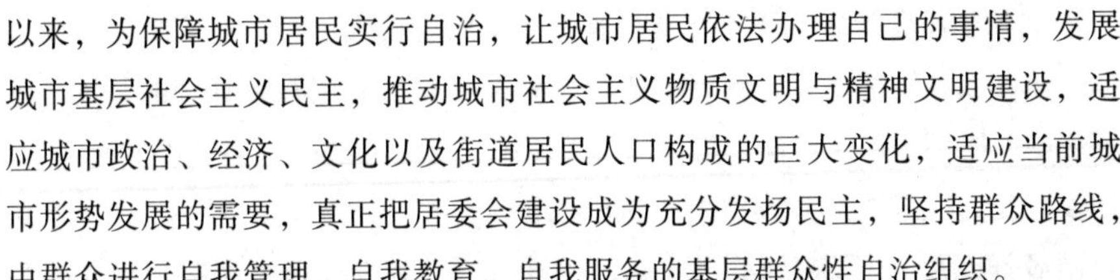

以来，为保障城市居民实行自治，让城市居民依法办理自己的事情，发展城市基层社会主义民主，推动城市社会主义物质文明与精神文明建设，适应城市政治、经济、文化以及街道居民人口构成的巨大变化，适应当前城市形势发展的需要，真正把居委会建设成为充分发扬民主，坚持群众路线，由群众进行自我管理、自我教育、自我服务的基层群众性自治组织。

1989 年 12 月 26 日，第七届全国人大常委会第十一次会议通过《中华人民共和国城市居民委员会组织法》，这标志城市居委会建设与工作进入崭新历史发展阶段。《组织法》增加居委会的任务，明确设立居委会的基本原则，扩大居委会的范围，改革居委会组成人员及其产生办法，将居委会任期由 1 年延长为 3 年，为居委会兴办便民利民的生活服务事业提供法律保障，提高居委会的工作经费、居委会委员的生活补贴和确保居委会的办公用房（白益华、马学理，1990）。

总体来说，《组织法》规定的城市居民委员会性质、地位与作用并未发生实质变化。1990 年代末期，随着城市改革不断深化，城市基层组织管理出现了许多与社会主义市场经济发展极不适应的新情况、新问题，推进城市社区建设势在必行。为此，迅速改革基层组织结构和管理方式，重新划分社区，扩大社区范围已成当务之急。1999 年 7 月 29 日，沈阳市委、市政府发布《关于加强社区建设的意见》，系统提出社区建设的重大意义、总体目标和工作思路，明确提出以重新普遍建立新型城市基层社区组织机构为制度创新的突破口。

按照有利社区自治与管理，充分发挥服务功能的原则，依据社区范围“小于街道办事处，大于居委会”的标准，重新划定社区范围，建立新的社区委员会组织机构。例如，以沈阳市沈河区为例，全区面积 17.6 平方公里，常住人口近 60 万，区辖 16 个街道办事处，原有 396 个居民委员会，重新划定社区后变为 164 个社区委员会，每个社区地域范围与管辖人口数量平均扩大近 2.5 倍。目前每个社区平均管辖 12000 户居民、10 个左右驻社区单位，基本形成以居住地为特征，以居民认同感为纽带，以社区成员的自我教育、服务、管理和约束为职能的 164 个区域性小社会（沈河区社区建设指导委员会，2000b）。显而易见，从 1954 年城市居委会开始，经由 1989 年居委会组织法，最后变为 1999 年城市社区委员会，这标志中国城市社区概念、社区发展实践与基层社区组织创新进入崭新的历史发展阶段。

居民委员会转变为社区委员会有其深刻的历史必然性，适应政治经济体制改革、人口结构变化、政府职能转变和强化城市基层社区管理的需要，有利于在新时期重新建构社区与社区组织体系，更好地适应社会经济发展需要。居委会变为社区委员会典型说明城市社区工作的重大变化：第一，社区地域范围显著扩大。沈阳市原有居委会2700个，重新划分社区后变为1277个新型社区，全市社区地域范围平均扩大2.1倍（多吉才让，2001）。第二，社区自治组织的性质更加明确，社区工作方式也发生根本变化。社区委员会是社区居民自我管理、自我教育、自我服务和自我监督的群众性自治组织。第三，社区工作对象范围扩大，除传统老弱病残孤和优抚对象之外，离退休人员、外来人口和驻区单位人员均纳入社区管理范畴，社区工作对象的社区化趋势明显。第四，社区居委会职能迅猛扩大，权力增大增多，实际上社区几乎承担了政府管理的所有职能，城市社区的地域社会共同体与民间社会色彩日趋浓厚。第五，社区委员会的工作质量与服务层次明显提高，基本能够及时、有效地回应变迁的社会需要，满足市民不断提高的物质文化需要，改善生活质量。更为重要的是，社区建设概念的出现与发展，重新划分城市社区边界，扩大社区覆盖范围，标志着拉开城市社区体制改革的序幕，导致社区组织体系建设与组织创新迈出实质性步骤。

组织创新与社区组织体系框架

改革传统社区组织体系，重新建构适应社会经济发展的城市社区组织体系，这是深化城市体制改革与促进社会发展的客观要求与必然结果。组织可以在动词（动员过程）与名词（特定社会组织）两种意义上使用。本文主要是从名词角度使用组织概念的。按照1954年《城市居民委员会组织条例》的规定，社区组织体系比较简单，主要由居民小组、居民委员会、常设或临时的工作委员会三个组织层次构成。常设或临时工作委员会主要有在居委会统一领导下工作的社会福利（包括优抚）、治安保卫、文教卫生、邻里调解、妇女儿童委员会（上海市社会学学会，1985）。总体来说，当时居民委员会组织体系结构简单，种类单一、数量稀少、人员老化、规模较小、职责单纯，设置标准偏低（100—600户居民），基本上适应当时社会经济发展的需要。

改革开放以来，中国社会发生史无前例和翻天覆地的结构性变迁。为适应我国城市政治经济、社会文化与人口构成的巨大变化，在修改《城市居民委员会组织条例》的基础上，1989 年《中华人民共和国居民委员会组织法》对居民委员会的规模、机构设置、职责任务、居委会组成人员及其产生办法、居委会的任期、居委会兴办便民利民生活服务事业，以及居委会工作经费、办公用房和工作人员生活补贴议题做了调整，其中最重要的组织变化是增加了居民会议，以便强化社区自治的性质和加强社会主义基层民主（白益华、马学理，1990）。

但是，总体来说，《城市居委会组织法》并未从根本上解决居委会与城市管理、社会发展之间的矛盾。日新月异和结构性变迁的社会发展形势迅速拉大居委会与社会发展需要之间的差距。1980 年代晚期以来，随着经济改革的深入和市场经济的发展，中国社会的民间组织如雨后春笋般大量涌现，以社区为基础和为了社区的民间组织成为民间组织体系的重要组成部分，这既在客观上凸显了社区组织体系与社会发展的脱节，又为社区组织体系创新与重构奠定了组织基础，为社区组织创新与重构营造了适宜的环境。2000 年 11 月《民政部关于在全国推进城市社区建设的意见》恰好为社区组织建设与组织创新提供了难得的机会与途径，由此掀开了中国社会城市社区组织建设与组织创新的序幕。

改造传统社区组织体系，建立新的社区组织体系，培育社区型民间组织，建构适应社会经济发展的新型城市社区组织体系，这是城市社区体制与管理模式改革的基础与核心。改造传统社区组织主要是指加强社区居民自治组织建设。这主要是指按照便于服务管理，便于开发社区资源，便于社区居民自治的原则，并考虑地域性、认同感等社区构成要素，对原有街道办事处、居民委员会所辖区域作适当调整，将调整后的居委会辖区作为社区地域范围，并冠名某某社区委员会，并在此基础上重新建立社区民主自治管理决策权力机构：新的社区居民自治组织和社区成员代表大会；建立新的社区组织体系主要是指根据形势发展需要，创立新的社区组织机构。

新建的社区组织有三，一是建立社区民主自治管理的领导核心：社区党的组织。根据《沈阳市委、市政府 1999 年关于加强社区建设的意见》，暂住人口中的党员，社区内各类服务机构、物业管理公司、小型民办企业、各种民办非企业单位的党员，尚未就业的退伍和转业军人的党员，下岗超过 6 个月以上的职工党员、尚未分配工作学生中党员，由社区党组织实行属地管理（多吉才让，2001）。二是建立民主自治管理监督机构：社区议事协商委员会。三是建立新的社区民主自治管理执行机构：社区委员会及其下设的七大工作体系，如社区自治管理、社区保障服务、社区环境卫生、社区治安综合治理、社区计生妇女、社区协调监督工作体系（沈河区社区建设指导委员会，2000a）。四是为强化社区民主监督功能，使社区群众的意见和要求得到及时解决，沈河区首创社区人民联络员制度，在全区162个社区中通过民主选举方式产生162名社区人民联络员（沈河区社区建设指导委员会，2000a）；培育社区型民间组织主要是指建立各类社区专业协会、联合会等民间社团组织，进而建构完整、系统的社区组织框架与社区工作体系。

总体来说，社区委员会的社区组织框架与管理体系比居委会时代发生若干本质性变化。首先，社区民主自治组织体系日趋完善，社区层面的决策、执行和监督组织框架与权力制衡机制基本建立起来，为贯彻实施社区民主自治奠定组织基础。其次，社区组织结构日渐复杂，种类多样，数量繁多，组织成员年轻化，组织规模扩大化，组织职能专门化，社区组织设置标准显著提高，社区组织正式化与制度化程度明显提高。最后，社区组织种类、性质日趋多样化，正式与非正式组织并存，经济、政治、整合和福利型社区组织并存共生，社会团体、专业协会与民办非企业单位争奇斗艳，这从组织发展角度充分反映城市社区民主自治的兴旺发达，也说明中国社会中不同于国家、市场的第三部门或民间社会已经出现。

社区权力结构与运行机制

城市居民委员会存在任务简单，管辖范围过小，服务能力有限，责权利不统一，任务不明确，社区缺乏资源、无权力与权威等问题，社区在社会权力结构中处于边缘地位。1954年通过的《城市居民委员会组织条例》规定，居委会是群众自治性的居民组织，居委会主要任务是：（1）办理有关居民的公共福利事项；（2）向当地人民委员会或者它的派出机关反映居民的意见和要求；（3）动员居民响应政府号召并遵守法律；（4）领导群众性的治安保卫工作；（5）调解居民间的纠纷（上海市社会学学会，

社区民主自治管理领导核心
——社区党的组织

↓

社区民主自治管理决策权力机构
——社区成员代表大会

↓

社区民主自治管理监督机构
——社区议事协商委员会

↓

社区民主自治管理执行机构
——社区委员会（下设七大工作体系）

↓

社区自治管理工作体系	社区保障服务工作体系	社区环境工作体系	社区文化教育工作体系	社区治安综合治理工作体系	社区计生妇女工作体系	社区协调监督工作体系
	保障服务干事	环境卫生干事	文化教育干事	治安调解干事	计生妇女干事	综合协调干事
社社社 区区区 楼单成 长元员 组代 长表 大 会	社社社社社社 区区区区区区 志老服经再卫 愿年务常就生 者人站性业服 协协 捐服务 会会 助务站 站站 社区再就业服务站 社区卫生服务站	社社 区区 环环 境境 美保 化洁 协队 会	社社社社 区区区区 文青文文 化少体明 教年艺市 育协术民 协会科学 会 技校 爱文 好体 者活 协动 会室	社社社社社 区区区区区 治治防警义 安安盗务务 综巡门室看 合逻维 家 治队修 网 理 队 协 会 治 保 会	社社 区区 计妇 划女 生协 育会 协 会	协协协协 调调调调 社社社社 区区区区 企业人物 事主民业 业委联公 单员络司 位会员 联 合 会

资料来源：沈河区社区建设指导委员会编：《沈河区社区建设资料汇编（四）》。沈河区社建指导委员会2000a年版，第14页。

图1　沈阳市沈河区社区民主自治组织框架与管理体系示意图

1985）。这里的居民主要是指那些无法进入国家机关、企事业单位和人民团体的社会闲散人员，居委会及其居民的社会地位均不高，通常处于社会底层。

长期以来，按照居民的居住情况，并且参照公安户籍的管辖区域设立居委会，一般以100—600户居民为管辖范围，且对辖区内单位无管辖权。在无外来和流动人口情况下，居委会位卑权微，管辖范围过小。更为重要的是，居委会缺乏可供支配的资源，无法及时回应社区问题，为居民提供直接与多样化服务，有效满足居民变迁的基本需要。1989年通过的《中华人民共和国城市居民委员会组织法》虽然扩大了居委会的规模，明确了居委会的工作经费、办公用房和生活补贴，但是居委会新增的协助人民政府或者它的派出机关做好与居民利益有关的公共卫生、计划生育、优抚救济、青少年教育等项工作的职责，居委会应当开展便民利民的社区服务活动，可以兴办有关的服务事业的要求，实际既导致居委会成为政府机关的腿，群众性自治组织的性质难以维持，又加剧居委会权责利相互脱节、有义务无权利，以及居委会可控资源及其服务能力之间差距的问题（白益华、马学理，1990）。因此，如何转变政府职能，政企分开、政社分开，下放权力，管理重心下移，明确社区职能，完善社区功能，改变失衡的权力结构就成为社区建设的关键所在。

改革城市基层管理体制，创建新型社区与社区组织，规范社区内外关系，理顺条块关系，强化社区民主自治、社会管理和服务职能，重新建构社区权力结构与资源分配模式，明确社区责权利，是建立社区化与社会化运行机制的最佳介入点与制度性基础。总体来说，城市社区建设与基层管理体制改革至少涉及理顺六种关系：一是与区政府的关系。区政府要加强对社区建设工作的领导，要对社区建设统筹规划，协调各部门工作。二是与街道办事处的关系。街道既是社区建设的直接领导者，又是具体组织者。三是与区政府职能部门的关系。区政府职能部门是社区建设某方面工作的指导者，负有搞好一方面工作的职责。四是与社区辖区内单位的关系。社区辖区内企事业单位是社区建设参与者和联建单位，要积极参与和支持社区建设。五是与民政部门的关系。市以上民政部门是社区建设的指导机关，城区民政部门承担社区建设的部分任务（主要是社区服务），负责对承担工作的指导。六是与新型社区的关系。

社区体制改革后作了规模调整的社区委员会辖区，既是社区建设确定的社区范围与地域空间，又是社区居民自我管理、自我教育、自我服务、自我监督的群众性自治组织（李学举，1992）。这其中尤以理顺城区职能部门、街道与社区的关系，理顺社区自治组织与驻社区单位的关系，理顺社区自治组织与物业管理公司的关系最为重要。这意味城市社区建设从科学合理重新划分社区开始，以建立新的社区自治组织与确定社区建设内容为基础，由表及里，理顺社区建设的内外关系自然而然成为推进社区建设的关键。

毫无疑问，理顺关系的实质是重新划分国家与社区的相互关系，调整各职能部门的利益格局，改变社会资源分配模式，重新明确政府、社区、市场和社区内单位的责权利，建立新型的社区权力结构与运行机制。因此，在某种意义上说，改革城市基层管理体制与理顺社区建设内外关系是场漫长的社会革命与攻坚战。这是一场静悄悄和看不见的革命（李培林，1992），是社会结构转型在城市社区层面上的具体体现，是观察、理解城市社区民主自治和基层民主政治发展，描述分析国家、社区与市场关系，以及社会现代化程度的主要指标。

沈阳市在简政放权、城市管理重心下移，明确社区自治组织的职责和权利，改进社区管理与服务体制，建立新的基层社会管理体制与运行机制，培育社区民主自治意识、组织与能力方面进行了有益的探索，并成为沈阳社区建设模式的基本特征与精髓所在。1990 年代末期以来，由于计划经济向市场经济的转变，城市基层管理出现许多新情况，一是社区工作对象数量急遽增多与流动性增强，沈阳市 40% 左右的人口（200.4 万人，主要是下岗职工、离退休人员、待业人员、民营、私有、三资、股份等无主管企业的职工）和 100 万外来人口都需要由社区负责管理；二是政府职能向社会转移，许多政府管不了、办不好的事情交给社区去办，社区职能显著扩大；三是民主政治向基层社区延伸，社区自治任务更加繁重；四是人们生活方式转变与追求美好生活的迫切需要；五是基层社区的社会稳定作用显得越来越重要。与此同时，原有居委会无法对辖区实施有效管理，居委会规模过小，居委会工作人员年龄结构老化，居委会基础设施极不适应社区工作的需要（张永印，2000）。各级政府简政放权，管理重心下移，建立新的基层社会管理体制与运行机制迫在眉睫，刻不容缓。

2000年11月16日，沈阳市社区建设领导小组印发了《关于明确社区职权的意见》的通知，一是按照“政社分开”原则，明确社区自治权。社区自治权包括民主选举权、社务决策权、日常管理权、财务自主权、摊派拒绝权、内部监督权。二是按照“小政府、大社会”和“管理重心下移”原则，创立社区协管权。协管权的范围又细分为三大类，(1)协助城建城管、环保环卫、房产、公安司法综合治理、计生、劳动社保、武装、民政、工商税务、卫生和文明办等部门管理的行政事务。(2)对工作量大的行政事务或临时性事务实行“费随事转”的协管工作。(3)对不属于社区职权范围的工作，如送信送报送传票和入户调查等事务实行“有偿服务”。三是为满足加强城市管理，畅通民主渠道，维护社会稳定的需要，赋予社区监督权（多吉才让，2001）。显而易见，在政治经济和社会力量的推动下，新型社区组织的职权范围显著扩大，社区开始成为中国社会权力结构与社会管理体系的重要层次，社区权力开始由象征性向实体化方向转变，新型的社区运行机制也随之产生。

沈阳市沈河区在建立以居住地为特征，以居民的认同感和归属感为纽带，以提高社区居民生活质量和文明素质为目的，探索社区服务的社区化供应与社区事务的社会化管理机制上积累宝贵的经验，提供了具有普及性意义的典型例子。沈河区是沈阳市政治、经济的中心城区，面积17.6平方公里，常住人口近60万，区辖16个街道办事处，164个新社区。

按照1999年发布的《沈阳市沈河区社区建设实施方案》的精神，沈河区在社区服务、社区教育、社区卫生、社区环境、社区管理、社区文化、社区治安和社区社会保障等服务领域，依托社区，利用社区资源，提供多种多样的服务，以便满足社区居民多样化与变化的需要，凸现社区服务与居民生活质量的相关关系，初步形成社会化管理运行机制（沈河区社区建设指导委员会，1997）。例如通过“稳定社会，造福于民”“下岗再就业，创建无失业人员社区”“警务室、医疗、信访服务三进社区”“美化社区环境，创建绿静美安的环境”“社区服务求助网络建设”“人大代表、政协委员和人民联络员社区成员接待日活动”，区政府出台《沈河区直属单位社区资源面向社区开放办法》，用法规保障和推进社区资源共享，“社区党组织、议事会、委员会走百家门，知百家情，发爱心卡，为社区成员办实事”活动，解决了一系列困扰居民多年的吃水难、用电难、就医难、噪声污染、下水外溢、煤气开栓、再就业安置等严峻紧迫的社区问题，极大改善了社区环境，方便了百姓生活，提高了生活质量，充分体现了社区建设“以人为本”的宗旨，并将其升华为“民思我想、民困我帮、民求我应、民需我做”的工作方针，为沈阳社区建设模式增添丰富多彩与地方特色的内容（沈河区社区建设指导委员会，2000a）。不言而喻，在明确社区职能、赋予社区权力，减轻社区负担和全面建设社区的处境下，社区在单位人向社会人转变，承接社会化服务，改善居民生活质量，加快城市现代化步伐和加强基层政权建设等方面，均扮演越来越重要的角色。

社区领袖与社区队伍建设

城市居委会主任与委员传统上主要由社区居民中积极分子或退休人员担任，年龄老化、待遇过低、素质不高，难以适应居委会承担的任务，无法提供高质量的服务和培育社区领袖。1949 年以后，中国社会逐渐形成“单位型社会组织体制”，国家机关、企事业单位和人民团体成为人们就业的主要场所。优势群体和普通社会成员主要在各式各样的单位工作，他们的工作和生活福利状况几乎与居委会没有任何关系（路风，1989）。劣势群体和少数“有问题”社会成员（主要是家庭妇女、待业青年和反革命分子）无法进入各类单位工作，只能在街道办事处、居委会兴办的小集体企业中就业和街居范围内生活（林宏桥，1987）。城市社区与他们的生活状况息息相关，并在他们工作与生活中扮演举足轻重的角色。改革开放以来，这种状况并未发生实质性变化，在街居企业工作的人员主要是企业富余职工、下岗人员、残而不废的残疾人、两劳释放人员、愿意并可能二次就业的离退休人员和农民工等社会劣势群体（王振耀、白益华，1996）。街道与居委会成为社会生活中“低层次”的代名词。

居委会主任与委员主要来自教育程度较低的家庭妇女和退休人员。虽然她们普遍无私奉献、认真负责、热情周到、兢兢业业，但因年龄偏大、文化素质过低、福利待遇偏低，加之居委会办公条件十分简陋（当时居委会每月办公费 5 元，居委会成员的生活补贴费 15 元）（白益华、马学理，1990），居委会工作者普遍心有余而力不足，根本无法为居民提供必需与高质量的社区服务，街道与居委会工作岗位的社会形象不佳，职业社会声望处于低谷，街居社区及其工作者和服务对象均处于城市生活的边缘，远离社会资源与权力结构的中心。在某种意义上说，街道、居委会及其工作者和服务对象就是边缘社区与劣势群体的代名词。

1989 年通过的《中华人民共和国城市居民委员会组织法》为改变这种状况奠定了法律基础。组织法规定，居委会成员由本居住地区全体有选举权的居民或者由每户派代表选举产生，所有年满 18 周岁的本居住地区居民，不分民族、种族、性别、职业、家庭出身、宗教信仰、教育程度、财产状况、居住期限，都有选举权与被选举权（白益华、马学理，1990）。这为加强社区队伍建设与提高居委会工作人员的素质铺平了道路，创造了条件与可能性，标志城市社区队伍建设进入新时期。与此同时，居委会任务增加、兴办便民利民的社区服务、办公条件改善、生活津贴提高与社区人口构成变化，客观上为街居及其工作者和服务对象社会形象的改变，职业声望与社会地位的提升，特别是社区精英的培养创造了适宜的环境。

改革开放以来，经济体制改革、城市社会发展、社区居民生活方式转变和社区建设运动，都迫切需要职业化与专业化的社区工作者队伍，需要土生土长与扎根社区的社区领袖。经济体制改革核心议题是政企分开，扭转企业办社会的局面，实现“单位人”向“社会人”转变，这意味着社区工作者既要承担已往由企业兴办的公共福利与生活福利事业，满足人们不断增长物质文化需要，又要为失业下岗者寻找工作岗位，将不稳定因素化解在基层社区；与此同时，改革开放以来，中国重新启动城市化、工业化与社会现代化进程，社会分层与社会流动日趋频繁，社会结构分化与社会阶级结构日趋多元化，社会问题愈来愈复杂多样，这要求社会、社区管理者既要有强烈社会责任感，又应具备现代意识、社会知识与专业技巧。

更为重要的是，改革开放以来，伴随收入水平提高和社会环境转变，城市居民生活方式发生根本变化，在衣食住行生存需要基本满足情况下，追求精神心理健康与自我实现成为普通居民的基本需要。人民群众不断增长、日趋多样和层次化的物质文化需要呼唤高质量的社区服务与社会福利事业。1990 年代开始的社区建设实验与全面发展社区的社会实践则为社区工作者队伍建设提供了最直接的动力源泉与迫切的现实需要。社区建设既是深化经济体改革的必由之路，国家发展与社会发展的基本载体，改变生活方式与改善生活质量基本途径，追求社区全面发展与人的现代化的终极目标，又是呼唤和培育社区领袖的过程。

沈阳市社区建设实践既显著提高社区工作者队伍的素质，又培育名副其实的社区领袖，为社区建设与现代社区发展奠定更为广泛的社会阶级基础。1990 年代末期以前，城市基层管理体制与社会主义市场经济发展极不协调，不仅管理体制不适应、居委会规模不适应、居委会办公条件不适应，更重要的是社区管理队伍不适应。以沈阳市为例，现有居委会成员结构比较单一，95% 以上是离退休人员，年龄偏大，平均都在 55 岁以上，最大的 70 多岁，这种年龄结构根本不适应城市管理日趋繁重任务的需要。从教育程度看，平均在初中左右，有很多是小学文化程度，根本无法胜任城市社区现代化管理与服务的需要（张永印，2000）。

重新划分社区，扩大社区地域范围和创建新的社区自治组织体系以后，社区工作者队伍素质显著提高，社区工作者队伍结构发生实质性变化。例如，沈阳市原居委会成员中 72.5% 是离退休职工，现在下岗人员占 44.9%。沈阳市 1999 年社区委员会换届选择中，全市报名参加公开招选的候选人中，其中担任过领导职务的占 45.2%；党员占 45.2%，比上届提高 11.9%；高中以上文化程度的占 70.5%，比上届提高 40.7%，其中大专以上文化的占 24.5%；平均年龄 45.1 岁，比上届下降 8.2 岁（张永印，2000）。沈阳市沈河区 801 名现职社区工作者中，党员的比例达 39.7%，大专以上文化程度达 35.4%，平均年龄为 46.3%（沈河区社区建设指导委员会，2000b）。不言而喻，社区工作者年龄大幅度下降，整体素质显著提高，无论是对社区建设，改革传统城市基层管理体制，改善社区环境，还是对开展社区服务，提高居民生活质量，培育来自社区、服务社区和建设社区的永久牌社区精英均具有重要意义。

城市社区建设运动不仅造就了中国的社区工作者队伍，而且使社区工作者成为独具特色的职业群体与社会阶层，拥有诸多截然不同于居委会时代工作人员的基本特征，从而在实际上改变了中国社会的社会结构与社会阶级结构。以沈阳市为例，社区委员会工作人员具有如下基本特征：第一，社区委员会工作人员被规范性统称为社区工作者，截然不同已往的居委会委员，形成迥然不同于欧美国家和独具中国特色的社区工作体系与社区工作者称谓（Younghusband，1968）。第二，社区工作者产生方法完全不同于居委会委员，主要采取“公开招选、定岗竞争、择优入围、依法选举”的步骤，将民主选举与择优竞争结合起来（沈河区社区建设指导委员会，2000b）。第三，社区委员会时代社区工作者的数量远远少于居委会委员，有助于精兵简政，提高办事效率。沈阳市原有居委会 2020 个，居委会领导 9695 人。经过社区体制改革和重新划分社区，社区委员会减少到 850 个，社区委员会领导减为 3740 人，减少幅度分别达到 2.4 倍和 2.6 倍（张永印，2000）。

第四，社区委员会主任女性化程度显著提高，社区工作者队伍女性化趋势更加明显。例如沈阳市东陵区泉园街道办事处 119 名社区工作者中，只有 9 名男性，其中 70 多岁的 4 人，中青年男性 5 人，男性只占总数的 7.56%。第五，社区委员会时代工作者年龄结构与教育程度明显优于居委会时代，年轻化与知识化成为新型社区工作者的群体特征。例如 2000 年 7 月，沈阳市沈河区小南街道办事处新设 11 个社区委员会，辖区居民 13900 余户，总人口 39,700 多人。全街 53 名社区委员会成员中，党员比例 45%，高中以上文化程度 57%，平均年龄 49 岁（沈河区社区建设指导委员会，2000b）。

第六，最为重要的是，目前绝大多数社区工作者将社区工作作为自己初次就业的选择与赖以谋生的正式就业岗位，彻底改变居委会时代兼职、退休后返聘和发挥余热的就业模式，极大提高社区工作者对本职工作的热爱与委身感，有助充分调动她们工作的主动性、创造性与积极性，密切本职工作与她们生活环境与质量的关系，工作动机发生根本变化。沈阳是我国著名重工业基地，在经济改革与产业结构调整中，国有企业下岗失业人员数量庞大，位居全国各大城市前列，再就业与社会治安形势异常严峻。社区委员会出现和社区组织发展为下岗失业人员再就业提供适宜的途径，由此导致几十人甚至上百人争聘一个社区岗位的热闹场面，及社区居民民主自治意识空前高涨的可喜局面，这意味着孕育社区工作、社区管理者群体与阶层的社会环境与经济基础巧妙结合在一起。

结构性矛盾与制度性创新

城市社区建设运动轰轰烈烈、方兴未艾、形势喜人，但是社区建设深入发展面临诸多结构性矛盾与两难选择。这些问题既直接关系社区建设持续健康地发展与政策模式取向，又关系社区建设运动发展道路选择与未来发展方向，是些不可回避和必须高度重视的问题。自 1986 年福建省三明市三元区富兴堡街道首创以“六联六建”为主的社区共建活动；1991 年 7 月民政部向全国发出《关于听取对“社区建设”思路的意见的通知》，1992 年民政部在天津河北区召开第一个“社区建设理论研讨会”；1993 年著名社会活动家、时任全国人大常委会副委员长的雷洁琼教授专程前往杭州市下城区考察；1993 年民政部在国务院机构改革中首次设立“城市社区建设工作岗”；1996 年江泽民总书记提出要大力加强城市社区建设；1999 年民政部启动“全国社区建设实验区”试点工作；2000 年 11 月 19 日中办、国办联合转发《民政部关于在全国推进城市社区建设的意见》的通知，社区建设已走过十几年辉煌历程，经历基层社区探索（1986—1991）、实验准备（1991—1995）、正式起步（1996—1997）、发展提高（1998—2000）和全国深化发展（2000 年至今）五个阶段，标志着社区建设运动已进入崭新的历史发展阶段（张秀兰、马学理，2002）。

城市社区建设进入崭新历史时期的主要标志有八：一是各级政府有了专司社区建设工作的职能部门，配备了专职人员，设置了专门的机构；二是社区建设工作思路已经形成，提出了开展社区建设实验区的实施方案，工作机制全面启动；三是扩大了影响，提高了知名度；四是社区建设已引起各级政府，特别是中央领导的高度关注与重视；五是中央各部委对社区建设工作的高度重视；六是社区建设事业已在某些省、自治区和直辖市开花结果，取得丰硕成果（马学理、张秀兰，2001）；七是中央政府已出台国家级政策文件，就社区建设总体目标、基本原则、工作步骤、工作内容、组织结构和队伍建设做了明确说明；八是社区建设理论研究已成为决策者、实际和理论工作者共同关心的重大现实问题，相关的理论研讨会、经验调查、工作会议和理论专著大量涌现（唐忠新，2000）。虽然如此，城市社区建设仍然面临诸多结构性矛盾与两难选择，严重困扰实际从事社区建设、城市社区管理和服务的工作者，严重影响和制约社区建设持续稳定健康发展。

（一）自治组织的行政化倾向与社会化运作机制。城市基层社区组织的性质是个事关全局的关键性问题，直接涉及基层社区组织目标、任务、组织结构、人员构成和运作机制等诸多基础问题。1954 年的《城市居委会组织条例》；1989 年的《中华人民共和国城市居民委员会组织法》，以及 2000 年的《民政部关于在全国推进城市社区建设的意见》，都始终如一和明确无疑地认定居委会是居民自我管理、自我教育、自我服务的基层群众性自治组织，其背后的理念是由城市居民依法办理自己的事情，促进基层民主政治和物质精神文明建设。但是，在现实生活中，社区自治组织性质往往难以落实，常常成为政府机关在社区的延伸，社区承担大量繁杂的行政事务，社区工作者整天忙于应付政府的各种会议任务、检查评比、报表统计和临时应急活动，根本无暇考虑如何为社区居民服务，如何加强社区自治组织建设。显而易见，城市社区自治组织在经济体制和经济增长方式转轨过程中面临的最大问题是，就是继续实行基层工作国家化，还是改弦更张推进基层工作社会化（张秀兰、马学理，2002）。不言而喻，在经济体制改革与社会现代化发展脉络中，培育自治组织与发展民主管理是现代化取向社会管理策略的重要组成部分，是社会现代化与人的现代化的最基本标志。

这个问题的主要症结是社会精英与国家管理者如何看待人性与社会，社区如何回应社会问题与满足人们的需要，如何树立政府权威和有效管理社会生活，如何在社会发展动力机制与稳定机制间达致平衡，如何让人们自觉、自愿和自主地管理自己的事务，培育与国家、市场相互依赖的民间社会。这个问题的关键之处是在社会转型与社会现代化处境下，重新准确地为国家角色定位，深化社会经济体制改革，重新建构国家、市场与民间社会的关系。

（二）社区建设的形式化与社区建设目的的关系。1990 年代以来，社区建设逐渐成为国家社会经济政策议程和社会发展战略的中心议题，受到党中央与国务院的高度重视。一方面，全国各地社区建设运动方兴未艾、轰轰烈烈。另一方面，社区建设已出现形式化倾向，社区建设某种程度上流于形式、徒有其名，象征性与弱势群体为主的社区参与是典型例证。这种状况的主要成因是社区建设动力源泉与社区建设不同主体追求目标间的不协调所致。众所周知，城市基层社区建设实践与制度创新受到党中央与国务院的充分肯定和高度重视，其直接动因是改革传统的城市基层管理体制，夯实基础，力争将社会矛盾化解在基层社区，从而为经济改革与社会发展创造和谐环境，国家开展社区建设动机的政治化倾向显而易见。

从国家角度看，社区建设终极目标不是为了社区，而是为了社会整体利益与国家最高利益。社区与社区建设只是实现国家发展的基本途径而已。与此同时，政府有关职能部门和企事业单位身兼双重角色，一是国家的整体利益；二是部门自身的局部利益，孰轻孰重与如何处理二者优先次序将直接影响社区建设效果。具体来说，某项工作“进社区”是为了什么？从职能部门角度看，进社区与社区建设目的有可能是为了国家发展，有可能是为了部门利益，基层社区与社区组织发展同样可能只是实现部门利益的基本载体；最为重要的是，社区建设的真正主体是社区居民。社区成员关心和参与社区建设的动机明显不同于政府和企事业单位，他们主要关注现实与紧迫的居住环境、生活质量和自我实现问题，社区居民的社区建设动机与目的基本实现和谐一致。从社区居民角度看，社区建设根本目的就是为了社区，为了自身生活状况改善与福利水平提高。显而易见，解决社区建设形式化问题的基本思路是，谋求国家整体利益、政府职能部门局部利益和社区居民自身利益的和谐一致。

（三）理顺关系与条块关系问题。理顺社区建设内外关系是事关全局的战略性问题，是关系社区体制改革、社区自治组织发展和社区建设能否持续稳定健康发展的关键性议题。重新划分社区，扩大社区地域范围，加强队伍建设、改善办公条件和创建新型社区自治组织，都是些外向表面、具体实在和简单易行的工作，落实和实施起来不会遇到太多的困难。关键是理顺社区组织与地方政府（块块）的关系，社区组织与职能部门（条条）的关系，社区组织与社区、与社区组织（内部）的关系，其核心问题是社区组织与政府部门的性质、任务、目标、职能、工作方法和运行机制的清楚界定与明确区分，是如何最优处理条条块块问题。

条条块块关系是中国社会组织结构特有的基本特征，是影响社会组织体系运行的重要因素。比较而言，在理论和政策声明中清楚区分社区组织与政府职能部门的职责范围并非难事，问题是如何在现实生活与一线实践中恰如其分地处理好条条与块块的关系。一般来说，条条都是一些左右国计民生和影响社会经济发展的关键性部门，资源多、权力大、地位高，谋求部门利益的冲动尤为强烈明显。在社区建设实践中，条块关系与部门利益常常是社区组织与社区工作者面临的最大、最棘手问题。例如，在沈阳市社区建设实践中，物业公司、社区居民与社区组织的关系，社区组织、街道办事处与职能部门的关系，城市管理、优美环境与下岗失业职工谋生之道的关系，社区服务、便民利民与工商税务的关系，生活质量、水电气暖与市政工程建设，民政部门（块块）、社区组织与相关职能部门（条条）的关系等，都是十分敏感与棘手难办的条块关系和结构性问题。不言而喻，条块关系不顺对社区建设带来的最大负面影响是造成社区权力主体的多元化，缺乏统一和被普遍认同的权力中心，进而形成决策政出多门、相互矛盾，资源分配相互分隔、难以最优配置，遇到问题相互推诿、百姓遭殃，管理体制各行其是、难以形成合力，直接影响社区建设的效果与目标实现。简言之，理顺关系主要是指明确划分政府与社区组织的职责范围，条块关系主要是指协调政府不同职能部门之间的关系，这二者是社区体制改革与制度创新的核心议题和一体两面，二者相互依赖与相互影响，共同影响和制约社区、自治、民主、参与和公民意识的发展，妨碍社区自治组织的发育，不利于社区自治性质的落实，也不利于社区建设持续稳定的发展。

（四）社区结构变迁与社区参与问题。城市社区建设是两种相反力量较量的历史产物。从欧美国家历史发展与社会现代化角度看，“社区崩溃”与“社区解组”是都市化与工业化的社会后果（Gulbenkian Foundation，1968）。因此，如何培育和提高人们对社区的归属感与认同感便成为现代社会发展政策的基本目标之一。一般来说，人们对社区的归属感与认同感主要反映在社区参与和民主自治两个方面，社区参与也成为社区发展工作的精髓所在（Bar，1981）。

毫无疑问，中国社会正处于史无前例和翻天覆地的结构性变迁中，正处于由传统社会向现代社会转型时期，正处于工业化与都市化进程之中，社区崩溃与社区解组的迹象日趋显现，城市人际关系疏离、冷漠便是最好的例证。在这样的社会背景下，社区建设的基本目的是通过社区建设过程和社区服务活动，增强人们对社区的归属感与认同感，提高社区凝聚力。这意味着社区建设是运用社会整合的力量（社区发展）来对抗导致社区崩溃的力量（社会结构变迁），虽然这两种力量都是结构性力量，但社会作用却可能截然相反。

从沈阳市的状况看，目前社区结构变迁与社区参与的主要结构性问题是：绝大多数普通社区居的参与率较低，社区中老、弱、病、残、孤寡等弱势群体和退休人员、儿童、下岗失业人员等劣势群体的参与率较高，形成少数社会经济层次较低的弱势群体与劣势群体成为社区参与主体的奇特现象。一般来说，弱势群体和劣势群体积极参与社区事务的主要原因是参与本身关系到他们的切身利益，而普通社区居民对参与社区事务缺乏热情与动机的主要原因是，他们的利益和兴趣主要在工作单位，与所居住社区并无多大关系。据1990年代一些城市抽样调查，自己和家庭命运与单位密切相关的城市居民约占城市居民总数的53%。此外，城市社区中居住着12%的离退休职工，他们虽然生活在社区，但其经济来源（离退休金）仍在单位。这两部分居民再加上他们的家属和子女，约占整个城市居民总数的92%。这92%的人利益关系在单位，认同感、归属感和凝聚力也都主要在单位（马学理，1991）。因此，真正改革中国社会的单位制度，实现“单位人”向“社会人”的转变是提高社区参与率的关键。

（五）社区服务的福利性与市场化运作机制之间的矛盾。社区服务是在改革开放中发展起来的新兴社会服务业。中国城市社区建设既起源于社区服务，又是对社区服务的发展和超越。按照1993年民政部、国家计委等14部委《关于加快发展社区服务业的意见》，社区服务业是指在政府倡导下，为满足社会成员多种需要，以街道、镇、居委会和社区组织为依托，具有社会福利性的居民服务。社区服务业由社区福利服务业、便民利民服务业和职工社会保障管理服务业组成，是社会保障体系和社会化服务体系中的一个重要行业（民政部政策法规司，1994）。

社区服务的福利性质与社会目标显而易见。随着社区服务向社区建设的转变，一方面，社区服务范围迅猛扩大，几乎覆盖社区居民工作与生活的所有领域。按照2000年《民政部关于在全国推进城市社区建设的意见》，社区建设工作范围包括拓展社区服务、发展社区卫生、繁荣社区文化、美化社区环境，加强社区治安五大领域（多吉才让，2001）。2002年中央文明办等九部委又提出教育、体育、科技、法律“四进社区”，城市社区建设成为名副其实的社区综合发展。

更为重要的是，贯穿各项社区建设工作的共同主题是改善社区居民的生活状况，提高社区居民的生活质量，目的是谋求绝大多数人福利的最大化发展。另一方面，在市场经济处境下，社区为谁提供社区服务，如何提供社区服务，提供哪些社区服务，提供什么质量的社区服务，便成为十分突出的政策与实践问题。社区服务是推进社区建设，改善生活质量主要手段的状况又加剧了社区服务的福利性与市场化运作机制间的矛盾。实质上，这种矛盾的核心是目的与手段的问题，为了达到目的，我们可以因地制宜采取各式各样的方式。条条道路通罗马。实际上，只要政府能够确保老、弱、病、残、孤寡等弱势群体基本需要的满足和无偿服务，普通社区成员改善生活质量与追求自我实现需要的满足方式则可依据当地政府与社区财力状况决定，是采取无偿、低偿、有偿，还是选择商业化社会服务，这只是个技术性和用户选择的问题，而非根本属性的变化。

理论探讨与政策建议

社区及社区研究的战略意义与社区体制改革的基本思路。社区对个人和社会都具有举足轻重的战略意义，所有人无不生活在特定的社区范围，社会是由若干具体而微的社区组成。改革开放以来，中国社会结构分化与变迁主要成果之一是社区从父权国家羽翼下分离出来，社区与国家关系终于“浮出水面”。在此处境下，社区成为了解中国状况的理想单元，成为观察中国社会变迁过程和预测未来发展方向的最佳视角，战略意义无论如何强调都不会过分。总体来说，目前重新划分社区，扩大社区地域范围和增强社区功能的改革实践适应当前的状况。但从长远发展角度看，社区辖区范围还应扩大，范围基本等同于目前街道辖区。

与此对应，社区体制改革的基本思路是撤销街道办事处，将街道办事处转变为新型的社区，这既可解决长期困扰人们的街道办事处的性质与职能定位问题，又可扩大社区管理幅度，提高社区整合资源的能力，还可以解决目前困扰社区民主自治的体制性障碍，真正建立自我管理、自我教育、自我服务、自我监督的现代社区与民间社会。有鉴于此，当务之急和刻不容缓的是修改《中华人民共和国城市居民委员会组织法》，主要内容是界定社区概念及其定位，明确区分社区自治组织与政府的职责分工，解决街道办事处的地位问题，建构社区自治组织框架，理顺社区组织的内外关系，明确社区工作者的职业身份与专业地位等。

社区自治的内涵外延与基本方式、途径问题。自治理念是欧美国家的文化遗产，来源于自主观念，主要涵义是自治（self - ruling）或自制（self - government）。自治与自由概念密切相关、相互交织，自由意志、自由决定和自由行动是自由与自治基本内涵（Mele，1995）。但是，自由与自治都是有条件与有前提的，都是在特定社会环境与制度安排框架内界定的。总体来说，中国社区自治制度安排的显著特征是在社区党组织的领导下，在政府的指导下，在法律规范和政策框架范围内进行的，由此决定自治、自主与权威之间密不可分的关系。考虑到中国社会经济发展所处阶段与历史文化传统，考虑到中国自主、自由和社区意识薄弱，社区自治最好是作为社区建设的过程目标而非任务目标，并采取渐进式发展策略和集体主义文化的方式，整合行政管理和社区发展两种途径，由权威性自治转变为自主性自治。过程目标主要是从改变人们的信心、知识、技巧或态度角度界定的，任务目标主要是从改变物质状况与社会环境角度界定的（Twelvetrees，1991），二者是相互依赖的整体。

社区建设目的与经济自由、生活福利、民主政治的优先次序。社区建设起源基层社区自发性创新，并迅速获得党和国家领导人的高度重视，变为风靡全国的社会运动，其关键之处便是及时回应变迁的社会需要，极大改善社区居民的生活质量，赢得广大人民群众的热烈欢迎和真诚拥护。社区建设是项错综复杂的社会系统工程，涉及政治经济、社会文化诸多领域，关系确定合理的目标体系及其优先次序。从英国公民权历史发展脉络看，首先是出现民事公民权（主要是经济自由权利），然后是政治公民权（主要是法律和政治权利），最后是社会公民权（主要是社会福利权利）（Marshall，1992）。这种发展顺序与优先次序的最大好处是经济自由与民主政治发展分离，经济自由先行，并为日后民主政治与社区自治发展奠定相应社会经济基础。

与此同时，经济自由和市场机制最显著的社会功能是导致“社会问题个人化”的社会环境，个人不幸与生活困难主要归咎于个人能力高低，而不会将问题迁怒于政府，矛头指向社会，从而创造社会稳定与发展的经济性机制。考虑到中国社会经济发展状况与历史文化背景，我们认为最优先的社区建设目标是发展社区福利和公益事业，改善社区居民生活环境与质量，与此同时，深化经济体制改革，优先发展经济自由空间，培育市民社会。经济自由程度提高与生活福利状况改善的必然结果是谋求社区自治与民主政治发展。社区自治与民主政治需要相应的社会环境、文化基础与市民社会实践。

国家何时和如何“光荣”退出社区自治领域，解决条块分隔，理顺社区建设内外关系，重新建构国家与社区的关系，创建真正的社区自治组织与公民文化。目前，国家权力与社区自治关系是困扰社区建设深入持续健康发展的核心议题。毫无疑问，目前社区建设与社区自治均离不开国家权力，特别是中国社会民间组织刚刚兴起，还无法承担相应的社会责任。但是，长远来看，国家权力在什么条件下，在什么时间和如何光荣退出社区自治领域，这既是个重大现实与政策问题，又是个具有世界意义的前沿性理论课题，意义极为深远重大。

在目前和可见的未来，首要的问题是改革传统的条块关系，逐渐取消所有条条的制度安排，建立现代取向的垂直性社会组织结构与权力结构。条条的制度安排深刻反映中国社会的政治思想，有百害而无一利，其最大问题是造成制度性不平等，人为分隔和瓦解国家权力的权威基础，使国家权力难以形成合力和树立权威。与此同时，在现代社会生活处境下，由于就业、教育、卫生、住房、社会救助和公共福利事业之间内在的逻辑关系日趋明朗清晰，由于生活质量、社会福利与这些社会事业领域的范围基本上已经重叠，因此建立崭新的社会政策观念，在适当时机再度对国家机关实施改革，按照经济生活与社会消费两大领域重组国家机关，合并相关部门，既可避免政出多门、相互扯皮，又可更好地满足人的需要，还有助为建构国家与社区的关系创造制度性基础，最终解决国家权力如何退出社区的问题。

如何发展社区自治组织，培育社区领袖，推进社区工作者队伍的职业化与专业化，为社区自治奠定组织与人才基础。一般来说，欧美国家社区自治组织建设分为四个层次，第一个层次是建立社区组织体系，开展社区服务；第二个层次是确定社区精英与积极分子，培育社区领袖；第三个层次是培育社区自治意识，提升社区组织与社区居民自我发展能力，将社区发展动机由外界推动转变为内源式发展，营造适宜的环境与公民文化；第四个层次是将社区发展与国家发展联系起来，通过社区发展的途径谋求国家发展与有计划的社会变迁，实现社会现代化与人的现代化（Ross & Lappin，1967）。在中国社会中，发展社区自治组织的制度前提是宏观取向社会经济体制改革与社会环境改善，实现社区自治与社区发展的切入点是培育社区领袖，深化社区建设的基本途径是社区工作者队伍的职业化与专业化建设。

在欧美国家中，在个人、家庭、社区和组织层面上提供福利服务的专业人员已成为一个受人尊敬的职业和社会公认的专业人员，他们通常以社会工作者著称。在社区和组织内工作的社会工作者则以社区工作者著称（Barclay，1982）。社区工作者不同于普通工作者的主要地方是，他们通常受过社会工作专业的训练（大专、本科或更高），具有社会工作专业的价值观、理论知识和专业助人技巧，目的是通过服务帮助服务对象改善生活质量，满足基本需要，帮助社区成员实现自立自主和全面发展。显而易见，社会工作专业使命与社区工作者的理念完全符合社区建设与社区自治组织发展的目标，符合中国社会发展的需要。

1990 年代以来中国新形成社会的社会性质与社会革命本质。改革开放特别是 1990 年代以来，中国社会结构发生重大变化，社会转型、市场经济、社区建设和民间组织发展，共同创造一个新社会。新社会的基本特征是从生活必需品到耐用消费品时代，资源配置从扩散到重新积聚，资源集中与底层社会形成等（孙立平，2002）。关于中国社会新生部分特别是基层社区性质的理论有二，一是市民社会（景跃进，1993）。市民社会概念起源欧美国家，是个具有特定内涵外延的概念，中国新生社会部分显然无法等同于市民社会；二是强社会与强国家的理论（朱健刚，1997）。这个理论主要是从新生社会部分的强弱程度角度界定的，并非是对新社会性质的全面说明。笔者以为，中国社会新生部分的社会性质是民间社会，其未来发展方向才是所谓的市民社会。更为重要的是，市场经济、社区建设和民间组织发展已引起中国社会由下而上的第三次社会革命。第一次社会革命是建立新中国（Skocpol，1979）；第二次社会革命是改革开放（张敏杰，2001）；第三次社会革命是民间社会的兴起。

简要讨论与基本结论

本文是沈阳市社区建设模式的实地调查报告与理论思考，是个典型的社会政策研究，目的是了解目前城市社区建设的现状和运作状况，探寻社区建设工作中面临的主要问题及其社会成因，总结社区建设的基本特征，为城市社区建设持续稳定健康发展提供政策建议。本文的基本假设是，社区虽小，但却是个事关全局和社会发展的大问题，具有战略性意义。本文按照社区建设过程的思路，主要从社区建设概念界定与重新划分社区，组织创新与建立新型社区自治组织框架，社区权力结构与运行机制，社区领袖与社区队伍建设，结构性矛盾与制度性创新，理论探讨与政策建议的角度，全面描述了社区建设的现状和主要问题，目的是对社区建设实践提供理论解释和政策建议，加深我们对社区建设与社会现实的理解。

1990 年代以来，城市社区建设已取得辉煌成就，但是随着社区建设运动的深化发展，社区建设面临的诸多结构性矛盾也更加突出，继续深化社会经济体制改革已经迫在眉睫、刻不容缓。社区建设出现是有其深刻的社会历史根源的，在中国社会发展中的地位与作用是举足轻重的。社区建设是由社区体制改革入手的。目前全国大中城市已重新划分了社区，扩大社区地域范围，增加社区的职能，普遍建立了新型的城市社区和社区组织体系框架，培养了年轻化、知识化与社区化的社区工作者队伍，社区建设进入高速度发展的黄金时期。毋庸置疑，社区建设的社会效果与骄人成绩是有目共睹，显而易见的。

但是，社区建设运动的迅猛发展也暴露了社区建设面临的诸多结构性矛盾与两难选择，迫切需要深化社会经济体制改革和探寻新政策模式。除社区自治组织行政化倾向、社区建设目的模糊、条块关系、社区参与、社区服务福利性与市场化运作机制矛盾之外，社区构成要素与社区类型、党的领导与社区自治的关系、社区建设与市场经济的关系、城市社区公共利益与社区参与、社区组织动员方法与社区管理模式、如何衡量社区建设的成果、最低生活保障与社区组织的关系、社区自治的经济基础等，都是关系社区建设能否持续稳定健康发展的重要议题，迫切需要继续深化社会经济体制改革，为社区建设营造良好的社会环境与制度性安排。

城市社区建设运动有力地推动了民间社会的出现，是一场自下而上和全面性的社会革命。居民委员会到社区委员会绝非只是名称的更改而已，而是代表了社区体制改革、基层社区组织制度创新和社会结构变迁的方向。社区建设培育了人们的社区意识，促进社区中介和民间组织体系发育，促进市场机制与社区生活更为紧密的联系，孕育和推动民间社会的形成。民间社会是市民社会的雏形和初级阶段，是国家与社区、社区与市场、个人与社区等关系形成与发展的时期。随着工业化、都市化与社会现代化进程的推进，民间社会势必向市民社会过渡与转变，最终形成国家、市场与市民社会三足鼎立和相互依赖的现代化社会结构。

与此同时，城市社区建设性质不仅是城市综合改革的配套工程，是发展第三产业和建立城市社会化综合服务体系的重要组成部分，是具有社会福利性质的社区福利事业，而是一场自下而上、上下结合和结构性变迁的社会革命。社区建设运动既改变了城市社会的物质环境与社会关系，改变了人们的生活方式与生活状况，又从政治经济、社会文化角度改变了个人与社区、家庭与社区、社区与市场、社区与国家、社区与社会的关系，重新建构了当代中国的社区结构与社会结构，揭开中国城市社会名副其实漫长社会革命的序幕。总体来说，从城市社区建设运动指导思想、基本原则和运作模式看，一方面，城市社区建设运动具有鲜明的由下而上的特色，是城市社区对社会变迁与社会问题的内源式自发回应；另一方面，国家在社区建设运动中扮演一种积极性角色，而非被动与盲目地回应社区需要，国家谋求社区发展，试图重新建构国家与社区关系的“社会建构化”倾向和冲动十分明显。

主要参考文献

上海市社会学学会编：《解放以来我国城市管理法令法规选编》，上海社会学会1985年版。

马学理：《关于城市社区建设问题的几点思考》，《城市街居通讯》1991年第9期。

马学理、张秀兰主编：《中国社区建设发展之路》，红旗出版社2001年版。

王振耀：《论我国城市基层管理体制改革》，《城市街居通讯》1997年第2期。

王振耀、白益华主编：《街道工作与居民委员会建设》，中国社会出版社1996年版。

白益华、马学理主编：《居民委员会工作手册》，中国社会出版社1990年版。

民政部政策法规司编：《民政工作文件选编1993年》，中国社会出版社1994年版。

孙立平：《90年代中期以来中国社会结构演变的新趋势》，《南风窗》2003年第6期。

多吉才让主编：《城市社区建设读本》，中国社会出版社 2001 年版。

朱健刚：《城市街区的权力变迁：强国家和强社会模式》，《战略与管理》1997 年第 4 期。

李培林：《另一只看不见的手：社会结构的转型》，《中国社会科学》1992 年第 5 期。

李学举：《在全国城市社区建设理论研讨会上的总结发言》，《城市街居通讯》1992 年第 10 期。

张秀兰、马学理：《中国社区建设解读》，《社会福利》2002 年第 1 期。

张永印：《沈阳社区建设模式的思考》，《城市街居通讯》2000 年第 3 期。

张敏杰主编：《中国的第二次革命：西方学者看中国》，商务印书馆 2001 年版。

吴德隆、谷迎春：《中国城市社区建设》，知识出版社 1996 年版。

沈河区社区建设指导委员会：《沈阳市沈河区社区建设实施方案》，《城市街居通讯》1999 年第 6 期。

沈河区社区建设指导委员会编：《沈河区社区建设资料汇编（四）》，沈河区社建指导委员会 2000a 年版。

沈河区社区建设指导委员会编：《沈河区社区建设资料汇编（五）》，沈河区社建指导委员会 2000b 年版。

林宏桥：《辽宁城镇集体经济》，辽宁大学出版社 1987 年版。

莫邦豪、刘继同：《中国特色：经济市场化与福利社会化》，《香港社会工作学报》1998 年第 1 期。

崔乃夫：《民政工作的实践》，中国社会出版社 1992 年版。

唐忠新：《中国城市社区建设概论》，天津人民出版社 2000 年版。

杨军主编：《城市社区建设指南》，辽宁大学出版社 2002 年版。

路风：《单位：一种特殊的社会组织形式》，《中国社会科学》1989 年第 1 期。

楼勇才：《对社区建设的再认识》，《城市街居通讯》1992 年第 7 期。

景跃进：《“市民社会与中国现代化”学术讨论会述要》，《中国社会科学季刊》1993 年第 11 期。

Bar, D. M. (1981), *Citizen Participation in American Community: Strategies for Success*, Iowa: K. & H..

Barclay, P. M. (1982), *Social Workers: Their Role & Tasks*, London: Bedford Square Press.

Gulbenkian Foundation (1968), *Community Work and Social Change*, London: Longmans.

Marshall, T. H. (1992), *Citizenship and Social Class*, London: Pluto Press.

Mele, A. R. (1995), *Autonomous Agents: From Self - control to Autonomy*, Oxford: Oxford University Press.

Ross, M. (1967), *Community Organization: Theory, Principles and Practice*, New York: Harper & Row.

Skocpol, D. (1979), *State and Social Revolutions: A Comparative Analysis of France, Russia and China*, Cambridge: Cambridge University Press.

Twelvetrees, A. (1991), *Community Work*, London: Macmillan Education.

Younghusband, D. E. (1968), *Community Work and Social Change: The Report of a Study Group on Training Set up by The Calouste Gulbenkian Foundation*, London: Longmans.

本文原载《社会科学辑刊》（沈阳）2003 年第 4 期。此次系全文发表

第三部分

社区概念的社会建构与社区福利基础理论

社区的客观界定与社区的主观建构

摘要： 社区是社会科学最常用和最核心基本概念之一，同时也是难以界定和充满争议的概念。综观欧美发达国家社区界定的主要取向及其学术传统，社区概念界定基本分为两大类：一是从社区活动客体和社区构成要素的角度客观界定社区；二是从社区活动主体和社区建构的角度主观建构社区。在工业化和都市化社会处境下，传统的客体性社区界定存在诸多无法回避的局限性，主体性社区建构方法为界定社区和理解社区提供了崭新的视角。最后，本文简要讨论了社区的主观建构对解读中当代国社区建设运动的理论与政策涵义。

社区概念的重要性及其界定困境

社区（community）是社会科学中最常用和最核心概念之一。自德国学者滕尼斯《共同体与社会》首次出版以来，诚如滕尼斯所期望的一样，社区迅速成为“纯粹社会学的基本概念”，而且是社会学和其他社会科学中使用频率最高词汇之一。社区概念重要性似乎是不言而喻的，而且可以肯定的是，社区概念重要性无论如何评价都是不会过分的。从人类社会成员生活状况看，社区数量众多、分布无所不在，普天之下所有社会成员无不终生处于社区之中。有的学者甚至极而言之：一个人可能无家庭生活却不可能脱离社区生活（蔡宏进，1985）。更为重要的是，在当代社会中，由于工作模式、人口结构和社会经济政策变化，世界上越来越多的人把越来越多时间放在他们的家庭和邻里之中（Henderson & Thomas，1990）。显而易见，社区在普通民众生活中占据一种不可或缺的重要地位。

从社会学理论和社会理论发展角度看，概念澄清是理论工作的重要组成部分。依据美国社会学家默顿的看法，社会学理论发展中相当大部分工作是通过经验研究澄清概念，并避免方法论经验主义的倾向。“社会科学研究工作的毛病，往往是出在没有明确定义的概念这种问题上。”（默顿，1990）社区概念界定和澄清对社会学理论发展的重要性可以从欧美发达国家学者们浩如烟海的社区研究著作中窥见一斑；从现代社会变迁过程角度看，工业化、都市化和社会现代化对社区和社区居民生活产生重大影响：现代工厂制度的兴旺发达，彻底改变了社区居民的生活方式。交通和通信事业发达，极大方便和加速了社会的人口流动，进而直接影响流出地和流入地的社会状况。大众传播事业发达，深刻影响人们的社区意识形态和价值观念。与此同时，现代社会变迁又直接导致传统社区解组和社区衰败，人们的归属感降低甚至是荡然无存，身份认同普遍发生危机，形形色色的社会问题困扰人们的工作和生活（Gulbenkian Foundation，1968）。简言之，现代社会变迁从积极作用和消极影响两个方面全面而深刻地影响社区和社区居民的生活状况。这种无所不在的影响把社区推到了社会舞台的中心，进而使社区成为专家学者、管理决策者和普通民众关注的重要议题。

一般来说，人们有关社区的知识普遍是贫乏的，对社区的理解总体是肤浅的，这种状况与社区概念的重要性及其在现代社会生活中不可或缺和举足轻重的地位相差甚远，极不相称。长期以来，欧美发达国家学者有关社区和社区生活的研究方法主要是定性的深度描述为主，大规模样本调查的定量研究不多，而且有关社区的知识积累和理论发展伴随社区在当时社会政策议程和理论研究中的地位兴衰起伏而时断时续，社区研究和社区理论发展明显缺乏连贯性和系统性。

与此同时，社会各界包括从事社区工作的专业人员对社区和社区概念的理解比较表面肤浅。美国几位著名社区专家 1970 年代毫不掩饰地指出，甚至是在社区组织概念已流行五十多年后的社区组织工作领域中，许多理论家和实务者并不清楚什么是“社区”，或者什么应该是社区，而且不清楚他们工作的关键点应该是什么（Cox，Erlick，Rothman & Tropman，1977）。这里关键的问题是，这种状况并不是 1970 年代美国社会所特有的现象。英国的状况同样如此，令人担忧（Popple，1995：p. 1）。这种状况部分原因是社区概念难以清楚界定，因此极大地妨碍经验性社区研究，影响社区理论发展和知识积累。

长期以来，社区始终是个难以界定和充满争议的概念。自社区概念由普通词汇变为特殊概念之后，有关社区界定和社区构成要素议题便引起学者们广泛关注和持续不断的争议。一个广为中外学者引用的反映有关社区界定混乱不堪和对社区构成要素争议不休的典型例子是，美国学者希勒里在1950年代发现，在社会科学文献中有90多个截然不同的社区定义（Hillery，1955）。这种状况在二十年后并无什么改观，Bell和Newby在1970年代发现98个不同的社区定义（Bell & Newby，1971）。英美国家一些学者将社区概念讥讽为杂烩字（an omnibus word），还有人称之为无所不包之词（a catch - all term）。

更为重要的是，有鉴于社区概念界定的困境，英美一些社会学家对社区概念敬而远之，他们通常远离社区概念和社区研究，进而对社区研究和社区理论兴趣不大。英国社会学家（Abram，1978）曾对英国社会学为什么逐渐远离和抛弃社区概念的主要原因提供了一个发人深思和耐人寻味的可信解释。他认为社区概念慢慢地被驱除出英国社会学，这不是因为对社区崩溃瓦解在实证上已达成一致，而是因为社区概念被用于各种各样和截然不同的关系，而且那些被确定为社区的地方被发现于如此之多的不同处境之下，以致社区这个词本身几乎已经丧失其准确的意义（Abram，1978）。一些英国学者还认为，社区概念所造成的混乱多于它对当代英国社会状况的解释说明。一些激进的学者甚至提出彻底抛弃和完全废除社区概念，他们主张用地方体系和国家的概念取代社区的概念（Clarke，1981）。显而易见，这说明社区概念在不同时空处境下对不同的人意味着不同事情，而且正是社区概念这种无所不包的宽泛定义和无所不在的社会现象将社区概念置于死地，进而影响社区研究和社区理论的健康发展。

社区概念难以界定和充满争议的困境是由多种多样因素造成的，社区概念界定角度不同是其基本原因所在。社区概念界定角度主要可以分为学科背景、理论取向和界定标准三种基本类型。社会科学家通常是从他们自身不同的专业训练和学科背景角度出发，运用本学科的基本理论和核心概念去界定社区概念，这样不同学科的学者通常看到的是社区的不同侧面或某些部分。美国社区专家桑德斯认为，美国的社区概念界定至少可以划分为四个较有意义的社会科学学科与研究方法：地理学和定性的方法（以社区为一个居住地方），人文生态学和区位的方法（以社区为一个空间单位），人类学和文化的方法（以社区为一种生活方式），社会学和社会分析的方法（以社区为一种社会互动）（桑德斯，1982）。由于不同学科的关注点和核心概念不同，它们界定社区的角度自然不同。

与此密切相关的是，甚至在同个学科领域之中，不同的理论体系和理论取向关注社区生活的某个方面而不是全部。这意味着不同的理论体系侧重于社区生活的某个方面，而不是全部。美国社会学家斯通尼尔（Stoneall）认为，社区可以界定为人们在特定时空中的互动。社区社会学（community of sociology）的社区理论体系包括人群、时间和空间三个要素。依据这三个层面或变量，他划分和选择了社区界定的五种角度：作为竞争的社区：人文生态学的社区；作为共识的社区：结构—功能主义的社区；作为矛盾的社区：冲突理论的社区；作为沟通的社区：社会心理学方法的社区；作为联结的社区：网络交换分析的社区（Stoneall，1983）。这些社区理论不仅体现了社会学的主要理论取向，而且覆盖了美国有关社区研究的绝大多数作品。这些不同的理论范式提供了如何看待社区和界定社区的不同方式、聚焦点和角度。

与此同时，不同时期不同国度的不同学者依据不同的主要标准来区分和界定社区。滕尼斯根据个人与他人产生关系意愿的性质分辨社区与社会的差别。美国社会学家（R. M. MacIver）从个体间社会关系的异同区分社区与社团。（C. C. Zimmerman）依据地理范围的概念将社区分成地方性与世界性两类。人类学家（R. Redfield）注重以生活方式作为社区分类的基本标准。社会学家（G. A. Hillery）以社区特质作为分类标准。美国社区专家（R. L. Warren）以社区自主性的有无及大小作为划分垂直轴和水平轴社区的分类依据。这充分说明社区概念对不同时期的不同人群意味着不同事情，人们普遍倾向从个人生活经历和各自不同角度去理解和界定社区。从学术自由、学术批判和百家争鸣角度看，这种多元化界定角度有其不可忽视的积极意义，值得充分肯定和鼓励支持。

与此同时，从知识积累、学术对话和深化对社会现象理解角度看，社区这类核心概念的界定和概念澄清，不仅直接影响有关社区知识体系的建构和发展，妨碍学术社区达成共识性认识与理解，而且制约我们对变迁中社会现实和社会现象的准确把握与深入理解。而且这种状况有可能导致界定社区的学科和理论取向越多，给人们造成思想混乱的可能性越大的不利局面。有鉴于此，本文主要采取文献回顾的方法，尝试梳理和澄清有关社区概念界定中的争议，批判性回顾和评价欧美学者社区界定的学术传统，以期从理论上推动和贡献于中国目前方兴未艾和蓬勃发展的社区建设运动。

社区的客观界定及其学术传统

社区是个历史性概念，社区界定议题是近现代社会中社区解组的产物。传统的社区生活形态和社区现象具有悠久历史传统，并不是现代人类社会所特有的社会现象。但是，社区概念和社区界定议题却不是先天具有的，而是欧美发达国家近现代时期工业化、都市化和社会现代化处境下的历史问题与伴生物。耐人寻味和具有讽刺意味的是，社区界定议题不是因为社区兴旺发达和繁荣昌盛所致，恰恰相反，社区和社区界定议题主要是现代社会处境下社区解体和社会疏离感增强所引发的社会问题与理论议题。

回顾英美社会科学文献，我们可以清楚地看到，1910 年以前社会科学文献中很少有社区概念的讨论（徐震，1994）。在 19 世纪末期和 20 世纪初期的欧洲大陆，在现代社会、现代国家和现代社会关系形成的同时，传统社会、地方国家和初属社会关系受到前所未有的冲击，新旧两种类型的社会制度、国家地位和社会关系之间的分化脱离、重叠交织、转变过渡和紧张冲突的格局逐步形成。资本主义社会和工业文明在带来史无前例繁荣进步的同时，更多的是产生了大量使人悲观失望的错综复杂的社会问题。当时悲观主义的情绪和末世论日趋流行，笼罩着欧洲国家，西方文明似乎面临前所未有的危机。紧张冲突、阶级斗争、疾病瘟疫、贫困愚昧、屠杀战争使人们产生了普遍性的浓厚怀旧情感，人们在对过去美好时光的追思和回味的同时，自觉或不自觉地将目前的生活状况与社会状况同逝去年代的状况加以比较对照。为此，对两种类型社会的基本特征和社会关系的性质予以理性探讨、系统界定、详细描述与全面分析就变得十分必要了。滕尼斯 1887 年首版的《共同体与社会》就是这种由社会变迁和社区解组带来的对社区议题广泛关注的典型例证。简言之，社区界定是个历史性议题，它产生于传统社会向现代社会转型过渡时期。现代化的工业和都市文明从根本上瓦解了传统社区生活的社会根基和经济基础。社区解组又带来社会体系的结构性变迁，新旧两种潜在对立和相互交织的社会生活形态并存共生，社区界定的议题应运而生。

在这样的社会经济环境和历史文化背景下，英美学者社区概念和社区概念界定逐渐形成若干独特的时代特征和学术传统。学术传统是指社区研究和社区理论中主流性的学术习惯、价值观念和习惯做法。这些学术传统不仅反映当时社会中流行的价值观念和主导的社会观，而且说明界定者在社区概念界定中的关注焦点和社区界定取向。从这种意义上说，这些学术传统实际上不同程度地代表了不同学者心目中的社区概念和社区界定的基本类型。

更为重要的是，这些学术传统之间并不是毫不相干和相互分离的，而是具有千丝万缕的内在联系和互动关系。这些学术传统只是笔者近似武断的人为分类，目的是更为清楚地描述和分析有关社区概念和社区界定议题。而且我们选择和确定的这些学术传统是社区概念和社区界定传统中的代表性思想或流派。因为学者们对社区概念批评的重要原因之一是，社区几乎成为所有社会现象的代名词和无所不包的通用性概念。例如社区表示体系，社区代表类型，社区代表乌托邦，社区表示地域，社区表示组织、社区表示权力分配、社区代表微观世界和社会缩影（Stoneall，1983）。更为重要的是，我们认为只有了解这些学术传统，才能更好地理解英美学者有关社区概念和社区界定议题的历史变迁轨迹，准确地把握社区、社区界定者和社区界定角度之间的关系，进而更好地理解社区和社会的关系。

社区概念和社区概念界定的首要学术传统是将社区视为一种标准的社会类型和理想社会。这种学术传统具有浓厚的传统主义色彩，滕尼斯是这种传统的奠基人和典型代表。在滕尼斯看来，相对于正在形成和迅速变迁的现代社会而言，社区是个近乎完美无缺的理想社会。他认为从历史发展角度看，社区（或共同体）是古老的，社会是新的；从生活方式的角度看，社区里的生活是亲密的、秘密的和单纯的共同生活，社会则是公众性和世界性的共同生活；从社区性质角度看，共同体是持久和真正的共同生活，社会只不过是一种暂时和表面的共同生活。因此，共同体本身应该被理解为一种生机勃勃的有机体，而社会应该被理解为一种机械的聚合和人工制品（滕尼斯，1999）。

从共同体类型构成和相互关系看，血缘共同体发展为地缘共同体，地缘共同体又发展为精神共同体，三类共同体之间是密切联系的，三类共同体的核心主题分别是亲属、邻里和友谊（滕尼斯，1999）。一言以蔽之，这种学术传统的观点将社区视为是温暖、亲密和社会融合的地方。显而易见，滕尼斯的理想类型不是从最好或完美无缺的理想社会角度界定的，而主要是从对立两极，从过去历史上的社区和现实中现代社区的角度建构理想模式的，比较的取向是十分明显的。

理想类型社区为社会变迁和社区结构转变的原因、结果和方向提供了解释（Stoneall，1983）。但是，这种学术传统的最大问题是将社区与社会截然对立起来，有过度美化社区优点和掩饰社区问题，过度贬低社会和夸大社会问题的嫌疑。这两种趋向可能都不是社会现实的真实状况。一般来说，在现实社会生活中，我们绝大多数人既不是生活在理想社区之中，又不是生活在崩溃瓦解的社区之中，而是生活在介于两者之间的位置和中间类型的社区之中。正如滕尼斯自己所说，共同体和社会是标准类型，真正的社会生活运动于这两种类型之间（滕尼斯，1999）。这种中间类型是过渡性中介类型，是个位于新与旧，城市与农村之间的连续谱，而不是极端的两极。美国人类学家罗伯特·雷德菲尔德在墨西哥的实证研究发现也充分证明了这一点（Stoneall，1983）。简言之，美化和理想社区的学术传统具有浓厚的传统主义取向，这种传统主义取向是对比于现代社会而言的。这种标准社会类型和理想社会传统是以历史比较为基础的，其最大问题是将社区与社会两极化。

社区概念和社区概念界定的第二种盛行学术传统是将社区视为地域社会或区位社会。这种学术传统源远流长，至今在社区概念和社区概念界定中仍然具有相当的影响。一般来说，目前流行的社区概念和社区类型可以分为地域性和功能性社区两大类。例如加拿大社区组织理论奠基人罗斯认为，在某些情况下社区单位是地域性区域，在其他情况下社区单位是个利益社区或利益联合体（Ross，1967）。这意味着罗斯将社区分为地域和非地域两种基本类型。这种学术传统的基本特征是将社区地域范围和所在地点视为社区概念的核心构成元素，地域范围和所处地点是界定社区所依据的主要标准。这种学术传统的社区与社区概念比比皆是，屡见不鲜。例如社区扼要的涵义可说是指一定地理区域内的人及其社会性活动及现象的总称（蔡宏进，1985）。

需要特别指出的是，在地域因素和地理界限之中的社区概念之中，区位和人文生态学的社区概念与社区概念取向占有不容忽视的地位。因为人类生态学尤其注重研究区位，这包括在时间和空间两个概念上，区位对于人类组合方式和人类行为活动的影响（帕克，1987）。这种学术传统对社会工作专业和社区工作者具有重要的实际意义，因为明确界定的地域范围或地点清楚的社区是提供社区服务的基础。

正如这种传统优点十分明显一样，在交通通讯、大众传播和工厂制度发达与社会流动加速的现代社会处境下，这种界定传统的不足之处日趋明显：一是许多当代社会学家倾向于低估地点的重要性。那些批评或否定地点重要性的学者认为，社区概念界定不清和引起混乱的主要原因正是地点问题，特别是当社区概念可以应用于由村庄、邻里到整个国家的状况时，正是这种漫无边际和伸缩性太大的地点或地域范围使得地点因素在社区界定中的重要性大打折扣（Clarke，1981）。

二是在现代都市生活中，地点感的迷失或丧失已成为所有现代社会生活的基本特征之一。对于流动不息的现代人来说，地域范围的约束和功能已经变得越来越微不足道，无足轻重了。正如法国社会学家涂尔干所言：毋庸置疑，尽管我们每个人都归属于某个公社或身份，但联结我们的纽带却一天天地变得松弛了。这种地理上的划分纯粹是人为的，根本无法唤起我们内心中的深厚感情，那种所谓的地方精神也已经烟消云散，无影无踪（涂尔干，2000）。三是用于界定社区的标准和社区地域范围处于频繁变动之中，特别是在城市更新改造和都市扩展处于高峰期尤为如此。简言之，地域范围和地点具有双重性质，它既可以有助于社区的清楚界定，又可以从根本上瓦解社区概念，问题的关键是地域和地点因素在社区概念和社区界定中处于何种地位和扮演什么角色。

社区概念和社区概念界定的第三种学术传统是将社区看作地域空间中社会行动和社会互动过程。这种学术传统深受滕尼斯共同体和社会观的影响，主要反映社区社会学的理论取向。依据这种学术传统，社区成为社会行动的场所，社区地域范围和环境成为社区生活重要事件和戏剧性事件的大舞台。社会行动、心理认同和社会关系是这种学术传统关注的三个基本点。因为自 1950 年代以来，社区概念和社区界定议题在社会学领域似乎已经解决或变得无足轻重。社区概念与界定议题似乎成为社会工作、社会规划、社会政策和教育专业领域中理论探讨的专利品（Boyle，1973）。这意味着社区和社区生活由19世纪滕尼斯时代的理想社会、标准社会和生活方式，转变为当代社会中实现特定社会目标的基本途径、动员工具、组织方法、工作内容和社会活动场所，特别是在那些遭受严重社会经济剥夺的地区（Boyle，1973）。

与此同时，英美学者在1960—1970年代掀起一股实证研究特定类型社区活动的热潮，以回应人们对以往“粗糙实证主义”（raw empiricism）式社区研究的批评，社区行动因此成为社区研究中的热点问题。研究者希望借此克服以往社区研究侧重于对社区生活的深度描述，但是对社区活动、社会关系理论化抽象与概括不强的弱点。社会行动包括两种类型的活动，一是社区组织提供服务的过程；二是社区居民个人的参与活动。尽管社区行动类型和性质多种多样，但是所有社区行动的核心是参与的概念，参与概念的核心和实质是社区行动参与者期望获得更高程度的地点感（sense of place）（Boyle，1973）。换言之，人们试图通过社区参与行动和项目来重新寻找或恢复已经丧失或弱化的地域归属感，恢复和重建以地域空间为基础的社区感。在某种意义上说，这种学术传统是将社区视为地域社会学术传统的某种翻版。虽然社区行动研究方法为社区界定和社区研究开辟了新的方向，提供了全新的视角。但是，这种学术传统的主要问题是其主要关注于发生在社区空间中的社会互动和社会关系，而且忽视地域因素和社会关系之间的互动关系。这种学术传统背后的一个基本假设是社区概念的界定问题似乎已经解决。

社区概念和社区概念界定的第四种学术传统是将社区视为地方性社会体系或社会制度。这种传统具有浓厚的综合色彩，试图把人口群体、地域范围、时间阶段和社会互动因素整合在一起，将社区看作社会的缩影和重要组成部分。在这种学术传统中，社区概念在某种意义上等同于地方社会制度或“地方社会体系”与国家的概念，角色、地位和社会阶级概念成为重要的分析工具。这种学术传统的基本假设是，当某种社会关系存在于一个地理上界定的地点之时，地方性社会体系就产生了（Stacey，1969）。地方社会体系概念主要聚焦于作为有意义场域的社会关系网络（Clarke，1981）。在一般人和社会管理者眼中，社区通常被看作以地方为基础的社会组织单位，社区仍然在社会生活中扮演关键性角色，尽管社区越来越从属和依赖于更大的社会（Edwards & Jones，1976）。

与此相似的学术取向是，学者们主张综合和全面地看待社区和界定社区，将社区视为多层面和多因素互动的复杂现象和社会产物。例如台湾社区专家徐震认为，社区的定义以采用综合性观点为佳，他主张以地理的概念为基础，以行动的概念为方法，以求达到心理社区的目的（徐震，1994，p. 1）。总体来说，这种综合取向学术传统的主要局限性是将社区地域范围扩大化，把社区与地方社会混淆起来，从而实际上抹杀了社区与社会之间的根本差别。

综观前述社区概念和社区界定的主要学术传统，它们具有的一些共同特征值得注意。首先，从时间顺序和历史发展过程看，各种不同的学术传统相对应于不同的历史发展时期。每种学术传统都不同程度地反映当时的社会状况和流行社会观，而且社区概念和社区界定取向并非一成不变，而是随历史发展阶段变化有所不同。例如理想社区的概念主要流行于19世纪末期和20世纪初期。这种社区概念成为当时浪漫主义社会学家、基尔特社会主义者和乌托邦，以及最近时期某些工党人士关注的焦点，追求的目标和梦寐以求的理想。这种理想社区的概念主要反映工人阶级的一种怀旧文化（Popple，1995）。这种界定倾向意味和暗含着社区是个正面、积极的概念，社会则是个负面和消极的概念。

其次，每种社区概念和界定传统实际上都明确或隐蔽地反映其追求的某种社会价值或目标，而且这种社会价值或目标依据时间和空间结构变化有所不同，但其共同之处是说明社会当时主要关注的社会议题，并且反映与追求目标完全相反的社会现实状况，例如理想社区概念追求的核心目标是团结和共识，这种目标来源于社会分隔和社会冲突的社会现实状况（Cox，Erlick，Rothman & Tropman，1977）。与此类似，理想社区概念代表了对“自由”和“平等”理想的追求，这种目标起源于现代社会中个人自由受到严重侵害和社会不平等现象普遍存在的社会现实（Boswell，1990）。

再次，社区概念和社区界定基本都是地方性思考的产物，是界定者依据所处的工作和生活环境界定的，具有一定的相对性和文化性特征。例如自1970年代以来，英国社区概念和社区工作实务为较少受到美国的影响，并且更加关注欧洲大陆的经验（Henderson & Thomas，1990）。第四，这些社区概念和社区界定传统基本都是对某个社区构成要素的确认和选择，但是对人口、地域范围、行动和互动诸多因素之间的互动关系缺乏清楚的解释。

最后，最为重要的是，这些学术传统都是从外来者和第三方角度对社区概念与社区生活某些层面予以客观描述，而不是从内部人和社区活动主体角度对社区概念和社区生活予以主观描述。毫无疑问，社区概念和社区界定议题应该从社会活动主体和主观界定角度予以探讨，因为社区概念的传统界定角度和标准是地点或邻里。但是在现代化都市生活中，由于频繁的社会流动，生活居住地、工作场所和利益社区之间地理空间的分离，异质性人口，整合性机构的衰落和缺乏潜在领袖出现的机会，使现代社区成员变得越来越难以积极参与地方事务，社区成员对社区的地点感、心理归属感和认同感普遍偏低。以地域为基础的社区界定角度与标准的局限性日趋明显，社区概念解释力日趋降低。现代社会呼唤适合现代社会特点的界定角度。正是在这种背景下，近些年来，一些学者积极探索新型的社区界定角度与标准。社区成员主观界定和社区的主观建构角度应运而生。

社区的主观建构及其理论意义

社区概念和社区的主观建构是在批判和反思已往社区概念和社区界定学术传统的过程中，在社会学和心理学领域逐步形成的理论体系与学术思想的总称。这并不是一种全新的理论创新，而是具有深厚历史根源的概念。目前，社区概念和社区的主观建构取向尚无一种完善和系统的理论体系，而是由若干理论和思想构成的社会趋势与社会思潮。社区概念和社区的主观建构取向是相对社区概念和社区的客观界定取向而言的，其根本有别于传统社区概念和社区界定学术传统的基本特征有三：首先，社区概念和社区界定的最适当和最权威人士是作为社会活动主体的个人，而不是社会活动发生于其中的客观环境和社区构成要素。其次，社区概念和社区生活状况是个人主观建构的，因此社区概念和范围是依据个人状况和时空处境而不断变化的。社区在希腊语中表示伙伴关系（fellowship）。亚里士多德认为，人们集中在社区处境下是为了享受相互联系，满足基本需要和寻找生活意义。与此相反，霍布斯认为社区是人们为了使他们私利最大化而来到一起的过程（Christenson & Robinson，1980）。最后，作为社区活动主体的人是社区概念和社区界定中最主要和最活跃的因素，人是联结和组建各种不同社区构成要素的核心因素。社区概念和社区的主观建构角度表达了截然不同于传统角度的价值观念和理论假设：我们关注的核心是变迁社会中的人，我们是从人类活动和社区生活主体的角度界定社区，而不是从客观环境与社区构成要素的角度界定社区。因为社区工作关注于采取各种不同的方式以便从实务角度来表达这样的哲学：将人置于社会事务的中心（Boyle，1973）。

更为重要的是，从本质上说，社区概念与社区的主观建构角度是社会心理学取向的，它既是社区成员对现实社会环境认识与理解的客观反映，又充分体现社区成员以社会现实为基础，但是又超越社会现实的主观意志。社区的主观建构是客观与主观、现实与梦想的有机统一，它体现了现实世界与精神世界的一体化整合。正是从这种意义上说，滕尼斯在百多年前就明确指出，共同体和社会的理论与本质意志和选择意志不可分隔。更为重要的是，一切社会的实体都是心理本质的人造物，它们的社会学的概念必然也是心理学的概念（滕尼斯，1999）。简言之，社区概念及其主观建构的界定取向是相对于客观界定取向而言的，其最突出的优越之处是将社会活动主体的人放置于社区概念及其主观界定的中心位置，而且强调社区概念和社区生活状况是主观建构的社会图画，因为作为社会活动主体的人是社区概念中最为重要和最为活跃的因素。

社区概念及其主观建构的理论基础和哲学基础是社会建构（social construction）主义。社会建构主义是作为逻辑实证主义的对立面而于1960年代兴起西方国家的社会思潮。逻辑实证主义认为，世界是由独立于主观之外的社会现实（reality）构成的，社会现实是不以人的意志为转移的客观存在。社会现实是可以观察、感知和实证测量的。社会现实是由各式各样具体而微的社会实体（entity）构成的，例如社区、组织、家庭和学校（Babbie，1998）。与此相反，社会建构主义者认为，社会现实不是真实和客观的，社会现实是虚无缥缈和无形的，因此社会现实是无法观察、感触和实证测量的。世界并不是由独立于主观之外的社会现实组成的，世界和社会现实完全是人们主观建构出来的。人们的生活意义和社会角色也是每个人自己主观建构的（Begrer & Luckmann，1967）。

需要特别指出的是，无独有偶，欧美发达国家社会建构主义的兴起与社会研究中定性研究方法的蓬勃发展密切相关。定性研究方法的基本特色是从被访者的角度，而不是从研究者的角度去描述、分析和解释社会现实，而且定性研究方法侧重于探询被访者的主观世界，发现他们对社会现象的感受、理解和他们心目中的价值、意义（Creswell，1998）。简言之，社会建构主义具有浓厚的主观性和相对性特征，它为社区概念及其主观界定提供了坚实的理论基础，指明了发展方向。

社区概念的主观建构思想体现在最初的社区概念中，蕴藏在古典社会学家的著作之中。实际上，社区的主观建构思想并不是现代社会的首创，而是社区概念本身固有的本质特征。在滕尼斯看来，工业文明以前的传统社区与现代社会的主要区别是在于自然和习俗性因素，地域和共同利益的考虑则是从属和次要的。这种“自然”和“习俗因素”具有丰富多彩的深刻内涵：它意味着共同体中的人际关系是和谐自然的，人们之间的感情是纯朴真挚的，毫无雕饰虚伪之处；它意味着共同体是历史悠久的，而且正是这种社会历史传统使得社区好像自然而然形成一样；它意味着社区本身有自己的生命历程和生活规律，社区是个有机和系统的整体，社会则是众多独立个体的简单拼凑组合，而不是自然而成的社会组织（滕尼斯，1999）。

显而易见，人的心理因素和主观建构影响处于社区概念的中心，因为这些自然和习俗性关系、情感和感觉如何，这主要是取决于人们的主观界定和态度倾向。从这种社区概念侧重于社区居民的感觉和态度的角度看，社区界定角度是社会心理学，而不是社会学主导的（Clarke，1981，p. 34）。正如英国社区工作专家波普尔认为的一样，社区概念不仅是在地域和物质的意义上存在，而且反映人们在社区中存在的思考和感情（Popple，1995）。更为重要的是，在最初的社区概念和概念使用中并没有什么混乱。一般来说，人们一般将社区概念主要用于界定特定地理区域中的社会关系，这包括滕尼斯所说的本质意志及其相对应的选择意志（Stacey，1969）。简言之，实际上，早期的社区概念及其界定取向侧重于作为社会活动主体的个人和他们主观建构的倾向是十分明显的。社区概念外延内涵的转变，社区概念及其界定重点逐渐偏离社会关系和社会心理学因素，地域因素反而越来越重要，以及社区概念界定成为议题，这些重要转变都是后来的事情。

欧美国家社会科学文献回顾表明：英美社会科学家和社会政策决策者主观建构的社区概念及其社区概念建构活动源远流长，社区概念及其主观建构努力始终没有停止过，社区概念的这种主观建构活动同客观界定取向历史一样的悠久。欧美发达国家社会现代化进程表明，由于深受意识形态、社会价值观和政治因素的影响，社区概念的主观建构活动常常成为政治斗争的工具和手段。不同党派和不同理论取向的人群为了自己的利益和奋斗目标，出于各自不同的动机，纷纷建构自己的理想社区概念。英美社会科学文献回顾清楚地显示，在 18 世纪，如果从对工业化革命和法国大革命引发的社会变迁与社区解组的解释角度看，保守与激进两派出于截然不同的目的分别建构了自己的理想社区概念。保守派因为害怕社会变迁而提供的理论解释是将法国大革命以前的历史时期理想化，认为大革命之前的阶段是最美好的时光。激进派因为赞赏社会变迁而努力发展推动进一步变迁的理论体系和理想社区概念，为此目的保守与激进两派均提供了社区的理想类型（Stoneall，1983）。

在当代欧美发达国家之中，社区概念在 1970 年代受到了激进左派的质疑和批判，一些激进左派甚至主张用国家概念取代社区概念。一些激进左派认为社区概念掩盖了工人阶级和资产阶级两种相互对立力量的性质；还有一些激进左派认为社区概念应说明社区中可调节劳动力的再生产（Popple，1995）。显而易见，我们可以清楚地看到：社区概念常常成为冲突双方利用的概念工具。更为重要的是，社区概念既有客观描述的意义，又有主观评价的意义，而且还具有浓厚的主观建构色彩。需要特别指出的是，正是这种工具性特征、独特的价值意义和主观建构性，社区成为一个难以捉摸、不准确、相互矛盾和充满争议的重要概念。

社区概念主观建构理论的基本特征和核心思想是：社区生活者或社区活动者是社区概念及其界定者的最权威人士。从界定者构成角度看，社区概念及其界定者可以分为个人、群体和组织的层次，最基础和最简单的层次是个人观察与解释（桑德斯，1982）。正如（Zetterberg）所指出的一样，社会学的社区概念应该是关于“行动的行为者和行动类型”的（Stacey，1969）。

需要特别指出的是，我们强调社区概念的个人层次和主观界定取向并不意味着否定社区概念的客观界定取向，而是倡导一种主观界定为主，客观界定为辅，主客观界定相辅相成和相互补充的界定取向。因为人类行为的社会心理学和社会学研究永远是相互补充的，而且在社区研究和社区界定议题上存在将二者密切结合在一起的必要性：我们既需要检验社区居民个体的主观感受，又需要考查社区居民群体生活的客观状况。因为假如要证明社区调查是足够的话，主观和客观事实都是不可或缺的重要方面（Clarke，1981）。这意味着社区概念主观建构及其社区范围的基本特质是：每个人以自己为中心向外扩散自己的社会关系及其关系网络，他们个人的社会关系和网络所能达到的边界与自我之间所形成的同心圆范围就是他的社区概念和社区活动范围。社区范围的中心点是主观建构者的自我，社区范围是自我所能接触到的社会关系网络范围。这不仅意味着每个人的社区概念和社区范围是有所不同的，而且社区概念和社区范围是随着每个人生活状况的改变而不断变化的。社区中绝大多数人心目中重叠的同心圆就构成了无形的心理社区。这种状况正如美国社会学家默顿所论述的理论主题一样：个人的不同动机和利益能够通过制度化的或社会结构背景因素而使其转变为共同的行为模式（默顿，2001）。例如为了满足人类个体成员对安全、地位、归属、依从和权力的共同需要，他们组织起来形成社区，以便通过社区满足他们个人的基本需要。简言之，社区概念的主观建构主体是个体化的社区成员。社区概念的外延内涵和社区活动范围大小主要取决于建构主体社会关系网络所能触及的范围，在这种意义上说，社区本质上是个心理文化概念，而不是个地域区位概念。

个人层次的社区概念及其主观建构社区主要是以业缘为基础而形成的职业社区和网络关系，而不是以地缘和血缘关系为基础而形成的地域社区和网络关系。比较而言，在现代社会关系网络中，业缘关系是现在社会生活中最为重要和最为基础的关系，地缘关系和血缘关系常常是受业缘关系影响和制约的。一般来说，个人层次的社区概念及其主观界定范围是通常是以主观建构者自己的业缘关系为中心而外向扩展的，而且这种职业关系网络伴随他们就业岗位和就业状况的变化而发生变动。

毫无疑义，对于流动性极高的现代社会成员而言，地域因素的影响变为次要和辅助性的，遥远的地理空间并不会成为主观建构者的障碍性因素，空间距离的重要性让位于共同兴趣和社会关系网络的意义，这意味着就业关系和相关的权利与义务才对他们具有真实和关键性的影响。正如公民权理论奠基人马歇尔在论述公民个人权利与义务时所言，社区是如此之大，以致这种义务显得遥远和不真实。最为重要的是工作的义务（Marshall，1992）。

无独有偶，关于如何消除现代社会的病态，消除各式各样的社会异化和社会失范现象，恢复正常社会秩序和达致社会整合的问题，法国社会学家涂尔干也认为只有通过职业群体的组织方式，并以此建构一个功能和谐与完美的新型社会（涂尔干，2000）。简言之，个人层面的社区概念及其主观建构的核心要素和基本标准是界定者的职业关系网络。界定者职业地位和社会声望的高低，就业岗位的性质（正式工作与临时性工作），职业等级结构（服务业与管理性岗位）和工资收入水平将是影响界定者职业关系网络结构与质量的主要因素，地域和空间的因素无足轻重，位居其次。

个人层次的社区概念及其主观建构范围是因人而异和有所不同的，不仅个人主观建构社区的标准有所不同，而且影响个人主观建构的社会因素众多。一般来说，社会阶级通常分为极少数社会精英，相当数量的优势群体，绝大多数的普通成员，相当数量的劣势群体和相当数量的弱势群体五个部分。社会阶级划分为不同社会群体的主要变量是个人特质（性别、年龄、民族）、职业地位和社会地位、拥有的社会资源、机会和人力资本等。对于极少数社会精英和相当数量的优势群体而言，他们地位尊贵，资源丰富，关系网络广泛，机会众多，他们的社区概念及其主观建构社区范围通常是比较大的。对于绝大多数普通成员而言，他们在工作世界中的工资收入、职业声望和社会地位越高，他们拥有的社会资源越多和职业关系网络越发达，他们个人的社区概念及其主观建构社区范围就越大。对于各式各样相当数量的劣势群体而言，他们通常因为工资收入较低，处于相对贫困和就业贫困状况，加上人微言轻和无权无势，无法维持社会认可的一般生活水平，因而被排挤到社会生活的边缘，成为社会生活中受剥削和受压迫的劣势社群。欧美发达国家学者有关贫困、剥夺和社会排挤的大量经验研究发现已经充分证明了这一点（Room，1998）。这种状况在社会转型时期的中国社会同样如此。

改革开放特别是1990年代以来，中国城市社会出现了形形色色的低收入群体和城市贫困家庭就是典型例证（樊平，1996）。对于那些丧失劳动能力的弱势群体和依赖人口例如儿童和老年人来说，他们的社区概念及其主观建构范围主要是他们生活的居住区。地域范围和居住区对他们具有头等重要的生活意义，职业关系网络则无足轻重，他们的地域范围、职业关系和生活区域是高度重叠在一起的。简言之，职业关系和地域因素对不同社会群体的社区概念及其主观建构社区具有不同的涵义。一般来说，对于优势地位的社群而言，职业关系网络在社区概念中居于主要地位。对于劣势地位的社群而言，地域因素在社区概念中居于主要地位，职业关系网络意义不大。

城市社会学芝加哥学派是社区概念及其主观建构理论的重要组成部分。罗伯特·帕克和他的学生发展了人文生态学理论和创立人文生态学的社区概念，他们将人类社区与植物和动物社区比较，其理论核心是区位、合作与竞争过程，目的是探求生态学处境下的社区结构变迁规律与城市社会生活模式。人文生态学强调城市社会成员之间的沟通、协商和聚集性过程，重点是描述和分析社区成员在特定时空环境下的社会互动过程和社区概念的主观建构过程。在人文生态学理论中，社区概念和社区范围因为竞争、侵入现象和人口流动等原因而处于不断变化过程中。人口运动是社区的脉搏，人类社区与植物群落最重要的区别就在于前者能够移动，并且效果是积极性的（帕克，1987）。

人文生态学本质上是社会心理学取向的，与其密切相关的社会心理学研究取向还包括符号互动论、现象学和认知心理学。这种人文生态学的社区概念及其主观建构方法并非局限于城市社会，而且在美国乡村社会学中也具有悠久历史传统。例如美国乡村社会学家罗吉斯就曾明确指出，在询问当地居民到何处买东西、询问社区关键人物和以行政边界为依据的三种方法中，最不可靠的划定社区范围和边界的方法是以行政边界为准（罗吉斯，1988）。言外之意，这意味着社区居民自身的社区概念及其范围的主观建构要比外来者的客观界定更为准确和真实可信。简言之，人文生态学关注的核心是社区居民心目中的社区符号、态度、理解和互动模式。

网络—交换分析或个人网络或在多种社区中的个人成员资格是社区概念及其主观建构的重要理论。网络分析理论在社区社会学中具有悠久历史。网络分析者将社区视为是联结人们的纽带，商品、感情和指令是通过这些网络交换的。在危机、需要和行使权力的时候，个人通过网络关系和联系寻求帮助。交换是通过互惠或分配性公正的原则实现的（Stoneall，1983）。一般来说，个人网络关系越多，他拥有的资源就越多，他的活动空间和动员资源的能力就越大，他主观建构的功能性社区范围也越大。中外学者的社会网络分析理论与技术不仅提供了连接微观和宏观社会学理论的概念工具，而且大量经验性研究发现证明了这种理论的解释力（边燕杰，1999）。

与此密切相关的是，某些英美学者将社区类型分为三类，一是地理、空间或地域的社区；二是认同和利益社区；三是个人网络或在多种社区中的个人成员资格。他们认为在复杂的现代社会中，人们普遍既在地方，又在非地点基础上建立自己的个人关系网络，而且人们常常是身兼多个社区角色和成员资格。人们不仅拥有多个主观建构的社区概念，而且实际上是生活在多个社区之中（Netting，Kettner & McMurtry，1998）。简言之，社会网络分析聚焦于人们活动的方式和内容，将行为者放在社会互动过程中的主动和突出位置上，这有助于描述、分析和解释他们心目中的社区。

美国学者提出的社会场域理论和英国学者提出的社区团结感和意义感的理论为社区概念及其主观建构社区提供新的理论视角。在美国社区研究中，社区被界定为社会场域（social field）。按照社会场域的理论，社区成为不断变化的社会舞台，舞台的演员和主角就是生活其中的社区成员，他们为了自己的利益和按照自己的想法扮演自己的角色。地域性社区只不过像个搭建好的舞台，舞台的主角是生活其中的社区居民。社会场域包括自然的、生物的、心理的、文化的和社会的层面。因为社会场域是经常变动，所以它们是动态的。社会场域的主要组成部分是表演者的行为角色，而且他们相互之间或多或少是通过时间周密组织的，并且追求集体的利益。除此之外，社区场域是地方取向的，许多地方利益的行为表达是通过社区场域来协调的（Wilkinson，1988）。这种主观建构的社区概念和社会舞台理论已获得中国学者经验性研究发现的支持：不应将社区看成是客观的社会“实体”，单个社区不再是整个社会的“具体而微”，而是人们在大社会背景下进行实践的舞台（项飙，1998）。

与此同时，英国学者克拉克为人们在社会舞台上扮演角色的目的提供了有说服力的独特解释。他在考察大量的社区研究成果后于 1973 年系统提出，在所有社会体系中，社区的两个基本因素是团结感和意义感，而且这两个因素是密切联系的。团结是个被普遍接纳的社区构成因素，团结是指社会团结、汇聚一起、社会融合或归属感的情感。团结感是种类似

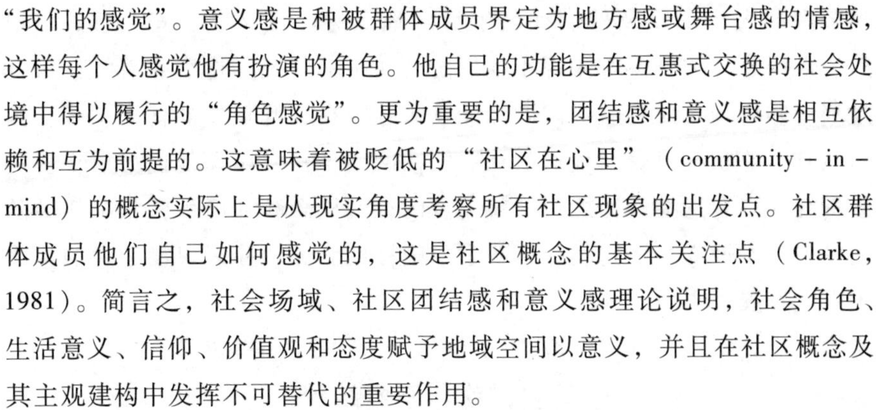

“我们的感觉”。意义感是种被群体成员界定为地方感或舞台感的情感，这样每个人感觉他有扮演的角色。他自己的功能是在互惠式交换的社会处境中得以履行的“角色感觉”。更为重要的是，团结感和意义感是相互依赖和互为前提的。这意味着被贬低的“社区在心里”（community - in - mind）的概念实际上是从现实角度考察所有社区现象的出发点。社区群体成员他们自己如何感觉的，这是社区概念的基本关注点（Clarke，1981）。简言之，社会场域、社区团结感和意义感理论说明，社会角色、生活意义、信仰、价值观和态度赋予地域空间以意义，并且在社区概念及其主观建构中发挥不可替代的重要作用。

社区概念及其主观建构取向具有多种多样的重要理论意义，而且对当代中国的城市社区服务和社区建设运动具有重要的政策涵义。首先，人不仅是社区概念中最重要的构成要素，而且是社区概念主观建构的主体和最终界定者。尽管地域因素、社会互动、社会行动、时间因素和共同利益等要素是社区概念中不可缺乏的，但是这些要素都是次要和从属性，它们都服务于人的需要和人的活动目的。这意味着社区工作和社区服务应从社区居民“心目中”的社区概念入手，而不是以人为划定或法定的社区概念来规划和提供服务。

其次，社区概念是由社区内的居民主观建构的，而不是由社区外的专家学者和行政管理者客观界定的。什么是社区，社区范围有多大，社区边界在哪里，社区主要构成要素是什么，社区发挥的主要功能是什么，这些问题的答案都在社区概念的界定者心目中。社区不是客观界定的，在社会现实中也不存在可以触摸到的社会实体，社区概念和社区生活是我们主观建构的。这意味着我们应该关注“内部人”的社区概念和那些“没有地点”的社区，而不是“外部人”的社区概念和“地域范围清楚”的社区。

再次，社区概念是多样化和不断变化的，这种多样性体现在每个人都是独特的，这种不断变化体现在社会环境和社会环境中的人无时无刻不处于发展变化过程之中。这意味着社区服务和社区建设运动要不断创新，以满足社区成员变迁中的个人需要和社会需要。

最后，社区概念及其主观建构的核心要素是以就业关系为基础的社会关系和关系网络建设。界定者心目中社区概念的内涵和外延，社区地域范围的大小，以及他们社区生活的地点感、意义感、安全感、归属感、认同感和团结感都来源于他们的就业生活状况。这意味着社区服务规划者和管理者应将就业问题和就业服务放在头等重要的优先地位，因为只有就业状况改善，他们的社会关系网络丰富发展和他们可以获得更多资源并具有选择能力之后，就业者的社区概念和社区生活状况才会随之发生根本性变化。这实际指明了中国社区服务和社区建设运动的工作重点和发展方向。

简要讨论与基本结论

社区是社会科学中最常用和最核心的基本概念之一，同时也是个难以界定和充满争议的概念。有鉴于此，本文采取文献回顾与文献调查的方法，尝试澄清和梳理社区概念及其界定的不同学术传统。本文的文献回顾表明，社区是个远比我们想象要复杂得多的概念，社区概念具有丰富的内涵外延。现代人类面临的最大心智困扰之一是：他们无时无刻不生活在社区之中，但是他们却无法准确地理解社区概念和清楚地界定社区范围。与此同时，无论社区变得多么复杂和如何难以界定，对现代人来说，准确无误地理解社区概念和能够清楚地界定社区的需要仍然是基本性的。因为社区概念和社区界定的重要意义是：社区乃是理解社会生活和社会关系的基础。社区概念难以界定的部分原因是不同学科、理论和界定者专业训练背景上的差异。社区是个历史性概念，社区界定议题是社区解组的产物。

综观英美社会科学文献，社区概念和社区界定的学术传统可以分为两大类。一类从是外部人角度和主要是依据社区概念主要构成要素客观界定的。在这种社区概念及其客观界定的学术传统中，社区概念的最初涵义是指称一种相对于现代社会的美好社会理想。与此同时，社区概念还代表范围明确的地域空间，代表特定地域范围中的社会行动，代表地方社会体系与综合性的社区概念。但是，整体来说，在传统社区界定角度中，不仅社会活动主体的人被埋没和掩盖在人群、地域、社会互动和地方体系等因素之下，而且在现代社会社会流动速度加快和地域因素重要性急剧下降的处境下，传统社区概念及其客观界定取向的局限性日趋明显，社区概念的解释力明显下降。

有鉴于此，我们在详细描述社区的客观界定及其学术传统的基础上，简要介绍了社区概念及其主观建构取向。在社区概念及其主观建构角度中，作为社会活动主体的个人处于社区主观建构活动的中心位置。个人的这种中心性不仅体现在社区范围大小是由每个人自我主观界定的，而且个人是将单纯的社区构成要素组合为有意义社会关系的核心性与能动性因素。社区概念的主观建构本质上是种心理学和社会学结合的界定取向，它在英美社会中同样具有悠久的学术传统。人文生态学、美国学者的社会场域理论和英国学者的社区团结感与意义感理论为社区概念及其主观建构活动提供了崭新的理论视角，这有助于我们从新的角度理解社区和界定社区。

更为重要的是，社区概念及其主观建构取向具有多种多样的重要理论意义，而且对当代中国的城市社区服务和社区建设运动具有重要的政策涵义。两种社区概念及其界定取向都有其自身的价值和意义，它们分别适用于不同时期、不同社会处境和不同状况的社会群体。长期以来，中国政府主要采取法定社区概念及其客观界定角度来对待社区，处理社区事务和解决社区问题，而且社区客观界定的主要目的是为了社会管理和社会动员，侧重点不是寻求增强社区归属感和认同感。在建立社会主义市场经济体系和社会流动日趋规范成熟处境下，这种传统的客体性社区界定面临严峻的挑战，并且与社区建设的基本原则背道而驰。在这种情况下，社区概念的客观界定应该让位于社区概念的主观建构，以便更好地满足社区成员变迁中的个人需要和社会需要，最终达致社区建设和社会整合的社会目标。

主要参考文献

［美］R. E. 帕克等：《城市社会学》，宋俊岭等译，华夏出版社 1987 年版。

［美］罗伯特·K. 默顿：《社会研究与社会政策》，林聚任译，生活·读书·新知三联书店 2001 年版。

［美］罗伯特·K. 默顿：《论理论社会学》，何凡兴等译，华夏出版社 1990 年版。

［美］埃弗里特·M. 罗吉斯等：《乡村社会变迁》，王晓毅等译，浙江人民出版社 1988 年版。

［德］斐迪南·滕尼斯：《共同体与社区》，林荣远译，商务印书馆 1999 年版。

蔡宏进：《社区原理》，三民书局股份有限公司 1985 年版。

［美］桑德斯：《社区论》，徐震译，黎明文化事业股份有限公司 1982 年版。

［法］埃米尔·涂尔干：《社会分工论》，渠东译，生活·读书·新知三联书店 2000 年版。

徐震：《社区与社区发展》，正中书局 1994 年版。

项飙：《社区为何：对北京市流动人口聚居区的研究》，《社会学研究》1998 年第 6 期，第 54—62 页。

边燕杰：《社会网络与求职过程》，《国外社会学》1999 年第 4 期，第 1—13 页。

樊平：《中国城镇低收入群体：对城镇在业贫困者的社会学考查》，《中国社会科学》1996 年第 4 期，第 64—77 页。

Abram, P. (1978), *Work, Urbanism and Inequality: UK Society Today*, London: Weidenfeld & Nicolson.

Babbie, E. (1998), *The Practice of Social Research*, Boston: Wadsworth.

Begrer P. & Luckmann, T. (1967), *The Social Construction of Reality*, Garden City, NY: Doubledgay.

Bell, C & Newby, H. (1971), *Community Studies*, London: Allen & Unwin.

Boswell, J. (1990), *Community and the Economy: The Theory of Public Co – operation*, London: Routledge.

Boyle, L. H. (1973), *Current Issues in Community Work: A Study by the Community Work Group*, London: Routledge & Kegan Paul.

Christenson, J. A. & Robinson, J. W. (eds.) (1980), *Community Development in American*, Iowa: The Towa State University Press.

Clarke, D. B. (1981), The Concept of Community: A Re – Examination, pp. 32—38. Henderson, P. & Thomas, D. N. (eds.), *Readings in Community Work*, London: George Allen & Unwin.

Cox, F. M., Erlick, J. L. Rothman. J, & Tropman, J. E. (eds.) (1977), *Tactics and Techniques of Community Practice*, Illinois: F. E. PEACOCK.

Creswell, J. W. (1998), *Qualitative Inquiry and Research Design: Choosing Among Five Tradition*, Thousand Oaks: Sage Publications.

Edwards, A. & Jones, D. G. (1976), *Community and Community Development*, The Hague: Mouton & Co.

Gulbenkian Foundation (1968), *Community Work and Social Change*. London: Longmans.

Henderson, P. & Thomas, D. N. (1990), *Skills in Neighborhood Work*, London: Unwin Hyman.

Hillery, G. (1955), Definition of Community: Areas of agreement, *Rural Sociology*, 20: 779 - 791.

Marshall, T. H. (1992), *Citizenship and Social Class*, London: Pluto Press.

Netting, F. E., Kettner, P. M. & McMurtry, S. L. (1998), *Social Work Macro Practice*, NY: Longman.

Popple, K. (1995), *Analysing Community Work*, Buckingham: Open University Press.

Room, G. (1998), *Social Exclusion, Solidarity and the Challenge of Globalization*, Bath: Bath Social Policy Papers, No. 27.

Ross, M. (1967), *Community Organization: Theory, Principles and Practice* , New York: Harper & Row.

Stacey, M. (1969), The Myth of Community Studies. *The British Journal of Sociology*, Vol. XX No. 2: 134 - 147.

Stoneall, L. (1983), *Country Life, City Life: Five Theories of Community*, New York: Praeger.

Wilkinson, K. P. (1988), A Field - Theory Perspective for Community Development Research, pp. 51 - 57. Warren, R. & Lyon, L. (eds.), *New Perspective on the American Community*, Chicago: The Dorsey Press.

本文系首次公开发表

社区建设的几个基本理论问题

摘要：中国社会结构正在由1980年代的“社区服务时代”迈向1990年代的“社区建设时代”，社区概念的内涵外延与基本特征，社区理论与社区政策类议题应运而生。本文主要讨论社区建设的三个基本理论问题。一是社区建设体系框架与范伟内容，尤其是社区建设范围内容的优先领域是什么？二是社区社会福利体系的涵义是什么？社区社会福利体系与社区建设的关系是什么？三是社区建设的基本特征是什么？目的是为社区建设提供理论支持。

社区建设时代与社区建设议题

20世纪90年代的中国社会工作与社会保障进入一个全新的阶段，其最突出的标志之一便是社区建设理论的提出与实践的发展。社区工作是90年代中国社会工作的突破口。目前，我国的民政、文化、教育、卫生、公安、城建、环卫、体育等部门均将注意力与着眼点放在社区，形成多家共同开发社区的喜人局面。

中国城市社区的社区工作始于街道—居委会工作。新中国成立以来，各个城市，特别是居民委员会在社区服务与社区保障方面作了不少工作。积累了丰富的经验，解决了不少社会问题，培养和锻炼了一大批社区工作者，建立和强化了一整套社区组织体系。

进入20世纪90年代以来，社区服务工作进入一个更高的阶段。由于社区服务的内容与范围过于膨胀，出现名不符实的趋势；还由于社区建设与发展仅仅靠民政部一家是不行的，还须调动各部门的积极性，全方位的建设社区，促进整个社区整体性发展。1992年9月，民政部门从事基层政权建设和理论研究的同志，在杭州召开了首届全国城市社区建设理论研讨会，明确提出了“社区建设”的新概念，为社会主义市场经济条件下如何开展城市社区服务与完善社会福利体系，加快民政工作的改革与发展步伐，建立社会化的社会福利与服务体系，创造有中国特色的社会福利体系指明了方向。

社区建设的体系与内容

社区建设是一个社区内的整体建设，包括社区服务、社区文化、社区卫生、社区道德等。社区建设是个全方位的工作，社区服务只是其中的一项。这两者的关系是局部和整体的关系。这也只是社区服务与社区发展本质关系的一部分。从中外社区工作和社区发展实践看，社区救助的制度与概念出现得最早；社区组织的制度与概念其次；社区服务的体系与概念又次之；而社区发展的体制与概念则出现的最晚，历史最短暂，但它的内涵与外涵却最广泛、深刻，层次也最高。从纵向的关系说，社区工作与社区发展计划可以分为四个层次：社区救助是社区工作中最基础、最原始的社会服务工作；社区服务则是最普遍、最广泛、最直接的社会服务工作，属于第二个层次；社区组织则是第三个层次的社会服务工作；社区发展则是最综合性的也是最高层次的社会福利服务。社区救助是社区工作的基础性部分，社区服务则是发展计划的外在表现形式，社区组织是社区发展与服务的方式方法，社区发展则是社区工作的最终目标。换言之，社区救助是内容，社区服务是手段，社区组织是方法，社区发展是目的。四者构成一个有机的社区工作层次体系，缺一不可。

由于社区的综合性特征，更由于社区发展的整体性与全面性，社区发展计划与运动一开始便将整个社区的社会、政治、经济、文化、道德等所有领域纳入社区发展的范畴，视为社区发展的工作范围。联合国在一份题为《社区发展与有关服务》的文件中列举了下列服务项目：（1）农业服务；（2）营养服务；（3）社会教育；（4）职业训练；（5）合作事业；（6）家庭副业；（7）社会福利；（8）住宅建设；（9）卫生服务。香港的社区发展服务始于1976年。社区发展工作主要分为三种形式：社区中心、邻舍层面社区发展计划及试验性的社区计划。社区发展服务包含的内容有：儿童及青少年活动、学前儿童日间照顾服务、老人中心、弱能人士中心、以工业界雇员为对象的工业社会工作、劳工发展及教育服务、为配合私人住宅的区域社区发展计划、社区教育中心、社区健康及社区妇女服务等，内容十分广泛而丰富多彩。

台湾的社区发展运动与服务始于1965年。按照1971年台湾地区政府公布的“台湾省社区发展十年计划”，社区发展包括的内容有三大类，二十多项：(1)从事社区基础建设以消灭脏乱及美化环境。它包括兴建水沟、道路、给水设备，改善居民住宅的采光、通风、水泥地面及厨房设施、厕所、卫生设施、浴室、牛栏、堆肥舍、篱笆及栽种花木、修筑堤防、护岸及排水沟，设置自来水塔、公共厕所及垃圾箱、建立小型体育场或球场、社区公园、儿童乐园及凉亭、以改善社区基础环境、家庭卫生、防洪设施、加强公共卫生设施；(2)实施生产福利建设以消灭贫困并改善生活。它包括改进农业生产技术、加强水土保护及土地开发利用，提倡家庭及手工艺品生产，举办各种合作事业并兼顾成品运销，指导改良家禽饲养及园艺果树的栽种，办理妇女儿童与青少年福利事业，推行家庭计划与妇女卫生、举办各种技术训练及就业辅导，办理各种互助服务，加强医药急难、灾害及贫民救济；(3)推行伦理建设以端正风气并重建道德。它包括的内容有：兴建社区活动中心，设置社区图书馆、推行国民生活须知及礼仪范例，办理各种民族补习教育，提倡全民体育、康乐及文教活动，如里民大会、长寿会、妇女会、童子军、四健会等。社区建设内容包括了地域性社会中的方方面面。

在20世纪三四十年代的乡村建设运动中，定县实验区以推行文艺教育救农民之愚，以公民教育救农民之私，以生计教育救农民之穷，以卫生教育救农民之弱。在生计训练中，以举办合作社、改良棉花、小麦及猪、鸡等的品种，推广优良品种、调查土地人口、整理田赋、兴办道路水利等为主内容。此外，社区治安则以训练民团最为主要，社区救助则以贩灾救济为主，社区教育则以兴办乡村社区学校、开展识字活动和体育运动为主，社区道德则以恢复旧礼教和推行新宗教为主，社区政治则以组织乡“自治”“村治”，改革县政为主。

目前，民政系统对20世纪90年代的中国社区建设应包括什么内容尚无一致意见。我们认为，由于社区是一个完整的地域性社会体系与利益共同体，社区发展运动的整体目标又是促进社区关系、培养居民自助和互助的精神、增强社会责任感、建立团结和谐的社区并鼓励居民通过集体参与解决社区问题，以求改善社区生活质量，促进社区经济、政治、社会、文化的协调发展，因此，社区建设的内容应包括社区生活与生产的方方面面。换言之，社区建设的内容应包括社区经济、社区政治、社区文化、社区教育、社区科技、社区卫生、社区体育、社区治安与社区控制、社区公益、社区福利事业、社区道德、社区管理等。

社区社会福利体系与社区建设

20 世纪 90 年代的中国社区建设运动中，具有特别重要意义的是社区救济与社区救助，社区卫生与营养保健、社区教育与职业技术培训和训练，社区福利与社区服务，住区计划与社区居住条件和社区公益事业共同组成的广义的社区福利体系与观念，即“社区大福利观”。社会福利与保障体系有其本质的特征，它试图为受益人提供一种安全、公平和有保障的社会生活环境与条件，而要做到这一点，却需要多方面整体协调与发展。社区救助与救济为社区成员遇到不测或一定时期内状况恶化提供了保障；社区医疗卫生则为社区成员有一个健康强壮身体奠定了基础，因为贫困总是与疾病紧密相连的；社区教育则为社区成员提高自身的综合素质、适应社会发展、培养和发展能力奠定了知识性基础；社区福利制度则为社区成员发展自我，提高生活质量创造了条件；社区住房则为社区成员提供了最基本的生活、生产保障；社区公益事业则为社区成员广泛参与社区政治、经济、社会生活，发展与完善自我创造了条件。只有社区救助、社区卫生、社区教育、社区服务、社区住房和社区公益事业高度、有机地结合，形成一个真正的社会福利与社会安全网，才能真正实现社区发展和一切人的最大化、最优化发展。

划定社区发展所包括的内容并非难事，而指明社区建设各领域间相互关系以及 20 世纪 90 年代的优先发展顺序和发展重点则非易事。在社区建设运动中，社区经济发展是基础性与核心性的工作。没有社区经济的发展，社区政治、社区文化、社区教育、社区福利的发展便无从谈起，不可想象。因此，社区经济发展是社区建设运动中的重点工作，应处于绝对优先发展的地位；在社区建设运动中，与社区经济发展关系最紧密的便是社区政治发展。社区建设运动实质上是地地道道的政治发展过程与运动。社区经济发展造就了新型的社区利益集团，深刻地改变了社区的阶级结构与利益结构，促进了社区成员的社会流动与社会分层，形成了多元化的政治、经济、社会关系格局。社区经济格局的转型必然带来社区政治格局的相应变化。特别是在乡村社区，没有社区民主政治的发展与建设，就不会有真正的社区发展与建设。只有民主化的社区建设运动，才能达到社区建设的发展目标。换言之，社区民主政治建设是社区发展与建设运动的"制度性"的前提条件。

社区文化发展则是社区经济与社区政治发展的社会性表现与体现。社区文化的繁荣兴旺发达与否和社区经济与社区政治发展紧密相关，并严重依赖于后两者的发展变化；社区教育则是社区文化得以传递，形成和发展与扩散的社区组织活动与扩散方法。社区教育往往成为社区发展运动的社会性前提条件。社区医疗卫生的发展则为社区成员健康成长和充分发挥自身的潜力提供了一种社会服务与社区支持系统；社区科技则为社区发展提供了常新和永恒的社会、技术动力源泉，并不断深刻影响与改变着社区的结构，保持社区发展的活力与速度、规模；社区服务和社区公益事业的发展则为社区的发展、社区成员的全面发展和社区政治、经济与社会的协调发展奠定了综合性的社会基础，并提供了一种稳定发展的保障体系；社区控制与社区管理则是保证社区运转正常、有序和稳定的组织管理活动与体系。社区管理制度提供了一种规则与秩序，保障了社区发展运动的正常发展。混乱、动荡、不安、无序的社区环境是无法实施任何社区发展计划的。简而言之，社区发展运动涉及社区的各个领域，是社区各系统的有机、整体、协调和持续的变迁过程。

社区建设的基本特征

由于社区建设与发展计划特有的优势，社区发展与建设一出现，便立刻显示出其强大的生命力，并立即成为社会福利服务领域和社会发展领域中最有希望和最具活力的领域。

概括说来，与其他社会工作方法相比较，社区发展计划与运动具有如下一些共同的基本特点：（1）社区建设符合各国的国情、民情、社情，符合本社区实际情况，故能因地、因时、因社区制宜地提供有效的服务与保障。社区建设是建立发展式福利社会的最佳方法与手段。（2）社区建设以社区为基地，充分依靠社区的力量、条件和资源，并直接服务于本社区。社区既是发展的出发点，又是发展的落脚点。社区建设与发展能够满足社区的特别的、具体的、社区性的社会福利服务需要，决定了社区建设计划的突出的实用性与社区化色彩。（3）社区发展克服了社区成员间的地理障碍和空间制约，依托社区中的家庭，就近方便，有利于社区成员广泛经常地参与社区发展活动。保证了社区成员高度参与率，扩大了社区发展和进步的受益面，有利于培养和造就一大批社区志愿工作者，密切了社区成员间的互惠感和社区成员对社区的认同与归属感，增加了社区的凝聚力、有利于社区性格与社区精神的形成，有利于社区问题的预防和顺利解决。

（4）社区建设计划与运动既节约时间，又节约经费，不需大量的资金投入，克服了社区发展的经济障碍。这对于经济欠发达而又人口众多的中国来说，更具有特别的意义。（5）由于社区建设一切以社区为中心，满足社区的需要，既方便，又经济，还以民众的广泛参与为优势，所以，社区建设与发展的建设性与促进性的特点十分突出鲜明。（6）可行性是社区建设计划与运动的又一突出特点，有广泛的适用性和可操作性。（7）综合性与整体性是社区建设计划与工作的又一共同基本特点。社区发展需要社区政治、经济、文化、社会、教育等各领域的一致性与整体性进步。综合性与整体性既是社区建设的优势，也是社区发展工作的难点所在。（8）规划性与计划性是社区发展方案与运动的又一显著特点。制订、实施、评估社区发展计划是任何成功的社区发展所必不可少的内容与重要原因。

本文原载《民政论坛》1994 年第 2 期

和谐社区建设运动与社区福利制度框架设计

摘要：中国社会结构转型引发社会现代化与社会秩序议题等诸多重大理论、政策议题，如何全面建设小康社会，发展社会福利，构建和谐社会成为公共政策与社会政策的核心议题。什么是、如何和为什么构建和谐社会成为基础理论政策议题，具有特别重要的现实、社会意义。和谐社区既是和谐社会的基础部分，又是构建和谐社会的基本途径，还是观察和谐社会的最佳视角。构建和谐社会、和谐社区建设和社区建设运动、社区服务活动“不约而同”共同聚焦于社会福利与社区福利制度建设，社区福利制度框架决定社区服务中心性质、定位、功能、地位。

一　社会结构转型与构建和谐社会议题

中国社会正处于史无前例和翻天覆地社会结构转型期，如何重构国家与社会、国家与市场关系框架，加强社会建设与社会管理，在高风险社会重建社会秩序成为公共政策核心议题。改革开放特别是1980年代以来，企业劳动、工资、社会保险三项制度改革，国有企业减员增效和下岗分流，城乡绝对贫困与相对贫困问题日趋严峻，收入差距扩大和两极分化突出，经济社会发展不协调等议题，表明社会不稳定因素急剧增多，结构紧张和社会冲突状况明显，导致社会结构转型期的中国社会成为高风险的社会，社会稳定与社会发展机制议题突出。

一般来说，传统农业社会向现代工业社会转型、过渡时期是个高风险性、高不确定性的社会，因为传统封闭保守、停滞、同质的农业社会，逐渐让位于现代开放、发展、异质的工业社会，这种社会转型过程充满矛

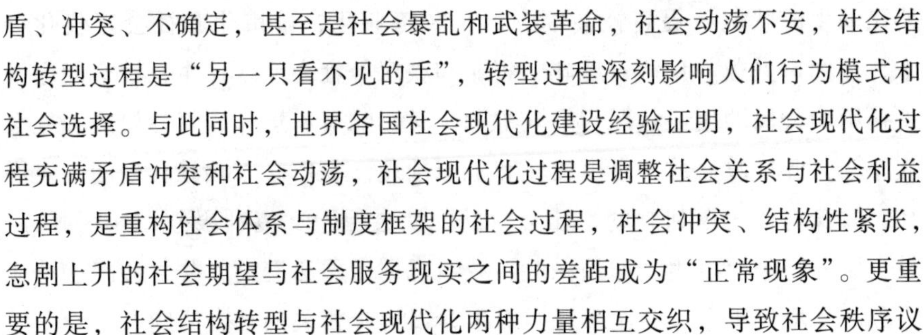

盾、冲突、不确定，甚至是社会暴乱和武装革命，社会动荡不安，社会结构转型过程是“另一只看不见的手”，转型过程深刻影响人们行为模式和社会选择。与此同时，世界各国社会现代化建设经验证明，社会现代化过程充满矛盾冲突和社会动荡，社会现代化过程是调整社会关系与社会利益过程，是重构社会体系与制度框架的社会过程，社会冲突、结构性紧张，急剧上升的社会期望与社会服务现实之间的差距成为“正常现象”。更重要的是，社会结构转型与社会现代化两种力量相互交织，导致社会秩序议题格外突出。

如何消除社会不安定因素，谋求经济社会的协调发展，缓解社会冲突，营造良好社会环境，改善百姓生活状况，提高个人福利与整体的社会福利水平，成为国家最高利益和战略目标。构建和谐社会，谋求经济社会协调、可持续发展，提高生活质量与社会质量议题应运而生。

全面建设小康社会，构建和谐社会是社会发展的核心议题，实质是重构国家与社会的关系，经济政策与社会政策的关系，国家与公民的相互关系，精髓是改善生活质量，提高社会福利水平。改革开放以来，社会、市场、民间组织逐步脱离父权主义国家保护羽翼，成为独立社会实体，国家、市场、社区三足鼎立结构初见端倪，国家与社会的关系框架开始具有实质社会意义。国家与社会关系框架核心是政府与市场的关系，政府与市场关系的核心是社会政策与经济政策的关系，经济政策主要规范经济生产与经济市场，社会政策规范社会消费与社会市场。社会政策是政府有关社会福利的指导思想与基本原则，社会政策框架主要由健康照顾、教育服务、社会保障（主要是社会救助、社会保险与遗属津贴）、福利服务、公共住房、就业服务、社区服务和公共服务组成。社会政策目标、功能主要体现在社会福利制度安排之中。福利的涵义是幸福美好的生活，社会福利是社会经济协调发展，是生活质量不断改善提高，构建和谐社会的最高目标是改善全体公民的生活质量，提高全社会的福利水平和社会质量。

二　社会福利制度与社区福利体系建设

政府基本职责是发展社会福利与社会服务，社会福利制度的主要功能是解决社会问题，社会福利范围覆盖社会生活所有领域，主要目标是改善公民的生活状况，提高社会福利水平。工业化、城市化和社会现代化以来，贫困、失业、疾病、愚昧、犯罪和秩序等社会问题产生，社会问题既直接影响公民的生活状况与个人福利，又影响政府运作、管治权威和社会秩序。为此，政府放弃自由放任和不干预理念，广泛干预社会生活，发展社会政策与社会福利制度，社会救助、社会保险、福利服务、社区服务、教育服务、医疗卫生、妇幼保健、城镇规划、司法援助、公共住房、就业服务和环境保护等社会制度应运而生，以解决相关的社会问题。

从服务范围角度看，社会福利制度覆盖日常生活与就业关系所有领域，贯穿整个生命周期，从优生优育、生殖健康，到出生后的身体发育、食品营养、婴幼儿护理，再到儿童的基础教育、成年人的大学教育，大学毕业后就业机会，婚姻家庭、生儿育女、中年保健和老年退休，人们在每个生命阶段存在不同的需要与问题，需要不同的社会服务，以满足不同阶段的需要，个人成为社会福利服务的主要对象，不同生命周期、时期需要满足成为福利制度安排基础。

社会福利制度运作的机制是通过及时回应社会问题与社会需要，有效地解决社会问题和满足社会需要，改善公民生活状况，提高个人福利与社会福利水平，进而推动社会发展与进步。社会发展与社会进步的社会表现形式是环境优美，政治开明，经济繁荣，社会关系和睦融洽，文化开放多元，人民安居乐业，家庭生活幸福美满，国家社会发展水平与综合国力不断增强，经济社会不协调发展的程度降低到最低点，社会结构关系合理化，这就是理想的和谐社会。

更为重要的是，社会福利制度分为宏观、中观和微观的不同层次。宏观层次主要是指国家或全国层次的制度安排。中观层次主要是社区和组织层次的制度安排。微观层次主要是指家庭和个人层次的制度安排，其中社区层次福利制度是宏观与微观层次的联结点，地位尤为重要。

和谐社区建设核心是社区福利体系建设，精髓是改善社区的生活环境和居民生活质量，提高社区居民和社区整体福利水平，为全面实现小康社会和建构和谐社会奠定社区性基础。和谐社会体系由纵横交错的多个方面组成，横向结构层面主要是经济社会的协调、均衡发展，纵向结构层面主要是中央与地方、社区与组织、家庭与个人之间纵向协调、均衡发展的关系。换言之，和谐社区为和谐社会奠定社会基础，和谐社区建设是和谐社会建设基本内容与途径。和谐社会、和谐社区建设的核心是社会福利与社区福利体系建设，社区福利是社会福利体系重要组成部分，所谓社区福利主要是指地域社区、组织（功能社区）和特定人群的社会福利状况。

社区福利体系的最大特征是地方性、地域性、组织性和群体性，反映地方社会结构与发展状况。社区福利体系主要由社区健康照顾服务、社区文化服务、社区体育娱乐服务、社区教育服务、社区福利服务、社区救助和城市居民最低生活保障线制度、社区环境卫生、社区就业服务、社区互助友爱、社区矫正服务、社区法律援助、社区治安与社区警务，以及社区公共服务等组成。显而易见，社区福利服务范围与内容超出传统狭义的社会保障，服务范围扩大到社区生活所有领域，跨越公共政策、经济政策、社会政策三大领域，构建全面、综合、连续的社区服务网络。

从服务对象角度看，社区福利覆盖老年人、残疾人、烈军属和优抚对象、儿童少年和妇女，还包括广大普通的社区居民，充分体现社区福利的地域性、普及性、综合性和生活化特征。更为重要的是，从世界各国社会福利发展趋势看，一方面，社区福利服务体系建设成为各国政府工作的首要任务；另一方面，社区福利事业综合化趋势明显，例如日本将狭义社区福利与医疗卫生服务整合在一起，福利服务与健康照顾服务结合成为世界社会福利发展潮流。这意味着社区福利事业应以社区居民个人的生命周期为范围，以社区居民的基本生活需要、身心健康需要和社区环境建设为主要内容，以全体社区居民和弱势群体为基本的服务对象，将公共政策、社会政策与经济政策有机整合起来，营造环境优美、居民安居乐业的和谐社区。

表 1　　社区福利体系范围、内容与结构性特征一览表

生命周期	孕产期	儿童期	少年期	青年期	中年期	老年期	临终期
社区福利服务的内容	环境保护 生殖健康 妇幼保健	食品营养 生活照顾 儿童社会化	家庭生活 生长发育 义务教育	大学教育 就业关系 婚姻家庭	家庭生活 就业生活 社区文体	退休养老 经济保障 发挥余热	长期照顾 临终关怀 生命终结

三　社区建设困境与社区服务中心定位

城市社区环境与社区结构发生重大变化，国家、市场、社区之间关系

框架已具有实质的社会意义，社区服务向社区建设过渡，社区建设向和谐社区建设运动过渡成为历史必然趋势。1990 年代以来，城市社区社会环境与自然环境、社区居民意识形态、价值观念与社会态度、社区政治权力结构与社区政治生态、社区经济发展与社区产业结构、社区就业状况与就业环境、社区人口结构与社区阶层结构、社区居民生活方式与收入水平、社区文化与社区体育、社区居民休闲娱乐方式与生活状况，特别是国家、市场与社区之间关系，政府与社区的关系都发生重大结构变化，为在政府（国家）、企业（市场）之外建立新型、现代社区提出崭新课题，社区建设运动应运而生。

回顾社区建设运动发展状况，社区建设成为真正意义的社区运动，社区观念与社区概念深入人心，社区服务的范围不断扩大、内容不断增多，社区服务组织与工作队伍建设取得重大进展，社区服务对象不断增多，所有社区居民逐步纳入社区服务范围，社区环境、社区居民生活状况显著改善，工作场所与生活社区分离，社区已经成为生活家园。在肯定成绩的同时，我们必须清醒地认识到社区建设运动中存在诸多结构性与体制性的问题，迫切需要我们予以解决，以便推动社区建设运动持续、稳定、健康发展，造福亿万普通社区居民，实现社区建设运动向和谐社区建设运动的顺利过渡，将社区建设与和谐社区建设推向新高度。

和谐社区建设是社区服务与社区福利发展到一定阶段的必然结果，是社区建设运动深入持久发展的必然产物，是社区服务与社区福利发展到一定阶段的历史结果，反映社区发展的方向。

和谐社区建设的宏观社会环境正在改善，社区建设运动面临诸多结构性与体制性障碍，直接影响和谐社区建设与社区福利体系框架设计，直接影响社区居民生活状况与福利水平。1980 年代以来，社区服务已走过二十年的光辉历程，社区建设运动也有十多年的社会实践，社区理念、社区服务、社区建设与社区管理已逐渐成为公共政策与社会政策议程的核心议题，社区服务、社区建设与构建和谐社会、和谐社区、社会发展、社会需要之间不协调日益突出。

第一，社区服务、社区建设运动单纯局限于地域社区范围内的服务提供，无意识和无计划将社区建设运动纳入地方社会与新型社会体系建设的宏观视野之中，社区建设定位过于狭隘。

第二，社区服务与社区建设运动的价值理念、价值目标尚待梳理、澄清和清晰明确地表达，如何体现以人为本和人的全面发展，如何实现以人为本，以人为本的涵义、核心与本质是什么？社区服务与社区建设运动的最高价值目标是什么，这些都是和谐社会建设需要回答的问题。

第三，长期以来，社区服务与社区建设运动的性质含糊不清，是政治、经济运动，还是社会、文化运动，是由上而下和由下而上运动，还是政治、经济、社会、文化混合性质的社会运动，这是无人涉足的重要领域。社会活动的性质决定服务的范围、内容、政策目标和服务对象。

第四，社区服务与社区建设运动目标群体含糊不清，特别是弱势群体与普通社区居民之间的关系，普及性服务与选择性服务对象，商业化服务与福利性服务对象的确定原则、标准不清。

第五，社区服务与社区建设组织主体不清晰，组织体系建设分隔化状况明显，社区层面整合程度不高，社区服务中心综合、指导、协调、培训、研究、规划、信息管理等功能尚待提高。

第六，社区服务与社区建设运动资金来源多样化和"非财政化"趋势，社区服务中心需要靠自身经营和有偿服务来维持生存，社区服务、社区建设与社区福利体系建设缺乏财政资金的支持。

社区服务与社区建设运动存在的结构性与体制性障碍直接影响社区服务中心定性、定位和运作机制，直接影响社区服务中心在和谐社区建设中发挥应有基础性作用，改革迫在眉睫。1980 年代中期以来，社区服务中心成为社区服务与社区建设运动最基本、最主要的组织载体，市、区、街道社区服务中心和社区居民委员会的社区服务站形成相互依存的四级组织网络，为改善社区居民生活状况与生活质量，提高个人福利与社区福利做出巨大的贡献，功不可没。然而，由于深受宏观社会环境与社会管理体制的影响，深受社区服务与社区建设运动影响，社区服务中心的性质、定位、政策目标和运作机制等方面均存在问题，迫切需要明确澄清。

第一，社区服务中心的性质是提供社区公共服务和社区福利服务的主要机构，其性质自然是"社会福利"和社区"公共服务"机构，这两种身份共同点是社区服务中心的社会福利性质。社区服务中心的社会福利性质是由其价值目标、政策目标、服务对象和服务内容等因素决定。

第二，社区服务中心在社区服务、社区建设运动与和谐社区建设中扮演基础性、核心性角色，是社区民主政治发展的组织载体，是社区居民自治与自我管理的组织载体，是社区权力结构与资源配置的重要组成部分，是社区组织动员、组织发展的基础，是社区组织网络的基础，是发展社区服务业和发展社区经济的重要阵地，是宏观经济发展和产业结构调整重要环境，是社区就业的重要场所，是人口结构变化与流动人口管理的主要阵地，是观察社区结构变迁的最佳视角，是社区文化、社区归属感、社区体育、社区娱乐和精神文明建设的重要阵地。

第三，社区服务中心的设施建设、工作环境、经费来源、运作机制、队伍建设、管理模式等方面都应按照“社会福利”机构的性质来设计确定，设施建设应充分考虑到服务对象的特征，工作环境应温馨保密和适于交流谈话、经费来源应全部纳入财政预算，建立公共财政体制，运作机制应以社会福利服务提供为主，适当加入市场竞争机制，以便提高社区服务的效率，队伍建设应以专业社会工作者为主，管理模式应以社会福利机构管理为主，提高管理质量。简言之，社区服务中心准确定性、定位和选择适宜的运作机制，是和谐社区建设的社会基础。

四 国家未来行动议程与公民生活质量

和谐社区建设既为社区建设运动指明方向，又明确划分国家未来行动议程的优先领域，成为和谐社会建设的基本途径，有助于重构国家、市场与社区之间三足鼎立的现代结构关系。和谐社区建设是构建和谐社会的基本手段，反映国家的最高利益和社会经济发展的总体趋势。这意味和谐社区建设的动力源泉和基本动因首先是政治性因素，政治性考虑居于优先地位，增强国家未来行动议程和政策框架设计的极端重要性，加强制度安排与政策设计的决定性。

具体来说，国家未来行动议程处境下和谐社区建设的基本议题众多，首先，将和谐社区建设放在地方社会建设，放在中央政府与地方政府关系，放在国家与社会关系框架大背景下考虑，提高社区在社会发展与社会管理中的战略地位，将社区看作构建和谐社会最基本的途径。

其次，明确和谐社区建设与社区建设价值目标，将社会公平、社会平等、社会团结和社会整合作为核心价值目标，通过和谐社区建设营造和谐社区环境，为和谐社会奠定坚实价值基础。

第三，将和谐社区建设放在社会政策框架与社会福利制度框架的宏观社会背景下统筹考虑，明确规定和谐社区建设的“社会福利”性质，将社区服务与社区建设运动纳入社会政策框架，将社区福利体系纳入社会福利制度框架，将和谐社区建设纳入恢宏的和谐社会建设运动中。

第四，应特别注重国家、市场、社区三足鼎立关系框架的培育，大力鼓励、发展民间组织，加快转变政府职能，通过营造自由宽松、公平竞争的社会环境，通过政策法规和制度建设，政府购买服务，通过国际交流合作，将第三部门发展、社区福利与和谐社区建设结合起来，使国家、市场、社区各司其职，通过现代化的三足鼎立的结构性关系实现和谐社区建设目标。换言之，和谐社区建设的基础是社会结构合理化，是国家、市场与社区结构关系的和谐化。如果没有社会结构的现代化，没有国家与社会关系框架的现代化，和谐社区建设将难以想象。

和谐社区建设的战略目标是改善社区居民的生活质量，提高个人福利与社区福利水平，为社区居民营造和谐社区环境，为社区居民幸福美好的生活提供制度保障和广泛社会保护。社区建设与和谐社区建设的最高目标既不是社区工作体系建设，又不是社区组织体系建设，而是改善社区居民的生活状况，提高社区居民的生活质量和个人、社区整体的社会福利水平，是社区居民个人的全面发展与潜能发挥，是社会团结、互助与社区归属感、认同感的提高，这些政策目标集中体现在社区居民的生活质量上，体现在社区居民的社会关系与精神面貌。与此同时，和谐社区建设的优先领域是健康照顾服务、社区教育和优美社区环境建设方面，核心是社会健康与社区健康服务，其中包括环境保护、社区康复、社区护理和心理咨询等。

改革开放以来，社区居民价值观念、收入水平与生活方式都发生了重大的变化，衣食住行用等基本生活需要已经满足，人们开始追求更高层次的精神、文化享受，追求个人的全面发展，人类需要结构层次发生重大变化，身心健康开始成为绝大多数社区居民最重要的基本需要，人们开始关注住的舒适，吃的健康，穿的得体，行的安全方便快捷，用的经济方便节约环保，对自然环境与生活处境提出更高健康要求，对社会关系与社会环境提出更高健康要求。这意味和谐社区建设的最佳突破点和战略重点都是发展社区健康服务，创造优美生活环境。

最为重要的是，和谐社区建设的首要组织条件是，整合现有的社区服务项目与社区服务组织，创建整合性社区服务机构，加强不同社区服务机构之间的沟通协调，发挥整合性服务优势，打破行业部门和条条块块分隔状况，在社区层面实现全面系统整合，以个人生命周期为基础，为社区居民提供社区性、整合性、基础性、综合性、连续性、个性化和发展性的社区服务，以使社区服务与社区福利发挥最大的积极作用，促使经济社会协调发展，人与自然和谐发展，为和谐社区建设提供整合社区组织体系、高效工作体系、灵活运作机制和专业人员的保障。简言之，社区居民生活质量是最高目标，健康照顾服务是优先领域，整合工作体系和组织体系是保证，和谐社区建设与构建和谐社会是必然结果，个人福利与社会福利提高是发展趋势。

五　简要讨论与基本结论

社会结构转型、社会现代化过程和社会发展客观规律“不约而同”共同聚焦于经济社会协调发展，聚焦于构建和谐社会与和谐社区，聚焦于国家、市场与社区间关系框架的现代化，这是中国和世界各国社会发展的必然规律，既是时代赋予我们的光荣使命，又是义不容辞的责任。综观世界各国社会发展历程和历史经验，无论社会制度安排如何，其基本功能和共同目标是营造良好社会环境，改善公民生活状况，提高个人福利与社会福利，增强人们幸福美好感。换言之，社会主义未来是民主—福利—市场社会主义，而不是贫困、愚昧、落后的社会主义。

更为重要的是，世界各国社会发展规律和历史经验证明：现代社会正处于由经济政策占主导地位向社会政策占主导地位转变的重大历史时期，经济政策与社会政策的协调发展至关重要，公民生活质量、社会福利制度与社会服务体系在经济社会发展议程中占据越来越重要地位。一切社会制度安排与社会经济生活的最高目标就是改善公民生活状况，使社会福利最大化。在社会福利制度与社会政策框架中，市场福利、社区福利、家庭福利与个人福利尤为重要。在社会福利最大化努力中，国家因素是最重要的决定因素，政府干预程度、方式与途径直接关系公民生活质量与社会福利水平，直接关系社会经济协调发展状况，直接关系国家综合国力。

改革开放，特别是1980年代中期以来社区服务运动与经济体制改革，彻底改变传统的社会结构，催生国家与社会关系框架的形成，促使国家、市场、社区现代三足鼎立关系模式形成，社区服务中心在其中发挥举足轻重的作用，做出重大的历史贡献，成为社区组织创新的代表，因为社区服务中心的性质是“社会福利”机构，是和谐社区建设的组织载体和基本服务内容。和谐社区是构建和谐社会的基本途径、基本内容和发展方向，其最高目标是社区居民生活质量，健康照顾服务是优先领域，整合工作体系和组织体系是组织保证，社会福利是发展趋势。

主要参考文献

刘继同：《转型期的社会管理与社会稳定机制研究》，《湖南社会科学》2005年第1期。

李培林：《社会结构转型：另一只看不见的手》，《中国社会科学》2003年第1期。

张静主编：《国家与社会》，浙江人民出版社2003年版。

刘继同：《社会市场与经济市场》，《社会科学研究》2005年第3期。

［英］迈克尔·希尔：《理解社会政策》，商务印书馆2003年版，第11页。

［日］大桥谦策：《地域福祉》，放送大学教育振兴会1999年版。

刘继同：《从身份社区到生活社区：中国社区福利模式的战略转变》，《浙江社会科学》2003年第6期。

刘继同：《为什么卫生政策还不能成为“国策”?》《中国卫生》2004年第7期。

Doyal, L. & Gough, I. (1991), *A Theory of Human Need*, New York: The Guilford.

Wilensky, H. L. & Lebeaux, G. N. (1965), *Industrial Social and Social Welfare: The Impact of Industrialization on the Supply and Organization of Social Welfare Services in theUnited States*, New York: The Free Press.

本文系首次公开发表

由边缘到主流:国家与社区关系的历史演变及其核心议题

摘要: 国家与社区关系是最基础和最重要的社会关系，是观察中国社会变迁的战略关系和基本视角。国家与社区关系是中国改革开放和结构变迁的产物。中国社会国家与社区关系经因应社会环境变化分为三大历史发展阶段。改革开放以前，由“常态化”转变为“虚幻化”。改革开放以来，国家与社区关系由“虚幻化”转向“社会建构”，并形成一系列核心议题。社区与公共政策、社区与国家关系已成为中国社会结构与政策议程的重要组成部分。

国家与社区关系形成及其理论政策意义

国家与社区关系已成为当代中国社会生活中头等重要的重大现实、理论与政策议题。改革开放以前，中国社会结构分化程度不高，国家与社区关系缺乏实质意义。中国社会关系高度重叠为国家与社会的关系，“国家”基本覆盖和等同“社会”。国家与社区关系像国家与市场关系、国家与家庭关系、国家与个人关系一样，形成程度不同的“虚幻化”现象：即理论上国家与社区关系存在，实际上国家与社区关系名存实亡。

改革开放以来，中国社会发生史无前例和翻天覆地的结构性变迁，社会流动、社会分层与社会结构分化成为中国社会关系最显著和最主要的特征（北京大学课题组，1991）。社会逐渐从父权主义国家羽翼下分离出来，国家与社会关系逐渐具有实质意义。国家、社会、市场、社区、家庭、个人之间错综复杂和相互交织的真实关系，取代国家与社会之间高度简单和主导—依附式的虚拟关系。无形之手的市场机制在机会平等、社会资源配置与社会生活中扮演越来越重要角色；家庭重新恢复其温情脉脉和避风港的本来面目，家庭生活与私人生活空间隐秘性特征日趋明显；自我意识与个人价值成为社会流行观念，个人偏好与个人选择开始具备社会可能性与现实意义。国家与社区关系如国家与市场关系、国家与家庭关系、国家与个人关系一样，无论是在性质与形式，还是在内容与特征方面均发生重大变化。中国社会的变迁环境与社会结构分化为国家与社区关系注入新的内涵，赋予旺盛生命力。中国社会国家与社区关系逐渐形成，终于“浮出水面”，并成为中国社会国家层面上社会经济政策议程的核心议题之一。

国家与社区既是事关全局的战略性关系，又拥有举足轻重的重大理论与政策意义。国家与社区关系是社会关系与社会结构重要组成部分，是观察中国社会变迁的战略关系和基本视角（方明、王颖，1991）。国家与社区关系既涉及宏观、中观与微观社会体系结构和运作模式，又牵涉政治权力、经济增长、社会发展、文化融合和社会质量，具有丰富多彩的理论意义与政策意义。除此之外，国家与社区关系还涉及一系列基础性理论议题，例如社会观念与社会构成，国家、社区、市场与市民社会的关系（景跃进，1993），社会结构变迁与社区整合功能，社区发展与国家发展，社区概念界定及其内涵外延等（丁元竹、江汛清，1991）。

与此同时，国家与社区关系还牵涉一系列重大紧迫的政策议题，例如工农关系与城乡关系，边区开发与民族问题，社区组织与社区管理，社区服务与社区建设，社区文化建设与社区归属感等（丁元竹，1994；王颖，1996）。在中国社会结构转型时期，国家与社区关系既能激发更多、更新理论议题，又是直接关系经济改革、营造良好社会环境、社区发展与国家发展完美结合、改善生活质量、实现社会现代化，以及国家综合国力提高能否顺利进行的关键。

社会革命与制度建设:国家与社区关系的边缘化

1949 年中华人民共和国成立至今，中国社会国家与社区关系分为三大历史发展阶段。从国际背景与国际关系，社会环境与制度安排，国家角色与阶级结构，社区政策模式与基本取向，社区在社会生活扮演角色与发挥作用，社区重要性升降变迁基本原因，特别是国家与社区关系角度看，中国社会国家与社区关系可分为三个历史阶段。

1949—1958年是第一阶段，其基本特征是国家与社区关系发生革命性变革，国家与社区双方均积极探索新的关系模式，社区在社会生活中地位逐渐边缘化；1958—1976年是第二个阶段，其基本特征是国家与社区关系剧烈变动和日趋政治化，社区在社会生活中地位逐渐形成虚幻化状况；改革开放以来为第三个阶段，其基本特征是国家与社区关系再度发生革命性变革，国家与社区双方在更高基础上积极探索建构新的关系模式，国家与社区关系社会建构化特征明显。

1949—1958年是国家与社区关系第一阶段，其基本特征是国家与社区关系发生革命性变革，国家与社区相互适应，积极探索新的关系模式，社区在社会生活中地位逐渐边缘化。无论从何种角度看，1949年中华人民共和国成立都是划时代的历史事件，是一场全面、伟大和深刻的社会革命（Skocpol，1979）。中华人民共和国成立标志国家与社区关系进入崭新历史阶段，社会主义国家与社会主义制度建设在相当大程度上决定了国家与社区关系的基本模式。资本主义与社会主义两大阵营对峙和“冷战”时代的国际背景使中苏关系对中国社会具有多方面重要影响。这种影响集中反映在社会主义制度安排方面：指导思想是马克思列宁主义，主导意识形态是社会主义及其公有制（Schurmann，1968）。

20世纪50年代以来，政治上建立国家社会主义制度，经济上实施中央集权的计划经济体制，社会生活上推行准军事化的社会管理模式（薄一波，1991）；国家角色是无所不能和父权主义的，国家机器的触角不仅覆盖思想、政治、经济和社会生活所有领域，国家意志逐渐取代个人选择、市场配置、家庭生活与社区自治。社会阶级结构由多样化变为简单化，正如刘少奇在中共八大上所描述的一样，中国社会阶级结构由1950年代初期官僚买办资产阶级、地主阶级、富农阶级、民族资产阶级、农民、个体劳动者和工人阶级七个阶层，转变为1950年代末期以工农为主的人民群众与阶级敌人两大类，社会阶级结构与阶级关系空前简单化（人民手册编委会，1957）。

国家社区政策模式的基本取向是将社区（主要是地域社区）视为组织动员群众，维护社会稳定与巩固社会主义制度的“基层单位”，地域社区（街道办事处）主要扮演上情下达，反映民意的桥梁和中介角色。

1954 年全国人大常委会通过的《城市街道办事处组织条例》和《城市居民委员会组织条例》清楚说明这一点（王振耀、白益华，1996）；一般来说，当时影响社区重要性下降的主要因素是计划经济体制和公有制主导的思想意识；国家与社区关系对双方来说都是全新的，需要一个磨合和过渡时期，形成新型社会主义国家与传统社区组织，新型权力结构与传统社区权力结构，新型社会管理与传统社区管理模式相互适应的状况。总体来说，在社会主义制度逐步确立与社会主义建设高潮迭起的 1950 年代，社区相对独立自主的空间逐渐被国家角色取代，社区在社会经济生活中的地位逐渐边缘化。

政治运动与社会控制:国家与社区关系的虚幻化

1958—1976 年国家与社区关系进入第二个阶段，其基本特征是国家与社区关系不仅处于剧烈变动过程中，而且高度政治化，社区在社会生活中地位逐渐虚幻化。1958 年“大跃进”运动标志中国全民性、长期性和全面性政治运动的开端。虽然 1960 年代初期有过短暂调整，但这个时期社会环境与制度安排基本特征是政治运动频繁，党和政府工作中心是“以阶级斗争为纲”，中国成为“政治化”社会。这种状况对中国社会所有方面，包括国家与社区关系产生重大影响（费正清，1990）；国际背景是社会主义阵营内部出现广泛与严重分歧，中苏关系破裂和三年自然灾害相互交织使中国社会雪上加霜，困难重重（高凯、熊甲光，1989）。不利的国际背景与困难的国内环境导致中国更多关注自身事务，更加关注内部结构调整与社会管理。社会生活变得更加保守和封闭，自力更生、艰苦奋斗成为时代精神。左倾路线和极“左”思潮影响达到登峰造极的地步，无法维持正常的生产与生活秩序，社会关系与社会结构发生严重扭曲；在一五计划初步建立国家工业化基础，计划经济管理体制基本确立和“左倾”冒进思想影响下，国家几乎成为社会生活的独角舞者，民间社会生活几乎消失殆尽，国家活动基本等同和覆盖个人、市场、家庭与社区生活领域。在以阶级斗争为纲和非友即敌岁月里，社会阶级结构高度两极化与简单化，社区阶级结构与阶级关系同样如此。

社区政策模式的基本取向是社区地位微不足道，国家将社区看作是政治运动与社会管理的基本手段之一。工作单位的地位（功能社区）远比街道办事处更为重要，地域社区在社会生活中扮演候补者角色，发挥拾遗补阙作用（Walder，1986）。地域社区管理者主要由社会边缘群体的“居委会大妈”组成，街道办事处主要管理和服务形形色色“无工作单位之人”便是典型例证；总体来说，这个时期影响社区地位下降和虚幻化的主要因素是四个相互交织的社会层面：意识形态上一大二公和公有制程度越高越好的极左思想；政治上国家力量强大和支配性地位已稳固确立；经济上中央集权的计划经济体制，国家掌控所有资源，市场初次分配和国家再分配合二为一，政府用集中的国家计划管理变化多端和千姿百态的生产活动；公共生活与私人生活空间融为一体，社会关系与社会组织结构高度雷同化与政治化；经过 1950 年代的磨合与相互适应，主导—依附的国家—社区关系已基本定型化。国家社会责任无限，政府缺乏社会合作伙伴，民间取向的社区生活淹没在国家意志与政府羽翼之下，国家与社区关系名存实亡。总体来说，因为国家过分强大、无所不在和社区过分微弱无力、缺乏生存空间，国家与社区关系失去平衡，社区在社会生活中处于名存实亡的虚幻化状况。而且这种“不正常”状况一直维持到 1970 年代末期改革开放后才发生显著和重大变化。

经济建设与制度创新:国家与社区关系的建构化

1978 年改革开放以来，可以宽泛地划分为国家与社区关系的第三个阶段，其基本特征是重新“发现”和回归社区，国家与社区关系发生第二次革命性变革（张敏杰，2001），双方在更高基础上积极探索建构崭新的关系模式，国家与社区关系的“社会建构”化特征明显，通过社区发展谋求国家发展的政策目标清晰可见。从国际背景看，1970 年代以来，国际关系与世界政治格局发生重大变化，中西交流、合作取代东西方对峙、冷战。苏美两个超级大国争霸的国际政治格局日趋多极化，和平与发展成为世界潮流。经济改革、民主改革与福利国家改革浪潮风起云涌，苏联和东欧社会主义国家阵营的土崩瓦解似乎说明人类需要满足与提高国家综合国力、经济与社会协调发展的重要性（Doyal & Gough，1991）。

与此同时，中国社会环境与制度安排也发生重大变化：党和政府将工作重点由“以阶级斗争为纲”转变为“以经济建设为中心”，经济政策与社会政策关系成为国家发展政策议程的主要议题。在经济市场化和福利社会化处境下，劳动、工资和社会保险制度改革全面铺开，下岗待业和失业群体出现，城市贫困问题形成，席卷全国的农民工浪潮，贫富差距扩大和两极分化日益加深等社会问题大量涌现，严重威胁社会稳定和社会秩序。因此，以经济建设为中心，深化经济体制改革与加大制度创新力度，努力营造良好社会环境，大力发展社会福利事业，改善人民生活质量与提高福利水平成为当务之急（劳动和社会保障部，2002）；国家试图逐渐退出经济领域，大幅度减少承担的社会责任，希望扮演“最小国家”和社会协调者的新角色（Nee，1989）。社会阶级结构在社会流动加速、社会分层明显与市场力量推动下日趋多样化（李培林，1997），变化多端、纷繁复杂的社会阶级结构取代简单清晰和两极化的社会阶级结构。千姿百态和五光十色生活方式取代单调乏味与高度同质化的社会生活；社区在国家政策议程中扮演越来越重要角色，社区政策意识与政策目标日趋清晰具体。社区政策成为公共政策重要组成部分，形成由下而上与由上而下相结合的社区政策模式。

国家对社区议题的基本政策取向是，将社区看作是谋求国家发展与社会经济协调发展，改善生活质量与提高福利水平，营造良好社会环境与实现社会稳定的重要社会基础。1993 年国务院批转民政部等 14 部委《关于加快发展社区服务业的意见》，2000 年中办、国办转发《民政部关于在全国城市推进社区建设意见》清楚地说明了这一点（多吉才让，2001）。更为重要的是，除在社会生活中扮演社会基础角色与发挥社会稳定作用之外，社区在经济市场化与福利社会化背景下扮演的“国家助手”角色越来越清晰，在福利发展中发挥积极作用。社区体制改革与社区分担管理责任急剧增多，形成“强”国家与“强”社会格局（朱健刚，1997）。

总体来说，改革开放以来，社区地位显著提高，社区在国家生活中重要性空前上升，其原因主要有四：一是国内外环境与社会结构变迁为社区成长营造适宜的社会空间，提供不竭的动力源泉；二是国家有意识与有目的的培育、扶持社区力量，形成社区建设的政策模式，将诸多社会管理职责与社会福利责任转给社区，使社区成为国家的得力助手；三是市场经济发展为社区发展注入强大动力源泉，激活社区活力，整合社区资源和启蒙社区民间力量，基本形成国家、市场与社区民间力量三足鼎立的社会格局。四是社区结构（人口、经济、阶级和文化结构等）与社区功能（行政管理单位转为生活社区等）转变使社区成为社会生活重要组成部分，培育民间社会的活动空间，社区对普通市民具有新的社会涵义与重要生活意义。有鉴于此，在社会变迁与市场经济处境下，国家试图通过社区政策与社区建设途径重新建构与社区的关系，重新建构社区问题与社区需要在福利发展中的角色，重新建构社区结构与社区功能，重新建构社区政策模式，国家与社区关系的社会建构色彩浓厚，引人注目。

中国社会国家与社区关系曲折多变，阶段性特征明显，总体发展脉络是国家与社区关系由边缘化议题转变为核心性议题。改革开放以前，由于国家社会主义意识形态与国家组织体系延伸到所有社会领域，国家掌控全部社会资源与承担一切社会责任。政府以僵硬、统一国家计划管理变化多端和千姿百态的生产生活，基本取消市场力量影响，地域社区无足轻重，工作单位负责职工生老病死和基本生活需要满足，自给自足和相对封闭特征明显。国家关系与国家意识取代社会关系与职业意识，公共生活与私人生活空间融为一体，政府缺乏社会合作伙伴。社会生活缺乏生机活力和发展动力，整个社会死气沉沉，民间社会与社区生活无影无踪。国家与社区关系处于不平等状态，社区在社会生活中处于边缘化状况，社会地位不高，社会影响不大。改革开放以来，伴随国内外环境与社会结构转变，国家角色与政府职能转变，市场力量和市场机制恢复发展，社区结构与社会功能转变，以及社会问题丛生的社区环境，使社区在社会稳定与社会发展中扮演不可或缺的重要角色。国家与社区关系具有越来越重要的政治、经济、社会和文化意义，社区政策成为国家公共政策体系的重要组成部分。社区议题与社区发展成为国家层面核心政策议题，国家与社区关系状况由边缘转为主流，社区发展既是国家发展的重要组成部分，又是国家发展的基本途径。

社区发展与国家发展：转型时期国家与社区关系的核心议题

中国社会国家与社区关系演变过程中形成若干核心议题，它们是影响

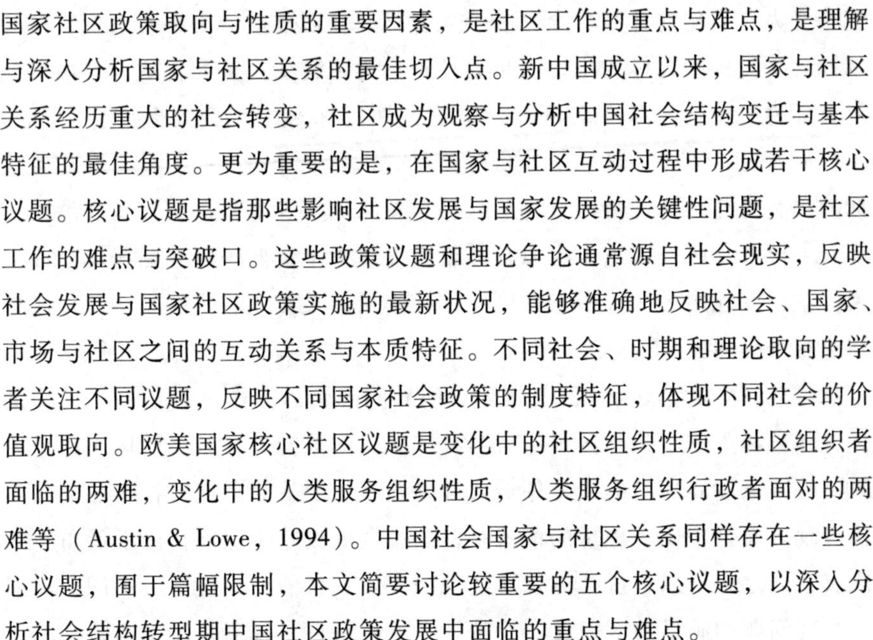

国家社区政策取向与性质的重要因素，是社区工作的重点与难点，是理解与深入分析国家与社区关系的最佳切入点。新中国成立以来，国家与社区关系经历重大的社会转变，社区成为观察与分析中国社会结构变迁与基本特征的最佳角度。更为重要的是，在国家与社区互动过程中形成若干核心议题。核心议题是指那些影响社区发展与国家发展的关键性问题，是社区工作的难点与突破口。这些政策议题和理论争论通常源自社会现实，反映社会发展与国家社区政策实施的最新状况，能够准确地反映社会、国家、市场与社区之间的互动关系与本质特征。不同社会、时期和理论取向的学者关注不同议题，反映不同国家社会政策的制度特征，体现不同社会的价值观取向。欧美国家核心社区议题是变化中的社区组织性质，社区组织者面临的两难，变化中的人类服务组织性质，人类服务组织行政者面对的两难等（Austin & Lowe，1994）。中国社会国家与社区关系同样存在一些核心议题，囿于篇幅限制，本文简要讨论较重要的五个核心议题，以深入分析社会结构转型期中国社区政策发展中面临的重点与难点。

（一）变迁的社会性质、社会目标与变迁的社区工作性质、社区工作目标的一致性议题。社会性质与社会目标在相当大程度上决定社区性质与社区目标。1949 年以来，中国社会性质由半殖民地、半封建社会转变为社会主义社会，社会目标是实现国家工业化和社会现代化。在以后的社会发展中，虽然社会性质没有本质变化，但是社会目标时常受到“左倾”思潮影响。这种状况对社区工作性质与工作目标产生深远影响。中国街道办事处与居委会性质是集法定社区、基层社区与地域社区为一体。从行政管理角度看，街道办事处是不设区的市和市辖区政府的派出机关（王振耀，白益华，1996）。

改革开放以来，社区涵义与地域范围发生变化。目前城市社区范围，一般是指经过社区体制改革后做了规模调整的居民委员会辖区（多吉才让，2001）。虽然如此，社区性质并未发生根本变化，生活社区与工作社区的差别日趋明显，打破已往只有工作社区而无生活社区，生活社区与工作社区融为一体的状况。与此同时，社区工作目标同样处于不断变化过程中，由以政治目标为主转变为包括政治、社会、经济和文化目标为主，由 1950 年代数量有限目标（1950 年代三项主要任务）转变为数量众多目标（1990 年代 70—140 项任务）（王振耀，白益华，1996），由总体性目标为主转变为专门化的社区、家庭和个人目标，由以政治经济福利为主转变为以社会文化福利目标为主，由单元性目标为主转变为多元化目标，由低层次目标为主转变为高层次目标，由统一性目标为主转变为多样性目标为主。简言之，一方面社区工作目标体系越来越复杂多样；另一方面社区目标的福利性与社会性特征日趋明显。这意味国家发展目标与社区发展目标吻合一致，社区发展重点由以社区组织发展为主转变为以社区居民全面发展为主，变迁中社区性质与社区工作核心目标是社区居民的生活质量改善与福利水平的提高。

（二）国家发展与社区工作重点的异同问题。工作重点是社区工作的优先领域和主题，是社区工作者与社区居民的共同关注点。社区工作重点既反映国家发展战略的优先领域，又是国家发展战略重点在社区层面的具体表现。而且，比较理想的模式是，国家发展战略重点与社区发展重点间既有共同之处，以通过社区发展实现国家发展目的，又应有所不同，以回应社区问题和满足社区需要，反映社区生活特点，说明社区基本特征。

改革开放前，国家发展战略重点一直在社会主义现代化建设和以阶级斗争为纲、政治运动之间摇摆不定。1956 年中共八大政治报告决议案明确地指出，在农业、手工业、资本主义工商业的社会主义改造基本完成之后，中国社会“主要社会矛盾已经是人民对于建立先进工业国的要求同落后农业国现实之间的矛盾，已经是人民对于经济文化迅速发展的需要同当前经济文化不能满足人民需要状况之间的矛盾。这一矛盾的实质，在我国社会主义制度已经建立的情况下，也就是先进的社会主义制度同落后的社会生产力之间的矛盾”（《人民手册》编委会，1957）。这实际指明国家发展战略重点与现代化建设的基本动因，也说明社区工作重点与优先领域。但是，极左思想与文化大革命扰乱党和国家的正确方针，社区工作重点变为以组织动员社区居民参与政治运动为主。

改革开放以来，党和国家重新将工作重点转向经济建设与现代化建设，社区工作重点由以社区政治运动为主转变为以社区服务与社区经济发展为主，以便解决社区问题和满足社区居民基本生活需要（民政部社会福利司，1995）。1990 年代以来，伴随国家发展战略调整和社会经济协调发展战略的确定，特别是社区建设运动蓬勃发展与普及提高，社区福利体系建设与满足社区居民基本需要的战略重点日趋突出。营造良好社区环境、改善生活质量是经济市场化与福利社会化处境下社区工作的优先领域。国家发展反映为社区发展，社区发展表现为个人发展，个人发展体现为生活质量的提高。

（三）社区就业与社区福利体系关系问题。就业是社区经济活动的核心层面，是社区福利体系的重要组成部分。1949 年以来，城市社区工作核心内容是为处于工作单位之外的各类劣势群体提供就业机会，这既可使他们平等参与社会生活，又可确保他们基本生活需要的满足，还可以发挥社会教育功能与体现社会主义制度优越性（Howe，1971）。例如，1950 年代末期至 1970 年代，中国城市社区就业在推动广大家庭妇女走出家门，促进男女平等与妇女解放，创建新型的民主、文明和健康家庭生活方式，推动社区经济发展与完善社区福利体系方面发挥举足轻重的作用（季龙，1991；邱泽奇，1996）。家庭妇女和其他难以在国营、机关事业单位中就业的劣势群体成为街道办事处与居委会兴办社区企业的主要就业者。

改革开放以来，伴随产业结构调整与社区服务业蓬勃发展，社区企业与社区就业曾在 1980 年代辉煌一时，为社区福利体系发展做出重要贡献。但是 1980 年代中期以来，伴随市场经济发展与国家宏观政策调整，许多社区企业在激烈市场竞争中破产倒闭和租赁拍卖，社区企业转制与裁减就业者风行一时，特别是国营企业优化组合、下岗分流和减员增效，社区就业与城市贫困议题发生联系，成为社会各界普遍关注的核心社会议题（樊平，1995）。

1990 年代以来，在就业形势日趋严峻和下岗失业人员不断增多处境下，人们再次把目光转向社区经济发展与社区就业议题，社区建设则从社区政策角度重新提出社区福利体系的建设问题（多吉才让，2001）。总体来说，社区就业与公共福利服务是社区福利体系的两个核心支柱，社区就业反映自力更生和市场福利原则，公共福利反映国家福利责任承担和国家福利原则。除此之外，改革开放与社区发展实践证明，以社区为基础的集体主义福利事业是社区福利体系不可或缺的第三个重要组成部分。这意味理想社区福利体系应由社区就业（市场）、公共福利（国家）与集体主义福利事业（社区互助互济）三部分组成，三者相互依赖，缺一不可。

（四）社区服务与社区建设关系问题。社区服务是在改革开放中发展起来的社会服务业。重新发现社区与回归社区福利体系，社区概念由学术用语转变为普通民众的世俗话语，社区研究兴旺发达与社区理论百家争鸣，社会工作教育与专业社会工作发展，中国社会国家、市场与社区关系形成等一系列重要现象，均相当大程度得益于1980年代中期兴起的社区服务。1990年代以来，社区服务发展为一种社会服务产业，形成新兴的社区服务业。社区服务业是在政府倡导下，为满足社会成员多种需要，以街道、镇、居委会和社区组织为依托，具有社会福利性的居民服务业。社区服务业由社区福利服务业、便民利民服务业和职工社会保险管理服务业组成，是社会保障和社会化服务体系中的一个重要行业（民政部社会福利司，1995）。

更为重要的是，伴随社区服务业不断发展，社区服务内容迅猛增多，逐渐突破原有服务范围。社区服务形式日趋多样化，经济福利、国家福利与社区福利并驾齐驱。社区服务对象由老弱病残等弱势群体扩大到下岗失业等劣势群体和普通社区居民，社区服务业概念与理论已无法满足社区工作的需要，社区服务向社区发展转变与过渡势在必行，思想理论、组织体系、工作经验、政策法规、人员队伍的基础和社会环境已经成熟，全面与综合性社区发展理论应运而生，社区服务向社区发展转变有其客观必然性。

社区服务向社区建设转变显示中国社区工作理念与工作目标发生重大转变：这集中反映在社区建设的福利目标，特别是国家与社区关系的社会建构特征比社区服务更为清晰，社区建设概念界定便是最好例证。社区建设是指在党和政府的领导下，依靠社区力量，利用社区资源，强化社区功能，解决社区问题，促进社区政治、经济、文化、环境协调和健康发展，不断提高社区成员生活水平和生活质量的过程（多吉才让，2001）。社区建设运动的潜在假设是社区在不断发展，社区服务内容与范围不断扩大，国家与社区关系不断建构。社区发展本质是个民主开放、动态发展与千姿百态的变迁过程，社区建设内容日趋增多便是例证。

（五）社区组织建设与社区功能变迁议题。社区组织建设可按名词与动词两种意义理解：一是社区组织体系建设，这是中国社会传统的理解；二是社区动员与社区组织过程，这是欧美国家主流的理解（Ross，1967）。社区组织概念界定取向反映社区功能侧重点与社区结构特征。在社区组织体系建设概念框架中，社区工作重点是建立和维持社区组织，组织建设本身便是“任务目标”，社区结构特征趋向保守稳定。在社区动员与社区组织过程概念框架中，社区工作重点是社区组织方法与社区动员过程，社区

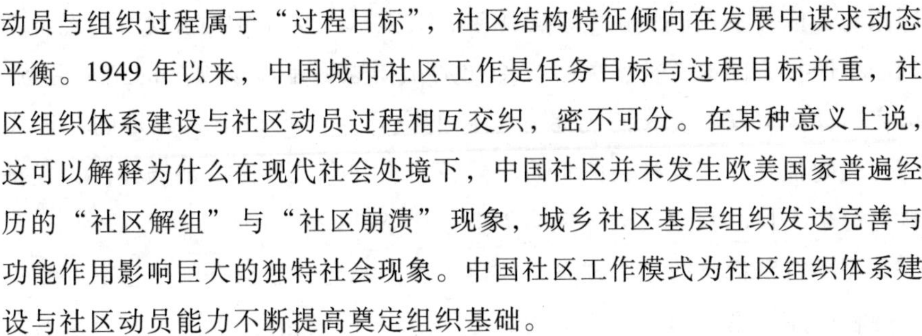

动员与组织过程属于“过程目标”，社区结构特征倾向在发展中谋求动态平衡。1949年以来，中国城市社区工作是任务目标与过程目标并重，社区组织体系建设与社区动员过程相互交织，密不可分。在某种意义上说，这可以解释为什么在现代社会处境下，中国社区并未发生欧美国家普遍经历的“社区解组”与“社区崩溃”现象，城乡社区基层组织发达完善与功能作用影响巨大的独特社会现象。中国社区工作模式为社区组织体系建设与社区动员能力不断提高奠定组织基础。

1990年代以来，一方面，社区组织体系建设任务繁重，组织发展与组织创新任重道远；另一方面，社区结构变迁与社区功能调整势在必行。这两种工作不谋而合，相互依赖与相互影响，共同重建国家与社区关系的社会基础。而且，社区组织体系自身建设成为社区工作基本途径。在经济市场化与福利社区化处境下，市场因素与市场力量成为推动社区组织建设与社区结构功能调整的重要动力源泉，国家与市场化力量共同影响社区组织动员过程，这是改革开放以来中国社区组织建设与社区功能变迁议题有别于改革开放以前时期的重要特征。

简要讨论与基本结论

本文主要从历史变迁角度，全面考查中国社会国家与社区关系的历史演变过程，首次尝试性地将国家与社区关系划分为三个历史阶段，目的是为经济市场化与福利社会化处境下越来越重要的国家与社区关系提供历史借鉴和理论思考。中国社会国家与社区关系经历由“常态化”到“虚幻化”，再由“虚幻化”恢复与形成“社会建构化”的历史过程。国家与社区关系曲折发展从某个侧面反映中国社会国家与社会、国家与市场、国家与家庭、国家与个人关系的曲折发展历程。国家与社区关系恢复与发展是社会进步与社会现代化重要标志，是社会结构变迁重要组成部分，实质是中国社会国家与民间社会关系的形成与发展，未来发展方向是民间社会逐渐发育为成熟的市民社会，国家与市民社会的关系逐渐取代目前国家与民间社会的关系。这意味社区生活是市民社会的基础。

更为重要的是，在国家与社区关系演变过程中，最重要影响因素和动力源泉是市场力量，是国家、市场和社区之间关系的演变。市场力量既是国家与社区关系发展的主要动力源泉，又是国家与社区关系发展的经济基础。中国社会国家与社区关系虚幻化的主要原因是市场力量的销声匿迹，国家与社区关系恢复常态与迅猛发展的主要原因则是市场力量的蓬勃发展。民间社会与市民社会的本质是经济自由和个人自由。市场经济为经济自由与个人自由营造社会环境与创造社会条件。

需要特别指出的是，改革开放以来，国家与社区双方均是它们互动关系的积极建构主体，社区在社会经济发展中扮演角色逐渐由“国家发展助手”向“国家发展的制度性合作伙伴”转变。而且，国家与社区关系核心议题是社会性质与人类本性关系，是社会目标与社区目标关系，是经济发展与社会发展关系，是政治经济福利与社会文化福利发展的关系，是社会结构性变迁与生活质量改善提高的关系，是国家发展与全人发展的关系，是传统社会与社会现代化关系，是市场就业与社会福利的关系。这些关系的精髓是社区发展与国家发展的关系。

主要参考文献

人民手册编委会：《1957 人民手册》，大公报社 1957 年版。

丁元竹、江汛清：《社会学和人类学对“社区”的界定》《社会学研究》1991 年第 3 期。

丁元竹：《社区发展研究概述》，陆学艺主编《中国社会学年鉴（1989—1993）》，中国大百科全书出版社 1994 年版，第 42—51 页。

方明、王颖：《观察社会的视角：社区新论》，知识出版社 1991 年版。

王颖：《社区研究综述》，陆学艺主编《中国社会学年鉴（1992. 7—1995. 6）》，中国大百科全书出版社 1996 年版，第 65—71 页。

王振耀、白益华主编：《街道工作与居委会建设》，中国社会出版社 1996 年版。

北京大学课题组：《从城乡分化的新格局看中国社会的结构性变迁》，《社会学研究》1991 年第 2 期。

多吉才让主编：《城市社区建设读本》，中国社会出版社 2001 年版。

李培林主编：《中国新时期阶级阶层报告》，辽宁人民出版社 1997 年版。

朱健刚：《城市街区的权力变迁：强国家和强社会模式》，《战略与管理》1997 年第 4 期。

民政部社会福利司编：《全国社区服经验交流会议文件汇编》，民政部社会福利司 1995 年版。

张敏杰主编：《中国的第二次革命：西方学者看中国》，商务印书馆 2001 年版。

高凯、熊甲光主编：《新中国的历程（1949 年 10 月 1 日—1989 年 10 月 1 日）》，中国人民大学出版社 1989 年版。

季龙主编：《当代中国的集体企业》，中国社会科学出版社 1991 年版。

邱泽奇：《集体企业个案调查》，天津人民出版社 1996 年版。

劳动和社会保障部编：《新时期劳动和社会保障重要文献选编》，中国劳动社会保障出版社 2002 年版。

费正清主编：《剑桥中华人民共和国史（1949—1965）》，王建朗等译，上海人民出版社 1990 年版。

景跃进：《“市民社会与中国现代化”学术讨论会述要》，《中国社会科学季刊》1993 年第 11 期。

薄一波：《若干重大决策与事件的回顾》（上卷），中共中央党校出版社 1991 年版。

樊平：《中国城镇低收入群体：对城镇在业贫困者的社会学考察》，《中国社会科学》1996 年第 4 期，第 64—77 页。

Austin, M. J. & Lowe, J. I. (eds.) (1994), *Controversial Issues in Communities and Organizations*, Boston: Allyn and Bacon.

Doyal, L. & Gough, I. (1991), *A Theory of Human Need*, New York: The Guilford.

Howe, C. (1971), *Employment and Economic Growth in Urban China*: 1949—1957, Cambridge: Cambridge University Press.

Nee, V. (1989), A Theory of Market Transition: from Redistribution to Markets in State Socialism, *American Sociological Review*, Vol. 54: 663—681.

Ross, M. (1967), *Community Organization*, New York: Harper & Row.

Schurmann, F. (1968), *Ideology and Organization in Communist China*, Berkeley: University of California Press.

Skocpol, D. (1979), *State and Social Revolutions: A Comparative Analysis of France, Russia, and China*, Cambridge: Cambridge University Press.

Walder, A. G. (1986), *Communist Neo-Traditionalism: Work and Authority in Chinese Industry*, California: University of California Press.

本文原载《理论研究》（呼和浩特）2004 年第 1 期。此次系全文发表。

第四部分

社区需要界定与城市社区问题

中国城市社区建设的最佳“突破口”：社区需要研究

摘要：中国城市社区建设正处于向纵深发展的关键时期，北京大学社会学系博士刘继同认为：中办发〔2000〕23号文件转发的《意见》是开展社区建设的纲领性文件和行动指南。但是中国幅员辽阔，地区差别巨大。社区问题与社区资源状况迥然不同，高度概括与理论抽象的国家政策文件无法满足全国城市基层社区工作多样化的实际需要，无法为全国城市社区管理者开展社区建设提供直接、具体的工作思路和操作化工作方法。如何深化社区建设，保障社区建设持续、健康、有序发展，笔者认为，当前，社区需要研究是全面推进城市社区建设的最佳突破口。

社区需要研究的理论政策意义

社区需要是指社区成员的基本需要。社区需要研究是指社区管理者、专家学者和社区居民三方共同确定、分析、满足和评估社区成员基本需要满足状况的社会科学活动与探索过程。社区需要研究是社区工作的基础和前提。在中国城市社区建设如火如荼，蓬勃发展和普及提高的背景下，社区需要研究具有重要的理论与政策意义。

首先，社区需要研究既是了解社区状况和认识社区的基础，又是区分不同社区异同之处的基本途径，既是探索社区、市场、家庭与国家之间相互关系的前提，又是分析社区与社会、社区与国家、社区与市场互动关系的基本方法。因此，无论是从横向（结构分析），还是从纵向（社会变迁描述）角度看，社区需要研究均具有十分重要的理论意义。

其次，社区需要研究既是确定社区政策目标与模式的基础，又是不断适时地修正、调整、发展和完善社区政策目标与模式的基本途径。这意味社区需要研究可以修正国家的社区政策，为国家社区政策科学民主决策提供坚实的实践基础。

最后，通过了解社区状况与社区结构基本特征，确定社区服务对象群体特征及其基本需要，摸清社区资源构成与分布状况，确定社区发展过程中的主要矛盾，社区需要调查发现与社区需要评估结果既可直接影响特定社区建设目标、性质、内容、范围、方式和资金来源，直接影响社区资源开发、利用和分配，又有助于确定社区服务主要对象与社区发展优先领域，改善社区服务质量和提高社区需要满足程度，提高社区居民生活质量和福祉状况，为人的现代化与社会现代化营造守望相助、相互关爱与和谐稳定的社会环境。这意味社区需要研究不仅具有重要理论、政策意义，而且还具有客观必要性与现实紧迫性。

社区建设工作与社区需要研究

社区建设是社区工作的重要组成部分，社区建设的根本目的是营造良好的社区生活环境，提高社区成员基本需要的满足程度，改善社区居民生活状况和提高社会整体的福利水平。社区是欧美国家社会科学中少数屈指可数的“战略性”概念，界定角度多种多样，充满争议。

美国著名社会学家尼斯比特（R. A. Nisbet）认为，社区是形成社会学传统的五个单元观念中最基本的一个（Pinker，1979）。目前中国官方的社区定义是指，聚居在一定地域范围内的人们所组成的社会生活共同体。当前城市社区的范围，一般是指经过社区体制改革后做了规模调整的居民委员会辖区（多吉才让，2001）。与此不同，美国著名社区专家沃伦1978年所下经典定义是，社区是“履行主要社会功能的社会单位和社会体系的结合体”，社区与在地方层面上满足人们的需要有关（Warren，1975）。这个定义基本特征有二，一是结构——功能主义色彩浓厚；二是明确指出社区的基本功能是满足人类基本需要。顾名思义，社区工作就是社区工作者在地域社区和功能社区中进行有计划的社会变迁与促进社区居民福祉状祝的组织活动与社会过程（Netting，Kettner & Mc Murtry，

1998）。

一般来说，人类谋求幸福美好生活和增进福利的基本途径和主要方法有五：家庭保障、团体互助、社区工作、市场就业和国家福利提供（Midgley，1995）。社区工作范围广泛，内容繁多，社区服务与社区建设是社区工作重要组成部分。不言而喻，社区工作在基本需要满足与社区福利制度运作模式中占有举足轻重地位，发挥不可或缺的重要作用。这意味着社区工作是改善社区居民生活状况和提高福利水平的基本途径之一。中国的社区建设定义清楚地说明了这一点：社区建设是指在党和政府的领导下，依靠社区力量，利用社区资源，强化社区功能，解决社区问题，促进社区政治、经济、文化、环境协调和健康发展，不断提高社区成员生活水平和生活质量的过程（多吉才让，2001）。简言之，社区工作内容与工作方法会随社会经济发展而不断变化，但其改善社区居民生活质量与提供福利水平的根本宗旨和基本功能不会变化。这是我们观察、描述和分析中国城市社区建设的基本出发点。

国务委员司马义·艾买提视察青岛社区建设　　摄影/袁兰华

社区需要是人类需要研究中最基本和最常用的分析层次，是社区建设和社区福利制度运作的基石。需要是社会福利理论与政策中最基础、最常用和最具争议性的核心概念，是社会福利制度运作的理论基础。一般来说，需要（needs）是特定人群在特定时空处境下尚没有达到社会认可一般生活标准的“问题”状态。这些问题形形色色，表现形式也多种多样。

一般来说，需要分析单元和层面分为个人、家庭、社区（或组织）、地区和国家五个层次。个人需要是人类需要最基本的单元，但是社会福利政策关注的是若干个人需要的聚合体。家庭也是人类需要的基本分析单元，而且在贫困等特定研究领域中占有重要地位。社区通常是需要研究中最基本和最常用的分析单位，在整个人类需要体系中占有举足轻重的地位；地区需要基本等同社区需要，因为地区是由若干个社区组成的更大地域性社会体系，某种意义上是社区地域范围扩大的产物。因此地区是个较少使用的分析单位，通常融合到社区需要层次之中（Siegel，Attkisson & Carson，1987）；国家是人类需要体系中较少使用的分析单位与层次，只有在比较社会政策研究和全球福利议题讨论中才有实质意义。显而易见，社区是需要分析与需要研究中最基本与常用的单元与层次，这是由社区的诸多独特优势所决定的。社区不仅包含地域社区和功能社区两大类型，覆盖范围广泛，适用性极强，而且社区层次介于宏观取向与微观取向之间，社区需要既可避免个人需要的无代表性，又具有相当社会需要的基本特征，而且社区层次还有利于研究者把握和控制研究过程。

社区需要研究的主要对象是社区中特定目标人群，主要内容是需要确定与需要评估。目前，欧美国家学者们对社区人类服务需要评估的基本理论是：（1）在绝大多数社区中，整个人类服务需要太复杂以致不能作为一个整体来分析，因此社区需要研究实际是评估社区中具体目标人群的服务需要。一般来说，社区服务目标群体通常分为儿童、年轻人、家庭、老年人、成年人、残疾人六种类型。从社会福利政策与服务角度看，儿童、老年人、残疾人、社区居民家庭是社区服务需要分析的主要目标群体，因为他们通常是社区福利服务的主要使用者。由于目标人群需要研究主要集中在他们的服务需要上，因此社区需要研究重点与其说是确定目标人群，不如说是确定目标人群的服务需要（Siegel，Attkjsson & Carson，1987）。（2）社区人类服务体系可从其满足社区居民需要的程度来评价。（3）社区需要不仅应从个人需要角度，而且应从集体需要角度评估（Netting，Kettner & McMurtyr，1998）。

这意味社区需要调查基本目的是理解社区需要，主要内容是需要确定与需要评估工作。需要确定是描述目标群体的问题和解决问题方法的过程。需要评估是界定每个层次目标人群所面临的具体问题，以及确定每个问题满足和未满足范围的活动。这意味需要评估是估计问题和解决办法的重要性与相关性，特别是客观评价需要满足程度的科学活动（McKillip，1987）。简言之，社区需要研究主要内容是确定社区的目标群体及其服务需要，客观测量他们需要满足程度，找出影响他们需要满足的主要因素，提高他们生活质量。

社区需要研究过程与社区需要调查方法

社区需要研究是个政治色彩浓厚和两难选择的过程，主要目的是确定社区的结构特征。社区服务需要评估是件政治色彩浓厚的工作，深受意识形态和价值观念、经济因素、人类服务与人类需要因素的影响。而且社区需要研究通常面临诸多两难选择。美国著名社区专家沃伦 1965 年就曾指出，在确定社区问题和进行社区需要调查之时，研究者至少面临四种两难选择议题：（1）社区需要调查主要是为了收集需要信息，还是为了实施行动以便改善服务质量。（2）社区需要调查是覆盖全部社区生活，还是仅仅包括社区生活某个层面，例如社区经济、福利或教育。一般来说，范围有限但是较为深入的社区需要调查是最好选择，这既可避免时间和费用问题，又可实现调查者的各种目的。（3）社区需要研究目的是调查特定具体的社区需要，还是泛泛收集资料和调查全面的社区需要。（4）社区需要调查是由志愿者，还是由专业人员进行。较好方式是外部专业人员和内部社区居民有机结合，优势互补（Warren，1977）。

不同学者对社区需要调查步骤和过程有不同看法。例如有学者认为，需要研究步骤分为确定分析的使用者和用途、描述目标群体和现存服务环境、确定需要（描述问题和解决办法）、评估需要重要性，以及沟通五个步骤（McKillip，1987）。与此同时，美国著名社区专家沃伦的社区需要研究步骤颇具代表性。他认为一个小型和中等规模的社区需要调查过程分为九个步骤：（1）决定调查范围和规模；（2）寻找调查资助者；（3）估算调查费用；（4）组织调查委员会，并确保委员会的代表性；（5）确定和任免调查委员会主席，理解领导者的角色；（6）准备调查表格和问卷材料；（7）从事实地调查和观察社区状况；（8）撰写调查报告；（9）发表调查报告和相关后续工作（Warren，1977）。简言之，社区需要研究过程表面上是个技术性议题，实质是个错综复杂的政治性议题。在某种意义上说，社区需要评估过程就是实施社区调查，发现社区资源和确定社区问题的社会过程（Hill & Bramley，1994）。社区需要研究实质是对社区状况与社区社会经济结构的综合性研究，直接目标是确定社区结构性特征、目标群体及其基本需要，为开展社区服务奠定科学基础。

社区需要研究技术多种多样，主要技术是趋同分析。社区问题的复杂性，社区需要和目标人群多样性决定了社区需要研究技术的多样性与综合性。一般来说，社区需要评估方法均具有汇聚可用信息，发展新信息，整合所有相关信息的基本功能。这意味社区需要研究技术的基本功能是收集汇总、分类整理和综合分析社区需要信息。美国学者认为，社区需要确定的主要技术是趋同分析（convergent analysis）。趋同分析是指凡是与人类服务需要有关的信息可以按照发展的方式确认、界定、评估和确定优先次序，以确定多种资料共同聚焦的那些服务需要。

趋同分析进一步细分为八个操作化技术：（1）社会和健康指标分析法。这个方法主要是从公共纪录和报告中汇聚和发现有关需要的描述性统计资料。（2）对服务的需求。这个方法是在汇集和整合现存资料基础上，理解特定社区人类服务需要的数量与类型。（3）服务提供者和资源分析。这个方法是描述和分析社区中个人与机构的服务提供者。（4）公民调查。这个方法主要是从不同社区居民角度了解人类服务需要的性质与规模。（5）社区论坛。这就是通常所说的社区居民大会。（6）指定团体技术。这个方法是从社区居民中选择特定群体以确定社区需要。（7）特尔斐技术。这个技术是利用问卷从个人获取对有关特定议题的看法。（8）社区印象。这个方法是从社区居民代表、现存资料和社区论坛等多种渠道收集资料（Siegel，Attkisson & Carson，1987）。简言之，社区需要研究技术多种多样，丰富多彩，而且量化与质化方法相互补充，相得益彰。加强研究设计的事前论证，研究过程中的检查和研究工作结束后的反思总结，这是确保社区需要研究质量的基本途径。

基本结论

上述社区工作与社区需要研究关系的讨论，目的是为深化当代中国社区服务，积极推进城市社区建设提供基本途径和指明方向。在经济市场化与福利社会化处境下，社区需要研究成为当前大力深化社区服务，培育、发展、完善以社区为基础社区福利体系的基本方法，成为大力推动城市社区建设的最佳突破口。社区需要研究具有重要理论和政策意义。

社区建设的最终目的是促进社区发展，改善社区居民生活质量，提高社区居民福利水平，实现人的现代化和社会现代化。人的生存与发展环境的改善，以及生活质量的提高，这些主要通过社区居民需要满足程度来反映和衡量。

需要概念与理论是社会福利制度的基石，是社会福利政策议程的核心议题。需要概念的核心是指某些社会成员的生活状况与社会认可一般生活标准之间的差距。社区需要是需要研究中最重要的分析单位与最基本的分析层次。社区需要研究技术是多种多样和综合性的。

更为重要的是，社区需要研究过程不仅是个技术性议题，而且是个社区动员、组织、发展和有计划变迁的过程。社区需要研究不仅能够填补中国需要研究的空白，而且指明了中国社区发展的基本方向。需要特别指出的是，长期以来，需要概念与需要理论在中国社会主义理论与实践中没有得到应有的重视，最大化地满足人的需要恰恰是经典马克思主义式社会主义理论与社会发展规律的精髓。

本文原载《中国民政》2002 年第 9 期。

社会转型时期社区研究的问题

摘要：改革开放以来，中国社会结构全面、快速和深刻的转型成为当代中国社会结构最突出的特征，其中创新性、最重要和最具革命性的社会结构性因素是“地理社区”应运而生。社区环境、社区价值观、社区目标、社区理论、社区权力、社区服务、社区组织、社区生活、社区需要、社区问题、社区经济、社区结构、社区管理、社区文化和社区发展等议题突出，这些社区型结构因素极大丰富了社会结构的内涵外延，成为当代中国社会结构重要的组成部分。本文首次列举中国社会结构转型时期社区研究的十类理论政策问题，以深化中国社区研究。

一

改革开放以来，中国社会正处在一个史无前例和举世瞩目的社会转型时期。在社会学和社会工作界，由于社会的、经济的、政治的和历史的因素，社区研究始终是一个充满魅力，开发价值巨大的前沿性科研领域：第一，社区研究为转型社会的社会研究提供了一种极为适宜而独特的视角和途径，社区所具有的地域性、综合性和中观性使社区研究较之宏观研究和微观研究具有明显的、无可比拟的优势。第二，以社区为基础的“中观社会学”理论和实证研究方法倍受社会科学界的青睐，社区工作与服务已成为90年代中国社会工作和社会学研究的突破口和新的生长点。第三，我国地域辽阔，历史文化悠久，民族众多，自然环境多样，人文景观各异，各地社会经济发展差距巨大，任何包罗万象、普遍适用的发展理论与模式均会在变化多端、丰富多彩的社会经济现实面前显得苍白无力，而社区型理论与实践恰恰能克服大一统理论模式的诸多弊端而显示出其独有的实用价值。第四，社会学与社会工作恢复与重建以来，理论界和民政部等有关部门在社区服务、小城镇建设、边区开发、社区文化与教育、社区经济、区域经济与规划、城乡社区关系和社区发展综合实验等方面进行了广泛而深入的有益探索，不仅取得了举世公认的成果，积累了丰富无比的经验，造就了一支社区研究队伍，而且还及时回应了社会的需要，为社区研究热的经久不衰和深入发展奠定了组织机构、人员队伍、经验基础和实践基础。

第五，随着政治、经济体制改革的不断深化，社会和经济管理模式的改变，社会和经济结构的调整、重组，导致国家与地方、集体与个人、政治与经济、近期与长远等利益关系的冲突与选择，严重影响国家和社会的持续、稳定、协调和综合发展，如何缓解社区型与社会性问题，协调社区发展与国家发展的关系便成为社区研究兴旺发达的潜在客观需要。第六，最为重要的是“七五”计划首次提出建立具有中国特色的社会保障制度雏形任务后，民政部在城镇社会保障制度改革与发展的同时，在乡村探索建立一种“社区型”社会保障制度，这种以强调个人和集体责任，注重社区、家庭和社会互助为特征的新型社会保障制度是社区工作与社区研究具有强大生命力和美好发展前景的现实源泉。

二

在一个社会转型与社区结构调整的变迁时代，如何把握时代发展的脉搏，高瞻远瞩，统筹规划，计划变迁是一个重大的理论和实践问题。笔者以为如下一些问题是社会转型时期社区研究中一些亟待解决或探索的基本而又重大的问题。

（一）有关社区的基础理论问题研究。目前，有关社区的基础理论研究应分为三部分：首先，充分、全面和客观地介绍国外有关社区的理论与模式，特别是当代西方国家流行的理论和广大发展中国家在发展实践中创造的成功经验，博采众长，洋为中用；其次，认真总结、概括归纳和理性分析社区服务和其他社区活动的成功经验、普遍适用的规律和失败的教训，将丰富多彩的实践经验与难得的体会升华为理论。理论活动是服务实践的延续，又是更高级服务实践的良好开端。最后，在从事基础理论研究和总结经验教训的同时，更加注意理论的创新性研究，特别是超前性的理论研究，丰富和发展独具中国特色的社区理论体系。

（二）城乡地区中新型社区的综合性研究。随着城乡经济体制改革的不断深化和市场经济体制的逐渐完善，一大批新型的社区应运而生：经济特区、自由港与自由贸易区、出口加工区、保税区、高科技园区、旅游度假区、外商成片开发区、边境经济合作区、各种层次的经济技术开发区、小城镇社区、农村改革尝试区、社区发展综合实验区、旧城改造区、新型居住小区和新型中介社区等。这些新型的社区不仅极大地丰富了我国的社区类型，创造了新型的社会经济体制与组织，成为社会现代化进程中的重要增长点和社会细胞，预示着新的社会结构，代表了未来社会的发展方向，而且为社区研究提出了崭新的课题和更高的要求，为社区研究提供了宝贵的实践场所。在对新型社区进行研究时，如下几个问题尤应引起我们的高度重视：新社区与旧社区的关系，新社区的组织建设与管理问题，新社区中社区服务与物业管理的关系，新社区中社会开发与经济开发的关系，新型社区组织与传统旧体制间的关系，局部发展与整体综合开发的关系等。

（三）城乡社区关系的融合、互动与整合研究。党的十一届三中全会以来，由于乡村城镇化和乡镇企业的发展，以及城市经济体制改革，传统的“二元社会结构”正在逐步瓦解，城乡对立与隔绝的状态开始为城乡互利，平等合作和一体化发展所取代，城乡社区关系日益密切，矛盾与冲突加剧，城乡“整合式”的发展成为一个十分敏感的政治经济和社会问题。纵观社会发展的历史，城乡互动关系一般经由隔离、对立、互补阶段而达到整合。在社会现代化的初期，城乡融合应是我们关注的焦点。在城乡互动关系研究中，我们应特别注意城乡组织与体制的融合，城乡文化与观念的交流，城乡居民的相互接纳，城乡融合的途径、方法和作用，中国城乡融合的特点和一体化发展战略等问题。

（四）社区结构与运行机制问题研究。作为地域性社会的社区不仅空间关系比社会简单，而且其结构和运行机制也有独特之处，成为社会研究的最佳微观单位。社区结构及其运行机制是社会结构和运行机制的一个缩影。实践证明：只有对社区结构有一个准确的了解，才能清楚社区的运行机制及其制约因素，抓住社区的本质特征，找到解决社区问题的办法，实现社区发展，进而促进整个社会的协调和持续发展。社区结构的转型最终导致社会结构的转型和重组。在新生的、传统的和转型改革的三类社区中，社区结构及其运行机制应以下述问题为研究重点：社区结构的形成及其条件，社区权力结构，社区经济结构及影响因素，社区结构的调整、转型及其规律，社区结构与社会结构的关系，社区权力结构与社区经济结构的相互作用与关系，社区结构的构成与特征，不同类型社区结构间的互动与整合关系，社区结构与关系的失调及社区问题的产生等。

（五）社区经济及其发展问题研究。与国民经济、部门经济、区域经济相比，社区经济是城乡经济生活中的新事物。社区经济的发展对社区发展的影响最大，涉及面最广。有什么样的社区经济便会有相应的社区政治、社区社会结构和社区文化及社区特点。在社区工作及相关的服务实践中，社区经济活动是最基础的领域但又是理论研究中最薄弱的环节。在社区经济城乡有别、发展迅速和结构调整优化的大背景下，社区经济及其发展问题的研究领域众多，如社区经济的基础理论研究，社会经济管理问题，社区产业结构的优化与布局，街居经济与第三产业的关系，社区服务与社区经济，区域经济与社区经济，服务经济与福利经济学，社区经济与社区综合发展，乡镇企业与农村社区发展，社区经济与小城镇发展，社区经济专业化与社区特点等。

（六）社区发展与国家发展问题研究。改革开放以来，随着高度集中统一的计划经济体制的改革，市场经济因素的不断增多和财政、税收体制改革，地方社区逐渐开始具有了重要而实际的意义，成为一个真实的社会经济存在。地方社区由无足轻重变成举足轻重；区域经济与区域经济联合及协作发展迅猛，异军突起；国家与地方、集体与个人的矛盾与冲突由“隐性”转为“显形”，地方保护主义盛行；地区间社会经济发展不平衡取代了“共同贫困”；国家行政、立法与地方行政、立法并存互补；地方文化与民族文化竞放异彩；区域性问题与全国性问题相互影响，社区发展与国家发展关系有了实质性的意义。有鉴于此，社区政治发展与国家政治发展，社区经济发展与国民经济发展，社区规划与国家政策，社区发展战略与国家发展战略，地方利益与国家利益等关系应成为研究的重点。

（七）城乡社区规划与社区功能开发问题。社会越发展，组织越复杂，规划与协调便越重要。社区规划是社区发展的基础，其实质便在于社区功能的设计、开发和社区结构的预构。社区规划的功能开发分为新功能的设计，旧功能的改造与提高，潜在功能的挖掘，发展功能的培植和综合功能的开发等多种类型，目的是促进社区由地域性社会向功能性社会转变。目前，旧城改造、新城建设和城乡社区规划活动日趋活跃，社区规划的原则，社区规划的社区化，社区规划与社区布局、社区规划的民主管理和社会监督，小城镇建设与规划，城镇社区规划与社区服务等问题应引起我们的重视。

（八）农村社区，特别是老区、少数民族地区、边境地区、贫困地区等特殊社区的发展问题。农村社区发展决定中国的社会发展前途。在农村工业化和城镇化进程中，乡村社区环境的变迁，农民的现代化，乡村社区的综合发展，小城镇与乡村城镇化，乡镇企业与乡村工业化，边境开发与边境贸易，贫困地区经济开发与社会开发，农村社区服务与社会化服务体系，农村经济与社会发展，农村社区文化与教育，农村社会保障制度和医疗卫生保障等问题均是我们需要深入研究的课题。

（九）社区的比较研究。随着社区工作及服务的深入发展，社区的比较研究应运而生。这种比较包含多种含义，既有社区历史发展的比较，又有社区发展现状的比较；既有中国社区间的比较，又有中外社区间的比较；既有社区结构的横向比较，又有社区体系的纵向比较；既有同质文化社区的比较，又有异质文化社区的比较；既有社区某一方面的比较，又有社区多方面的比较。通过比较研究，寻求社区工作的普遍与特殊规律，总结社区工作的经验与教训，预测规划社区工作的未来。这是一项内容丰富、极富挑战性的工作，也是社区研究工作中的“高产”领域。

（十）社区发展综合试验与城乡社区组织和制度创新问题。社区发展综合实验是一项实证性和政策性极强的新工作，目的在于通过全面、系列和深入的实验活动，在社区层面上探索组织、制度和政策创新的途径，寻找社区政治、经济和社会领域间整合式发展的规律，逐步建立一套全新的组织与制度体系，实现社区的综合发展，进而为国家和社会的发展创造多种条件。社区组织与制度创新是社区关系、利益格局、价值观念、互动模式的一次大调整、大变动，是一场深刻的地域性社会、经济和政治革命。因此，条块问题，旧组织制度的创新，新旧体制的衔接协调问题，国家层面的政治、经济体制改革与社区层面的组织制度整合，政府与社团的职能与角色划分，社区参与和社区整合，人的组织与组织的人等问题应是研究的主要方面。

本文原载《民政论坛》1996 年第 2 期

第五部分

社区服务政策与社区建设政策目标

社区建设的实践困境与社区政策的战略思考

摘要： 社区建设是中国社会转型期重要的社会政策，已取得世人瞩目成果。社区建设政策框架与基础理论仍存在诸多值得探讨的问题，社区建设实践面临诸多困境。如何创造性和因地制宜贯彻实施社区建设政策面临严峻挑战。本文从全局与战略高度，运用中外比较方法，对社区建设理论基础、实践困境与操作化实施战略进行理论探讨，以期完善社区建设政策。

一 政策研究问题与基本理论视角

城市社区建设已成为中国社会发展与社会政策议程的优先领域，成为社会各界高度关注的热点议题。2000年中办、国办转发《民政部关于在全国推进城市社区建设的意见》以来，社区建设已由民政部门政策调研、理论论证和试点实验上升为国家意志，转变为政府的社会政策，社区建设进入全面推进、政策实施和争创示范城区的新阶段。目前，全国各地社区建设运动方兴未艾、如火如荼。社区建设正在由点到面，由大城市向中小城市和城镇延伸，由东部发达地区向中西部地区拓展，社区建设形势喜人，令人鼓舞。

与此同时，社区建设成为继边区开发与小城镇建设、社区服务与社区福利之后城市社区工作的第三个主题，为社区研究注入鲜活动力源泉，掀起中国第三次社区研究高潮。城市社区建设引发一系列重大、国际前沿理论问题，例如国家与社会的关系，经济政策与社会政策的关系，社会结构分化与社区结构转型，社区发展与国家发展，国家、市场与社区的关系，社会整合与社会秩序，社会管理模式与基层民主政治，市场经济与区域经济，社区生活、民间组织与市民社会的关系，社区就业与福利社会化政策，工作环境与生活质量，经济全球化与文化多元主义等议题。这些既是政治精英与社会管理者密切关注的重大战略议题，又是理论工作者倍感兴趣的基础理论课题，还是涉及千家万户切身利益的基本生活需要问题，社区建设自然成为倍受世人瞩目的宏伟社会工程。1990 年代末期以来，全国各地有关社区建设政策文件、研究报告、理论研讨、学术专著如雨后春笋大量涌现，社区建设已成为当前中国社会科学研究的热点议题。

本文主要从社区建设学理角度，运用理论与实践相结合、历史分析与国际比较方法，针对社区建设政策设计与实践中涉及一系列核心议题进行理论分析，以期完善社区建设政策，为各地选择适合地方社区特色与社区需要的社区建设模式提供理论支持和政策选择。总体来说，社区建设是在理论准备相对不足，缺乏学术界广泛参与和公共政策讨论情况下，由社区服务“突然”转变而来的，城市社区工作者、基层管理者和社区居民普遍准备不足。

社区建设牵涉一系列重大而敏感理论政策议题，例如，为什么要开展社区建设，什么是社区建设，社区建设目的是什么，社区建设范围内容是什么，如何看待社区服务与社区建设关系，社区自治的政治经济与社会文化基础是什么，如何衡量社区建设成效？这些都是亟待澄清、探讨和回答的基础理论议题。

目前，学术界研究社区建设基本思路有二，一是在微观层次上探索社区建设相关议题，主要从社区建设内部关系角度讨论具体工作议题；二是在宏观层次上探讨社区建设相关议题，主要从社区建设内外关系角度讨论理论问题。笔者希望站在宏观全局和战略高度，从理论分析角度入手，采取理论与实践相结合，中国与世界社区发展比较方法，对社区建设基础理论问题进行全面系统理论探讨。虽然本文侧重理论分析与宏观思考，但是这些理论分析与宏观思考都是以笔者对若干大城市社区建设实践的实地调查发现为基础的。

二 社区建设理论基础与基础理论研究

城市社区建设兴起发展的历史背景、社会环境与动力源泉是理解社区建设的基础理论。

改革开放以来，探索社区式人口管理模式，将社会福利社会化的落脚点放在社区，加强基层民主政治建设，营造良好社会环境，建立新型社会管理体制，建设现代化城市社区，成为社区建设兴起发展的社会背景。但这不是深层次主要原因。城市社区建设出现的历史背景是社会结构变迁，是传统社会向现代社会转型时期，市场经济发展与社会结构快速变迁是推动社区建设诸多因素中最直接与最重要动因。城市发展迫切呼唤经济社会协调发展，以谋求社区发展与国家发展吻合一致。这意味社区建设在京津沪等大城市和经济市场化程度较高城市社区已具备相应社会基础，但在经济市场化程度较低的中小城市和中西部地区尚缺乏社会基础。这意味社区建设在大城市和东部已具有社会意义，在中小城市和中西部地区只是发展方向。这种状况符合中国是典型的发展中国家，特别是城乡二元结构和地区差别扩大的社会现实。这是我们思考和从事社区建设的出发点。

需要特别指出的是，社区建设运动在等诸多方面，既不同于内务部 1950 年代的民主建政工作，又不同于联合国倡导的社区发展运动，其中最重要的不同有三：一是中国社会内部结构与外部环境发生根本转变，不可同日而语，社会主义市场经济体制与社会结构转型已为社区综合发展奠定广泛社会基础；二是社区建设基本特征是由下而上和由上而下的结合体，政府行政主导推动扮演举足轻重角色，发挥不可低估作用，社区建设已非典型、标准的社区发展；三是社区建设的社会建构理念十分浓厚，国家希望通过社区建设途径实现重新建构新型社会结构与现代社区的意识和目的十分明显。

社区建设概念界定取向多种多样，社区建设目标是理解社区建设理论政策的关键，区分过程目标与任务目标是全面推进社区建设和实现社区建设战略目标的基本途径与有效方法。社区建设是个充满争议和有中国特色的核心概念，先后形成“范围说”“活动说”“功能说”和“过程说”四种界定取向。“过程说”主要是从社区建设过程和过程目标角度界定，其精神为官方定义所采用。但是，官方定义主要问题是社区建设主体不清，内容庞杂。笔者认为社区建设是指社区成员与社区组织回应社区问题，满足社区居民不断变迁的需要，提高生活质量和全面发展现代社区的社会过程。

更重要的是，社区建设目标是社区建设制度设计与政策实施的基础，涉及政府职能部门分工及其在社区建设中扮演角色的问题。然而，在社区建设实践活动中，政府职能部门“进社区”现象却挑战国家社区建设政策目标。目前全国各地普遍出现商家（市场）、政府职能部门（国家）、事业单位、非政府组织和国际机构千方百计、争先恐后“进社区”现象。这个问题的关键是，政府职能部门不能为部门利益进社区，而应从有利形成社区建设合力，有利社区居民生活质量提高，有利简政放权、基层民主政治发展和社区自治，有利提高经济效益与社会公平，有利社区发展与国家协调发展的角度出发。

有鉴于此，区分过程目标与任务目标是因地制宜和循序渐进实现社区建设总体战略目标的基本途径与有效方法。欧美社区工作者通常将社区工作目标分为过程目标与任务目标两大类。过程目标是从改变人们的信心、知识、技巧或态度角度界定的（非物质、精神心理层面），任务目标是从改变物质状况与社会环境（客观、物质层面）角度界定的。过程目标与任务目标是社区工作目标的一体两面，二者相互依赖与相互交织，无法截然分开。

在社区实践与社区发展过程中，各国社区工作者通常面临的两难选择是：是以过程目标为主，任务目标为辅？还是以任务目标为主，过程目标为辅？或是过程目标与任务目标并重？或是因地制宜确定二者的轻重缓急、优先次序？对中国城市社区工作者而言，在社区需要研究基础上，根据本社区特色和社区人口构成状况，区分社区建设过程目标与任务目标，这既是行之有效和实事求是的最佳工作方法，又能真正体现社区建设的社区特色，切实可行解决社区问题，满足社区居民基本需要和改善生活质量，还是实现社区建设宏伟战略目标的有力保证。

三 社区建设实践困境与宏观政策分析

社会转型期城市社区建设面临一系列深层次结构矛盾和两难选择，社区建设实践困难重重，步履艰难，宏观取向的战略思考与理论分析显得尤为重要和紧迫。社区建设实践困境主要起源于中国社会结构转型的客观环境与社区结构变迁的普世性规律。中国社会正处于史无前例和翻天覆地的

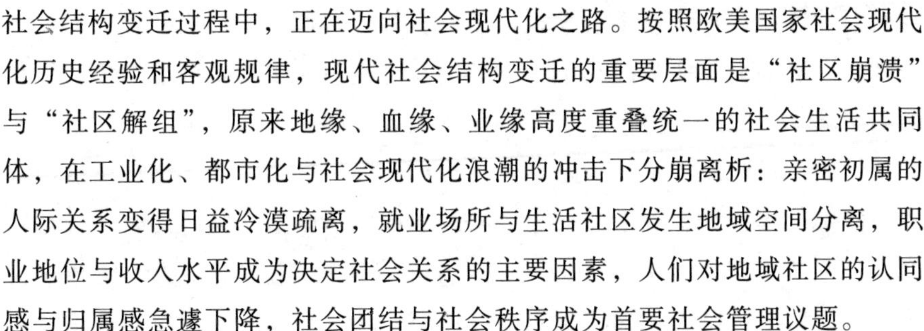

社会结构变迁过程中，正在迈向社会现代化之路。按照欧美国家社会现代化历史经验和客观规律，现代社会结构变迁的重要层面是“社区崩溃”与“社区解组”，原来地缘、血缘、业缘高度重叠统一的社会生活共同体，在工业化、都市化与社会现代化浪潮的冲击下分崩离析：亲密初属的人际关系变得日益冷漠疏离，就业场所与生活社区发生地域空间分离，职业地位与收入水平成为决定社会关系的主要因素，人们对地域社区的认同感与归属感急遽下降，社会团结与社会秩序成为首要社会管理议题。

在某种意义上说，凡是走上现代化之路的国家，社区土崩瓦解与人的异化似乎无可避免。这是社会转型与社区结构变迁的“客观规律”，社区建设政策与实践恰恰反其道而行之。这两种社会力量之间的较量与冲突既是结构性和深层次的，又是长久性与根本性的。这种总体性结构矛盾与深层次冲突决定社区建设实践必然面临一系列两难选择，中国社会制度安排与文化传统又可能会加剧、加深这种结构性矛盾与深层次冲突，对此我们必须有清醒的思想认识和足够的心理准备。

总体来说，目前，中国社区建设实践面临的结构性矛盾与深层次冲突的性质错综复杂，数量众多，规模庞大，社会影响广泛深远，其中最主要的是社区自治与社区管理的行政化倾向，民主政治发展与公民社区参与的象征化倾向，条条与块块的关系问题，社区服务设施建设、社区工作者队伍建设与社区环境建设的关系问题，社区居委会、业主委员会与居民代表大会的关系等。

首先，社区管理模式行政化与社区民主自治困难重重，这是社区建设实践者最感困惑和面临的最主要结构性矛盾，直接影响社区建设进程与发展方向。无论是将社区定位在街道层面，还是将社区定位在社区体制改革后做了规模调整的居民委员会辖区，社区建设的落脚点、基本单位和工作基础都是社区居委会。社区居委会建设与落实城市居民自治组织的性质成为社区建设关键之处。按照 1989 年 12 月 26 日，第七届全国人大常委会第十一次会议通过《中华人民共和国城市居民委员会组织法》的规定，居民委员会性质是居民自我管理、自我教育、自我服务的基层群众性自治组织。但是在社区建设实践中，社区委员会自治组织性质难以落实，绝大多数社区自治徒有虚名，流于形式。形成这种状况的根本原因是，长期以来区政府将街道看作是政府机关的延伸和腿，街道又将社区居委会看作自身的延伸和腿，导致居委会承担过多社会管理工作。

目前居委会工作少的几十项，多的甚至达100多项，沉重的负担压得居委会喘不过气来，根本无暇全心全意服务社区居民和从事社区自治。政府简政放权、职能转变、费随事转、购买服务、管理重心下移、社区服务和夯实基础等工作客观上又将注意力放在社区层面上。与此同时，社会转型、社区结构变迁、生活方式转变、生活质量提高和社会现代化客观规律，以及城市居民委员会组织法，又迫切要求大力发展基层民主政治和推进社区自治，培育社区民间组织与发育市民社会。这两种截然相反结构性力量的冲突与紧张自然将社区居委会置于一种十分尴尬的两难处境，社区的干部根本无所适从。

社会结构分化，国家、市场与社区关系合理化，社会组织职能专门化和大力培育社区型中介组织，这是从根本上解决社区管理行政化与真正落实社区自治性质问题的关键。社区自治与社区管理问题应放在中国社会独特政治经济、社会文化处境下历史和动态考察。1949 年以来，迫于当时国内外环境与社会经济发展状况，政府采取中央集权计划经济体制和准军事化的社会管理模式。国家与市场、社区关系简化为国家权威的社会控制，民间组织几乎销声匿迹。社会组织体系职能分化与专门化程度较低，政治经济与社会文化领域相互交织程度较高，街道与居委会完全依附在父权主义全能国家羽翼之下，缺乏自主与自治所需文化传统、社会环境、主体意识、经济基础、组织体系、社会能力与社会需要。

改革开放以来，特别是普及社区服务、发展第三产业、建立社会主义市场经济和社区建设以来，中国社会结构分化速度加快，国家与社会关系演化为国家、市场、社区的三角关系，政企分开与政社分开导致社会经济组织职能专门化程度显著提高，社区型中介组织大量涌现。但是，目前毕竟是处于社会结构转型与社会结构分化的早期阶段，虽然社会现代化趋势清晰可见，但是社区自治与社区发展仍然需要相当的时间和适宜的社会经济文化环境。

值得注意的是，社会经济文化条件较好的大城市已在社区组织结构分化与职能专门化方面迈出可喜和艰难的第一步。例如沈阳市沈河区在社区建设实践中，进一步明确社区居委会工作职权范围，准确科学合理界定社区委员会的自治权力，减轻社区负担，将社区居委会权力与职权清楚分解为自治权、协管权和监督权三类，方便居委会自主决定社区事务。

有独无偶，上海市卢湾区一方面完善居委会与居民代表大会制度，首创社区评议会、社区协调会和社区听证会三会制度，扩大社区参与面，完善基层民主与增强居委会的自治能力。另一方面全面落实社区居委会自治权，梳理和界定社区居委会与政府职能部门在社区管理中的职责，将社区居委会53类工作分为三大类：居委会主管、政府部门指导的工作（社区民主自治建设、社区公共事务和公益事业、社区精神文明建设），行政部门主管、居委会协助的工作（社区环境、社区服务、社区治安、社区文化、人口和计划生育），以及应由社区中介机构和服务组织承担的工作（社区公共环境、依法代收有关费用、代订报刊、募集捐款、统计调查）。简言之，城市社区自治必然要经历观念更新、组织创新、摹仿学习、相对自主到真正社区自治的发展过程。

其次，社区建设形式化与社区居民参与比例较低，社区参与呈现弱势群体化和组织化倾向，这是城市社区建设面临的又一结构矛盾和两难选择。公民参与和社区参与是民主政治发展的核心，是确保社区实现自治的社会基础，是衡量社区发展与国家发展程度的主要指标。社区建设核心目标是提高社区居民参与率和社区参与率，因为公民参与是实现美好社区生活基础。改革开放以来，一方面，经济体制改革与市场经济发展为吃惯大锅饭的中国人带来竞争、风险、下岗失业、不确定和压力，生活节奏显著加快，社区居民参与社区事务动机明显下降；另一方面，社区建设核心是推动社区居民广泛参与，自主决定社区事务和自我管理社区，展示现代公民素质与现代社区风采。这两种截然相反结构性力量的较量同样决定社区参与命运。

目前，城市社区居民参与主体是老弱病残孤寡、儿童、下岗失业人员、贫困家庭和低保人员、离退休人员和其他享受无偿、低偿社区服务的对象。社区参与者基本由弱势群体和劣势群体两大类人群组成，正常社会就业者与普通社区成员参与率普遍较低。需要特别指出的是，中国社区居民参与主体弱势群体化的状况恰恰与欧美国家截然相反。在欧美国家中，由于穷人通常拥有有限的教育、资源、生活机会和网络关系，他们参与社区困难重重，成为反贫困之战和公民参与计划的主要服务对象。

与此同时，由于驻区单位与所在社区没有直接利益关系和制约机制，驻区单位参与社区建设与社区事务动机普遍较弱，成为社区建设与社区参与的主要难题，社区共建与社区合作步履维艰。更为重要的是，在社会转型与市场经济发展初级阶段中，城市社区参与活动中有形与无形、有意识与无意识的组织化色彩较为浓厚，强制性参与和集体性参与特征鲜明，发自内心和自觉自愿的、公民个人的社区参与活动较少，许多参与活动甚至包括部分社区志愿活动扭曲了社区参与的本意，导致社区参与的形式化。

将社区居民参与作为过程目标，科学合理确定社区参与领域优先次序和参与层次，培育社区居民社区意识和民主管理能力，这是解决城市社区居民参与率偏低的最基本策略。公民参与和社区参与是典型的现代文化，反映欧美国家自由、民主、自决和个人主义理念。而且公民参与永远是个世界性难题，即使在那些以自由民主骄傲自豪的欧美发达国家同样如此。作为典型的东方国家和东方文化中心的中国社会，缺乏社会参与的政治经济与社会文化基础，想要提高社区居民的参与率并非易事，也非短期奋斗目标。从世界各国社区发展实践规律与成功经验看，与其将社区参与视为是具体可见的任务目标，不如将其看作无形漫长的过程目标更为恰当。因为社区参与注重和追求的不是具体结果，而是参与机会、参与过程、参与体验和参与训练。

在社区建设实践与操作层面上，最大化、可行性参与的基本策略是因社区制宜的，科学合理确定社区居民参与领域的优先次序和参与层次，有意识、有计划、有目的和按部就班、循序渐进地积极引导社区居民参与。在目前社会经济发展水平下，从参与动机角度看，社区居民参与类型主要是利益驱动型参与，这意味社区居民参与社区事务时存在相当明确的前提条件，即所参与事务一定与他们切身利益和生活质量密切相关，否则他们自然缺乏参与动力源泉。在这种状况下，社区管理者与社区工作者应根据社区实际状况，科学确定那些涉及面广，与社区居民切身利益息息相关，社区居民普遍反映强烈，特别是绝大多数社区居民感兴趣的社区问题，作为组织动员和积极引导社区居民参与社区内公共事务的突破口。

总体来说，社区居民参与领域先后次序应该是社会生活与经济生活优先，政治生活为辅，在社区居民基本生活需要与社区环境问题已经解决的情况下，再适时地转向政治生活领域。实际上，社区居民参与领域的先后次序也反映社区居民参与的层次结构问题。在社会转型与社会主义市场经济发展处境下，引导社区居民参与的最主要目的是培育他们的社区意识，增强他们对地域社区的认同感与归属感，并且通过社区参与的过程，培养社区居民民主管理社区事务和自我服务综合能力，广泛动员和组织社区居民建设现代化新型社区。

四 社区建设工作模式与微观社区操作战略

社区建设基本工作模式选择是关系如何贯彻实施党中央、国务院战略决策，如何全面推进社区建设，如何因社区制宜提供社区服务与开展社区建设基础性、操作化战略问题。这里主要涉及微观层面的工作模式选择、政策实施过程与政策实施效果评估三个基本领域，关系确定地方社区建设内容与范围是什么，如何处理社区服务与社区建设关系，社区建设发展阶段与基本途径是什么，如何科学合理衡量社区建设成效等具体问题。

从社会政策过程角度看，社会政策民主、科学决策固然重要，但是社会政策贯彻实施同样重要，举足轻重。在某种意义上说，创造性、灵活性和地方化的政策实施甚至比理性决策更为重要，是政策过程中至关重要的组成部分。一般来说，政策实施状况大体有五类：一是基本能够原封不动贯彻实施；二是根据地方社区情况，创造性、灵活性和地方化贯彻实施；三是对政策精神与目标理解有误或在贯彻实施过程中出现偏差；四是在政策实施过程中出现预料不到的新问题或是消极负面影响，政策效果事与愿违；五是国家层面政策根本不符合地方社区情况，完全无法实施或者拒不执行，政策过程中断。无论出现那种状况，都会直接增大社会制度运作的制度成本与社会代价，影响社区发展与国家发展进程，是决策者与政策实施者应竭尽全力避免的，应深思熟虑如何将负面影响最小化。在这种意义上说，操作化工作方法与工作模式便具有战略意义。这意味我们应有政策制定过程、政策实施过程和政策评估过程的完整政策观。

第一，社区研究与社区调查是社区建设首要的工作模式与操作化实践战略。社区建设工作模式就是一整套如何贯彻实施社区建设政策，全面推进社区建设的操作化工作方式。地方社区决策者与社区工作者的首要工作和任务就是全面准确科学了解所在社区，社区研究与社区调查是日后卓有成效开展社区建设工作的基础。社区研究与社区调查并非专家学者的专利，而是决策者不可或缺的重要工具，是社区工作者必不可少的基本功。

一般来说，社区研究类型有三，一是社区决策者、社区居民与社区工作者进行的社区调查。这主要是从“内部人”角度审视社区；二是由社区或社区组织聘请决策者、专家学者和城市规划者进行的社区调查研究。这主要是从“外部人”角度考察社区；三是决策者、社区居民、社区工作者和决策者、专家学者、城市规划者等专业人员共同进行的社区调查。这主要是采取内外结合、上下结合的方法，以便全面客观、科学准确理解社区。这是目前欧美国家社区研究的主流与最新发展趋势。

社区研究基本目的是了解社区状况，需要研究的主要问题与优先领域，社区历史演变与地域范围变动，社区人口构成与结构变化，社区组织与结构功能，社区文化遗产与社区历史传统，社区精英组成与社区权力结构，社区经济与社区就业状况，社区资源状况与地域分布，社区设施与社区服务状况，社区工作者队伍建设与专业化、职业化程度等。这个名单是开放和动态发展的，取舍标准与选择范围主要取决于社区调查与社区研究的目的。实际上，社区工作者每天都在做、都能做、都会做社区研究与社区调查，只不过这种主体意识与思想不明确而已。社区研究角度可以多种多样，既可就某个议题进行纵向历史变迁研究，又可就某个问题进行横向比较研究，还可进行综合与全面性研究，既可以进行工作性研究，又可以进行理论性研究，既可以进行正式研究，又可以进行非正式研究，可供选择余地较大。

第二，社区需要研究是提供社区服务，开展社区建设的必由之路，是深化社区建设最佳突破口。社区需要研究是指社区管理者、专家学者和社区居民三方采取科学研究方法，对社区问题与社区居民特别是目标群体的需要进行确定、分析、满足和评估的社区研究过程，目的是认识社区结构与人口构成特点，确定社区服务对象，摸清社区资源状况，确定社区需要的优先次序，评估现存服务，改善服务质量和更好地满足社区居民不断提高的物质文化需要。社区需要研究是欧美国家社区工作与社区服务的综合基础，是社区研究主要内容和社区工作基本切入点，社区需要研究意识十分强烈，社区需要研究技术十分发达。

由于各种各样原因，社区需要研究在中国社会极为落后，知之甚少。社区需要研究必要性、重要性与紧迫性的基本原因是，中国地大物博，幅员辽阔，地区差别巨大。全国各大城市社区社会经济发展水平参差不齐，社区人口与社会阶级结构千差万别，社区文化与历史传统各具特色，社区问题与社区资源状况迥然不同，高度概括与理论抽象的国家政策文件“自然而然”无法满足全国城市社区工作者多种多样实际需要，“自然而然”无法为全国城市社区管理者开展社区建设提供直接具体的工作思路和操作化工作方法。因此，如何因地制宜，求实创新，全面推进城市社区建设，使全国各地社区建设更上一层楼，这是摆在全国社区建设工作者面前一项紧迫而光荣的艰巨任务。社区需要研究就是深化社区建设，全面推进城市社区建设的最佳突破口。

第三，努力探索新时期城市社区组织与社区动员的有效方法，充分利用社区资源与发挥社区潜能，实现社区综合发展与人的全面发展。在欧美社区工作中，社区建设与社区发展工作灵魂是社区组织与社区动员过程，通过社区组织创新、社区组织发展、社区资源动员和社区领袖培养过程，最终实现社区综合发展目标。

改革开放以前，一方面中国社会以组织化社会闻名于世，在通过工作单位将人们组织起来方面创造积累不少经验；另一方面在地域社区层面上，通过频繁群众性政治运动和群众路线，组织动员社会力量与社区资源，开展大规模社会运动上成果显著，并且成为中国社会组织动员方法的基本特征与社会文化传统。但是，改革开放以来，原有社区组织和动员方法面临巨大冲击：家庭成为典型私人生活空间与隐秘场所，进家入户已经变得十分困难；人们的自主、独立意识显著增强，盲目跟从的大规模社会运动难以组织；社区居民人口构成与结构发生重大变化，“熟人社区”变为“陌生人家园”，社区组织与动员工作难以开展；驻区单位主体、独立意识增强与追逐经济利益的动机明显，传统政治号召与组织动员方法效用大打折扣，政治目的、经济利益驱动行为和社会目标之间互动关系日趋复杂多样等。这些转变都迫切需要社区工作者因地制宜，寻找绝大多数社区居民共同感兴趣的利益交会点，探索在市场经济条件下行之有效的中国社区组织、动员方法。

第四，制定社区发展规划，描绘社区发展蓝图，通过社区规划过程实现社区参与和社区自治目的。社区规划是社区工作传统和卓有成效工作方法，在欧美具有悠久历史传统。社区规划是社区组织与社区动员的重要部分，是社区居民、社区服务机构和规划组织共同关注核心议题。在社会变迁速度加快、旧城改造力度加大，新区建设日新月异，城市更新作用增大，城区区位结构变动不居，城郊社区类型日趋多样，社区生活环境对社区居民影响扩大和都市化政策导向作用日趋重要的情况下，社区发展规划制定方式与过程对社区建设和社区发展具有举足轻重的影响。

社区规划意义不在规划本身，而在社区规划、社区参与、社区组织动员和社区发展过程。这意味我们应改变传统的封闭型和政府主导的社区规划模式与运作机制，积极探索建立开放型、大众参与和专家为主的社会（区）规划模式与运作机制，适应市场经济发展。更为重要的是，在社区规划形成的过程中，既要考虑营造良好和谐的社区环境，又要有利和方便社区居民生活，既要体现现代社区特征，又要保留社区传统文化特色，社区服务设施既要布局合理、结构科学，又要合理配置资源，营造秩序井然和优美的社区生活环境。

五　简要讨论与基本结论

本文试图站在战略和全局高度，运用历史比较与中外比较方法，从理论上分析中国城市社区建设面临基础理论政策议题，以期为社区建设政策体系科学民主决策和贯彻实施提供可供选择方案。在社会转型与经济市场化处境下，社区建设必要性、重要性与紧迫性不言而喻。小社区，大问题。社区发展是关系到国家发展、社会发展和社会现代化的重大战略性问题，是中国社会政治经济与社会文化因素互动的产物，是中国特色的社区发展与建设社区运动，是实现对社会问题有效控制，社会环境与机会最优化，个人福利与社会福利最大化的保证，是确保社会结构顺利转型，市场经济有序运作，社会经济协调发展和生活质量改善的基础，是巩固执政党的地位，维护安定团结大局，营造昂扬向上和团结奋进时代精神的基本途径。这意味市场经济与社会结构转型已成为城市社区政治经济与社会文化的综合发展奠定基础。社区建设为经济市场化程度较高的大城市与东南沿海地区社会发展提供了非常适宜的途径，为经济市场化程度较低的中、小城市与中、西部欠发达地区的社区发展与社会发展指明了方向。

城市社区建设在基础理论、实践工作模式和政策实施方面尚存诸多有待探讨的关键问题，有待决策者、理论工作者和社区工作者齐心合力，共同努力，需要通过扎扎实实的工作，艰苦细致的理论研究，深思熟虑的理论分析和开放动态的政策调整等途径，全面贯彻实施社区建设政策与精神。例如什么是社区建设和社区建设目的是什么的问题，关系到社区决策者、社区居民、社区工作者和政治精英的理解是否吻合一致，关系到社会理解与社会政策声明之间是否吻合一致的大问题。世界各国社区发展实践证明，只有当政策声明与社区居民的理解吻合一致之时，政策目标才会成为社区居民自觉自愿追求的生活目标，才会内化为社区居民积极主动的行动，才会转化为社区居民的社区参与、社区组织动员、社区服务动力源泉和合力。这要求我们转变观念，更多从社区居民角度考虑社区服务与社区建设问题，真正做到“以人为本”，以满足人民群众不断增长的物质文化需要和改善生活质量为根本出发点，确保人民群众根本利益，谋求社会经济持续稳定协调发展。

与此同时，我们应将社区建设放在社会结构与经济市场化处境下考虑，放到中国传统文化与历史变迁背景下考虑，放在经济全球化与福利国际化环境下考虑，放在中国社会独特社会环境与国际通则处境下考虑，应认识到社区建设面临的实践困境是世界现象，具有世界性普遍意义，关键是如何在中国社会处境下客观与处境化看待问题。例如，目前中国社区自治尚处于组织创新与摹仿学习初期，尚缺乏自治的社会条件与组织能力，社区参与应视为是过程目标，根据社区状况确定参与领域优先次序。

无论在何种意义上说，目前城市社区建设关键是，如何创造性、灵活性和因地制宜地贯彻实施党中央、国务院社区建设的战略决策。政策制定固然重要，政策实施与政策评估同样重要。在经济市场化发展、地区差距扩大和地方化特色日趋浓厚处境下，国家政策如何在不同地方社区中贯彻实施问题显得更为重要。笔者认为，社区建设实践工作模式与操作化工作方法具有举足轻重战略意义。社区决策者和社区工作者可以选择的工作方法多种多样。从社区建设过程角度看，全面推进社区建设基本方式是社区研究，社区需要调查、社区组织发展与动员、社区服务供应与社区服务评估、社区规划和社会预测等，其中最核心和最关键的是培养一支专业化与职业化社区工作者队伍。因为无论是在理解政策，还是在推行社区建设过程中，社区工作者都是最能动的因素，最活跃的力量，最重要的社区资源和最敏感的观测指标。

主要参考文献

马学理、张秀兰主编：《中国社区建设发展之路》，红旗出版社 2001 年版，第 1 页。

多吉才让主编：《城市社区建设读本》，中国社会出版社 2001 年版，第 206 页。

多吉才让主编：《城市社区建设读本》，中国社会出版社 2001 年版，第 209 页。

白益华、马学理主编：《居民委员会工作手册》，中国社会出版社 1990 年版，第 2 页。

王思斌主编：《转型中的城市基层社区组织》，北京大学出版社 2001 年版，第 3 页。

沈河区社区建设指导委员会编：《沈河区社区建设资料汇编（四）》，沈河区社区建设指导委员会 2000 年版，第 12 页。

上海市卢湾区民政局编：《上海市卢湾区社区居委会三会制度实例续编》，卢湾区民政局 2002 年版，第 2 页。

上海市卢湾区社区建设工作领导小组办公室编：《上海市卢湾区创建全国社区建设示范城区材料汇编》，卢湾区民政局 2002 年版，第 26 页。

刘继同：《中国城市社区建设的最佳“突破口”：社区需要研究》，《中国民政》2002 年第 9 期。

［美］杰克·罗斯曼：《社区组织模式和宏观实践观点：它们的融合与阶段》，刘继同译，《国外社会学》2003 年第 1 期。

Ross, M. & Lappin, B. W. (1967), *Community Organization: Theory, Principles and Practice*, New York: Harper & Row, p. 2.

Twelvetrees, A. (1991), *Community Work*, London: Macmillan Education, p. 11.

Kramer, R. M. (1969), *Participation of the Poor: Comparative Community Case Studies in the War on Poverty*, New Jersey: Prentice - Hall, p. 11.

Barber, D. M. (1981), *Citizen Participation in American Communities: Strategies for Success*, Iowa: Kendall & Hunt, p. vii.

Hill, M. (1980), *Understanding Social Policy*, Oxford: Basil Blackwell, p. 18.

Bell, C. & Newby, H. (1971), *Community Studies*, London: Allen & Unwin, p. 26.

Perlman, R. & Gurin, A. (1972), *Community Organization and Social Planning*,

New York: John Wiley & Sons, p. 2.

本文原载《中国城市化》(杭州) 2005 年第 11 期。此次系原题和全文发表。

中国城市社区建设发展阶段与主要政策目标

摘要：城市社区建设既是国家政策议程的核心议题，又是城市发展的基本政策框架。城市社区发展与社区结构变迁过程中的社区建设可以分为六个历史阶段，每个阶段的社会环境、社会需要、工作重点与主要政策目标均有不同，时间跨度基本与中国实现现代化和最终全面建成小康社会吻合一致。

战略发展规划开辟了社会变迁研究的新领域，为总体制度设计、政策框架建构和长远发展战略研究提供有用的理论框架和高效的技术手段。它是指决策者与组织成员既从宏观全局、长远和战略高度，又从微观局部、地方短期和现实状况角度，还从过程与输出角度，将政策制定和实施联系起来的、最具发展前途的公共政策分析工具和方法。众所周知，改革开放以来，中国社会结构转型速度异常迅猛，城市发展，尤其是城市社区建设面临着错综复杂的情况和千变万化的社会问题。这就迫切需要我们运用战略规划方法，从社会系统发展过程的角度来分析城市社区建设的主要发展阶段，制定相应的政策目标，以避免政策制定与实施中的不确定性和前后衔接、配套问题，从而最大限度地规避社会风险，降低制度运作成本。

社区结构变迁与基本发展阶段

改革开放以来，中国社会结构分化、社会发展进入崭新历史时期。2000 年 1 月，中办与国办转发了《民政部关于在全国推进城市社区建设的意见》，全面、综合和系统的城市社区建设政策应运而生，成为社会结构转型期国家城市社区政策的核心。从发展过程的角度看，城市社区建设与建设社区过程大致可以分为普及社区概念、改革传统社区体制、建设新型社区体制、完善新型社区组织、发展社区服务体系，以及真正以人为本，全面发展社区居民能力、潜能和实现社会现代化这样六个基本发展阶段，最终实现建设“管理有序、服务完善、环境优美、治安良好、生活便利、人际关系和谐的新型现代社区”的宏伟战略目标。

这些基本发展阶段在历史时期、社会环境、社区需要、工作重点、政策目标和政策措施上均有所不同。从时间跨度说，社区建设过程基本与现代化进程吻合一致。社区建设既是现代化进程的重要组成部分，又是观察现代化进程的最佳角度。按照现代化建设“三步走”战略规划，中国社会已基本实现第二步战略目标，人民生活总体上达到小康水平。在此基础上，到21世纪中叶基本实现现代化，建成富强民主文明的社会主义国家。毫无疑问，这个过程既是城市社区建设与建设社区的过程，又是现代化过程最具体的体现。新型现代社区既为社会现代化奠定社会结构基础，又是社会现代化过程与建设社区的结果。

社区建设的第一阶段始于20世纪80年代中期，终于80年代末期，其主要标志是1986年社区服务的异军突起和迅猛发展。此时，经济改革全面铺开，社区必须及时回应社会问题，以适应社会结构转型与经济改革的需要，这可以说是社区建设与建设社区运动的萌芽、酝酿时期。在这一时期，企业劳动、工资和社会保险三项制度改革全面启动，失业现象和失业保险应运而生，经济改革全面铺开，社区服务方兴未艾，这是社会环境的主要特征；这个时期的社区需要主要是适应政企分开和政社分开，“单位人”向“社会人”转变的需要，适应人口结构和价值观念变化的需要，适应市民生活方式转变和生活质量提高的迫切需要，适应企业社会职能分离和发展公共服务的需要，以改善社区居民的生活状况，满足市民不断提高的基本生活需要。简言之，这个时期社区问题主要是价值观念更新，社区需要主要是建立新型的社区生活方式。在这一阶段，市民生活状况显著改善，不同社会阶级、群体之间的社会不平等和两极分化问题尚不突出。

社区建设的第二阶段始于20世纪90年代初期，终于90年代末期，其主要标志是1991年民政部提出社区建设概念，拉开探索、实验和研究社区建设序幕，社区建设正式启动。这个时期宏观社会环境是：经济市场化程度迅速提高，市场竞争日趋激烈，企业下岗失业人员急剧增多，城市贫困问题逐步显现，改革传统社会救助体系，健全普及性的最低生活保障制度，大力发展社区服务业和第三产业，为有劳动能力的弱势群体创造更多更好的就业机会，简言之，解决异常严峻的社区问题，确保社会的稳定与有序运作，提高福利水平，是这个阶段的主要社区需要。虽然市民生活状况继续改善，但不同社会群体之间的社会不平等和两极分化趋势渐趋突出。

社区建设的第三阶段始于2000年，终于2005年左右，其主要标志是2000年民政部颁布《关于在全国推进城市社区建设的意见》，在全国范围内全面实施社区建设与社区体制改革，社区建设由实验走向示范。这个时期的宏观社会环境是市场经济体系日趋成熟，福利社会化政策深入人心，政治经济、社会文化体制和社会管理体制改革进入攻坚阶段，整体性制度创新成为当务之急，进入社区体制结构改革与重构新型社区组织时期。在这个时期，主要是适应社区结构变迁和社区人口构成变化的需要，在全国城市社区全面推进社区体制改革，实施社区层面制度创新，建立新型现代社区体制。这既是社区建设面临的主要问题，又是社区建设应满足的主要需要。从时间上看，全国各地城市社区应在五年左右时间内完成社区体制改革，撤并原有社区，重建新型现代社区，实现由居民委员会向社区委员会的革命性转变。简言之，这个时期市民生活状况显著改善，追求生活质量成为时代主题。

社区建设的第四阶段将始于2006年，终于2010年左右，其主要标志应是2010年左右现代社区组织体系的最终建立，社区自治的政治、经济与社会、文化等多种基础基本建立，社区建设将由示范走向全面铺开与深入发展。这个时期宏观社会环境将更加开放、多元和市场化，国家、市场与社区的三角关系将更加均衡，现代社会结构雏形、制度安排与政策模式基本形成。这既是社区体制改革彻底完成，新型社区组织体系与社区运作机制最终全面建立的社区体制改革终结期，又是新型现代社区体制、组织体系与运作机制的磨合及适应期。这个时期社区建设面临的主要问题是国家如何处理社区管理、市场经济与社区自治三者之间的关系，真正实现社区自治，培育中国城市社会中的市民社会生活体系、文化价值与整体氛围。与此同时，经过近十年的探索与相互适应，社区体制、社区组织与运行机制关系正常化，实现新的均衡。简言之，生活状况将更加社区化与个性化，个人福利与社区福利更加鲜明。

社区建设的第五阶段将始于2011年，终于2020年左右，其主要标志应是2020年左右建成以社区为基础的社区福利服务体系，基本形成国家福利、市场福利、社区福利和家庭福利四大体系并存、共生和相互依赖的良好局面。这个时期宏观社会环境将更加自由，市场经济体系更加完善，产业结构将由二、三、一转变为三、二、一，社区服务与社会服务繁荣发达，服务体系已经形成，市民社会政治经济与社会文化基础形成，其性质既是社区取向服务体系大发展时期，又是以社区为基础的社区福利和社会服务成熟期。这个时期的社区需要主要是发展普及性社区服务与社区福利事业，满足人们在社区中工作生活和休闲娱乐，特别是更加个性化、多样化和社区化的社区需要，而且，社区服务与社区福利层次显著提高，非物质性、精神心理性和以社区为基础的服务与福利将是最主要形态。简言之，在社会结构现代化背景下，市民生活状况将发生质的变化，生活水平将显著提高。

社区建设的第六阶段将始于2021年，终于2050年左右，其主要标志是在2050年左右基本实现现代化，形成新型现代化社区，完成社区建设与建设社区的终极任务目标。与此密切相关的是，这个时期宏观的社会环境将从此完成由传统社会向现代社会的结构转型，现代社会价值理念、制度安排与政策模式框架基本形成，社区建设转变为以人为本和以人为中心的社区综合发展。培养社区居民能力，挖掘社区居民潜能和谋求社区居民最大化的全面发展是建设社区上限的最高目标，人处于发展的中心。简言之，本阶段城市社区居民生活状况将发生根本变化，将基本实现人的现代化理想。

社区体制创新与主要政策目标

城市社区建设既是社区结构转型与社区体制创新的过程，又是逐步实现社区建设政策总体目标的过程，反映着不同发展阶段社区建设与建设社区工作重点的历史变迁轨迹。综观中国发展历程，社区建设与建设社区的漫长过程基本与社会结构转型和社会现代化同步，这意味社区结构转型、社区体制创新是总体性社会结构转型与社会体制创新的重要组成部分，也意味社区建设、建设新型现代社区的过程就是社区结构转型与社区体制创新的历史过程。

更为重要的是，贯穿这个漫长变迁过程的基本主线就是，如何逐步实现建设新型现代社区与社会现代化的宏伟目标，如何将实现社会现代化与人的现代化的政策目标有机整合起来。从过程角度看，社区建设不同历史发展时期的阶段性与任务性目标，构成总体性和过程性目标，通过不同历史发展阶段人们的艰苦努力，最终实现建设新型现代社区的终极性目标。确定不同历史发展阶段社区建设工作重点和相应政策措施至关重要，既能反映不同历史时期社区结构状况，又能反映社区居民的生活质量，还能反映社会经济发展水平和现代化程度，反映新型现代社区逐渐成熟的历史变迁轨迹。

社区建设第一阶段的工作重点是宣传普及社区概念，政策目标是发展城市社区服务体系，政策措施主要是理论宣传推广和由上而下的行政推动。社区原本是个理论学术概念，社会各界普遍感觉陌生。在此情况下，如何宣传普及社区、社区服务概念，便成为20世纪80年代中后期城市民政工作的重点。这个时期的主要政策目标是建立城市社区服务体系，满足市民生活方式与价值观念转变需要。为实现这个目标，民政系统工作者在社区服务实践过程中发明了行之有效的行政推动方法：试点起步，规划入手，理顺关系，完善机构，建立队伍，兴建设施，抓好管理，立足民政，面向社会服务。实践证明，这种工作方法简便易行，操作性强，适用性广，在普及社区概念和推进社区服务事业中发挥了重要作用，为社区建设运动兴起奠定了坚实基础。

社区建设第二阶段的工作重点是宣传推广社区建设概念，探索实验社区建设工作的路子，其政策目标主要有二，一是用社区建设概念取代社区服务概念；二是建构社区建设政策框架，政策措施主要是理论研究、探索实验和社区体制改革，目的是建构中国特色社区建设政策。20世纪90年代以来，伴随社区服务对象的普及化，服务内容增多、服务范围扩大，如何实现社区服务向社区建设的平稳过渡，积极探索社区建设工作基本思路，为社区建设政策框架设计做好准备和积累经验自然成为工作重点。

比较而言，社区建设的政策目标远比社区服务更为宏伟复杂，其核心目标是建立全面、综合、发展的新型现代社区政策框架体系，实现由社区服务向社区建设的质性飞跃和根本转变。为实现这个宏伟战略目标，民政系统工作者主要采取了理论研究、探索试点、领导考察，以及制定和实施地方政策等行之有效的工作方法，这为城市社区服务向社区建设过渡，特别是建构社区建设政策体系，奠定了多方面的坚实基础。

社区建设第三阶段的工作重点是全面贯彻实施社区建设政策，推行社区体制改革，主要政策目标是建设新型现代社区体制与组织体系，基本工作手法是重新划分社区和组织创新。民政部《关于在全国推进城市社区建设的意见》颁布以后，社区建设运动由实验转向示范，社区体制改革成为社区建设工作重点。这个时期社区建设的主要政策目标是建立新型现代社区组织体系，建构社区建设组织平台与基础。为实现这个政策目标，各地普遍采取重新划分社区，建立社区居委会及其组织体系和培训社区工作者等方法。

社区建设第四阶段的工作重点是全面推行社区建设，将社区建设不同系统有机整合起来，建立新型现代社区的运行机制，主要政策目标是在以往社区建设基础上建立全新社区体制，彻底实现由传统居民委员会向新型社区委员会的制度性变迁，基本性工作手段是实际运作、系统磨合与局部调整。按照社区建设规划，大中小城市地域社区层面上的体制改革、组织创新和人员培训将在短期内完成，此后将存在新型社区系统之间的整合问题。新型社区组织体系、结构功能将通过实际运作达到社区结构转型与制度性变迁的政策目标。不言而喻，在这个系统整合过程中，除前述基本工作方法之外，新型运作机制的实际运作、系统磨合和局部调整是必不可少的方法，具有中国特色的社区建设工作方法将有可能在这一阶段问世。

社区建设第五阶段的工作重点是大力发展以社区为基础的社会服务体系，服务变迁中的多元社区需要，主要政策目标是建立健全建设新型社区生活方式要求的社区型福利体制、社区型服务系统，以形成国家福利、市场福利、社区福利和家庭福利四方并立局面，建立现代社会福利制度与政策框架。基本工作手法是服务发展与服务创新，经济与社会推动也将是至关重要的工作方法。我们可以充分肯定：在 2010 年以后，如何大力发展以社区为基础的社会服务将是工作的重点。为实现这个目标，市场开拓、服务创新和发展第三产业、社区公益事业将是基本工作方法。

社区建设第六阶段的工作重点是在大力发展社区服务的基础上，真正树立以人为本的理念，实现由以社区服务发展为主向以人的全面发展为主的战略转变，主要政策目标是实现人的现代化，意识提升、公民教育与能力建设是最基本的工作方法。

需要特别指出的是，到21世纪中叶，中国社会结构转型过程基本结束，社会现代化与人的现代化吻合一致。社会现代化体现在人的现代化上，人的现代化证明了社会现代化。综观社区建设六个发展阶段的基本性质，它们主要由过去取向的历史研究，现实取向的状况描述和未来取向的预测分析三部分组成，三者构成由过去→现在→未来组成时间连续谱。这个过程既描述分析城市社区结构变迁与人的现代化的发展历程，又说明不同历史时期社区建设与建设社区的宏观社会环境、变迁中的社区需要、社区工作重点、主要政策目标和应采取的政策措施，开辟了公共政策研究与社区政策分析新途径，具有一定的理论创新意义。

中国城市社区建设基本发展阶段及其主要政策目标

阶段序号	时间范围	社会环境	社区需要	工作重点	政策目标	政策措施
第一	20世纪80年代中后期	三项改革	转变观念	宣传社区	服务体系	行政推动
第二	20世纪90年代	市场经济	解决问题	全面准备	社区体系	探索实验
第三	2000—2005年	深化改革	体制创新	体制改革	组织创新	重划社区
第四	2006—2010年	社区革命	体制磨合	系统整合	制度变迁	局部调整
第五	2011—2020年	市民社会	社区服务	发展服务	社区福利	服务创新
第六	2021—2050年	现代社会	以人为本	人的服务	人的现代化	能力建设

简要讨论与基本结论

社区建设是当代中国城市社会最重要的公共政策与社区政策，主要政策目标是在国家与市场之外建立相对独立的第三部门和现代取向的社会结构。长期以来，中国社会结构比较僵化，国家基本等同社会，市场经济几乎销声匿迹，民间组织极不发达，社会生活封闭保守，缺乏生机活力和动力源泉，生活状况与福利水平不尽人意。改革开放以来，中国社会结构发生翻天覆地巨大变化，国家、市场与社区关系由绝对依赖转为相对自主，初步形成现代取向的社会结构与社区结构，社区政策应运而生。毫无疑问，这种变迁过程的性质是史无前例的社会结构转型与社会革命，是民间社会转变为市民社会的过程，是中国社会由上而下和由下而上革命的结合体，理论政策意义重大深远。

城市社区发展与社区结构变迁过程的六个历史阶段，第一和第二阶段已成为历史，我们目前正处于第三阶段，未来还将有三个发展阶段，时间跨度基本与中国社会现代化进程吻合一致，到 20 世纪中叶基本完成建设新型现代城市社区和社会结构转型的历史重任。需要特别指出的是，在这个过程中，社区既是结构变迁的场域，又是社会转型的主要目标，既是社区建设的社会载体，又是社区建设的基本手段，社区建设目的与手段高度整合。参考欧美国家社区工作的发展历程与历史经验，中国城市社区建设不同发展阶段主要政策目标的变迁轨迹十分清晰，明确反映了建设社区的渐进式过程和社区建设政策目标的演进。

社区建设的主要目标，首先从建构社区与社区服务概念开始，经过宣传普及阶段，进入社区体制改革和建立现代社区体制框架时期，然后转变为社区组织体系建构与社区服务体系发展完善，最终实现社会结构转型、社会现代化与人的现代化，实现人的全面发展和建成现代社区。这里，由社区概念→社区建设概念→社区体制改革→社区组织体系建设→社区服务体系建设→到以人为本和人的能力建设目标的演变轨迹清晰可见，阶段明显。

显而易见，这个发展过程由浅入深、由表及里、由低到高，由概念到体制，由体制到组织，由组织到人，人的全面发展和潜能发挥特别是生活质量和福利水平的提高，是建设社区的最高目标。这实际上回答了为什么要搞社区建设和如何开展社区建设的根本性问题，理论政策意义重大。对决策者来说，社区建设基本发展阶段与主要政策目标，构成完整、系统的政策框架与目标体系；对社区管理者和社区服务提供者来说，社区建设基本发展阶段与主要政策目标表明了不同时期的工作重点与优先领域；对社区居民和普通大众来说，社区建设基本发展阶段与主要政策目标描绘出社会结构转型与生活状况改善时间表，指明未来发展方向和努力奋斗长远目标。需要特别指出的是，这些基本发展阶段的划分与主要政策目标的界定是十分主观武断的，价值判断色彩浓厚，充分体现了笔者个人的价值判断与理论取向。在社区建设实践过程中，这些阶段之间是难以截然分开的，而且不同阶段主要政策目标之间也是相互交织的。

主要参考文献

[美] 尼古拉斯·亨利：《公共行政与公共事务》，华夏出版社 2002 年版，第 306 页。

多吉才让主编：《城市社区建设读本》，中国社会出版社 2001 年版，第 206 页。

江泽民：《全面建设小康社会，开创中国特色社会主义事业新局面》，人民出版社 2002 年版。

张德江主编：《社区服务工作文集》，中国社会出版社 1991 年版，第 57 页。

马学理、张秀兰：《中国社区建设发展之路》，红旗出版社 2001 年版，第 38 页。

杨军：《城市社区建设指南》，辽宁大学出版社 2002 年版，第 70 页。

本文原载《唯实》2004 年第 3 期

国家话语与社区实践：中国城市社区建设政策目标解读

摘要： 社区建设目标是关系为什么和如何推进社区发展的关键问题。本文采取文献回顾方式，将欧美国家社区发展目标概括为发展社区福利、提升社会意识、社区能力建设和有计划社会变迁四种。笔者在国际比较基础上分析中国社区建设目标的政策声明，介绍学者对社区建设目标的不同理解，提出社会转型时期社区建设目标是，以发展社区福利为主，培育文化共同体为辅，以任务目标为主，过程目标为辅，任务目标与过程目标有机结合。

小社区与大问题：社区建设的实践与理论意义

中国社会结构转型与分化的显著标志是，社区观念已经世俗化、妇孺皆知，社区与社会、社区与市场、社区与国家关系逐渐显露，社区发展在社会生活与国家发展中扮演越来越重要角色，微不足道的小社区已处于社会经济政策议程和国家发展战略的中心。改革开放以来，社会生活发生史无前例和翻天覆地的结构变迁，其中最引人注目和意义深远的是社区逐渐“浮出水面”：社区价值观及其蕴含的社会涵义广泛传播，社区建构的社会关系网络日趋增多、相互交织，社区与社区发展已成为社会发展的重大现实问题。

社区议题形成与发展绝非偶然现象，是社会转型期政治经济、社会文化和结构变迁多种因素相互作用的结果，有其深刻历史必然性，反映社会发展趋势。政治上，国家角色由父权、全能主义转为权威和有限角色。政企分开与政府职能转变催生市场经济体系，社区成为民间社会的象征，在政治生活与社会资源分配中占据一席之地；经济上，计划经济体制逐步让位于社会主义市场经济体制，市场力量成为影响社会生活与资源配置的重要机制。社区与市场相互交织、相互促进、并存共生，推动中国社会结构转型；社会上，由于传统社会向现代社会转变，结构转型与阶级分化导致社区成为社会体系重要组成部分，社区在社会生活与阶级结构中扮演重要角色；文化上，传统封闭、单一、狭隘、僵化的社会心理变得日趋开放、多样、宽容和活跃，国家和集体主义价值观念日趋弱化，社区为民间社会与个人主义营造适宜社会空间；更为重要的是，在结构转型与社会现代化处境下，社区观念与社区结构发生相似变化：社区参与和基层民主政治方兴未艾，社区经济与地方经济发展繁荣昌盛，社区服务与社区建设相互促进，社区文化与社区精神各具特色。社区不仅成为社会生活的重要场所，而且成为社会经济发展、国家宏观决策、社会现代化与社会管理共同关注的战略性主题。

城市社区建设是中国社会发展的重大现实问题，具有无比重要的现实意义与理论意义。社区是社会学、人类学和社会工作学科共同关注的传统主题，是观察社会变迁的基本视角。社区发展实践直接关系所有人的生活环境与生活质量，关系国家发展与社会现代化状况，关系社会秩序与社会管理基础，关系社会质量与社会经济协调发展。

更为重要的是，社区发展实践具有丰富多彩的理论意义，蕴含理论创新的巨大潜能。社区发展涉及一系列基础性理论议题，例如社区概念内涵外延，社区分类与类型，如何培养社区归属感与认同感，社区发展与市场经济的关系，社区发展与民间社会的关系，社区发展与国家发展的关系，社区、市场、家庭与国家的关系，社区参与途径与形式等问题。目前，社区建设运动方兴未艾，如火如荼，社区发展理论研究与理论指导严重滞后。有鉴于此，本文采取文献回顾方式，从历史借鉴与国际比较角度，在探讨欧美国家社区发展实践与理论发现基础上，重点探讨社区发展的基本目的与主要功能是什么，目的是为如何促进中国社区建设持续、健康发展提供坚实的理论支持与操作化的政策建议。

文献回顾:欧美国家社区发展目标的演变

社区发展是欧美国家社区工作的重要方法与组成部分，拥有独特的任务目标与过程目标。欧美国家社区工作历史背景、社会环境、范围内容、工作方法与价值取向多种多样，各种社区实践类型并存共生，共同组成丰富多彩的社区工作体系。1955 年，加拿大社区专家罗斯认为，北美社区组织传统起源于社区发展、社区组织和社区关系三大渊源（Ross & Lappin，1967）。1957 年，英国人巴腾提出非指导性（Non - directive）社区工作模式，为社区发展理念与模式奠定理论基础（Batten，1967）。1968 年，美国著名社区专家罗斯曼提出社（地）区发展、社会规划和社会行动的经典模式，社区发展理念与模式应运而生（Rothman & Tropman，1987）。社区发展既是社区实践主要模式，又是社区工作基本方法。

虽然社区发展模式已获普遍认同，但是不同历史时期、社会环境、制度安排与文化模式赋予其迥然不同的内涵外延，而且社区发展目标界定角度多种多样。例如总体与具体目标、直接与间接目标、现实与长远目标等。目前，欧美国家主流的社区工作目标分类是区分任务目标和过程目标。过程目标主要是从改变人们的信心、知识、技巧或态度角度界定的，任务目标主要是从改变物质状况与社会环境角度界定的（Twelvetrees，1991）。实际上，过程与任务目标是社区工作的一体两面，二者相互依赖与相互交织，根本无法截然分开。各国社区工作者通常面临的两难选择是，以过程目标为主，任务目标为辅？还是以任务目标为主，过程目标为辅？或者是过程目标与任务目标并重？或者是因地制宜地确定其他目标？

欧美国家社区工作最初的基本目标是，提供多样化与高质量服务，改善弱势群体与劣势群体的生活环境，提高他们的生活质量与福利水平，有效满足变迁的社区需要。这种目标主要适用 19 世纪中晚期的欧美国家和 20 世纪中期的发展中国家。19 世纪中期以来，英国率先由自由资本主义过渡到垄断资本主义，城市社会的失业、贫困、疾病、住房、犯罪、文盲和环境污染问题丛生，严重影响正常社会生活与社会秩序。如何解决社会问题，回应变迁的社会需要，建构和谐社会关系与人际关系，营造良好生活环境，创造机会平等与公平的社会环境是社会各界高度关注的核心议题。在此背景下，基督教会团体、中产阶级、上流社会妇女和倡导渐进式改良的费边主义者，通过不同方式接触贫民，走进社区，开展社区工作。

这其中最著名的当属起源英国，后来扩散到欧洲大陆和北美的慈善组织会社和安置所运动。第一个慈善组织会社 1869 年成立于英国，第一个安置所1884年在伦敦开展工作。慈善组织会社的主要工作是协调社区内不同慈善组织救济穷人的服务，科学管理社区内的社会救济活动，避免资源浪费、服务重叠和虚报冒领，最大化地满足穷人的基本需要。安置所运动主要是在都市贫民区开展服务，主要内容是组织和教育居民争取社区环境改善，改善邻里关系和培育守望相助精神，减少犯罪和改变穷人的文化，营造安全、舒适的社区生活环境。当时英国开展的成人教育、互助互济的合作社事业和殖民地管理事务也是福利型社区工作内容的重要组成部分（Popple，1995）。显而易见，这种工作目标性质是任务取向的，其实质与精髓是改善个人与社区福利状况，如何发展社区福利是核心工作目标。

改变人们的价值观念与态度，提升目标群体的社会意识，这是社区工作又一重要目标。这种目标主要适用第二次世界大战后欧美国家和发展中国家的社区工作。第二次世界大战后，欧美国家经济繁荣、社会富裕、生活稳定。英国率先进入“福利国家”时代，说明基本生活需要和主要社区问题已经解决。物质福利与基本生活需要的优先地位，已让位给精神心理卫生和发展性需要。与此同时，发展中国家在民族独立，建立主权国家，实施社会改革和发展经济的时候，面临物质资源极度匮乏与人民不断增长的物质、文化需要之间的巨大差距，面临如何依靠自身力量，独立自主发展本国经济，改善人民生活质量，实现社会现代化的突出问题。

在此背景下，联合国倡导、支持和实施的社区发展理念与计划应运而生。1948年联合国提出“以社区为基础的社会发展”理念。1952年联合国成立社区组织与社区发展小组，主要职责是在发展中国家推动社区发展运动，组织实施“联合国发展十年”计划，促进经济发展与社会进步（联合国，1988）。社区发展项目与计划多种多样，社区工作队伍也截然不同19世纪末期欧美国家的社区工作。社区发展计划主要内容是以社区为基础，由政府部门会同社区中的民间团体、合作组织、互助群体通力合作，组织、发动、启蒙和教育社区居民，使他们认识到自己的问题，清楚表达自己的需要，自己决定自己的事务，自己掌握自己的命运，通过自助与互助方式解决面对的问题，进而通过社区发展实现国家发展与社会进步（联合国，1955）。这种社区工作目标性质是过程取向的，其核心特征不是解决某个具体问题和满足某种特殊需要，而是侧重改变决策者、社会精英和地方领袖的观念与态度，提升社区工作对象的意识，使他们认识到自己的处境、问题和需要，而不是直接提供福利服务。

培养社区能力，注重能力建设，是欧美国家社区工作目标体系的又一重要组成部分。这种目标主要适用于第二次世界大战后欧美国家的社区工作，也适用于部分发展中国家。确立能力建设目标反映欧美国家社区工作处境与价值基础的转变，说明社区工作内容与模式变化，标志社区工作进入成熟阶段，社区工作及其目标已达到超越物质福利的较高层次。这类社区工作主要目的不是解决社区问题，提供社区服务和满足社区需要，而是主要关注社区能力建设。

社区能力是个复杂概念，内涵外延丰富多彩。社区能力来源于地方社区中可行性的概念，是社区居民确定他们的问题、需要和集体生活目标，并且能实现这些目标的能力。能力建设型社区工作基本特征是，社区工作者不仅要为人们提供服务，满足他们的需要，而且要采取增加人们的自主、自尊，促进他们有能力和工作者一道工作以解决自身问题的方式工作（Henderson & Thomas，1990）。

在某种意义上说，社区能力具体表现为社区组织的能力与社区居民的能力。美国著名学者罗斯曼将社区能力分为两类，一类是解决特定问题和满足特殊社区需要的能力；一类是社区人士发现问题，寻找社会资源，建立社会联系和解决问题的一般能力（Rothman，1964）。英国学者托马斯提出较具影响力的能力建设目标二分法，一是资源分配层面的能力；二是发展层面的能力，这其中包括培养社区居民的政治能力。政治能力就是令市民对政治感兴趣，掌握更多政治知识与技巧去参与政治事务（Thomas，1983）。简言之，社区能力建设是典型的过程目标，价值基础是自助、自决、自尊和参与。能力建设是个层次较高的目标体系，旨在通过居民参和解决自己的问题，发掘人们的潜能。

社会改革与有计划社会变迁是综合性与宏观取向的社区工作目标。这种目标既适用于欧美国家，又适用于发展中国家，并无社会环境与条件限制。这种工作目标分别在19世纪末期和20世纪末期显得格外重要。19世纪末期，是采取社会改良与有计划变迁，还是采取社会革命与自由放任政策模式，以回应社会问题，满足变迁的社会需要，是英国社会激烈争论的核心社会议题（Pinker，1979）。20世纪末期，欧美国家重新发现和回归社区，人们意识到制度创新与社会改革的必要性，认识到有计划变迁的重要性，以社区和组织为基础的宏观社会工作日趋流行（Netting, Kettner & McMurtry, 1998）。英国著名格尔本卡恩（Gulbenkian）基金会报告认为，社区工作的基本目的是通过分析社会处境，与不同群体组成关系以便产生希望变迁的过程，并影响社会变迁进程和改变权力分配。

具体来说，社会变迁取向的社区工作目标有三：一是人们民主参与思考、决定和计划的过程，以及人们在影响他们日常生活的服务发展和制度运作中扮演积极角色。这意味社区工作是创造地方民主的基本途径；二是培养相互关怀与社区照顾的美德，增强个人的社区归属感与认同感；三是善用社会资源，有计划和整体性满足人们的特殊需要与社区需要，实现社区整合与社会整合，改善生活质量，提高福利水平，促进经济发展与社会进步（Younghusband, 1968）。显而易见，有计划社会变迁目标的精髓是宏观取向的制度创新，它既是过程与任务目标的有机结合，又是对发展社区福利、提升社会意识与社区能力建设目标的高度整合。

国家话语与社区实践：中国城市社区建设目标解读

城市社区建设是改革开放的历史产物。改革开放以前，中国社会状况是“国家”基本等同“社会”，国家、市场和社区关系高度重叠，国家成为社会生活的独角舞者，民间社会几乎销声匿迹，国家与社区关系没有实质性理论与政策意义。这种制度安排的必然后果是社区观念与社区生活极不发达，独立、自主和民间取向的社区发展无从谈起。改革开放以来，伴随政府转变职能、政企分开与简政放权，劳动、工资、社会保险制度改革深化，市场机制在资源配置中发挥越来越大作用。原来由工作单位提供的生活福利转移到地域社区，工作单位与生活社区在地理空间上分离，城市更新改造与居民住宅新区建设导致社区类型多样化。1980 年代中期兴起的社区服务使社区观念逐步深入人心，社区生活成为社会生活重要组成部分（张德江，1991）。

1990 年代以来，一方面，社区服务内容早已超出社区服务范围；另一方面，社区服务模式已无法满足社会发展需要，谋求社区综合发展的社区建设应运而生。1991 年民政部提出社区建设思路，确定北京西城区、沈阳沈河区等 26 个社区建设实验区，目的是探索推进社区建设工作的运行机制，建立和完善社区组织，探讨行政管理体制改革新模式，加快以社区服务为主福利事业的发展。2000 年 11 月，中办和国办转发《民政部关于在全国推进城市社区建设的意见》，标志着社区建设运动进入高潮，社区建设成为国家大政方针（多吉才让，2001）。简言之，结构转型与社会发展使社区观念深入人心，社区服务向社区建设转变过渡。全国城市社区建设试点工作取得可喜成果，标志社区发展，社区与国家关系已成为中国社会经济政策议程中的优先领域与核心议题。

城市社区建设目标复杂多样、体系宏大，既直接反映当前城市社区发展的现实状况，又间接反映城市社区发展面临的问题与困境。按照《民政部关于在全国推进城市社区建设的意见》，今后 5—10 年城市社区发展主要目标是：（1）适应城市现代化要求，加强社区党组织和社区居民自治组织建设，建立以地域性为特征、以认同感为纽带的新型社区，构建新的社区组织体系；（2）以拓展社区服务为龙头，不断丰富社区建设内容，增加服务项目，促进社区服务网络化和产业化，努力提高居民生活质量，不断满足人民群众日趋增长的物质文化需要；（3）加强社区管理，理顺社区关系，完善社区功能，改革城市基层管理体制，建立与社会主义市场经济相适应的社区管理体制与运行机制；（4）坚持政府指导和社会共同参与相结合，充分发挥社区力量，合理配置社区资源，大力发展社区事业，不断提高社区居民素质和整个社区的文明程度，努力建设管理有序、服务完善、环境优美、治安良好、生活便利、人际关系和谐的新型现代化社区（多吉才让，2001）。简单来说，社区建设核心目标是构建新型社区组织体系，满足人民群众不断增长的物质文化需要，建立与市场经济相适应的社区管理体制与运行机制，创建现代化社区。

比较而言，城市社区建设目标特征明显，一是目标繁多，体系庞大，综合性与理想化色彩浓厚；二是阶段性特征突出，明确指出这些是未来 5—10 年城市社区发展追求的目标；三是社区政治发展与社区管理是贯穿社区发展目标体系的主题思想；四是社区建构特征鲜明，国家是社区建构的主体，公民参与依附在政府指导原则之下。更为重要的是，城市社区建设目标既直接反映当前社区发展的真实状况，又间接反映社区发展面临问题与困境。如何满足人民群众不断增长的物质文化需要，提高居民生活质量，如何推进组织创新，建立新型社区组织体系、运行机制与社区管理体制，创建现代社区既是社区建设的难点与重点，又是社区工作的关键问题。

中国学者对社区建设目标的理解不同于国家政策声明，社区建设目标的社会解读众说纷纭，莫衷一是。社区建设是个社会系统工程，目标选择是社区发展的关键，直接关系社区发展是为了什么，以及如何推进城市社区建设的根本问题。但是，目标问题在社区建设运动早期并没有引起足够重视（吴德隆、谷迎春，1996）。

1990年代晚期以来，伴随城市社区建设普及提高，越来越多理论和实际工作者尝试从不同角度来解读社区建设目标，对城市社区发展实践提出多种多样的理论解释。一是从社会变迁与社区建构角度提出，社区建设实质是街居组织体系建设，目标是建构自主与能动性的“地方性社会”（项飙、宋秀卿，1997）。也有学者认为，可将社区建设看作是城市化的继续，既是城市发展的继续，也是市民现代化的继续（费孝通，2002）；二是从城市社区权力结构变迁角度，透视国家与社会、国家与社区关系，认为社区发展实践和社会变迁趋势是走向强国家与强社会的目标模式（朱健刚，1997）；三是从城市基层管理面临基本矛盾与现代社区管理体制建设角度，提出社区建设是加强基层政权和基层民主建设，探索社区管理新形式与基本手段（王振耀，1997）；四是将社区发展目标分为短期与长远两类，短期目标主要是有形的社区组织建设与制度建设，长期目标是无形的社区文化建设与人文环境的“社区发育”（孙立平，2001）。还有学者详细界定近期与长远目标体系的具体内容（马学理、张秀兰，2001）；五是从社会关系质量下降，社会冲突增多与社会秩序角度，提出城市社区建设“善治”与“重建社会资本”的双重目标模式（赵孟营、王思斌，2001）；六是从社区参与和基层民主政治角度，提出城市社区建设目标是社区居民自治（徐勇，2001）；七是依据市民社会理论框架和城市社会发展实践，提出城市社区建设以建构市民社会为核心目标（徐道稳，2002）。简言之，中国学者对城市社区建设目标的理解与国家话语之间存在明显距离，而且理论角度多种多样，千差万别。

社区福利与文化共同体:任务目标与过程目标的整合

社区建设目标选择取决于社会状况与发展阶段，取决于社区结构变迁方向与发展动因。社区建设运动时代背景是由传统社会向现代社会转型，工业化与现代化是社会发展趋势，也是确定社区建设目标的制度背景。如果要准确理解社区建设目标，应将城市社区放在结构变迁处境下，从社区结构特征与社区建设发展动因角度深度理解社区建设目标。与欧美国家相比，中国城市社区基本未经历现代化洗礼和“社区解组”“社区崩溃”的痛苦，加之政府历来高度重视基层政权组织建设，城市社区传统特征浓厚，形成“都市村庄型”的社区结构与社区组织体系。

改革开放以来，社会变迁与现代化浪潮猛烈冲击传统社区，都市化与现代化导致社区解组与社区崩溃现象出现。社区结构与组织体系发生革命性变化，外部环境和内部结构变化相互交织与强化，并集中反映为社会团结、社会整合、社会秩序与社会管理等重大现实议题，从而使社区议题处于国家发展的中心。在此背景下，经济与政治体制改革、社会转型与社会发展、发展基层民主与强化社区管理均迫切需要社区建设，社会整合与社会管理成为社区建设发展的基本动因（张秀兰、马学理，2002）。

有鉴于此，社区建设主要目标是发展社区福利，解决社会变迁与都市化带来的社会问题，满足劣势群体和社区成员基本生活需要，通过改善生活质量达到营造良好社会环境，缓解社会冲突，实现社会整合和重建社会秩序的社会目标。同时，通过培育现代社区归属感、认同感和自主式社区参与来建构文化共同体的目标同样举足轻重，不可或缺。简言之，社区建设目标是过程与任务目标的有机结合，是发展社区福利、提升社会意识和能力建设目标的高度整合。

社区福利为主，文化共同体为辅的社区建设目标体系具有丰富的内涵外延，拥有明确的范围与内容，指明社会转型时期社区建设工作基本途径与发展方向。社区福利是社会福利体系重要组成部分，基本特征是以社区为基础和为了社区的福利体系。社区建设起源于社区服务业，又超越社区服务业。按照 1993 年时的理解，社区服务业主要由社区福利服务业、便民利民服务业和职工社会保险服务业三部分组成（民政部，1995）。当时社区福利是个小概念。社区建设运动开始以来，社区建设内容不断增多，范围不断扩大，几乎覆盖社区居民工作生活的所有领域。2001年时，官方确定的社区建设内容已扩大为拓展社区服务，发展社区卫生，繁荣社区文化，美化社区环境，加强社区治安五大部分（多吉才让，2001）。2002年中央文明办等九部委又增加社区教育、社区体育、社区科技、社区法律四大领域，社区建设成为名副其实的社区发展。

更为重要的是，社区建设活动的共同主题是改善社区居民生活状况，提高社区居民生活质量，目的是谋求绝大多数人福利最大化发展。不言而喻，在城市居民基本生活需要满足尚存在困难的处境下，在社会福利与公共福利尚不发达，但是人们普遍追求现代生活方式与生活质量的处境下，如何发展社区福利便成为社区建设的首要目标。只有在发展和完善社区福利制度过程中，社区居民才能自然“发现”他们的共同兴趣与社区利益，才能培育社区归属感与认同感，才能真正实现社区参与和社区自治，才能形成现代取向和多姿多彩的社区文化模式。换言之，发展社区福利是社区建设的现实任务目标，培育文化共同体是长远的过程目标，二者优先次序明确，相互影响。

简要讨论与基本结论

本文采取文献回顾方式，从国际比较角度，探讨中国城市社区建设目标体系问题，目的是试图回答社区建设到底是为了什么，以及如何深化社区建设的问题。目前，社区建设目标已不再是个单纯的理论问题，而是个重大现实与政策问题。目标问题既是理解社区建设运动的基础与关键，又是把握社会变迁方向的基础与关键，还是认识转型期中国社会性质与深层次结构变迁关系的基础与关键。社区是观察社会变迁的最佳视角。社区建设目标是社会发展目标体系重要组成部分，这就要求我们从社会发展的角度理解社区发展目标，将社区发展与社会发展联系起来。这意味社区建设目标问题的理论与政策意义远远超出社区层次，是中国和世界各国社会发展普遍面临的战略性问题，重要性怎样估计都不会过高。政策目标既决定政策模式与社会行动策略，又决定政策实施的社会后果与影响。

欧美国家盛行的任务与过程目标是区分目标的有效手段。目标体系是个错综复杂与动态发展的开放体系，战略与一般目标、现实与长远目标、国家与社区目标、组织与个人目标、政治与经济目标、社会与文化目标并存，选择目标的角度不同，确定的目标体系便有所不同。为解决社区发展工作目标的复杂性与综合性问题，欧美国家社区工作者发明任务与过程目标的分类体系。我们可将任务目标视为工具（现实）目标，过程目标视为终极（长远）目标。这种二分法对我们观察分析纷繁复杂、多姿多彩和千变万化的社区实践及其目标体系大有益处。

社会转型期城市社区建设目标体系是，以发展社区福利制度为主，培育文化共同体为辅，以任务目标为主，过程目标为辅，社区福利与文化共同体相互促进，任务与过程目标有机整合。欧美国家社区发展目标由发展社区福利开始，经由提升社会意识、能力建设阶段，最后回归有计划社会变迁的历史演变轨迹，及社区发展目标层次结构与社会发展阶段、经济发展水平之间的相关关系清晰可见。社区发展目标典型反映欧美国家社会文化与价值观念，背后蕴含丰富的理论假设，依托深厚文化积淀与坚实价值基础，例如社区参与和社区自治。

中国学者的经验研究发现，中国城市居民在与自己生活关联密切且比较具体的社区事务方面参与程度较高，但在其他方面较低，社区参与意识还没有达到社区主人应有水平；从城市居民构成来看，年轻一代社区参与积极性不高，较高文化程度市民群体的社区参与意识也并不比较低文化群体更强烈，甚至相反（王思斌，1991）。这说明社区发展目标选择应考虑文化传统积淀与价值基础。中国是个典型发展中国家，社会经济发展水平偏低，正处于由传统社会向现代社会转型时期，社会冲突、社会整合和社会秩序问题突出。如何通过发展社区福利的任务目标，改善社区居民的生活状况，提高全体社会成员的生活质量和福利水平，最终形成由共同利益联系的文化共同体，实现经济发展与社会进步的过程目标，这是目前城市社区建设的主要目标。这个目标体系的真谛与实质是，最大化满足变迁中的人类需要，谋求全人类的发展，最终实现人的现代化与社会的现代化。

主要参考文献

马学理、张秀兰主编:《中国社区建设发展之路》，红旗出版社 2001 年版。

王振耀:《论我国城市基层管理体制改革》,《城市街居通讯》1997 年第 2 期。

王思斌:《我国城市居民社区参与意识探析》,《社会工作研究》1991 年第 2 期。

多吉才让主编:《城市社区建设读本》，中国社会出版社 2001 年版。

吴德隆、谷迎春:《中国城市社区建设》，知识出版社 1996 年版。

张德江主编:《社区服务工作文集》，中国社会出版社 1991 年版。

张秀兰、马学理:《中国社区建设解读》《社会福利》2002 年第 1 期。

孙立平:《社区、社会资本与社区发育》,《学海》2001 年第 4 期。

费孝通:《对上海社区建设的一点思考》,《社会学研究》2002 年第 4 期。

民政部社会福利司编:《全国社区服务经验交流会议文件汇编》，民政部 1995 年版。

项飙、宋秀卿:《社区建设和我国城市社会的重构》,《战略与管理》1997 年第 6 期。

朱健刚:《城市街区的权力变迁：强国家和强社会模式》,《战略与管理》1997 年第 4 期。

徐勇:《论城市社区建设中的社区居民自治》,《华中师范大学学报》2001 年第 3 期。

徐道稳:《城市社区建设：市民社会的实践》，中国社会学学会 2002 年年会论文集，2002 年。

赵孟营、王思斌:《走向善治与重建社会资本：中国城市社区建设目标模式的理论分析》,《江苏社会科学》2001 年第 4 期。

联合国新闻部编:《联合国手册（第十版）》，中国对外翻译出版公司 1988 年版。

Batten, T. R. & Batten, M. (1967), *The Non - directive Approach in Group and Community Work*, London: Oxford University Press.

Henderson, P. & Thomas, D. N. (1990), *Skills in Neighborhood Work*, London: Unwin Hyman.

Netting, F. E., Kettner, P. M. & McMurtry, S. L. (1998), *Social Work Macro Practice*, NY: Longman.

Pinker, R. (1979), *Social Theory & Social Policy*, London: Heinemann Educational Books.

Popple, K. (1995), *Analysing Community Work: Its History and Practice*, Buckingham: Open University Press.

Ross, M. & Lappin, B. W. (1967), *Community Organization: Theory, Principles and Practice*, New York: Harper & Row.

Rothman, J. (1964), An Analysis of Goals and Roles in Community Organization Practice, *Social Work*, Vol. 9 (2).

Rothman, J. & Tropman, J. E. (1987), Models of Community Organization and Macro Practice Perspectives: Their Mixing and Phasing, pp. 3—26.

Rothman, J., Erlick, J. L. & Tropman, J. E. (eds.), *Strategies Community Intervention*, New York: Peacock.

Thomas, D. N. (1983), *The Making of Community Work*, London: George Allen and Unwin.

Twelvetrees, A. (1991), *Community Work*, London: Macmillan Education.

UN, (1955), *Social Progress Through Community Development*, New York: UN.

Younghusband, D. E. (1968), *Community Work and Social Change: The Report of a Study Group on Training Set up by The Calouste Gulbenkian Foundation*, London: Longmans.

本文原载《社会科学研究》（成都）2003年第3期。该文被人大报刊复印资料《社会学》2003年第8期全文转载。

第六部分

社区就业、社区经济与地方经济发展

街居经济与“社区参与革命”

摘要：1992年初邓小平“南方谈话”的公开发表，标志着拉开中国特色社会主义市场经济体制建设的历史序幕。什么是社会主义市场经济体制？如何建设社会主义市场经济体制？如何将城市经济体制改革与城市经济体系建设有机结合起来等问题应运而生。社会主义市场经济体制建设既为街居经济提供难得的发展机遇，又为街居经济持续、稳定、健康地发展带来严峻的挑战。街居经济，泛指中国城市街道办事处和居委会兴办经济活动的总称，是城市经济体系的重要组成部分，是典型的中国特色的制度安排。本文对大力发展街居经济的必要性、重要性，街居经济的地位与作用，街居经济范围内容与优先领域等基本议题，予以简要论述，以期有助于理解城市街居经济与“社区参与革命”的内在逻辑关系，促进社区福利体系发展。

进入20世纪90年代，随着我国的改革开放，现代化建设事业，城镇社区的社会福利事业的创新改革，社区服务业的发展提高进入一个全新的历史发展阶段，其最突出和主要的标志之一便是社区服务业的深、广度发展和街居经济的异军突起，再度辉煌。

街居经济是我国经济体制和城市综合配套改革的产物，是社区居民适应社会发展，解决社区问题和提高生活质量的生动创造。街居经济是街道办事处、居民委员会所从事的经济活动与工作简称，又称区街经济、社区经济。目前，我国的城区经济包括市级经济、区级经济、街道经济、居委会经济和个体经济五个层次。

街居经济是国民经济体系和城区经济的有机组成部分。所谓街居经济就是以街道、居委会为主，驻街企事业单位、社会团体和个人为辅，面向社区，依托社区居民，以提供社会福利服务、便民利民服务和经营型服务为主要内容，以老年人、残疾人、军烈属、青少年和社区居民为主要服务对象，以满足居民的各种需要，旨在方便群众，服务生产、生活，提高社区居民的生活质量，达到社区发展的一种社区经济和独具中国特色的社会福利经济。

街居经济起源于“大跃进”时期的街道兴办的小厂。30 年来它几度兴衰，历尽坎坷。1984 年后又蓬蓬勃勃地迅猛发展，引人注目。目前，街居经济与社区发展问题已成为人们倍加关注的一个重大问题。它的异军突起，再度辉煌有其深厚的社会、政治、经济和历史的必然性。

街居经济的从业人员构成一直是以社会中的弱势群体为主。街居经济的经营者不仅包括以街道、居委会干部和社区居民为主体创办的，实行集体经济、合作经济、股份制经济、个体经济和私营经济的民办经济，还包括由驻街企事业单位，科研院所、大专院校、大中型企业、第三产业和实行国有民营的服务产业和经济组织。换言之，街居经济的经营者既有街居组织、企事业单位，又有社区居民和社团组织。

街居经济的内容丰富多彩，经营范围广泛，包含所有产业。概括说来，街居经济的内容和范围可以分为如下组成部分：一是乡郊区和城乡接合部的农业生产；二是街道范围中的工业经济；三是街区中的商业服务业经济；四是街道所属的工业企业、商业和劳动服务公司及居委会所属的，以便民利民为主的经济实体；五是街区中的民政福利经济；六是第三产业和生产、生活服务业。一般而言，它们是许多城区中街居经济中的支柱产业。它包括修理修配、饮食服务、加工代制、装卸搬运、建筑维修、劳务安装等；七是以老年人、残疾人、烈军属、少年儿童和社区居民家庭生活服务为主要对象的社区服务业。它由社区福利服务业，便民利民服务业和职工社会保险管理服务业组成，是社会保障体系和社会化服务体系中的一个重要行业。它包括：各种便民家庭服务、婚丧服务、初级卫生保健服务、文化娱乐健身服务、婴幼儿教育服务、残疾儿童教育训练和寄托服务、养老服务、避孕节育咨询、优生优育咨询、心理咨询、职业技术培训及介绍和机关日常生活服务等。可以说，目前街居经济已形成以第三产业和社区服务业为主业，以生活服务为主要内容，生产服务为辅，多业并举，各方兴办，多层次、多形式、多渠道的产业结构和经营格局。

街居经济的运行机制和管理体制也与传统的国有经济大不相同，具有鲜明的特点。它们创立了一种新型的、适应市场经济的管理和运行机制——“自筹资金、自愿组合、自主经营、独立核算、自负盈亏、民主管理”，即独立自主的决策机制，面向市场的经营机制，优胜劣汰的人才机制，工资与效益挂钩的分配机制，自我约束与自我发展的行为机制。街居经济的分配原则一般是“按劳分配、多劳多得和兼顾国家、集体、个人利益”，劳动报酬与经济效益挂钩，分配形式灵活。

街居经济的经营方式灵活多样，因地因时因社区制宜。一般而言，经营方式主要有如下一些：一是按常规简单的出租厂房、门店、写字楼、设备、场地和资源的使用权，坐收租金；二是利用地利和行政管理权力，对街区内的各类市场、摊铺门店、商贸中心依法进行管理，收取适当的管理费用；三是采取联办、合作、共建、合办、联营、挂靠等方式，兴办第三产业和商易经济及各类专业批发市场，借鸡生蛋、内引外联、加强协作，利益共享；四是自主投资、独自建立商贸公司、服务行业和生产企业，创造生产性的效益，走自我发展的道路；五是引进竞争机制，采用招标办法，实行承包经营责任制的管理经营模式，利用人才优势，争创最佳的经济和社会效益；六是利用和引进外资，从事高科技、高投入、高产出的现代化大生产，建立“三资”企业，合资合作企业，建立各种类型的经济技术开发园区，参与国际市场的竞争。

街居经济的性质已形成以集体所有制为主体，多种经济成分并存互补，共同发展的新格局。它打破了经济结构和体制中长期沿袭的单一国有国营模式，国有、集体、私营、个体、联营、股份制、外商投资、港澳台投资和其他经济类型应有尽有，成为经济领域中一支不可忽视的重要力量。

更为重要的是，由于街居经济一般是为满足社区居民需要，解决社区中的社会问题，缓解社区压力而兴办的，因此，社区色彩浓厚，面向社区，依托社区，服务社区，福利性为主，多元性发展，经营范围广泛，产业结构三产化，运行管理机制市场化，旨在谋求社区综合发展便成其突出的特点，并显示了良好的发展前景。街居经济在满足城市人民生活，促进城市社会发展，进行城市建设和管理中发挥了重要作用，街居经济经历了和正在经历着从城市经济的边缘和配角地位向城市整体发展必不可少的组成部分变化。

除了对社区的经济贡献以外，对社区发展，特别是对社区认知、社区依赖感、社区归属感和社区参与感的贡献和影响也是巨大的，多方面的。街居经济的出现是经济民主化和社会福利服务社会化的必然结果，而街居经济的发展势必又引起社会参与问题。街居经济的发展对社区层面的社会、经济参与度的提高，对社会福利服务的公平、公正和民主性的确立，对社会政治生活的广泛参与和通过参与达到社区居民的综合发展，促进社区层面社会、经济、政治结构的转型均有多方面和直接的影响与作用。

第一，街居经济的发展大大丰富了我国城镇社区的经济类型，市场类型，使市场主体变得多元化，直接促进了一系列新型社会福利组织、经济组织的创立与发展，有利推动了社会经济领域中组织参与和组织创新。街居经济首先增强了街道、居委会的经济实力，为街道建设和发展提供了物质条件。它也为街居组织的发展和它们参与社会经济创造了条件。街居经济的发展不仅使市场主体变得多元化，也增强了市场行业、商品、流通、信息、服务、人才、信誉、广告和参与竞争，促进了市场体系的进一步开放、统一，有利于产权的明晰化、人格化和多元化，为经济民主和经济领域中的组织参与奠定了基础，创造了条件。

更为重要的是，在街居经济的发展进程中，出现了一大批新型的非政府为主的社会福利服务组织与机构，如沈阳市的社区服务发展促进会，北京市的社区服务协会，社区服务协调委员会，社区服务开发公司，社区发展基金会和各种层次的社区服务中心等。它们的出现与参与，打破了民政部一家办、单打一的社会福利服务模式。现在，许多大中型企业组建了社会服务公司、大专院校成立了大学生服务公司，妇联成立了妇女儿童中心，有利于形成街居经济和社会服务市场的多元化参与格局。

随着街居经济的发展、通过广泛的参与，民间社区型社会服务机构与组织的社会功能与角色日益明确和正面化：加快政府职能的转变；为政府与各类实业公司及社会各界架起了桥梁；社会服务提供者；政府机构的减压装置；富余人员的吸纳器；广纳资金的作用；有利于加强社会福利服务业的行业管理和社会参与；市场体制的催化剂。

第二，街居经济的再度繁荣与迅猛发展，深刻地改变了我国城镇社区的产业结构和就业结构，特别是为“社会弱势群体”广泛参与社会发展和经济生活提供了机会和场所，有力地保障了他们的基本生活权益，保证了社会的安定与持续发展。街居经济迅猛发展的一个重要原因是，它所兴办的事业和经营范围主要是第三产业和便民利民的社会服务业，贴近生活，方便社区居民，满足了社区居民的各种社会福利需要，因而具有旺盛的生命力，社区和社会的经济结构和产业结构也随之发生了重大变化。

与此同时，由于产业结构和经济结构的转型，城镇社区就业渠道的增多，职业选择自由度的增大；随着街居经济的发展和社会化服务的发展以及人们需要满足和利益实现方式和途径的日益多样化，也使得个人及单位成员对单位组织的依赖性逐步弱化，个人和单位间劳动关系从政治依赖向经济依赖的转变，从而促进和带动了人口的社会流动；再加上人们就业观念的变化，从“地位型”向“经济型”，从“永久型”向“飞鸽型”，从“急就型”向“等待型”，从“内向型”向“外向型”的巨大转变；企业深化改革，走向市场，一方面既为社会成员广泛参与社会经济生活提供了社会经济性前提；另一方面又使一些社会弱势群体广泛参与社会经济生活更加困难，基本生活权益受到冲击。

街居经济的发展不仅有助于打破国家统一集中管理，占有和分配各种资源的体制格局，弱化了单位对国家和上级单位的依赖性，而且为社会弱势群体在市场经济背景下广泛参与社会经济生活，享受社会发展成果创造了多种条件。许多街居经济的有关政策文件和实际工作均明确规定了街居经济从业人员的优先考虑对象和范围。如宁夏回族自治区规定：“城镇街道、居委会的企业，应以安排社会上待业的残疾人，优抚对象和贫困人士，社会闲散人员为主，也可以聘请懂技术、会管理的离退休人员。”

目前，一般而言，街居经济的从业人员主要是妇女；老年人，特别是身体好、懂技术和有文化的离退休人员；肢残但尚能从事一定工作的残疾人；两劳释放人员；返城知青及其子女；企业精简辞退、除名和下岗待业人员；提前退休与“第二次就业人员”；城镇待业人员和其他社会闲散成员；各种类型的个体经营者；进城务工的农民；街道、居委会干部和从事街企共建及企业办三产服务及企事业单位职工干部，因此，街居经济不仅为这些社会弱势群体提供了就业和参与社会经济发展的机会，促进了社会的稳定和繁荣，增强了劳动力的流动性，使劳动力和劳动资源的配置更合理，有利于劳动力市场的完善与发展，从而进一步提高社会劳动者参与社会经济的程度。

第三，街居经济的发展有利于使社区中的多方力量形成合力，各种资源的分配和再分配趋于合理、公平而有效，提高社区参与的深广度，从而达到社区的综合发展。实践证明，只有社区经济发展了，人们的参与度提高了，社会各项事业才能发展。反之，社会事业的发展，又为人们的广泛参与提供了条件和创造了良好的环境条件，从而促进社区经济的更快更好发展；街居经济发展的实践证明，社区经济的动员能力是强大有力的，在价值规律和社会福利需要的双重作用下，街居中的企事业单位的社会服务设施纷纷向社会开放，企事业单位兴办的第三产业也大量涌现，有利于改变企业办社会所造成的人、财、物的巨大浪费，促进社会服务的社会化和商业化，有利于社会福利服务市场的形成。换言之，只有从市场取向的街居经济的发展角度，才能最大限度地开发利用社区的各种资源，形成互相协作、互惠互利的社区经济共同体，培育良好的社区意识和社区归属感，从而刺激更广泛，更深入的社区参与，达到社区经济和社区效益的统一以及社区的综合发展。

第四，街居经济的发展不仅引发了社区居民和组织的广泛参与，更为重要的是，在社区参与过程中，培养了人们的参与意识，锻炼了人们的参与能力，有利于塑造一种“参与型文化”。实际上在某种意义上说，街居经济的发展过程就是一种社区教育，社区宣传和社区文化扩散的过程。在参与街居经济的过程中，人们的价值观和思想意识、生活方式、人际关系和交往模式，社会流动和社会分层，行为模式和社会状况均经历了深刻的变化。一个成熟参与者所必须具备的素质和观念，如竞争、优胜劣汰、选择、自由、民主、平等、权利、责任、义务、风险、合作、理性等也在街居经济的发展进程中逐步培养起来。社会经济的发展对人们在更高层次上参与提出了明确要求。教育的普及和职业技术教育的兴起，社会福利服务的社会化，使人们有更多的时间和精力参与各种社会经济活动和文化娱乐活动，实现人的最大化发展。

第五，街居经济的发展有利于推进社区服务业和社会福利服务的社会化和产业化以及“大服务、大福利，政府办，小服务、小福利，社区办”的指导原则的确立，保障社会互助和社区志愿者活动的健康发展，加强城镇基层组织建设，强化街企、街居、区域共建，促进社区参与和创立“参与型”的社会福利服务体系及社区意识的培养。调查证明，没有街居经济发展的街道、居委会，社区居民的社区意识自然不强，特别是在工作单位与居住社区分离的情况下，更是如此。没有社区归属感，不可能有社区参与。福利服务享受者的参与是一种世界性的发展趋势。

第六，最为重要和关键的是，街居经济的发展不仅导致了社会经济领域中“社区参与革命”，而且在此过程中，营造了一种有利于推行民主政治和开放社会的新型社会、经济、文化和政治环境，为中国大陆城镇社区的社会经济参与向政治参与和参与式公民文化的转变创造了条件，积累了经验。而且，街居经济的发展有力地推动了城镇社区经济、政治体制的改革，为未来制度化的参与体制的确立奠定了综合性的基础。参与是民主的关键，民主决定于参与。

主要参考文献

刘继同：《全国社区建设研讨会综述》，《社会学研究》1994 年第 2 期。

北京大学课题组：《区街经济与社区发展》，《社会学研究》1993 年第 4 期。

民政部法规司：《民政工作文件选编 1993 年》，中国社会出版社 1994 年版。

王思斌：《转型期民间社会服务机构的地位》，《民政论坛》1993 年第 3 期。

邓晓芬：《北京市西城区社区服务行业管理的调查》，《社会工作研究》1995 年第 2 期。

李汉林：《中国单位现象及城市社区的整合机制》，《社会学研究》1993 年第 5 期。

民政部社会福利司：《部分省市社区服务工作有关文件、政策汇编》。

朱勇等：《关于广州市社区服务的研究报告》，《社会工作研究》1993 年第 4 期。

王军：《我国城市居民社区意识研究》，《社会工作研究》1989 年第 3 期。

本文原载《民政论坛》1995 年第 6 期

中国社区就业概念界定与现代就业政策框架

摘要： 下岗失业人员再就业和基本生活保障是转型中国带有全局性和战略性影响的热点问题，“社区就业”是中国就业政策框架与就业服务体系的重要组成部分和伟大创造，具有特别重要现实、理论与政策意义。本文以经验调查发现为基础，从纵向历史变迁与横向国际比较角度，首次尝试归纳社区就业概念四种界定取向及其内涵外延，首创由“自由市场就业、准市场就业和政府保护就业”三部分组成的新型现代就业政策框架，并分析其理论政策涵义。

一　社区就业概念界定与理论政策意义

下岗失业人员再就业是当代中国社会带有全局性和战略性影响的热点问题，社区就业概念与政策是中国就业政策框架和就业服务体系的伟大发明创造，反映中国就业的制度特征。1990 年代以来，伴随下岗失业人员急剧增多，城市贫困问题日趋严峻，下岗失业人员再就业和基本生活保障成为社会各界普遍关注的热点议题，并且引起党中央和国务院高度重视，成为国家社会经济政策议程的中心议题。2000 年 7 月全国社区就业工作经验交流会议召开，标志着中国社区就业概念与政策体系正式应运而生。“社区就业”概念与政策是中国人民的伟大创造，是就业政策框架和就业服务体系的重要组成部分和就业制度创新重要成果，是劳动就业制度结构性变迁与制度创新中的革命性事件，显示中国劳动市场体系基本特色。

回顾世界各国有关劳动市场与就业理论文献，社区就业概念与理论是中国社会特有的产物。1970 年代欧美国家“重新发现”和“回归”社区以来，社区经济发展、社区企业、社区商业和以社区为基础的就业组织，例如比利时的社会目的企业，意大利的社会合作社，美国的非牟利部门等，成为社会经济政策议程的重要议题，成为跨越公共部门和私营部门之间边界，主要目标是将劣势群体重新整合进劳动市场，并提供商品与服务的社会企业和第三部门。它们引发的就业问题主要是第三部门就业、中小企业就业和地方经济发展框架中的就业问题。在高度城市化与社会现代化背景下，社区就业理念与政策框架缺乏适宜社会环境。相反，中国社会正处于传统社会向现代社会转型过程中，加之企业社会功能逐渐向社区分离，特别是社会管理重心下移和社区建设影响，社区与社区就业典型反映中国社会结构的特征。

社区就业概念、社区就业政策与就业服务体系具有特别重要的现实、理论与政策意义。社区就业既是个重大的创新性概念，又是个广泛涉及就业理论、政策与服务的核心性概念。它既是事关全局的战略概念，直接关系国家就业政策、就业服务组织体系与劳动市场结构，劣势群体再就业和整个就业体制改革发展与制度创新等现实宏观经济问题，又直接关系什么是就业、社区、社区就业、社区就业平台和劳动市场等基本概念内涵界定的基础理论议题，还关系如何搭建社区就业平台，在社区层面创造更多更好就业机会，有效服务下岗失业人员和保障他们基本生活，推进劳动市场运作机制改革等重大政策问题，关系如何深化社区建设，强化城市社区管理，提高社区居民生活质量和福利最大化，实现社会现代化的社会政策目标。这意味社区就业并非简单术语概念，内涵外延界定直接关系到哪些属于社区就业岗位，谁是社区就业者，社区层次就业服务范围与内容是什么，应当如何合理使用国家的就业优惠政策，如何创造更多更好社区就业岗位，如何将缓解贫困与就业保障有机结合起来，中国劳动市场结构特征是什么等诸多核心理论政策议题，对基层实际工作、劳动与社会保障部门就业管理、就业理论研究和国家社会发展具有特别重要的理论政策涵义，具有特别重要的政策指导意义。

二　社会结构转型与社区就业议题形成

社区就业议题是社会结构转型与社会现代化，是经济体制和就业制度改革的历史产物，具有历史客观必然性、重要性和紧迫性。改革开放前，在计划经济体制和“左倾”意识形态盛行，特别是以用工制度“铁饭碗”和工资分配制度“大锅饭”为主体的统包统配劳动管理体制下，一是全国劳动就业管理问题没有重大地区差别，从某地可以窥见全国各地高度同质的状况；二是在公有制经济主宰和私有制经济基本灭绝情况下，就业场所性质分为国有和集体企业。集体企业兴办主体多样，主要是手工业合作社演变的集体企业，街道和居委会的小集体企业，国有企事业单位兴办的劳动服务公司，市区主管局强制组合建立的各类大集体企业四类。在传统公有制经济体制与理论框架之下，集体企业具有鲜明“社区合作经济”特征。但是，由于各种因素影响，社区合作经济性质，社区企业与社区就业等概念长期模糊不清。

改革开放以来，中国社会进入史无前例和翻天覆地的社会结构转型时期，社会现代化成为社会发展主题。经济发展与城乡经济体制改革，社会结构分化与转型，社会流动与社会分层，思想解放和价值观念更新猛烈冲击传统“公有制经济”概念的内涵和各类集体企业的性质。1980 年代中期，城市社区和社区服务等概念通过民政系统社区服务活动重新进入社会生活，以街道、居委会、居民小区和生活区为主的“地域社区”概念日渐流行，社区成为“单位”之外重要的社会空间和社会实体。1990 年代以来，伴随城市社区服务日益普及发展和提高，第三产业和社会服务蓬勃发展，特别是受国有企业劳动工资、社会保险改革和产业结构调整，优化劳动组合、企业破产倒闭和减员增效政策的影响，大批职工下岗失业和陷入贫困境地。一方面，如何规范企业关闭兼并破产行为，保障下岗失业人员分流安置基本权益和基本生活；另一方面，如何千方百计创造更多更好就业机会，将下岗失业人员重新整合进劳动力市场，使就业服务向社区延伸，就成为各级政府面临的严峻挑战和主要任务，社区就业应运而生。

政治体制改革与社会管理模式转变，国家、市场与社区结构关系合理化和社区建设运动，主流社会文化和价值观念更新同样是促使社区就业概念与政策体系出现的重要社会性原因。除经济体制改革和劳动管理模式转变的影响之外，政治、社会和文化因素同样扮演重要角色。改革开放以前，在中央集权政治体制和准军事化社会管理模式背景下，地方政府和基层社区积极性与主观能动性无从谈起，城市街道和居委会在国家管理与社会管理体系中无足轻重。改革开放以来，政府职能转变、政企分开和政社分开，政治生活中分权化和地方化趋势明显，伴随权力下放和社会管理重心下移，以街道和居委会为主的城市社区扮演越来越重要角色；与此同时，经济体制和政治体制改革彻底改变“国家与社会”关系，伴随市场经济体制发展，国家、市场与社区三足鼎立的现代社会结构初步形成，社区成为劳动市场与社会结构交汇点。

1990 年代开始的社区建设运动旨在建构国家、市场和工作单位之外的第四个现代社会空间，为实现“单位人”向“社会人”转变提供现代化、合理化、结构化与生活化社会活动场所。如何发展社区服务业，将社区建设与扩大就业机会有机结合起来，多渠道开发社区就业岗位，将社区就业列为社区建设的优先领域，落实和完善再就业优惠政策自然成为城区工作中心。这意味维护社会稳定，营造安定团结局面和强化社区管理等政治考虑是社区就业出现动因。

与此同时，1980 年代中期以来，伴随价值观念转变和生活方式变化，社区、社区服务业与生活小区等观念已深入人心，就业渠道、就业形式、就业场所、劳动关系和就业政策等也随之发生变化，为社区就业概念及其政策体系出台奠定相应的思想观念基础和社会文化环境。“凡是现实的都是合理的”命题意味某种社会现象必然出现的社会环境和客观的逻辑关系，意味政治、经济与社会、文化因素之间错综复杂的互动关系，意味社会系统观点的重要性。不言而喻，城市社区就业概念与政策体系的形成既是多种因素相互作用的必然结果，又是中国社会结构特征的突出表现，更是社会转型和现代化进程中政府对就业问题的积极回应策略。

三　社区就业界定主要取向与基本内涵外延

社区就业尚无标准的官方定义，但在实际工作中已形成四种截然不同的四种界定取向。社区就业是事关全局的核心概念，但其起源何处，何时起源和由谁发明创造现已无法考查。1998 年，笔者曾在香港理工大学应用社会科学系举办的“进入 21 世纪的就业政策：亚洲太平洋的视野”社会保障国际圆桌会议的发言中提出“社区就业”概念。当时笔者的主观界定是："社区就业是指在街道、居委会直接兴办、管理的各类企业中的工作机会与劳动。"但是社区就业概念在国内似乎没有引起广泛关注和重视，当时国内流行"再就业工作"概念。

一般说来，2000年7月，劳动和社会保障部召开全国社区就业工作会议标志社区就业概念与政策正式诞生。自此以后，社区就业服务与政策实践蓬勃发展，成为城市就业管理的重心。但是，迄今为止，政府部门对社区就业及其相关的核心概念尚无权威的官方界定，众说纷纭，以致严重影响政府社区就业政策的贯彻实施和效果评估，给基层实际工作带来不少的困难。

2000年以来，劳动部门的决策者、管理者和城市社区劳动保障所（站）都具有自己不同的理解，并且已形成截然不同的几种界定取向。界定取向就是理解概念内涵外延的基本角度和方式。不同界定取向定义的内涵外延、范围内容、基本特征、理论视角和政策涵义都会有所不同。这种状况既会影响国家就业政策的贯彻实施，又会直接影响社区就业管理与服务实践模式。

根据文献回顾、实地观察、劳动保障部门决策、管理者深度访谈和社区就业者聚焦小组访谈，笔者发现：目前社会各界对社区就业概念的社会理解至少已形成四种迥然不同的界定取向。需要特别指出的是，这些不同的界定取向并存共生，相互交织，并无明显主流与非主流之分。

首先，妥善安置分流破产企业职工，积极实施再就业工程和确保基本生活的界定取向。这既是社区就业概念最早和最主要的思想渊源，又是目前政府就业管理工作的主导性看法，集中体现在有关社区就业的优惠政策和制度框架之中，实际反映政府就业保障的工作思路；1990年代以来，产业结构调整优化，国有企业的兼并破产关闭浪潮导致大量职工下岗失业，下岗职工妥善分流安置和基本生活保障成为党和政府高度重视和事关全局的头等战略议题。根据劳动部1995年估算，全国5年内分流安置800万—1500万富余职工，每年300万。1998年以来，北京失业人员每年以40%左右比例高速增长，再就业严峻性可见一斑。这是安置破产企业职工，实施再就业工程和确保基本生活界定取向所产生的宏观社会

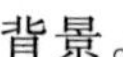

背景。

这种界定取向的实质和精髓是广开就业门路，拓宽就业渠道，解决城镇就业和再就业问题，其性质是增加和发展全新的就业途径，工作重点是大力开发更多更好的城镇社区就业岗位；这种界定取向的基本范围与主要内容是，在传统国有、集体企业和个体经济就业渠道之外，打破单纯按照企业所有制性质划分就业途径的传统做法，开发挖掘地域社区型的就业渠道，积极开辟崭新的社区型就业渠道，从地域社区（街道与居委会）和功能社区（各类企业与单位）两个角度全面拓宽就业渠道，尽可能为失业下岗人员和劣势群体提供更多更好的就业机会。

具体来说，目前在北京的街道和居委会层面上，适龄劳动人员成功实现就业的具体途径有六：一是从事自由职业；二是各类用工单位的招募聘用；三是自谋职业；四是进入劳务派遣组织；五是实现社区弹性就业；六是参加公益性就业组织。这种界定取向的优越之处众多，它既打破按照企业的所有制性质划分就业途径的传统狭义做法，开辟新型的社区就业途径，又极大拓宽城市就业渠道，充分发扬和利用中国城镇社区组织动员能力强的优良历史传统，还为多层次、多渠道和多形式开辟就业门路摸索成功经验，积累宝贵经验，是重大制度创新。

与此同时，作为拓宽城镇就业渠道和广开就业门路的社区就业界定取向也存在明显的问题，主要是误导人们以为社区就业就是单纯指地域社区中的就业机会，混淆工资就业基本涵义，将就业途径与就业形式混淆起来，而且容易人为造成功能社区与地域社区就业的分离隔阂，一线实际工作者难以准确界定社区就业等问题，有待在社区就业服务实践中不断发展完善。

其次，大力发展第三产业和社区服务经济，多渠道、多形式开发社区就业岗位界定取向。这既是历史渊源较深的社会理解，最初源于1980年代中期复兴的社区服务，又是经济结构转型与产业结构调整的历史产物，还是接近纯粹经济学意义和比较经济化思考的界定取向；改革开放以来，中国处于史无前例和翻天覆地社会结构转型之中，社会现代化发展趋势明显。环境改变和社会转型，收入增加和生活水平提高，思想解放与价值观念更新导致个人需要和社会需要结构变化，生活方式转变带动社会服务业的蓬勃发展，社区服务业应运而生。从经济现代化和产业结构调整角度看，中国第三产业和社会服务业比较落后，难以满足人民群众日益增长的物质文化需要，如何发展第三产业和社区服务业刻不容缓，迫在眉睫。这是加快发展第三产业和社会服务经济，多渠道、多形式开发社区就业岗位界定取向的背景。

这种界定取向的实质和精髓是大力发展第三产业和社会服务经济，实现产业结构的现代化，性质是经济现代化与发展服务经济，工作重点是从第三产业和服务业中开发更多就业岗位；这种界定取向的基本范围与主要内容是，在提供"有形产品"的农业和工业生产领域之外，主要关注和基本是从提供"无形产品"的商业和第三产业活动中开发挖掘更多更好就业机会。

具体来说，按照北京市劳动与社会保障局2001年《关于进一步发展社区就业的意见》精神，多渠道、多形式开发社区就业岗位范围和领域有四，一是结合社区居民对社区服务多方面、多层次的需要，开发家政服务、便民早点服务、商品销售、家庭装饰、修理维护、托幼托老等便民利民服务项目；二是结合驻社区机关团体、企事业单位后勤服务社会化的需要，开发社区卫生保洁、商品递送、物业管理等社会化服务项目；三是结合企事业单位退休人员管理服务社会化的需要，开发适合老年人特点的健身娱乐、老年人护理、生活照料及相关服务项目；四是结合社区公共服务事业发展的需要，开发社区环境卫生保洁、绿化美化、社区保安、社区车辆看管、再生资源回收、小区物业管理等服务项目。目前，第三产业和服务业范围已延伸到城市管理（如城管协理员）和政府服务［如街道和居委会劳动与社会保障事务所（站）］两个领域；这种界定取向突出优势是简单明了，依次"排列"社区就业范围，而且社区就业范围随社会发展不断拓宽，便于基层开展工作。但是，这恰恰也是其主要问题所在。

再次，深化社区体制改革，强化社区管理和发展社区服务，全面推进社区建设界定取向。这既是城市综合体制改革的历史产物，涉及城市社区政治、经济与社会、文化建设所有领域，又是重构国家、市场与社区关系，在政府、市场与工作单位之外创造新型现代社区的结果；改革开放以前，国家与社会高度重叠，社会依附在父权国家羽翼之下，市场经济销声匿迹，社会结构简单。改革开放以来，国家与社会关系框架具有社会涵义，社会结构分化议题形成。在国家、市场与社区关系框架下，一方面福利社会化政策和城市更新改造等导致工作场所与地域社区分离；另一方面在国家、市场与工作单位之外创造新型现代社区已成当务之急。1990 年代以来，失业下岗人员急剧增加、贫困问题日趋严峻和治安形势恶化营造适宜环境。

这种界定取向实质和精髓是发展社区服务和强化社区管理，发展社区经济，建设现代化社区，性质是社会分化与地方经济发展，培育地方社会实体，重点是从社区服务业中开发就业岗位；这种界定取向的基本范围与主要内容是，在政府机关和各企业、事业单位之外提供就业机会，主要是在地域社区层面上，从社区服务业、社区管理和全面社区建设角度开发社区就业岗位。

按照 2000 年民政部《关于在全国城市推进社区建设的意见》，2001 年劳动和社会保障部《关于推动社区就业工作的若干意见》精神，社区建设框架中的社区就业范围主要是：将社区建设与扩大就业有机结合起来，拓宽社区就业门路，引导和帮助更多下岗职工和失业人员在城市社区服务领域实现再就业；在社区党建、社区教育、社区服务、社区环境、社区科普文化娱乐体育、医疗卫生和计划生育、环境保护、社会治安、法律援助等领域挖掘社区就业资源；鼓励支持下岗职工和失业人员创办便民利民的社区服务企业、中小企业、劳动就业服务企业等社区就业实体；这种界定取向优缺点综合性强，社区就业是社区建设的重要内容。

最后，积极开发就业岗位，促进各类劣势群体再就业和将就业服务向社区延伸界定取向。这既是比较经济化就业政策取向，主要从劳动市场和就业服务体系本身角度解决就业问题，又是劳动与社会保障部门特色鲜明的政策理念，标志现代化与网络化就业服务体系的建立；改革开放以前，就业管理实行统包统配体制，劳动市场销声匿迹，就业服务欠发达。1970 年代晚期，为广开就业门路，发展多种经济和集体经济，多渠道解决大批返城知识青年待业问题，劳动服务公司和就业服务体系应运而生。就业服务重点是通过集体性质劳动服务企业解决就业问题，强调政府、企事业主办或扶持单位与劳动就业服务企业的条条关系。1990 年代以来，单纯条条性质的就业服务体系已无法满足激增的大量下岗失业人员再就业，如何实现制度创新，推进就业服务向社区延伸，建立纵横交织社区就业服务组织和工作体系已成当务之急。蓬勃发展的社区服务、社区建设运动和社区体制改革奠定社会基础。

这种界定取向实质和精髓是建立新社区就业服务组织与工作体系，搭建社区就业服务平台，性质是就业服务组织与工作体系完善，重点是帮助各类劣势群体在社区层面上实现再就业；这种界定取向基本范围与主要内容是，建立街道社会保障事务所和居委会劳动服务站，为各类劣势群体再就业提供优惠政策、就业机会、职业辅导和职业技能培训等服务，促进再就业。按照2001年《北京市社区就业服务实施暂行办法》的规定，社区就业服务是指“街道（中心镇）社会保障事务所通过提供社区就业岗位信息开发与采集、就业登记、职业指导、职业培训、职业推荐、劳动保障事务代理等服务，帮助失业人员、大龄下岗职工在社区实现就业”。社会保障所（站）是全新社区就业服务组织载体，是整个体系中最基础就业服务组织。

具体来说，目前北京市各街道劳动与社会保障事务所的工作职责有六，一是人事代理；二是职业介绍；三是养老金和失业金发放；四是外地用工管理；五是政策咨询；六是失业受理。这种界定取向的突出优点是明确街道和居委会社区层面上就业组织与职责的就业服务性质，经济化和劳动市场化特色鲜明。这种界定取向的主要问题是北京的社区界定在居委会层面，而社区就业服务主要是由街道层面社保所提供的，社区就业服务存在“名不符实”的问题。

社区就业界定取向多种多样既反映人们对社区就业现象的理解角度不同，又反映社会转型期中国社会现状与历史文化传统，为我们深度理解社区就业概念及其内涵奠定社会基础。1980年代以来，社区就业与社区就业服务实际上已成为转型期社会生产与生活的重要部分，成为牵涉政治体制改革、市场经济发展、社会结构转型和文化价值观念更新的重大战略问题，涉及面之广、复杂程度之高、范围之大和影响之远是前所未有的，深刻影响国人的生活状况。在社会转型处境下，社会现实、思想观念、制度安排和人们行为模式均处于快速变化过程中，不同层次、不同群体和不同角度视野中的社区就业概念及其内涵不同，是自然而然的事情。

实际上，社区就业概念及其内涵应该是多角度的，既包括妥善安置破产企业职工，积极实施再就业和确保基本生活，发展第三产业和社区服务经济，多渠道、多形式开发社区就业岗位，又包括深化社区体制改革，强化社区管理和发展社区服务，全面推进社区建设，积极开发就业岗位，促进各类劣势群体再就业、接保险、保生活和将就业服务向社区延伸的界定取向。

更为重要的是，在确保政治秩序、发展第三产业、社区建设和社区就业服务四大逻辑之外，中国社会发展历史逻辑和文化传统同样举足轻重。长期以来，政府帮助劣势群体的基本原则是工作救济，解决失业与贫困问题的基本途径是街道和居委会层面的社区企业就业。

令人高兴的是，在社会转型与市场经济处境下，中国历史智慧变为有意识的制度理论创新。社区就业既是重大制度创新，又是社会结构现代化必然结果，反映中国社会历史文化的精髓。有鉴于此，根据中外劳动就业理论研究成果，笔者认为社区就业概念应采取综合性界定取向，淡化政治秩序、服务经济、社区建设和社区就业服务分隔视角，突出强调就业的经济手段性和生活目的性。具体来说，社区就业泛指在地域社区组织（街道和居委会）与功能社区组织（中小企业）中的社会劳动和有薪工作。社区就业实质与精髓是等同“市场就业”和“工资就业”。

四　传统就业与社区就业的最主要异同之处

传统就业与社区就业存在诸多异同之处，这些异同之处为准确理解社区就业涵义提供卓有成效的比较视野。社区就业既是制度体制创新，又是思想理论创新，还是重要的机制创新。那么一般就业与社区就业有何区别联系，这是界定社区就业概念不可回避的基础理论议题。一般来说，传统就业与社区就业并无本质区别，二者都是适龄成年人的社会劳动与有薪就业，就业者就是他们扮演的社会角色，而且就业活动构成适龄劳动者生命里程中最主要的内容；二者都起源于工业化革命和城市生活，基本形态都是市场工作和工资工作，截然不同于“劳动”；二者都是谋生和人们生活的核心，是人们融入社会、实现自我和为后代带来希望的主要手段；二者都是确定人们身份地位和社会关系的职业途径，是职业生涯中的若干工作岗位。

但是，这些总体和本质相同之处并非意味二者完全一样，无法掩饰二者的诸多结构差别之处。第一，就业者群体构成显著不同。社区就业者个人特质通常是年龄较大、教育程度较低和劳动技能较少。目前，他们主要是由大龄下岗职工、失业人员、社区弹性就业者、个体经营者、应届毕业生、享受最低生活保障的人员、家庭妇女、进京务工人员和离退休人员等各类弱势和劣势群体组成。相反，传统就业者主要是正常与一般劳动者，个人特质处于规范状况。目前他们主要由适龄城市男女成年人组成。

第二，就业性质的重大差异。社区就业基本属于非正规就业性质，就业活动领域基本属于非正规经济（informal economy）。一般来说，正规经济是指正式、理性、工业和资本密集经济，正规就业是这些经济领域中有薪的社会经济劳动。非正规经济通常是指非正式、社会网络、农业和商业及劳动密集经济，非正规就业是指在家庭、社区、中小企业、服务业和商业网络中有薪的社会经济劳动。

第三，就业形式的显著差别。传统就业形式主要是大企业和科层化程度较高复杂组织中的工作，工作时间、地点和场所比较固定规范，生产程序和过程也比较稳定规范。相反，社区就业形式的工作时间、地点、生产过程、提供的商品和服务都比较灵活机动、弹性多变，短期合约和不稳定。目前，全国各大城市的自由职业、自谋职业、社区弹性就业和公益就业岗位等是典型的例证。

第四，就业场所与劳动组织也存在重大差别。社区就业场所主要局限于家庭、邻里、社区、小企业和非正式网络关系，地域社区组织为主。传统就业场所主要是现代工厂、公司和大型企业，就业组织科层化和复杂性程度较高，功能社区为主。

第五，劳动关系也存在鲜明差别。社区就业劳动关系基本特征是多样化、个性化和变动性，优势与缺点同样鲜明。传统就业劳动关系基本特征是规范统一稳定，组织化特征明显，而且劳资关系占主导地位。

第六，就业结构和职业结构层次也存在不同。从产业结构角度看，社区就业主要分布在农业和第三产业中。传统就业主要集中在第二产业中和新型高新技术，如信息、电子和生物工程。

第七，工资水平也存在显著差别。社区就业者工资水平通常低于社会劳动者的平均工资收入，他们通常处于低工资就业和就业贫困的状态。传统就业者工资水平通常等同和高于社会劳动者平均工资收入水平。

第八，职业福利待遇差距明显。社区就业者的职业福利待遇普遍偏低，他们养老、失业和医疗保险关系的衔接与连续性问题突出，保险缴费基数和水平也普遍偏低，成为市场建设，公益性与产业化相结合，综合性与专业化相互补充市场化就业格局的障碍。传统就业者职业福利待遇通常等同和高于平均标准，社会保险关系稳定、统一连续。

第九，人力资本投资和劳动生产率方面的差异。社区就业者多是市场竞争力较弱的劣势群体，受教育程度普遍偏低，他们的劳动生产率自然普遍偏低。传统就业者的人力资本普遍较高，他们在劳动市场上的竞争能力普遍较强，劳动生产率自然普遍偏高或维持社会的正常水平。

第十，就业管理和政府角色作用也有所不同。一般来说，社区就业工作涉及较多的政府管理，自由劳动市场机制与政府保护角色有机结合起来。传统就业工作主要是纯粹的市场化行为，竞争性劳动市场发挥主要作用，政府干预程度是有限的，就业管理工作主要是营造适宜环境。

表 1　传统就业与社区就业的最主要异同之处比较表

分析的层面	社区就业	传统就业
就业者构成	各类弱势群体和劣势群体	正常与普通的社会劳动者
就业的性质	非正规经济与非正规就业	正规的经济与正规的就业
就业的形式	就业分散灵活、弹性多变	就业集中固定、规范统一
就业的场所	家庭、邻里、社区和小企业等	现代工厂、公司和大型企业等
劳动的关系	多样化、个性化和变动性	规范化、统一稳定化与组织化
就业的结构	传统农业、商业和服务业	现代第二产业的工业和新型产业
工资的水平	低于社会的平均工资收入	等同和高于社会平均工资收入
职业福利待遇	低和社会保险关系中断多变	高和社会保险关系稳定统一连续
劳动生产率	人力资本投资少和生产率较低	人力资本投资多和生产率较高
政府角色作用	政府作用大和扮演保护者角色	政府作用小和扮演裁判员角色

社区就业与传统就业主要差异之处的比较研究发现揭示诸多重大理论政策议题，对我们科学认识社会转型期劳动就业问题有所帮助。第一，就业者群体构成、就业性质、就业形式、劳动关系和就业结构等领域的多样化和差异化，既说明市场机制在资源配置和劳动就业中发挥越来越大作

用，又说明劳动者职业流动与社会分层现象越来越普遍。这是社会结构分化和劳动市场日趋成熟的重要表现。

第二，中国已经形成正规经济与正规就业，非正规经济与非正规就业的现象，它们对政治制度、经济生产、社会结构、文化价值观念的影响深远巨大，迫切需要决策者和学者的高度重视。

第三，城市社区和劳动市场相互依存关系越来越明显，社区经济与社区就业成为城市社区和劳动市场发展的共同主题、共同关注点与最佳交会点。

第四，社区就业与传统就业体系差别的出现说明中国劳动市场结构特征发生重大变化，基础（或主要）市场与边缘（或次要）市场并存共生的局面已经形成，开放竞争多元统一动态的劳动市场建设任重道远。

第五，社区经济与社区就业政策出现说明地方社会和民间社会已经形成，国家、市场与社区结构关系，国家与社会特别是国家与市民社会关系框架具有重要社会意义。

五 社区就业与重构中国就业政策框架

社区就业理念与政策挑战中国传统就业政策框架与管理模式，促进现代就业制度与政策体系形成。长期以来，在计划经济体制和国家掌控所有资源处境下，就业的市场化程度较低，就业者基本分为优势与劣势两大群体，前者主要在政府机关和全民所有制企事业单位工作，后者主要在街道、居委会和各主管部门兴办大小集体企业中工作，社会地位和福利待遇偏低。更为重要的是，劳动市场销声匿迹和统包统配就业制度导致就业性质、就业渠道、就业场所、就业形式、劳动关系、就业结构、工资收入、职业福利待遇和劳动生产率的水平相对较低，劳动组织结构高度简单化，就业状况与劳动关系高度同质化，工资收入和生活福利平均化，劳动市场与现代就业制度无影无踪。

改革开放特别是1980中期以来，城市的综合经济体制、劳动、工资和社会保险制度改革，社区服务的异军突起和政府职能转变，一方面，导致国家、市场与社区三足鼎立现代社会结构关系形成；另一方面，催生劳动市场和就业管理模式转变。最为重要的是，在社会转型和市场经济处境下，就业途径、劳动关系和工资待遇空前多元化，现代劳动市场结构体系和就业政策框架初露端倪，公共就业服务与优惠政策体系基本形成。概括来说，现代就业制度与政策框架最显著特征是劳动者群体社会分层与职业流动速度快，就业渠道多元化，劳动关系商品化，劳动市场结构高低层次错落有致和复杂化，工资待遇和福利水平差别化，就业政策显性化，市场机制和政府共同成为劳动力资源配置的“无形之手”。这既说明现代就业政策框架已初露端倪，又说明新型就业模式已具备相应的社会经济基础。

新型现代就业政策框架主要由自由市场就业、准市场就业和政府保护就业三部分组成，就业政策由国家统包统配转变为竞争性劳动市场与国家保护性就业相结合的混合就业模式。现代社会结构与社会制度安排的基本特征是开放多元、动态发展、结构分化和结构层次分明。长期以来，工资就业和劳动市场被认为是纯正、典型和核心经济领域，属于经济政策范畴，亚当·斯密古典经济学自由放任理论盛极一时，政府工作与劳动市场是毫无相干的。1970 年代福利国家危机和新右派上台以来，就业服务成为经济政策与社会政策最大交汇点，国家与市场、市场就业与社会福利、经济与社会政策相互交织带来混合经济福利。

改革开放以来，社会转型、经济体制改革、社会福利社会化政策也使中国迈向混合经济制度，新型现代就业政策框架基本形成。概括来说，当前和未来中国就业政策框架主要是三部分：一是竞争性自由市场就业，这主要集中在第二产业和新兴产业领域，就业者是素质较高的人。二是农业、商业和社会服务业中的准市场就业。准市场就业主要是指非经济因素重要影响，社会政治逻辑与文化传统仍在就业领域发挥潜移默化作用，形成标准和理想“准市场就业”。三是政府对各类弱势群体和劣势群体的保护性就业政策，国家深度干预劳动市场运作机制，通过提供优惠政策，购买公益性就业岗位，开发社区就业岗位和就业援助活动帮助劣势群体重返劳动市场，确保下岗职工和失业人员基本生活，谋求经济社会协调发展和福利最大化。伴随新型现代就业政策框架孕育发展，就业管理和就业政策模式也随之发生革命性的变化。

总体来说，在统一开放多元化市场处境下，现代就业管理模式也是开放多元、动态发展的。具体来说，国家与市场共同规范管理和制约就业活动，形成竞争性劳动市场与国家保护性就业相结合的混合就业管理模式。

这是社区就业政策与社区就业服务体系带来最大社会影响。不言而喻，这种新型现代就业政策框架和混合性就业管理模式代表中国社会未来发展方向。

社区就业政策与服务体系具有特别重要现实意义和多方面政策涵义，对建立健全现代就业政策框架与混合就业管理模式有直接指导意义，是社会经济发展战略与现代化核心部分。首先，社区就业政策与服务体系说明，传统就业政策框架与就业管理模式已发生重大转变，现代就业政策框架与就业管理模式尚未最终确立，目前处于理论创新、制度创新、组织创新和机制创新过程中，新旧政策框架与管理模式并存共生，客观增加就业问题复杂性与艰巨性。

其次，政府关于就业政策框架与就业管理模式思想认识和政策声明尚不清晰明确系统全面，社区就业过程目标与任务目标、指导思想与基本原则、方针政策与价值理念尚需界定澄清，这种状况既反映社会快速转型期动荡不安和变化多端的社会现实，增加政策执行过程难度，又人为增加基层工作者的工作难度，造成不必要误解和资源浪费，形成好政策难达好结果的尴尬局面。这意味政策意图、目标和手段不清可能会直接影响政策的贯彻执行和社会后果。

再次，新型现代就业政策框架与管理模式建设是个社会系统工程，是社会经济制度建设过程，涉及政府、市场、企业、社区、家庭和就业者个人错综复杂的切身利益，关系国计民生大事，决策者和社会管理者应站在宏观、战略和长远目标的角度，统筹安排，全国规划，科学合理设计现代的就业政策框架与管理模式，既增强就业政策框架与管理模式的系统性与综合性，又考虑社区就业政策与社区就业服务体系的多样化和灵活性，建立“平民化”政策服务体系。

复次，打破传统经济政策思维模式，高度关注经济政策的社会层面和社会政策的经济层面，学会和习惯从经济政策与社会政策相互依存和相互影响的角度考虑就业及其相关核心议题。综观世界社会发展经验，目前“经济政策的社会化”和“社会政策的经济化”已是世界潮流。中国社会同样如此。这种发展趋势在社区就业政策与社区就业服务体系中表现的淋漓尽致；

最后，社区就业政策和社区就业服务体系既对家庭生活状况、妇女地位和儿童福利具有至关重要的影响，又对社会稳定、民主政治发展、社区环境、社区文化和社区归属感产生影响。更为重要的是，实际上，社区就业政策与社区就业服务体系已不是中国社会特有的社会现象，欧美创造就业机会和社会企业实践是典型例证。这意味比较政策研究迫在眉睫。

六 简要讨论与基本结论

劳动就业本质是个政治问题，劳动市场与就业政策既是社会结构转型期核心政策议题，又是社会经济政策的永恒主题。长期以来，人们习以为常地认为劳动市场与就业政策是纯粹的经济问题，劳动市场是自由市场结构体系的核心组成部分，决定经济制度和社会生活模式。实际上，劳动市场与就业政策深受政治制度与权力结构影响。政治制度决定劳动市场结构。政治发展目标、过程和手段在相当大程度上决定劳动市场的发展过程、手段与就业政策目标。政治体制改革、政府转变职能、政企分开和社会管理模式转变直接制约影响劳动就业工作。在社会结构转型、产业结构调整与社会现代化处境下，劳动市场与就业政策是最重要议题，这不仅关系政府职能角色定位，关系经济现代化，而且涉及社会结构分化和价值观念现代化，既关系人民群众的切身利益和生活状况，又关系社会稳定与安定团结政治局面，意义重大。

更为重要的是，劳动市场与就业政策覆盖政治经济与社会文化领域，处于社会生活的中心，是国家与社会、政府与市场、经济政策和社会政策、个人与社会共同关注的永恒中心主题。在社会转型、经济改革深化与下岗失业人员急剧增多背景下，就业的战略性地位更加突出。

劳动市场与就业政策是社会建构产物，社区就业政策与就业服务是中国人民伟大创造，社区就业概念界定已形成四种基本取向，反映社会转型期劳动市场与就业政策的结构特征。长期以来，人们普遍认为劳动市场与就业政策是不以人们主观意志为转移的社会客观存在，是规范、固定和标准化的社会事实。实际上，劳动市场与就业行为都是主观社会建构的产物，是结构化社会关系在特定时空处境和社会环境下的反映，历史性和主观性特征明显。社区就业概念与政策体系既是中国人民最伟大的创造之一，又是社会建构理论的典型例证。

按照政府政策声明、决策者主观理解和实际工作者的实践，社区概念至少有四种界定取向，妥善安置分流破产企业职工，积极实施再就业工程和确保基本生活界定取向的实质是，将社区就业作为就业渠道，精髓是“依托或凭借社区”。大力发展第三产业和社区服务经济，多渠道、多形式开发社区就业岗位界定取向实质是，将社区就业作为就业场所，精髓是“在社区中就业”。深化社区体制改革，强化社区管理和发展社区服务，全面推进社区建设界定取向的实质是，将社区就业作为地方社区市场就业的重要组成部分，精髓是“为了社区”。积极开发就业岗位，促进各类劣势群体再就业和将就业服务向社区延伸界定取向的实质是，将社区就业作为劳动市场结构体系中新发现和最基础的组成部分，精髓是“面向社区”。需要强调的是，这些界定取向并存共生，相互补充，反映人们从不同角度、层次对劳动市场与就业政策的社会性建构。更重要的是，社区就业概念与政策反映转型期劳动市场与就业模式多元化和结构化的特征。

最为重要的是，社区就业概念和政策体系标志新型现代就业政策框架初步形成，凸显劳动就业的生活手段性质和美好生活的根本目的，凸显就业保障和保障基本生活的核心议题。改革开放以来，政治体制改革、市场经济发展、社会结构转型与文化价值观念转变彻底改变中国社会的面貌。在经济生活领域中，社区就业概念与政策体系是经济市场结构变迁的结果。社区就业出现标志新型现代就业政策框架形成，说明主要由自由市场就业、准市场就业和政府保护就业三部分组成的现代就业政策框架初露端倪，经济现代化建设取得令人鼓舞成果。

与此同时，就业保障和社区就业议题形成突出反映劳动就业的生活手段性质。就业既是确定人们社会地位与角色关系，又是人们参与社会生活、增进个人福利和满足需要的主要途径。就业不仅给人们带来“生活工资”，而且是人们融入社会和实现自我表现价值的最主要手段。就业目的是为了更加美好生活，为了就业者自我发展，为了和谐家庭生活和儿童福利事业。这对妇女就业来说具有特别重要意义。这意味劳动市场与社会福利政策之间存在天然、内在和必然的逻辑关系，意味就业保障和基本生活保障是社区就业政策发展最主要的动力源泉。

主要参考文献

劳动和社会保障部编：《社区就业工作指南》，中国劳动社会保障出版社 2002 年版，第 21 页。

经合组织：《社会企业》，《中国社会工作研究》，刘继同译，社会科学文献出版社 2004 年版，第 197 页。

汪海粟：《社区合作经济论》，经济科学出版社 1996 年版，第 149 页。

刘继同：《城市社区劳动就业和贫困救助制度：中国的历史经验》，香港理工大学 1998 年版，第 82 页。

劳动和社会保障部编：《新时期劳动和社会保障重要文献选编》，中国劳动社会保障出版社 2002 年版，第 179 页。

北京市劳动和社会保障局编：《劳动政策法规文件选编（2001）》（下），中国物价出版社 2002 年版，第 73 页。

北京市劳动和社会保障局编：《劳动政策法规文件选编（2001）》（上），中国物价出版社 2002 年版，第 7 页。

张德江主编：《社区服务工作文集》，中国社会出版社 1991 年版，第 1 页。

罗干主编：《重大战略决策：加快发展第三产业》，中国政法大学出版社 1992 年版，第 2 页。

北京市劳动和社会保障局编：《劳动政策法规文件选编（2001）》（下），中国物价出版社 2002 年版，第 128 页。

刘继同：《从身份社区到生活社区：中国社区福利模式的战略转变》，《浙江社会科学》2003 年第 6 期。

张明亮主编：《社区建设政策与规章》，中国社会出版社 2004 年版，第 153 页。

王凤禄等主编：《北京志．劳动志》，北京出版社 1999 年版，第 1 页。

范瑾等主编：《当代中国的北京（下）》，中国社会科学出版社 1989 年版，第 426 页。

任建新主编：《劳动就业服务企业政策文件选编》，北京市劳动服务管理中心 1998 年版，第 47 页。

北京市劳动和社会保障局编：《劳动政策法规文件选编（2001）》（下），中国物价出版社 2002 年版，第 18 页。

刘继同：《社区就业与社区福利》，社会科学文献出版社 2003 年版，第 1 页。

刘继同：《弱势群体与劣势群体：中国社会福利服务对象的政策研究》，《社会福利》2002 年第 3 期。

劳动和社会保障部编：《劳动力市场建设工作手册》，中华工商联合出版社 2000 年版，第 11 页。

杨德明：《当代西方经济学基础理论的演变》，商务印书馆 1988 年版，第 1 页。

经合组织：《社会企业》，《中国社会工作研究》，刘继同译，社会科学文献出版社社 2004 年版，第 238 页。

Hall, R. H. (1994), Sociology of Work: Perspective, Analysis, and Issues, Thousand Oaks: Ping Forge Press, p. 6.

Ferman, L. A. et al (ed.) (1987), *The Informal Economy*, Newbury Park: Sage, p. 110.

R. M. Rees, (ed.) (1985), *T. H. Marshall's Social Policy*, London: Hutchinson, p. 197.

Fine, B. (1998), *Labour Market Theory: A Constructive Reassessment*, London: Routledge, p. 1.

本文原载《云南社会科学》2004 年第 4 期。

就业与福利：欧美国家的社区就业理论与政策模式

摘要：就业与福利的关系是欧美国家经济与社会政策共同关注的传统主题。自 1970 年代欧美国家重新“发现”和“回归”社区以来，如何促进地方经济发展，如何在地方社区为劣势群体创造更多就业机会，降低社会排挤与社会分隔，实现社会整合与社会团结，使社区就业与福利的关系成为欧美国家社会经济政策议程的一个核心议题。欧美国家“社会企业”理念与政策模式对中国的再就业工程与社区服务业发展具有重要的借鉴意义。

就业与福利的关系是经济政策与社会政策共同关注的主要议题，具有举足轻重的理论意义与政策意义。劳动就业为社会福利制度奠定必要的经济基础，社会福利为经济市场运作营造良好的社会环境，提供高素质的劳动者，二者互为前提，相得益彰。为了促进地方经济发展，在地方社区层面为劣势群体创造更多就业机会，降低社会排挤与社会分隔，实现社会整合与社会团结，1970 年代以来，欧美国家重新“发现”和“回归”社区，使社区就业与福利的关系成了社会、经济政策议程的一个核心议题。本文主要采取文献回顾的形式，利用欧美学者与相关机构的研究成果，简要介绍欧美国家，特别是经济合作与发展组织国家的社区就业理论与政策模式，以便为我国的经济改革和方兴未艾的“再就业工程”提供一些相关的思想路径和实践经验，促进经济和社会的协调发展。

就业与社区就业

工业化、都市化和社会现代化，特别是“工资就业”和“失业问题”产生以来，就业问题始终处于欧美国家社会、经济政策议程的中心位置。就业是衡量社会经济发展状况最灵敏的指标和晴雨表。就业状况还直接关系到家庭生活的质量，影响社会秩序。商贸发达和经济繁荣为就业者提供稳定的工资收入，有助于改善就业者及其家庭成员的生活状况。反之，商贸萧条和经济低迷势必导致企业大量裁员，产生庞大的失业大军。不言而喻，无论在什么状况下，大量失业人员的存在都必然严重威胁正常的社会生活秩序，因而就业问题也就成了影响社会稳定、社会团结与社会整合的主要社会经济因素，就业问题的性质由社会经济问题转变为政治议题。这种关系充分说明，就业议题在政治、经济和社会生活中处于核心地位。

社区就业既是个历史概念，又是个新的话题。概括而言，欧美国家的“社区就业”概念可以从三种角度理解：一是地域社区范围内的劳动就业活动，这是传统和古典的社区就业定义。按照这种定义，凡是地域社区范围内的就业均可称之为社区就业。这种定义主要适用于1950年代以前的欧美国家。如果按照这种定义，欧美国家的社区就业已有几百年的悠久历史。二是那些在劳动市场结构中处于次要和边缘劳动市场的就业，这是劳动经济学中盛行的二元劳动市场理论和经济学取向的社区就业定义。在某种意义上，这里的“社区”实质上等同于边缘或次要劳动市场，其基本特征是地方取向和低工资就业。这种定义主要盛行于1960年代欧美国家的反贫困之战。三是政府、企业、社区和福利组织在社区层面为难以就业的劣势群体提供的就业机会与就业支持服务。劣势群体是指那些在劳动市场和社会生活中处于不利社会处境的群体，例如失业者、前罪犯、青年人和老年就业者、有劳动能力的残疾人、妇女、移民和少数民族等。这是目前欧美国家最流行的社区就业定义，真实反映了1970年代欧美国家重新“发现”和“回归”社区以后的社会状况与就业形势。

本文主要采纳第三种社会政策取向突出的社区就业定义，集中探讨社区就业与劣势群体就业和福利之间的关系。需要指出的是，有时候后两种社区就业方式与政策实践相互交织在一起，难以区分，而且在某种程度上成为目前欧美国家社会经济政策之中一个充满争议的热门话题。

更为重要的是，社区就业似乎是目前欧美国家社会经济生活及其政策议程中的新现象与新问题，因为劣势群体的就业与福利问题涉及诸如社会团结与社会分隔、社会整合与社会排挤、社会公平与社会不平等、社会秩序与社会动荡等最重要和最优先的政治议题。简言之，无论从理论上，还是从政策角度，无论从社会经济生活，还是从社会管理角度看，社区就业与福利的关系问题都很值得进行研究。

社区就业的历史演变及其基本特征

社区就业起源于工业化和都市化时代，是社会现代化过程中形成的历史性议题。严格说来，工业化和都市化以前，并不存在自由流动的劳动力和全时间的工资就业形式，工作场所和家庭生活在地理空间上完全重叠在一起，自然也无所谓工资就业和失业问题。工业革命和都市化运动彻底改变了传统劳动和生活方式。就业场所与家庭生活发生地理空间上的分离，无薪劳动者变为工资就业者。与此同时，就业场所既是典型的功能性社区，又普遍位于城市地域社区范围之内，社区和就业由此联系在一起，现代社会的社区就业应运而生。

但是，长期以来，现代社会的就业问题主要是从经济学角度考虑的，其核心是劳动市场结构及其运作状况。劳动经济学的研究对象主要是那些能够正常参与劳动市场竞争的普通就业者群体。那些因年龄、性别、种族、民族、地区、国家、身份、身体健康和文化因素而处于社会劣势地位的社会成员及其就业问题则被边缘化，极少有人从社区就业角度探讨劣势群体的就业与福利状况。这意味着传统就业主要关注普通社会劳动者的就业状况，社区就业主要关注劣势群体的就业状况。与此同时，针对自由市场失败和劳动市场信息不对称问题，欧美各国政府逐步干预社会经济生活，以便缓解贫困和社会不平等问题，就业问题遂由单纯的市场问题转变为市场、社区与国家的互动关系问题。

欧美国家的社区就业可以分为不同的历史发展阶段，每个阶段各具特征。18 世纪工业化革命开始，特别是由 19 世纪末期到 1950 年代，这是欧美国家社区就业演变的第一个阶段。这个阶段的基本特征是劳动市场体系处于不断发展和完善过程之中，市场体系尚没有发生结构性分化，主要市场与次要市场之间的区分尚不清楚。普通社会劳动者与劣势群体之间的区分主要是道德标准，经济和市场标准处于次要地位。例如在18、19世纪，英国政府主要从道德角度，依据有无劳动能力将社会救济对象分为两大类：一是“值得帮助”的人，例如老年人、长期病患者、盲人和精神病人。这些人有个共同点，即基本丧失劳动能力，无法通过劳动市场来满足自身及其家庭成员的基本需要，因此需要政府为他们提供社会救济；

二是“不值得帮助”的人，例如身强力壮的流浪汉、乞讨者、窃贼和前罪犯。他们身强力壮，具有劳动能力。英国政府将他们强行安置到专门设立的就业习艺所和私营企业中就业，主要目的是通过工作救助和以工代赈的方式解决他们的救济问题。市场就业和社区就业之间的区分无足轻重。直到19世纪末期布斯的伦敦调查和郎特里的贫困报告出版以后，劣势群体的就业、贫困与生活状况才引起社会各界的普遍关注。但进入20世纪以后，这种状况并没有发生根本性变化。简言之，1950年代以前，由于劳动市场体系尚不成熟，社会结构分化和社会组织功能专门化程度有待提高，社区就业与市场就业相互交织、混杂在一起，市场就业基本上等同于社区就业。普通劳动者与劣势群体的区分标准是道德性的，劣势群体主要是以贫困群体形式出现的。更为重要的是，由于国家尚未承担相应的福利责任，这个时期的社会关系主要表现为相对单纯的市场关系，社会福利关系无足轻重。

20世纪六七十年代，欧美国家劳动市场理论与实践发生重大变化，劣势群体主要集中在次要劳动市场之中，穷人、劣势群体与社区就业议题成为反贫困的主要内容。60年代，欧美国家重新“发现”贫困，与此同时，对反贫困、救济社会劣势群体和劳动市场理论的研究也有重大发展。按照传统理论，劳动市场是整合和统一的体系。但是，当时出现的分隔和二元劳动市场理论则提出截然相反的观点：劳动市场并不是单一和统一的体系；劳动市场由主要与次要、基础与边缘两部分组成；主要劳动市场工资收入较高，就业稳定性高，职业声望与地位较高，以技术和管理性就业岗位为主。与此相反，次要劳动市场为低工资就业，就业稳定性较低，职业声望和地位也较低，以体力和服务性就业岗位为主；贫困成因主要是缺乏就业机会和低工资就业，因此为穷人和劣势群体提供更多就业机会与较好的就业岗位便成为缓解贫困的根本对策。分隔和二元劳动市场理论获得欧美学者经验性研究的广泛支持。劳动市场确实好像是分散、分隔和多元的，穷人和劣势群体主要集中在次等和边缘性劳动市场之中。

有鉴于此，欧美国家普遍实施全面的反贫困政策，为穷人和劣势群体提供法律援助、社区政治参与、收入保障、医疗照顾、职业技术教育和岗位培训、社区服务等。概括而言，欧美国家反贫困战略的服务项目具有若干基本特征：一是城市社区是组织和实施反贫困项目的社会场域，反贫困服务基本是以社区发展和社区经济发展项目形式提供的，大大强化了社区在就业和福利之间的中介性地位；二是工作与福利关系是反贫困的主题，政府提供的就业机会、就业支持服务和收入保障是反贫困服务的主要内容；三是强调在社区层面上创造更多就业机会，强调社区对就业议题的积极回应。简言之，在20世纪六七十年代的反贫困之战中，欧美国家的社区与就业、工作与福利、市场与国家之间的关系得到充分的发展，社区就业的理论与实践意义开始在经济政策与社会福利领域中体现出来。

80年代以来，社区与就业、工作与福利、市场与国家之间的关系又发生了新的变化，在新的社会环境与政策框架下，社区就业真正成为欧美国家社会经济政策议程的一个中心主题。在后现代主义思潮流行和大都市衰败日趋加剧的背景下，欧美国家似乎重新“发现”了社区，回到社区和社区发展运动似乎将社区重新置于人们生活的中心位置。在经济生活中，海湾石油危机引发的世界经济危机导致欧美国家失业率大幅攀升，如何创造更多就业机会，解决日趋严峻的失业问题，成为欧美国家特别是地方政府面临的主要问题。在这种社会背景下，以前主要在北欧福利国家中流行的“积极劳动市场理论”逐渐扩散到欧洲大陆，成为欧美国家主流的理论思潮之一。

积极劳动市场政策是指那些旨在改善劳动市场结构与功能，主张国家、工会和企业三方合作，消除就业关系中的不利因素，减少和预防失业，保障社会劳动者高比例就业参与和较高程度社会平等的制度性安排。这种理论的独特之处有三：一是劳动市场的结构性不足可以通过政府、雇主和工会等多种社会力量而完善；二是为社会劳动者和劣势群体提供就业机会远比给他们提供社会救济和失业津贴要好；三是劳动市场不是单纯的经济性机制，而是社会性机制。

与此同时，70年代末期英美右派上台执政，其打碎福利国家和削减福利开支，将市场机制引入福利供应，普遍推行“由福利到工作”的福利制度改革，再次将社区就业推到欧美国家核心政策议题的位置上来。总体来说，这个时期社区就业有四个基本特征：一是劳动市场与社区、工作与福利、国家与市场之间的关系更加自然紧密；二是社区就业普遍成为欧美国家地方政府议事日程的优先领域，在社区层面创造更多就业机会成为地方政府关注的核心议题；三是社区就业成为欧美国家地方和社区经济发展政策框架的重要组成部分；四是社区就业、社会排挤和社会整合议题成为经济政策与社会政策、社区与就业、就业与福利的交会点。简言之，80年代以来，欧美国家的经济发展与福利政策改革使人们重新聚焦古老的社区就业议题。而且，欧美国家社区就业政策与实践也取得了宝贵经验。

社区就业模式与基本经验

社区就业既是欧美国家社会经济政策的重要组成部分，又是福利制度创新与政策调整的基本途径，还反映了市场、社区、国家、家庭和个人互动关系模式的最新发展趋势。1980年代以来，在经济低迷和失业率居高不下的处境下，欧美国家经济政策和社会政策出于不同动机，“不约而同”将关注点聚焦于社区就业。其中，经济政策的主要目的是寻找新的经济增长点和动力源泉，旨在通过在社区层面创造更多就业岗位来解决经济性的失业与消费问题。社会政策的主要目的是降低福利对象的福利依赖，增强福利对象的个人责任感，通过工作激励和社区就业使福利依赖者转变为“积极公民”，同时复兴衰败的城市邻里和地方社区，增强人们的社区归属感，尽量在社区层面满足穷人和劣势群体的基本需要。显而易见，社区就业是政治、经济、社会和文化多种因素相互作用的必然结果，而且意味着市场、社区、国家、家庭和个人互动关系模式的变化，说明社会公平和经济效率成为社会政策的首要目标。简言之，社区就业理论、政策与服务的发展是欧美国家的福利文化转趋保守、社会经济结构转型和福利制度改革创新的产物。

社区就业政策和服务的社会政策目标是社会公平与社会整合，创造就业机会和繁荣经济的经济政策目标处于次要和辅助性地位。80 年代以来，欧美国家的贫富差距与两极分化日趋严重，社会不平等程度显著提高，社会群体、社会阶级之间相互分隔和潜在冲突的现象十分普遍，如何加强社会团结和社会整合，提高社会质量已成为社会各界高度关切的优先政策议题。形形色色和数量庞大的劣势群体的生活质量和需要满足尤为引人注目。

欧美国家劣势社群的类型和构成复杂多样，主要包括社会中低下阶层、边缘群体和受压迫群体。美国的劣势社群主要是内城贫民区中的阶级下阶层（underelass）、黑人和其他有色人种、少数民族、女性、亚裔、非裔和拉丁美洲裔美国人、老年人和退休人员、同性恋者和妓女、短期和长期失业者、福利依赖者、单亲父母、未婚母亲、前罪犯和吸毒者。劣势群体、少数族裔和女性群体有时是相互重叠的。依据美国劳动部的定义，劣势群体是指那些没有适当就业的穷人和那些（1）中途退学者；（2）小于 22 岁的人；（3）45 岁或以上的人；（4）残疾人；（5）就业遇到特别困难的人。

英国支持性就业专家委员会的研究报告认为，那些因个人特质影响他们就业能力和面临就业困难的人处于“就业劣势”的状况，就业劣势的基本类型包括肢残者、长期病患者、精神病人、盲人、酗酒者、罪犯、单亲家庭、劣势年轻人、老年工作者、少数民族、无家单身者和长期失业者。劣势群体通常难以进入竞争性劳动市场，或是获得较好的就业岗位，普遍处于边缘性劳动市场和低工资就业状态。因此，如何创造机会平等的社会环境，创造更多适合劣势群体的就业岗位，以便缓解贫困，增强社会融合与社会团结，实现各阶层和睦相处，提高公民生活质量与社会质量，便成为欧美国家社区就业政策的优先领域和核心政策目标。

欧美国家的社区就业模式多种多样，反贫困战略、社区经济发展、社区企业和地方经济发展是四种主要模式。反贫困战略模式主要盛行于 60 年代，政策目标主要是缓解贫困，就业途径主要是福利项目，就业者主要是穷人，工资收入主要是辅助性的，就业性质以福利性为主，经济性为辅；社区经济发展模式主要流行于 70 年代，政策目标是通过社区经济发展实现社区综合发展，就业途径主要是社区兴办的社区型商业与服务企业，就业者主要是普通社区成员和劣势群体，工资收入是就业者的主要收入来源，就业性质主要是经济性的。

社区企业模式出现于80年代，政策目标主要是社会整合，就业途径主要是拥有社会目的的私营企业，就业者主要是难以就业的劣势群体，工资收入和就业机会对就业者都具有重要意义，就业性质以社会性为主，经济性为辅；地方经济发展模式兴旺发达于90年代，政策目标主要是通过经济发展解决失业及其相关的社会经济问题，就业途径主要是市场化运作的工商企业，就业者主体是普通社会劳动者，工资收入是就业者的主要生活来源，就业性质主要是经济性的。

不言而喻，在某种意义上，这些模式都是高度概括的“理想类型”，实际生活中各种模式常常融合在一起，难以泾渭分明地区分开来。虽然社区就业模式形式多样，但是各种不同就业模式却反映出某些共同特征：一是就业活动都不是单纯的经济问题，而是具有浓厚社会意义与社会功能的社会问题；二是社区就业的社会环境与制度背景是地方社区视野中的经济发展，将社区就业与地方经济发展问题联系起来考虑；三是社区就业活动与政策的社会目标清楚明确，无论是缓解贫困、社区综合发展，还是将劣势群体重新整合进劳动市场、创造更多就业机会，社区就业活动与政策设计都起源于社会关怀，旨在谋求社会经济的协调发展与绝大多数人福利的最大化，而且社区就业政策的社会化倾向愈来愈明显，人的发展处于核心地位。

长期以来，社区企业是欧美国家劣势群体社区就业的主要场所，社区商业、社区服务业和社区工业企业是三种主要类型。80年代以来，社会企业逐渐取代社区企业概念，而成为其中的主要组成部分，社会企业理念与政策模式在经济合作与发展组织国家日趋流行。“社会企业”（social enterprises）是个宽泛的概念，泛指那些按照企业方式组织与运作，主要社会目的是为劣势群体提供就业机会，通过就业将劣势群体重新整合进社会经济生活，并且从事商品与服务供应的私营企业。按照OECD专家的界定，社会企业泛指所有依据企业战略组织，但其主要目的不是利润最大化，而是实现某些社会目标和经济目标，并且还具有一种为社会排挤和失业问题带来创新性解决办法的社会经济组织。

总体来说，欧洲国家的社会企业种类繁多，名称各异，例如比利时的社会目的企业，意大利的社会合作社，芬兰的社会公司（soical firm），法国的工作整合社会企业、协会或合作社，德国70年代称为另类企业（alternative enterprise）；80年代晚期称为地方社区企业，英国的社会企业包括志愿组织、社区企业和社区商业、信托行和中介劳动市场，加拿大是社会经济企业，而美国则是协会、公司、信托行和社区经济发展公司等。这意味着社会企业并不是社区企业的简单替代者，而具有更加丰富多彩的内涵、外延与鲜明的社会目的。

概括而言，社会企业截然不同于传统社区企业和私营工商企业的基本特征有四：一是社会企业跨越公共部门和私营部门的边界，开辟经济资源分配与管理的新模式，企业兼备经济与社会双重特征，形成所谓“第三体系”；二是社会企业主要目的是回应失业和社会排挤问题，社会整合与社会团结等社会目标处于政策议程的优先领域。因此，在一些欧美国家社会企业又被称为社会目的企业（social - purpose enterprise）；三是尽管社会企业以社会目标为主，但是仍然按照企业战略组织、管理与运作，并且提供市场化的商品和服务；四是社会企业多属于中小型企业，主要在地方社区为劣势群体提供就业机会，目标是通过就业为劣势群体增权（empowerment），将他们重新整合进劳动市场。因此，某些社会企业又被称为通过工作培训企业（training - through - work enterprises）和工作整合社会企业（work integration social enterprise）。

欧美国家对社会企业普遍采取鼓励、支持和保护政策，其形式多种多样，既有立法保护，又有政策优惠，既为雇主聘用低技术工人提供薪俸税豁免，又为社会企业提供工资津贴，既为经营者和劣势群体提供专门培训，又提供低息或无息贷款。简言之，社会企业是穷人和劣势群体实现社区就业的主要组织载体。社会企业主要特征是非牟利和社会整合的社会目标，以及主要通过社区就业将劣势群体重新整合进主流社会的社会功能。

欧美国家社区就业的政策实践产生了广泛的社会影响，发挥着多种多样的社会功能，具有重要的理论意义与现实意义。20世纪60年代以来，欧美国家“反贫困之战”和“福利制度改革”处境下的社区就业项目与服务，改变了福利国家时代有关就业与福利的社会共识，更加强调公民社会权利基础与前提的工作义务。这意味着社区就业打破了以往将就业与福利、国家与市场、社区与就业完全分开的习惯思维，试图确立这些部门之间的内在联系和互动关系。社区就业指明了欧美国家福利制度改革的方向，并使工作与福利关系重新成为社会经济政策议程和理论研究的核心议题。在理论层面上，社区就业丰富和发展了就业与福利理论，深化了我们对福利制度改革的本质、劳动市场结构与运作模式、贫困和劣势成因、福利依赖与工作动机等复杂现象的认识，不仅为反思福利国家的成败得失与未来发展方向提供动力源泉和刺激，而且引发了对福利理论与政策领域一系列基础议题的激烈争论。

在政策实践中，社区就业为穷人和劣势群体摆脱贫困、避免社会排挤提供了更多选择机会，从社会与经济两个方面促进和推动了第三部门的发展，造就了大批跨越公共部门和私营部门边界的非政府组织和志愿服务机构，有助于社会经济（又称第三部门经济）和市民社会的健康发展，提高了欧美国家社会经济结构与组织体系的多元化程度。社区就业在相当程度上履行和发挥了社会整合与社会团结的功能，降低了社会排挤的程度和范围，有利于将穷人和劣势群体重新整合进劳动市场与正常社会生活之中。

然而，社区就业发展并非一帆风顺，其政策模式也并非十全十美，从一开始就存在许多争论，面临诸多两难选择。第一，有关社区就业的核心价值观念与基本假设的争论。这些争论主要是围绕贫困和社会劣势成因、福利依赖性质与程度、公民社会权利（福利权利）与工作义务等议题展开的。右倾的政客和学者认为，贫困与劣势成因主要是个人因素，劳动市场结构与运作是有效的，劳动市场能够提供足够数量与质量的就业岗位，穷人和劣势群体的最大问题是缺乏工作动机，缺乏责任感，依赖国家福利生活。而左翼和中间道路的政客与学者则持不同甚至是完全相反的见解。

第二，关于劳动市场结构与社区层次劳动市场功能及角色的争论。20世纪60年代以来，人们对社区层次劳动市场的理论探索与经验研究众说纷纭，莫衷一是。一些人认为劳动市场是统一的，另一些人认为劳动市场分为主要与次要、基础与边缘两部分，社区劳动市场基本等同于边缘和次要劳动市场。

第三，社区企业和社区经济发展能否创造足够数量和质量的就业机会？欧美学者的经验研究发现，社区企业能够提供的就业机会通常是有限的。劳动市场为劣势群体创造就业机会的数量不足，质量也不高。存在大量就业机会，但是福利依赖者无工作动机的传统说法缺乏经验研究的支持。

第四，低工资就业与贫困的关系问题。工资就业的关键是足够的收入和收入保障的标准问题，即就业者可以获得足够的工资收入，用以购买生活所需和满足家庭成员的基本生活需要。但是，劳动市场的现实状况是，劣势群体通常处于低工资就业状况。低工资就业的负面社会后果是多种多样的，其中最重要和影响最大的是贫困。欧洲学者的经验研究显示，那些处于贫困状态的人也处于低工资就业状况，低工资就业是贫困的基本成因。有鉴于此，近些年来，有关生活工资（life wage）、基本收入（basic income）和公民收入（citizen income）的主张重新流行起来。

第五，有关工作福利的争论。70 年代以来，为增强福利服务接受者的工作动机，减少国家开支，欧美各国政府普遍推行工作福利服务。工作福利（workfare）是指福利服务对象以工作为前提或条件而获得福利服务的政策与制度安排。工作福利在许多方面是与社区就业联系在一起的，并涉及许多核心的理论争论。例如工作福利是违背公民的社会权利，还是增强公民权利中的义务观念，以便使权利与义务之间达致平衡？工作福利目标是规管穷人，还是为穷人和劣势群体增权？工作福利功能有助于社会整合与社会团结，还是使穷人和劣势群体标签化和更加低劣化？总之，社区就业政策与服务涉及众多关键性理论与政策议题，而且众说纷纭，争论不休。

结　语

本文主要采取文献回顾的方式，从社区就业概念及其重要意义、社区就业与劣势群体的关系、社区就业的历史演变及其基本特征、社区就业模式与基本经验的层面，从就业与福利、经济政策与社会政策关系的角度，简要介绍和讨论了欧美国家的社区就业理论与政策模式。通过这番讨论，希望为目前我国政府大力推行的“再就业工程”“社区就业政策”和社区建设运动提供历史借鉴与国际比较视野。虽然欧美国家的历史文化、社会环境与制度安排与中国社会迥然不同，但是社区就业是世界各国普遍面临的核心议题，具有普遍的理论内涵与政策意义。欧美国家社区就业理论与政策模式可以为我国的就业、经济发展和社会进步提供诸多有益的借鉴。

第一，我们要树立社会政策的观点，改变单纯从经济角度看待就业问题的传统思维，更多地从社会福利角度看待就业问题。因为在社会结构转型的中国社会，就业问题既是重大的经济问题，又是头等重要的政治问题，还是个严峻的社会问题。

第二，为劣势群体创造更多就业机会，提供更好的工作岗位是最好的社会福利。

第三，地方政府和社区在为劣势群体创造更多就业机会、改善生活质量的努力中，可以扮演举足轻重的角色。

第四，社区就业是缓解贫困与消除社会排挤的主要途径，但不是解决问题的全部办法。劣势群体的就业与福利问题需要政治制度、经济市场、社会环境、文化模式和个人努力的有机整合。

第五，中国企业特别是非政府组织应弘扬社会责任意识，非牟利目标和经济效益是可以有机结合的。

主要参考文献

R. E. Pahl, Introduction: Work in Context, in R. E. Pahl ed., *On Work: Historical, Comparative and Theoretical Approaches*, Oxford: Basil Blackwell, 1988, pp. 1 – 13.

I. T. Sanders, *The Community: An Introduction to a Social System*, New York: The Ronald Press Company, 1966.

C. Kerr, *Labor Markets Wage Determination: The Balkenization of Labor Markets and Other Essays*, Berkeley: University of California Press, 1977.

P. Doeringer & M. Piore, *Internal Labor Markets and Manpower Analysis*, New York: Sharpe, 1971.

G. Room, Social Exclusion, Solidarity and the Challenge of Globalization, Bate: Bath Social Policy Papers, No. 27, 1998.

P. Brown & R. Scase, Social Change and Economic Disadvantage in Britain, in P. Brown & R. Scase, *Poor Work: Disadvantage and the Division of Labour.* Milton Keynes: Open University Press, 1994, pp. 1 – 22.

A. Digby, *British Welfare Policy: Workhouse to Workfure*, London: Faber & Faber, 1989.

R. Haveman ed., *A Decade of Federal Antipoverty Programs: Achievements, Failures,*

Lessons, New York: Academic Press, 1977.

G. Craig, M. Mayo & N. Sharman eds., *Jobs and Community Action*, London: Routledge & Kegan Paul, 1979.

J. A. Chandler & P. Lawless, *Local Authorities and the Creation of Employment*, England: Gower, 1986.

L. Calmfors, Active Labour Market Policy and Unemployment Framework for the Analysis of Crucial Design Features, *OECD Economic Studies*, No. 22, Spring 1994.

OECD, *Creation Jobs at the Local Level*, Paris: OECD 1985.

S. Wismer & D. Pell, *Community - based Economic Development in Canada*, Ontario: Five Press, 1981.

OECD, *Community Business Ventures and Job Creation*, Paris: OECD, 1984.

OECD, *Family, Market and Community: Equity and Efficiency in Social Policy*, Paris: OECD, 1997.

W. Beck, L. Van der Maesen & A. Walker eds., *The Social Quality of Europe*, London: Kluwer Law International, 1997.

W. J. Wilson, *The Truly Disadvantaged: the Inner City, the Underclass and Public Policy*, Chicage: the University of Chicago Press, p. 3, 143.

P. R. Pinto & J. O. Buchmeier, *Problems and Jssues in the Employment of Minority, Disadvantaged and Female Groups: An Annotated Bibliography*, Minneapolis: Industrial Relations Center University of Minnesota, 1973.

B. Bridge, *Employment Services for the Disadvantaged: A Report to the Personal Social Services Council on Current Needs and Provision Including a Study of Supported Employment*, London: Personal Social Services Council, 1977.

D. Fasenfest ed., *Community Economic Development: Policy Formation in the US and UK*, London: Macmillan Press, 1993.

J. Lotz, Community Entrepreneurs, *Community Development Journal*, 24 (1), 1989, pp. 62 - 66.

R. P. Goptb ed., *Jobs and Economic Development: Strategies and Practice*, Thousand Oaks: Sage, 1998.

OECD, *Social Enterprises*, Paris OECD, 1999.

V. George & P., *Wilding*, *Ideology and Social Welfare*, London: Routledge & Kegan Paul, 1985.

R. Whipp, Labour Markets and Communities: An Historical View, *The Sociological Review*, Vol. 33 (4), 1985, pp. 768 - 791.

R. Hopkins, Community Economic Development: A Question of Scale, *Community Development Journal*, Vol. 30 (1), 1995, pp. 45 - 64.

S. Bazen, M. Gregory & W. Salverda eds., *Low - wage Employment in Europe*, Cheltenham: Edward Elgar, 1998.

本文原载《欧洲》2002 年第 5 期

第七部分

社区生活结构转型与社区福利体系

略论社区型社会保障制度

摘要：改革开放特别是“七五”计划首次明确提出建立中国特色社会保障制度以来，现代社会福利保障制度的主要构成或组成部分议题成为国家社会发展优先领域。改革开放以来，除传统“国家型”福利保障、城镇国有“工作单位型”福利保障和“城镇市民型”福利保障类型之外，新出现和最重要的是“地理社区为基础”或“地理社区型”福利保障体系。本文首次提出“社区型社会保障制度”概念，界定社区型社会福利保障制度所涵盖的12项服务的范围内容，简述了社区型社会福利保障制度的必要性、重要性、紧迫性和优越之处。

改革开放以来，特别是“七五”计划明确提出建立具有中国特色的社会保障制度雏形任务后，随着城乡经济体制改革的不断深化，改革、完善与发展社会保障制度，消除久已存在的城乡“二元社会福利结构”已成为理论界、企业界和政府有关部门关注的热点问题。

一

社区型社会保障制度的提出绝非偶然，不仅有其社会、经济的客观必然性，也有社会服务实践、行政区划、社会经济地理、理论研究、思想观念和政治经济体制改革的客观现实性，而且条件、时机日趋成熟：

（1）80年代以来的城乡社区经济体制改革和社会经济结构的深层次结构性转变，打破了传统的利益格局，改变了国家、地方、集体、个人间分配关系，导致社会利益集团分散化，利益主体多元化，地方与社区开始具有了特别的社会、经济、政治、文化意义。地域性社会共同体的大量涌现和迅猛发展为社区型社会保障制度的建立提供了适宜的社会经济环境。

（2）从国际社会环境看，进入70年代以来，一种全新的社会保障制度——“发展型社会福利”日渐流行，它与补充型的社会保障制度相互配套，强调社会保障应贯彻“非集中性原则”，由国家主导向社区主导过渡；强调依靠社区居民出面举办社会保障事业，使国家扮演最后出场的角色；强调以社会保障作为家庭功能弱化的补充，而不是替代家庭功能；强调将社会保障与国家的发展、个人的发展和社区的发展有机地结合在一起，创建发展型的社会福利，这为社区型社会保障制度的建立奠定了国际性基础。

（3）从我国的行政区划和社会经济地理的角度看，我国民族、文化、地理环境的多样性和各地间社会经济发展的巨大差异性及社会行政的“属地管理”原则为社区型社会保障制度奠定了社会文化和社会生态环境的基础。

（4）我国30年代的乡村建设运动和80年代中期以来民政部倡导、组织和推动的社区服务运动，使社区的概念、理论民众化，以社区服务为突破口和基础的城镇社区型保障体制已初具规模，取得全社会的一致认可，并已成为城镇社区居民社会经济生活的不可分割的一部分，这为社区型社会保障制度奠定了社会服务实践和群众性基础。

（5）社区研究因其独特的综合性、中观性与实用性而成为中国社科研究与社会工作研究中的重要领域，风行世界的“中层社会学”理论和小城镇研究、边区开发、乡村社区综合性发展、城镇社区发展、社区规划与区域发展战略、社区服务与社区建设、社区经济、社区文化与教育等一系列社区型问题的理论研究与实践探索则为建立社区型社会保障制度提供了充分、全面、综合的理论素材和经验教训。

（6）改革开放以来，全国范围内的城市更新改造运动、各式各样新型社区的大量涌现，经济特区的异军突起，高新技术产业开发区的蓬勃发展，城乡集贸市场的日趋活跃，方兴未艾的社区发展实验活动，乡镇企业的遍地开花和乡村集镇规划建设，城市化与工业化进程加快，为社区型社会保障体系提供了最为直接和有力的动因。

（7）在各地广泛兴起的社区功能设计、功能开发活动中，民政部探索乡村社区型养老模式，大中城市中盛行社区服务活动和理论界的社区研究日趋活跃，我国一些学者早在80年代中后期便已提出建立社区型社会保障制度的理论设想，并进行了充分的理论论证。这为社区型社会保障制度的建立奠定了综合性基础。

二

社区型社会保障是相对于“国家保障”“单位保障”“城镇保障”“全民所有制单位保障”而言的。它的创新和革命之处在于，根据中国是一个典型的发展中国家，人口众多且社会经济发展水平偏低，不依社会保障对象的性别、身份、民族、年龄、职业和所属单位及居住生活空间为依据，而以社会成员的社会经济活动空间和地域性因素为主要划分标准，采取以社区为范围，标准统一、平等一致的社会保障制度，打破了以城乡社区和所有制为主划分标准的传统保障体制，极大地提高了社会保障的社会化水平，也大大提高了社会保障制度的积极效应。更为重要的是，由于社区的综合性特点，社区型社会保障的内容增多、范围扩大，保障项目包括了社区经济、社会、政治、文化、教育等各个方面。社区型社会保障制度实质上是一种地域性的、面向全体社区成员并向社区成员提供终生性保障和适宜服务的一种新型保障制度。

根据我国政府对社会保障内容的界定和理论界与民众对社会保障的理解和认识，我们认为，社区型社会保障制度的内容应包括如下方面：

（1）社区福利服务业。它主要是为社区内的老年人、残疾人、优抚对象、儿童和社会困难户及那些“易受侵害”的社会群体与阶层服务。它是社区服务业的重要组成部分，并已普遍存在于城乡社区社会保障体系之中。

（2）便民利民服务业。它的服务对象以社区内全体居民为主，并为社区居民提供低偿或有偿的服务。它的性质是具有社会福利性的居民服务业，是第三产业的一部分。

（3）职工社会保险管理服务业。它是社会保障体系和社会化服务体系中的一个重要行业。它的服务对象主要是地方离退休人员和军队离退休人员以及在职职工。具体内容包括社区养老、养老基金的社区管理、五保户的供养、社区中老年人力资源的开发利用、社区中养老机构与单位的管理和在职人员劳动、工资及个人储蓄积累账户的社区管理，职业信息咨询、职业指导、组织举办招工招聘洽谈会、在职职工交流、组织劳务、职业培训、介绍临时性用工、介绍家庭服务员、为企业、个体工商户介绍雇工和基层社区开办的职业介绍服务机构的管理等。

（4）社区卫生与医疗保健服务业。它是社区保障体制中的新内容。它的服务保障对象是社区中所有的成员，重点是妇女、儿童、老年人、残疾人。它的内容有初级卫生保健服务、残疾儿童教育训练和寄托服务、避孕节育咨询，优生优育优教咨询，心理咨询服务，社区健康教育与咨询，社区康复，社区的爱国卫生、植树绿化运动，社区医疗和家庭病床等。

（5）社区文化、教育与职业技术培训。它的服务对象是全体社区居民，特别是青少年儿童。社区教育包括社区中的社会教育、学校教育、家庭教育和职业技术教育四部分。社区文化则包括社区企业文化、家庭文化、社会文化、校园文化、军队文化和社区体育等内容。

（6）城乡社会救助与扶贫工作。这是我国现阶段社区型社会保障制度的基础与核心。它的服务对象主要是社区中的鳏寡孤独、老弱病残和各种类型的社会困难户及各种突发灾害事件的受害者。扶贫与社区救济工作是一项经常性的工作，也是一项基础性的工作。

（7）城乡社区的社会互助与社区志愿者服务。社会互助、邻里相助、互帮互爱是中华民族的优良传统，也是我们应大力倡导和积极扶持的好传统。社区志愿者服务则是社会互助活动的升华与进一步发展，是社会互助活动的高级形式。社会互助与社区志愿者活动的实质是社区居民的相互服务与相互保障，目的在于创造一个“我为人人，人人为我”的良好社区环境。

（8）城乡社区的优抚安置与双拥共建。它的服务对象主要是现役军人和退伍军人、军官及其家属。这是一种特殊的独具中国特色的社会保障体系。内容有资金保障与服务保障两大类和死亡抚恤、伤残抚恤、退役安置、退休安置、社会优待五项具体内容。

（9）社区治安与社区矫正制度。它的工作对象是社区中的不安定分子和各种隐患。具体的工作内容包括社区中青少年犯罪的预防，改造教育失足青少年，社区居民的法制教育、宣传，消防管理，保安服务业的管理，各种灾害的预防，社区中单位的内保和联保、互保，交通安全与管理等。

（10）社区型社会福利经济。社会福利经济是社区型社会保障的经济基础和前提。社区型社会福利经济的好坏决定着社区型社会保障制度的优劣。目前，我国社区型社会福利经济的内容有社区中的第三产业、街居经济、劳动服务公司及其活动、社区募捐、各种类型的救灾扶贫经济实体、救灾扶贫基金会、储金会、储粮会、福利厂和公司、各种财政补贴、社区服务业的经营活动和地方财政的拨款等。

（11）城镇住房建设和村镇住房建设与规划。这是社区型保障的重要内容之一，是衣、食、住、行和生、老、病、死的基础。它的工作由资金保障和服务保障两部分组成，资金保障主要体现在购房活动中，它包括组建社区型的住房合作社、银行贷款和康居工程等。服务保障则贯穿于购房、住房和房屋维修使用的各个环节，如买、换、租房的中介服务、信息服务和住房的管理服务等。

（12）社区型公益性与公共性事业。它范围广、作用大，是社区型保障体系的基础内容之一。它包括社区内外的交通、通信、邮政、自来水、照明、煤气、供电、供暖、文化娱乐和其他公益设施与场所所提供的服务和便利。随着社会经济发展水平的提高，公益与公共性事业在社区型保障体系中的地位将愈来愈高。

三

比较而言，社区型社会保障制度具有许多优越之处：（1）它能最大限度地满足社区居民的多层次社会福利需要，具有灵活、方便、高效的特点。其覆盖率与安全性能较高。（2）它有助于发扬我国家庭、亲友和邻里间的互助互济精神，培养社区居民的自我保障意识与能力。（3）它有利于统一规划社区资源，统筹安排，最大限度和最有效率地开发使用社区内的社会福利资源，提高保障事业的社会化程度和福利设施的使用率，创造社会保障事业的规模效益。（4）有利于社区成员、社区组织、工、青、妇等社团组织的广泛参与和提高社会保障的民主化管理水平，有利于建立和培养一支专职、兼职和社区志愿者组成的社区服务队伍，并能提供方便、高效、可信、及时的优质服务。（5）有助于建立和完善与市场经济相一致的多样化的、多层次的、各具社区型特点的保障体系，克服以往国家和单位保障以保障者所有制性质为主要划分标准的不足，真正恢复社会保障的真实含义。（6）社区型保障体制将保障范围界定为社区和社区中的居民，因此，社区型保障改变了保障的管理范围与幅度，并推动社会保障管理体制的改革，提高社会保障制度的一体化程度，克服部门所有、各自为政、保障效应不能形成合力的弊端，有利于社会福利行政管理体制的结构性转变和社区的综合、整合性发展。

建立和健全社区型社会保障制度，第一，要加快我国政治、经济体制和管理体制的改革步伐，进一步简政放权，转变政府职能，处理好中央与地方、国家与社区、集体与个人间的关系和利益分配，强化基层社区的管理权限和国家的宏观调控机制；第二，加大社会保障制度改革的深、广度，大力发展社区服务业和第三产业，国家、社区、集体、个人、家庭五轮驱动，形成合力，为社区型社会保障体制奠定雄厚的社会经济与组织基础；第三，加快城镇和村镇规划体制改革，完善区域合作制度，加强地区间的交流与合作，注重社区功能的设计、开发，达到社区的整合，形成充满活力而又不是地方保护的区域社会经济体制；第四，加强对城乡社区各类新老社区的分类指导和计划性变迁的引导，完善分区制，合理规划社区布局，培养社区的特点，实现新老社区中新旧社会保障体制的交替与统一，克服城乡二元社会福利结构，重构一体化的、社区型的保障体制；第五，大力推广、普及和发展社区建设，培育社区发展的机制与功能，为社区型保障体制创造适宜的社会性环境，从而达到促进社区和社区成员最大化的综合性发展以及国家的整体发展的终极目标。

本文原载《中国社会工作》1996 年第 5 期

从身份社区到生活社区：中国社区福利模式的战略转变

摘要： 社区福利是福利制度的重要组成部分，反映社会福利制度的价值基础与政策目标。本文主要由社区福利与社会福利、社区需要与社区福利体系建构关系入手，从社会环境与社区环境、价值观念与意识形态、社区人口构成与阶级结构、街居工作范围与服务内容、街居服务对象与管理方式等分析层面，全面描述社区性质的变化，分析“政治化社区”向“社会化社区”的重大转变，首次说明中国社区福利由“身份化福利”向“生活化福利”模式的战略转变。

社会福利制度主要由组织福利与社区福利两部分组成，社区福利体系与社会福利制度是局部与整体关系。千姿百态与丰富多彩的社区福利是社会福利制度的重要组成部分，社会福利制度安排的基本特征突出反映在千差万别与迥然不同的社区福利体系之中，二者相互依赖与相互影响，共同组成现代社会的福利制度。

社区福利体系是观察、描述、分析社区结构与社会结构，认识、理解社会福利制度安排特征的最佳视角，是典型反映社会福利价值基础、运作模式与服务过程的层面。社区福利体系既是社会福利制度中最基础的层面，又是社会福利政策的输出终端，直接面对社区成员不断变迁的社会需要，满足他们的基本需要，改善生活状况（Gil，1992）。不言而喻，福利制度与社区福利体系在优化社会环境，提高社会成员的生活质量，促进社会经济协调发展与改善社会质量，实现社会现代化与人的现代化方面发挥着举足轻重的作用。更为重要的是，社会经济发展水平越高的社会，社会福利制度与社区福利体系在社会发展中发挥作用越大，满足不断变迁中的社区需要与建构现代社会福利制度的意义越大。

社区需要变迁与社区福利建构

社区福利体系的运作机制是满足不断变迁中的社区需要，改善社区环境，提高社区居民的生活质量，促进社区综合发展，以便通过社区发展过程实现国家发展的宏伟战略目标。一般来说，社会福利制度运作模式是及时回应社会问题，有效满足不断变迁中的社会需要（Axinn & Levin, 1997）。社会需要是社会结构变迁与社会发展过程中出现的社会性需要，是绝大多数社会成员感觉到和表达的社会性需要，并已获得社会管理者、专家和社会成员的普遍性认同。社会需要通常是以影响正常生活秩序的“社会问题”形式出现的。一旦某种社会现象被决策者、专家和社会成员认定为社会问题，如何有效预防、缓解和消除社会问题的社会性要求就演变为社会需要。解决社会问题的过程就是满足社会需要的过程。

按照社会问题影响范围大小，社会需要至少可分为国家、地区和地域社区三个层次。如何及时回应社区问题，有效满足社区需要，这是社区福利体系运作的基本原理与机制（刘继同，2002）。需要特别指出的是，因为社会是不断发展变化的，所以社会需要也是不断发展变化的。人类社会与现代文明就是在不断解决社会问题的过程中逐步发展进步和提高的。这意味社区需要并非固定不变，社区福利体系也不是停滞不前的；这意味纵向历史比较和横向的对比分析是全面、深刻理解和把握社区结构特征的有效方法；意味社区结构特征与社区问题性质决定社区需要，社区需要又决定社区福利体系；意味社区结构变迁导致社区问题性质的变化，社区需要和社区福利体系也随之发生变化。社区结构包括社区人口结构、产业结构、社区阶级结构、社区权力结构和社区资源结构等。这些领域既是观察社区结构变迁的层面，又是界定社区需要和分析社区福利的理论框架。

福利与社区福利是社区成员主观界定的结果，社区福利体系是不断发展变化的，它既直接反映社会发展的方向，又说明社区福利体系的社会建构取向与社会福利制度创新路向。福利是欧美国家社会科学中的战略概念，反映欧美国家的价值观念、社会环境与制度安排。

正如美国学者（Barry）在其《福利》一书开篇处所说，福利概念以一种让19世纪评论家吃惊的方式主宰了当代社会思想和政治思想（Barry，1990）。长期以来，什么是福利与社会福利，众说纷纭，莫衷一是。福利（welfare）起源于古代词汇 farewell，英国权威的牛津词典将福利的意义等同于好运、幸福、福祉和繁荣。现代福利概念是 well 和 fare 两词意思的综合。Well 的意思是好，fare 的意思是生活，两者意思综合起来就是幸福人生、美好生活状态或追求美好幸福的生活（一番濑康子，1998）。这意味广义的福利泛指一切对人们“有益处”和改善人类的生活质量与福祉状况（well - being），增加人类幸福感与满足感的所有事物（金钱、商品和服务）、机会、条件、环境和努力。

社会福利是社会概念与福利概念的有机结合和混合体。社会福利不是个人福利的简单相加，而是个人性福利向社会性福利转变的必然产物。社区福利是社区层面的福利，是社区成员主观界定的结果，直接反映社会环境与经济发展程度。这意味社区福利范围扩大与内容增多的变化反映社会发展的基本方向，说明社会经济发展面临的问题与困境，指明社会福利制度创新路向。

更为重要的是，什么是福利与社区福利，主要取决于人们的价值观念与态度倾向，取决于特定时空处境下的社会结构与社区结构，取决于社会经济发展程度与生活方式，取决于宏观取向的社会环境与微观取向的社区状况。这意味福利、社会福利与社区福利是社会建构的，主要取决于人们的思想认识和生活水平。1949 年以来，伴随地域社区的性质由身份社区转变为生活社区，中国城市社区福利模式也由政治取向的身份福利转变为社会取向的生活福利，城市社区福利模式发生战略性转变。

政治化的社区与身份化的福利

中国社区福利分为身份化福利与生活化福利两大模式。1949 年中华人民共和国成立至今，新中国已走过 50 多年的光辉历程，社会经济发展与人民生活状况发生了翻天覆地的变化。在社会福利与社区福利领域中，以改革开放为历史分界线，中国城市地域社区的性质逐渐由政治化社区转变为社会化社区，城市社区福利模式也随之发生根本性变化：由身份化福利转变为生活化福利模式。“身份化福利”是指社区成员的生活状况与福利水平主要是由他们的阶级身份与社会地位决定的，意识形态与政治性因素在决定社区成员福利状况中扮演主导性角色的制度安排与福利政策模式。这意味身份化福利实质上是政治化的社区福利模式。

“生活化福利”是指社区成员的生活状况与福利水平既取决于他们的职业地位与收入水平，又取决于他们所处地域社区的环境与福利服务状况，经济发展、收入水平、地域社区空间结构和社区福利服务等经济社会因素在决定社区成员福利状况中扮演主导性角色的制度安排与福利政策模式。这意味生活化福利实质上是经济化与社会化的社区福利模式。在某种意义上说，我们可将身份化福利与生活化福利看作改革开放前后两个历史阶段中社区福利的“理想类型”。有鉴于此，本文将从社会环境与社区环境、价值观念与意识形态、社区人口构成与阶级结构、街居工作范围与服务内容、街居服务对象与管理方式等层面，全面描述、分析身份化福利向生活化福利模式的战略转变，说明社会结构与社会福利的变迁轨迹。

内忧外患与处境困难是改革开放前社会环境的总体特征，并决定社区环境的基本特征。新中国是在半殖民地、半封建社会和一片废墟上建立起来的，经济基础不牢且十分薄弱。虽然“一五”计划超额完成任务，但是1958年的“左”倾冒进和“大跃进”，加上1960年代初期的自然灾害和1966年开始的“文化大革命”，导致中国国民经济处于崩溃的边缘。与此同时，1950年代的东西方“冷战”和1960年代中苏关系彻底破裂，导致中国在国际关系与国际政治生活中处于孤立无援和四面受敌的不利状况。内忧与外患相互叠加，政治压力与经济困境相互交织，社会环境恶劣与严峻。这种社会环境自然影响和制约社区环境，并决定社区环境的基本特征。

在严峻社会环境下，城市社区环境同样如此，处境艰难。一方面，街道与居委会肩负神圣的职责，处于国家与社区居民之间；另一方面，街道与居委会可用资源稀少，无法及时回应社区问题，有效满足变迁中的需要。更为重要的是，在政治化的中国社会中，政治问题超越和掩盖经济问题，城市社区环境的政治化倾向十分明显。这种环境特征突出反映在意识形态与价值观念之上。

极“左”思潮盛行、以阶级斗争为纲与社会控制思想根深蒂固，是改革开放前价值观念与意识形态的基本特征。中国的极“左”思潮是由1958年“大跃进”运动开始的，“文化大革命”和“批林批孔”时期达到高峰。极“左”思潮集中体现为“一大二公”“左倾冒进”和“以阶级斗争为纲”的思想。在此社会处境与意识形态影响之下，城市街居工作重点就是时刻关注阶级斗争新动向，对社会闲散人员、居住在社区中的地富反坏右分子、两劳释放人员和其他阶级敌人实施社会控制与社区管理。只许他们规规矩矩、老老实实，不许他们乱说乱动（王思斌，2001）。在思想意识决定行为模式处境下，城市社区生活政治化色彩日趋浓厚，街居不仅成为政治斗争与阶级斗争的重要场所，而且某种程度上决定社区人口构成与阶级结构的基本特征。

街居地域社区范围内的人口构成主要以城市户口的居民为主，农民和外来人员较少，社区人口构成比较清楚同质，缺乏社会流动机会与社会分层环境，社区阶级结构比较稳定。为控制人口流动和大量农民涌入城市，精简职工和减少城镇人口，以便维持正常社会秩序，1958年1月，全国人大常委会通过《中华人民共和国户口登记条例》，正式建立户口登记制度（中央文献研究室，1958）。城乡人口和劳动力自由流动局面从此销声匿迹，以户籍制度为基础的城乡二元社会与二元福利结构逐渐形成（郭书田、林纯彬，1990）。

农业与非农业户口分类和户口登记制度的社会影响十分深远：一是规定和制约城乡社区人口结构，街居组织管理的社区居民主要是非农户口的城镇居民，农民和其他外来人员凤毛麟角，屈指可数。二是城镇社区阶级结构简单明了，街居组织管理的城镇居民是无法进入企事业单位的劣势群体，他们的工作和生活与地域社区关系密切。地域社区范围内的工作单位及其职工与街居组织毫无关系，出现地域社区包含功能社区，形成“社区中社区”的局面。这种状况说明城镇人口构成的等级化倾向，相比较有工作单位的社区居民而言，那些无工作单位的社区居民是典型的劣势群体。但是相比农村的农民而言，街居组织管理的社区居民又是优势群体。更为重要的是，城镇社区阶级结构清楚简单，阶级流动与社会分层几乎不存在。

街居工作范围局限于管理无工作单位的社区居民，服务内容主要是社区行政管理，街居工作与社区服务的政治化色彩浓厚。按照1954年一届全国人大常委会通过的《城市街道办事处组织条例》的规定，街道办事处的职责范围与权限十分简单，具体任务有三：一是办理市、市辖区的人民委员会有关居民工作的交办事项；二是指导居委会的工作；三是反映居民的意见和要求。

《城市居民委员会组织条例》规定，群众自治性居民组织的工作范围与服务内容略微具体化，但是仍然十分简单清楚：（1）办理有关居民的公共福利事项；（2）向当地人民委员会或者它的派出机关反映居民的意见和要求；（3）动员居民响应政府号召并遵守法律；（4）领导群众性的治安保卫工作；（5）调解民间纠纷（上海市社会学学会，1985）。

如果说作为派出机关，街道办事处的工作范围与服务内容的政治化特色尚不明显突出的话，那么居委会工作范围与服务内容政治化特征已十分突出。在居委会五项任务中，四项任务是直接或间接与解决矛盾冲突、社区问题、社区管理、社区治安和社会秩序密切相关的，街居组织的社区控制与社区管理职能最为重要，首当其冲。为社区居民办理公共福利事业位居其次，无关紧要。而且街居组织也严重缺乏办理公共福利事业所需的社会资源与环境。这意味着街居组织的主要职能与工作范围是建立稳固的基层社区组织，以便服务于中央集权的计划经济体制和阶级斗争为纲的政治斗争，街居组织的政治化职能与控制目标显而易见。

街居地域社区范围内的服务对象主要是那些无法进入国家机关、国有企业、事业单位和人民团体等工作单位的边缘社群与劣势群体，他们的同质性程度较高，处于明显的劣势状态，是典型的劣势群体（刘继同，2002b）。1950年代初期，为了巩固新生的人民政权，建立社会主义制度，加强社会管理与社会控制，适应当时的社会需要，中国政府逐渐建立工作单位体制。单位成为集政治经济与社会文化功能于一体的独特社会组织（路风，1989）。但是进入单位的资格审查是严格的，政治条件与要求是高标准的，致使许多“有问题”的人被排斥在单位之外，归属于街道与居委会管理。

总体来说，街居管理的人群都是典型的劣势群体，例如家庭妇女、待业青年、社会闲散人员、两劳释放人员、被单位开除的人和其他“有问题、有劣迹”的人群（王振耀、白益华，1996）。他们的共同特征是社会地位低下，职业结构层次较低，主要在街居兴办的集体企业中就业，工资收入和职业福利待遇远远低于国有企业和机关事业单位职工（季龙，1991）。地域社区成为劣势群体的代名词。地域社区主要功能不是“生活社区”，而是区分社会群体的“身份社区”。社区管理方式主要是户籍登记制度、政治身份和阶级地位的确定，就业安排与困难补助等政治动员、经济管理和社会控制手段。

社会化的社区与生活化的福利

改革开放特别是1980年代中期以来，社区性质发生根本性转变，由政治化社区转变为社会化社区，社区福利模式也随之发生重大变化，由政治取向的身份化福利转为去政治化的生活化福利。当代中国社会生活形态可以分为两个截然不同的历史发展阶段，社区结构、社区阶级结构与社区福利模式同样如此。这种历史变化同样体现在社会环境与社区环境、价值观念与意识形态、社区人口构成与阶级结构、街居工作范围与服务内容、街居服务对象与管理方式等分析层面。

1980年代以来的城市综合改革，特别是企业劳动、工资和社会保险制度改革，企业保险向社会保险的转变，企业承担社会职能逐渐开始向社区转移。社区服务与便民利民服务兴起，户籍制度逐渐放松和人口流动日趋频繁，城市更新改造和纯粹居民居住小区如雨后春笋般大量涌现，企事业单位的就业场所与生活社区在地理空间上逐渐分离，功能社区与地域社区的区分开始具有实质性社会意义。地域社区逐渐成为纯粹生活和闲暇娱乐的地方，而且伴随分权化过程，地域社区向地方社会转变的趋势十分明显。总体来说，社区性质的主要特征是社会化，城镇社区福利模式也随之由政治化的身份福利转变为社会性的生活化福利。

改革开放以来，中国国内外环境面临难得的历史机遇，社区环境也随之发生可喜的变化。1970年代以来，东西方对话代替“冷战”，和平与发展成为世界各国追求的共同性目标，为中国提供了难得的历史机遇。与此同时，在国内环境上，在正本清源、拨乱反正和思想解放、实事求是的基础上，中国政府果断放弃“以阶级斗争为纲”的错误路线方针，确立“以经济建设为中心”的路线方针，以实现社会主义现代化为奋斗目标的英明决策，国内外环境非常有利经济建设与社会发展。这种社会环境不仅对社区生活与环境产生积极影响，而且地域社区与国家关系发生重大变化，城镇街居组织在经济建设与社会发展中扮演更加积极和重要的角色。例如1989年通过的《中华人民共和国居民委员会组织法》不仅明确规定居民委员会的群众自治性组织性质，而且显著增加居委会的社会职能与工作任务，减少和降低居委会承担的政治性职能与任务（白益华、马学理，1990）。简言之，宏观社会环境的变化不仅有助于营造良好的社区环境，而且有助推动社区性质由政治化向社会化方向的根本转变，由地域社区向地方社会的转变。

改革开放以来，社会主义思想与意识形态发生重大变化，价值观念与社会思潮的去意识形态化色彩日趋明显，生活化与自由化色彩日趋浓厚。改革开放以前，中国社会主流思想是典型的国家社会主义，“一大二公”是国家社会主义思想在政治经济领域中的突出表现。改革开放特别是1990年代以来，市场社会主义取代国家社会主义而成为主导性意识形态。市场经济发展改变国家与社会、社会与社区、国家与市场、社区与市场、个人与国家关系，传统意识形态和社会思想也发生重大变化。人们开始更多从客观现实与社会生活角度考虑问题，做出决定和采取行动。现实主义思想与实用主义价值冲击了以往的精神追求（《北京青年报》，2002）。

改革开放以来，城镇社区人口构成发生根本性变化，社会阶级结构日趋复杂多样，社会流动与社会分层速度加快，社区人口构成与阶级结构变迁趋势是由同质化向异质化转变。

改革开放以来，城镇地域社区人口构成发生根本变化，一是人口变动范围与速度显著加快；二是街居组织管理的人口构成空前多样化，既有各式各样的外来务工经商人员，又包括社区居民本身的流动与分层；三是伴随“单位人”向“社会人”的转变，无明确归属单位的自由人士和无工作单位之人越来越多，而且这类人的构成复杂；四是城镇社区中出现大批临时性社区居民，他们通常以“外来暂住人员”“长期暂住人员”和城市居民的身份出现，形成有城镇户口的社区居民、无户口的暂住人员、城市居民和临时旅客四类社群并存共生的状况，社区管理与社区秩序成为社区生活的优先议题（王振耀，1997）。

与此同时，社区阶级结构也发生相应变化，原来清一色的劣势群体让位于多种多样和日趋复杂的阶级结构。目前，通过地域社区来区分社会群体和划分社会阶级的办法已经面临诸多问题。社会分层与社会地位区分由以往外在性的居住区域和有无工作单位，转变为职业地位、收入水平和工作单位所有制性质等多种因素。这意味城镇社区阶级结构日趋异质化、变动化和多样化。

改革开放以来，城市街居工作范围大大拓宽，社区服务内容丰富多彩，主要以满足社区居民的基本生活需要为根本宗旨。1970 年代末期以来，如何解决返城知识青年的就业问题，缓解严峻的就业压力是街居组织面临最紧迫的任务。在此背景下，社区经济发展再度辉煌（1960 年代城市公社时期社区经济首次辉煌）（林宏桥，1987）。这不仅使街居工作重心由以往的政治动员工作转变为经济动员，而且大大拓宽了街居工作的范围。

1980 年代中期以后，伴随企业转换经营机制和城市居民收入水平提高，价值观念和生活方式转变，社区服务和便民利民服务应运而生。所谓社区服务就是在政府倡导和组织下社区居民所进行的自助服务。从工作类型看，社区服务属于社会服务的范畴，但又不是一般的社会服务，是以地域社区为基础开展的社会服务，具有区域性、就近性、互助性和福利性等特征。

社区服务内容主要有四：首先是对有困难的老年人、残疾人、优抚对象等社会弱势群体提供保护性服务；其次是对社区全体成员维持正常的生产生活，并对社区居民生活质量有所提高的服务，例如计时家政服务；三是为丰富社区居民的精神文化生活开设的服务，例如，文化娱乐休闲服务；四是为提高人口素质，增进人的发展潜能，以及进一步促进社区整合和社区发展的服务，例如，社区卫生、优生优育、社区文化与社区教育等（白益华、吴忠泽，1996）。总体来说，在街居工作范围扩大的同时，社区服务内容丰富多彩，主线是满足人民群众不断增长的物质文化需要，改善生活质量，增进福利水平，促进社会发展与社会现代化。

改革开放以来，城市街居服务对象由老弱病残孤等弱势群体和地富反坏右分子扩大为普通社区居民，社区管理与社区服务对象大大扩大，包括地域社区范围内所有的人与组织，实现真正意义上的社区管理与社区服务。按照《民政部关于在全国推进城市社区建设的意见》和社区体制改革精神，为适应“单位人”转变为“社会人”，以及社会管理重心下移的社会需要，如何整合社区资源和建立稳固的社会基础已成为当务之急。为此，城市社区服务与管理对象空前扩大，由原来的弱势群体和劣势群体转变为社区所有成员（多吉才让，2001）。

社区服务与社区管理社会化的突出表现是社会福利社会化政策，其实质就是国家、市场、社区、工作单位、家庭和个人共同分担福利责任，真正实现社会的事情社会办（民政部，1999）。社会福利社会化的结果是社区的社会化与社会化社区的形成，由此强化地域社区的生活化社区的意义和作用。与此同时，为适应社区社会化的发展趋势，社区管理方式也发生重大变化，由以往单纯行政管理与人身控制，转为社会化管理与科学化管理，由政治管理转变为社会管理。实际上，社区管理方式转变反映社区问题与社区需要转变，反映社区结构与社区生活方式的转变，反映社区福利模式转变和生活质量的提高。

简要讨论与基本结论

本文首次尝试描述当代中国城市社区性质的变迁，主要目的是在分析社区环境与社区结构变迁的基础上，概括城市社区福利理论模式，试图将社区福利模式理论化，以建构中国的概念化社区福利模式，丰富、发展和完善中国社会福利与社区理论体系。社会福利制度是个错综复杂的社会体系，主要由国家福利、市场福利、社区福利、非政府组织福利、家庭福利和个人福利等层面组成，社区福利是福利制度的重要组成部分。如果将组织看作是功能性社区的话，那么社会福利制度最主要的部分便是地域与功能社区。因此，无论从何种角度看，社区福利体系都是认识社会福利制度的价值基础与政策目标，了解社会福利组织结构与运作机制，分析社会福利制度安排特征，理解社会福利制度功能与作用的最佳视角和层次。

更为重要的是，在不断变迁的社会需要与建构的社会福利制度中，地域社区与功能社区是社会组织与社会结构中最迅速、最直接、最典型反映社会变迁状况与方向的部分，是社会生活中最具体、最真实的社会处境。

因为所有人无时无刻不生活在地域社区与功能社区之中，特别是在以“单位社会”闻名于世的中国社会里更是如此（Lu & Perry，1997）。

需要特别指出的是，人类社会是不断发展变迁的，人类需要自然而然也会随社会环境变化与经济发展水平提高而处于不断变迁过程中。在这一意义上说，一部社会发展史就是人类社会及时回应变迁中的社会需要，有效满足人类基本需要，不断改善人类生活处境和提高生活质量的历史，就是社会需要范围不断扩大，社会福利服务对象越来越多、内容不断增多，国家承担越来越大的社会福利责任，人类生活环境与生活质量不断提高的过程。这既是人类社会发展永恒的主题，又是超越民族、国家、社会制度、文化和宗教的普世性规律。

改革开放以来，中国社区性质发生重大变化，总体趋势由政治化社区转变为社会化社区，城市社区福利模式也由身份化福利向生活化福利模式转变，其实质是由政治性福利向经济、社会性福利转变。中华人民共和国已走过50多年的光辉历程，以改革开放为历史分界线，社会结构与社会制度发生史无前例的巨大变化。这种结构性变迁在社区层面上表现得最为突出、最为典型。具体表现在社会环境、意识形态、社区人口构成、社区阶级结构、街居工作范围（服务对象、内容等）及社区管理方式等各个层面上。

主要参考文献

1. 上海市社会学学会：《解放以来我国城市管理法令法规选编》，1985年版。

2. 王振耀：《论我国城市基层管理体制改革》，《城市街居通讯》1997年第2期。

3. 王振耀、白益华：《街道工作与居委会建设》，中国社会出版社1996年版。

4. 王思斌：《转型中的城市基层社区组织》，北京大学出版社2001年版。

5. 中国社科院哲学所：《三十年来阶级和阶级斗争论文选集》，中国社科院1980年版。

6. 中共中央文献研究室：《建国以来重要文献选编（第十一册）》，中央文献出版社1995年版。

7. 白益华、吴忠泽：《社会福利》，中国社会出版社1996年版。

8. 白益华、马学理：《居民委员会工作手册》，中国社会出版社1990年版。

9. 民政部社会福利司：《社会福利社会化工作资料汇编》，民政部社会福利司1999年版。

10. 北京青年报：《中国百姓蓝皮书》，解放军文艺出版社 2002 年版。

11. 林宏桥：《辽宁城镇集体经济》，辽宁大学出版社 1987 年版。

12. 多吉才让：《城市社区建设读本》，中国社会出版社 2001 年版。

13. 季龙：《当代中国的集体企业》，中国社会科学出版社 1991 年版。

14. 郭书田、林纯彬：《失衡的中国：农村城市化的过去、现在与未来》，河北人民出版社 1990 年版。

15. 刘继同：《中国城市社区建设的最佳"突破口"：社区需要研究》，《中国民政》2002 年第 9 期。

16. 路风：《单位：一种特殊的社会组织形式》，《中国社会科学》1989 年第 1 期。

17. ［日］一番濑康子：《社会福利基础理论》，沈洁等译，华中师范大学出版社 1998 年版。

18. Axinn, J. & Levin, H. (1997), *Social Welfare: A History of the American Response to Need*, New York: Longman.

19. Barry, N. (1990), *Welfare*, Minneapolis: University of Minnesota Press,

20. Gil, D. G. (ed.) (1992), *Unravelling Social Policy: Theory, Analysis and Political Action Towards Social Equality*, Fifth Edition, Vermont: Schenkman Books, INC.

21. Johnson, L. C. & Schwartz, C. L. (1997), *Social Welfare: A Response to Human Need*, 4th ed., Massachusetts: Allyn and Bacon.

22. Lu Xiaobo & Perry, E. J. (eds.) (1997), *DANWEI: The Changing Chinese Workplace in Historical and Comparative Perspective*, New York: M. E. Sharpe.

23. Macarov, D. (1995), *Social Welfare Structure and Practice*, California: Sage.

24. Midgley, J. (1995), Social Development: The Developmental Perspective in Social Welfare, London: Sage, From *Identity Community to Life Community: A Strategic Change of Community Welfare Model in China.*

本文系笔者承担的教育部留学回国人员科研启动基金资助项目"中国城市社区就业政策与服务模式探索性研究"文献回顾的一部分，特此说明与致谢。

本文原载《浙江社会科学》2003 年第 6 期

中国社区生活结构战略转型与现代型社区福利制度框架建设

摘要： 改革开放四十年来，中国社会结构转型，经济与社会管理体制改革，社会现代化建设的重大社会后果之一是“社区”观念和“地理社区”成为基础性社会结构因素，国家与社区的关系成为国家与社会关系的重要组成部分。本文从福利理论角度，运用文献回顾方法，首次系统划分改革开放四十年来中国社区工作历史发展阶段，概括社区工作若干结构性特征，全面梳理城乡社区建设与社区服务工作主要政策法规，重点分析社区生活环境、社区问题、社区需要与国家—社区关系模式的战略转变状况。首次明确提出中国特色社区福利体系框架，界定社区福利体系框架的范围内容与优先领域，简要总结中国社会国家—社区互动关系模式。在构建和谐社区处境下，笔者针对中国社区福利体系建设提出若干的战略思考和政策建议。

一　中国社会福利体系建设与社区福利制度基础性地位

2010年将以中国社会政策、社会立法、社会发展时代，尤其是“社会福利元年”载入世界和中国历史，标志中国社会福利制度与福利社会建设已成为国家发展议程的核心议题。2000年尤其是2010年以来，中国社会发展进入崭新的发展阶段。新阶段最主要的时代特征是“以改善民生为重点的社会建设”。社会建设的实质是建设和谐幸福、美好理想的新社会。新社会目标是“努力使全体人民学有所教、劳有所得、病有所医、老有所养、住有所居”，清晰描绘中国版“福利社会”的美好愿景，中国特色社会福利制度框架与福利体系应运而生。

1949 年以来，似乎与中国经济增长模式、畸形扭曲发展和官方话语毫不相干的“社会福利”议题，好像“不知不觉间”重新成为国家发展、构建和谐社会和官方话语的共同发展目标。国务院总理温家宝在 2010 年政府工作报告庄严承诺：“让人民生活的更加幸福，更有尊严”，清晰显示中国共产党执政为民、立党为公，贯彻落实科学发展观和构建和谐社会的政治智慧。与此相关，2010 年 12 月 18 日，首次“中国社会福利体系发展战略研讨会”在北京召开，拉开中国社会政策、社会立法、社会建设与社会福利时代的序幕，具有划时代和战略性意义。

更为重要的是，社区和社区福利制度既是社会福利制度的重要组成部分，又是社会生活的基本场所和社会结构的基础性组成部分，是观察社会生活和社会结构变迁的最佳视角。一般来说，社会福利概念有宏观、中观和微观之分，宏观社会福利概念泛指社会生活的所有领域，涵盖环境福利、政治福利、经济福利、狭义社会福利、文化福利等所有社会生活范围。中观社会福利概念泛指政治福利和经济福利之外的领域，主要是指狭义的社会与文化福利。微观社会福利概念主要指狭义的社会福利，主要代表是英国的社会政策与福利国家模式。英国古典的社会政策框架与福利国家职能主要包括社会保障（主要是社会保险、社会救助、遗属津贴三部分）、个人与家庭福利服务、教育服务、住房服务、医疗卫生服务五大部分。

1949 年尤其是 1986 年以来，中国官方话语是大的“社会保障”概念，“社会福利”是个小概念。社会福利服务主要局限于民政工作，社会福利对象主要是老弱病残、鳏寡孤独和优抚对象。民政型小社会福利概念主要有社会救助、弱势群体、优抚安置对象和部分社会行政服务。本文主要运用英国社会政策框架和福利国家制度的现代社会福利理论话语与视角研究问题。简言之，中国社会结构转型与经济体制改革实践，尤其是“单位人”向“社会人”全面转变，使社区成为具有“独立性和相对自主性”的社会生活空间，社区福利体系是社区生活的核心。

二 改革开放三十年来社区生活发展阶段与结构性特征

改革开放四十多年来，中国社区工作、社区服务、社区建设与社区福利制度的发展阶段清晰，结构性特征明显，社区生活状况成为观察、理解和分析中国社会结构变迁的最佳场所。长期以来，社区在中国社会生活中是个不以主观意志为转移的“客观存在”和“社会现实”。1930 年代著名社会学家费孝通创造中文“社区”概念后，社区概念与社区研究兴盛一时。1949 年以后，计划经济体制尤其是城乡二元社会分隔、统分统配的就业与城镇单位制盛行，社区概念与社区生活逐渐“埋没”在工作单位、街道和居委会等名称之下，社区销声匿迹。

改革开放尤其是1980 年代中期以来，民政部门率先开始倡导社区概念，大力发展社区服务，社区概念逐渐获得社会广泛认同，全国各地城市方兴未艾和如火如荼社区服务发展迅猛。从此彻底改变中国社会“无社区概念，有社区生活”的状况，社区重新成为社会结构性要素。有鉴于此，本文主要侧重于改革开放四十年来社区观念、社区生活和国家社区政策变迁状况。

总体来说，按照宏观社会环境、主流价值观念、国家政策目标、主要社会问题、社区发展状况、主要社区问题、社区服务对象、社区发展动因、社区政策类型、社区政策主题、社区服务组织、社区服务范围内容与优先领域、社区服务人员、社区服务方式方法、社区筹资模式、国家与社区的关系、社区行政管理体制，社区地位作用、社区发展影响与主要时代特征等分析层面，我们可以将社区政策分为 1978—1992 年，1993—2000 年，2001—2006 年，2007—2010 年四个发展阶段，而且每个发展阶段的时代性与结构性特征明显，成为观察中国发展的窗口。简言之，改革开放 30 多年来，社区最主要时代特征依此是成为相对独立的生活空间，成为“单位人”转变为“社会人”的社会途径，成为国家发展的策略，成为福利社会发展的基础。

表 1　改革开放 30 年来中国社区生活发展阶段与时代特征状况一览表

分析层面	1978—1992 年	1993—2000 年	2001—2006 年	2007—2010 年
宏观社会环境	拨乱反正、改革开放	市场经济、国企改革	小康社会、深化改革	科学发展、和谐社会
主流价值观念	实事求是、改革开放	效率优先、兼顾公平	小康社会、协调发展	以人为本、民生福利
国家政策目标	城乡改革开放政策	市场经济体制建设	经济社会协调发展	构建福利、和谐社会

续表

分析层面	1978—1992 年	1993—2000 年	2001—2006 年	2007—2010 年
社会主要矛盾	改革与经济建设	改革与市场经济	发展与人民生活	发展与社会公平
社区发展状况	地理性社区形成	地理功能社区并存	社区成社会基础	社区成市民社会
主要社区问题	民政对象生活困难	待业职工生活保障	城市市容与管理	社区建设与稳定
社区发展动因	改革与生活性动因	经济体制改革动因	经济与政治动力	社会与政治动力
社区政策类型	社区服务政策	社区服务与建设	社区建设与服务	和谐社区建设
社区政策主题	城市社区服务	社区服务业为主	城市社区建设	城乡社区建设
社区服务组织	街道和居委会	社区服务中心等	政府社区与民间	行政专业与民间
社区服务对象	民政对象为主	下岗失业困难人群	城市户籍人群为主	城乡社区居民
社区服务内容	福利与便民服务	福利救助与社保	服务福利救助社保	社会服务与福利
社区服务重点	便民利民类服务	社会保障类服务	最低生活保障服务	社会服务类服务
社区服务人员	专职与兼职干部	专职兼职与志愿	专职兼职与社工	社工与专职志愿
社区服务方法	街居工作方法为主	社区经济发展为主	社区行政管理为主	专业服务方法为主
社区筹资模式	街居经济实体为主	经贸福彩财政	福彩经贸财政	财政与项目资金
社区行政管理	传统街居管理	新型社区管理	城市社区管理	基层社会管理
国家社区关系	间接转直接关系	国家社区关系形成	主体与辅助关系	主体与基础关系
社区地位作用	边缘与次要地位	提高与日趋重要	形式基础与重要	结构基础与核心
社区发展影响	缓解生活性困难	确保最低的生活	稳定与发展并存	改善生活质量
主要时代特征	社区成生活空间	社区成改革支撑	社区成发展策略	社区成发展基础

更为重要的是，改革开放二三十年来，国家有关城乡社区工作的政策法规既成为观察分析国家与社区关系模式变迁的基本素材，集中表现为国家有关社区生活重要和基础政策法规，又成为理解城乡社区环境、社区结构、社区问题、社区需要、社区回应机制、社区生活状况发展演变轨迹的最佳视角，从中可以直接、清晰地看到社区问题和社区需要结构变迁基本轨迹，还有助对笔者有关改革开放二三十年来，中国社区发展阶段划分与时代特征概括总结科学评判。

总体来说，除《中华人民共和国城市居民委员会组织法》和《村民委员会组织法》两法律外，其中，中央政府最重要的社区政策是 1993 年 12 月 1 日民政部等 14 部委联合发布的《关于加快发展社区服务业的意见》。2000 年 11 月 19 日，民政部《关于在全国推进城市社区建设的意见》。2006 年 4 月 9 日国务院以"行政法规"形式发布的《关于加强和改进社区服务工作的意见》。2009 年 11 月 23 日，民政部发布的《关于进一步推进和谐社区建设工作的意见》。2010 年 8 月 26 日，中共中央办公厅，国务院办公厅直接发布的《关于加强和改进城市社区居民委员会建设工作的意见》，分别标志中国城乡社区建设、社区生活状况与社区福利制度建设的不同发展阶段。

表 2　　改革开放以来中国城乡社区建设工作主要政策法规状况一览表

时间	主体	类型	主要政策法规的名称
1989. 12. 26	全国人大	法律	中华人民共和国城市居民委员会组织法
1993. 12. 01	民政部等	部门规章	关于加快发展社区服务业的意见
1998. 4. 18	中办国办	党政文件	关于在农村普遍实行村务公开和民主管理的通知
1998. 11. 04	全国人大	法律	中华人民共和国村民委员会组织法
2000. 11. 19	民政部等	部门规章	关于在全国推进城市社区建设的意见
2000. 12. 26	民政部等	部门规章	关于加强社区残疾人工作的意见
2002. 8. 15	公安部等	部门规章	关于加强社区警务建设的意见
2002. 8. 20	卫生部等	部门规章	关于加快发展城市社区卫生服务的意见
2003. 6. 19	劳保部等	部门规章	关于积极推进企业退休人员社会化管理服务工作的意见

续表

时间	主体	类型	主要政策法规的名称
2004. 10. 4	中组部	部门规章	关于进一步加强和改进街道社区党的建设工作的意见
2005. 10. 27	民政部等10部委	部门规章	关于进一步做好社区组织的工作用房、居民公益性服务设施建设和管理工作的意见
2005. 10. 27	民政部等	部门规章	关于进一步做好新形势下社区志愿服务工作的意见
2006. 2. 9	老龄办等	部门规章	关于加快发展养老服务业意见的通知
2006. 2. 21	国务院	行政法规	关于发展城市社区卫生服务的指导意见
2006. 4. 9	国务院	行政法规	关于加强和改进社区服务工作的意见
2006. 9. 22	民政部	部门规章	关于做好农村社区建设试点工作推进社会主义新农村建设的通知
2007. 5. 14	发改民政部	部门规章	“十一五”社区服务体系发展规划
2007. 11. 5	民政部	部门规章	全国社区服务示范城区标准
2007. 12. 7	民政部	部门规章	全国社区建设示范城基本标准
2008. 2. 19	民政部	部门规章	关于进一步推进廉政文化进社区工作的指导意见
2008. 10. 6	民政部	部门规章	全国和谐社区建设示范单位指导标准（试行）
2009. 6. 27	全国人大	人大决定	全国人大常委会废止1954年城市街道办事处组织条例
2009. 7. 28	民政部等	部门规章	关于开展村务公开和民主管理“难点村”治理工作的若干意见
2009. 11. 23	民政部	部门规章	关于进一步推进和谐社区建设工作的意见
2010. 7. 30	民政部	部门规章	关于切实加强村民委员会选举工作指导的意见
2010. 8. 26	中办国办	党政文件	关于加强和改进城市社区居民委员会建设工作的意见

三 社区需要结构战略升级与社区福利体系建设议题

改革开放四十年来，中国社区环境、社区政策目标、社区结构、社区问题、社区需要、社区回应机制和政府社区服务发展策略、社区服务的性质与类型、社区服务体系范围内容等，发生史无前例和翻天覆地变化，城乡社区生活结构性转变状况迫切需要新型社区服务体系。城乡社区生活结构性变迁状况具有特别重要的现实意义、理论意义、政策意义和全球性意义。城乡社区生活结构性变迁状况既反映宏观社会结构的变迁状况，又反映社区自身结构变迁，还反映国家与社会、国家与市场、国家与社区、国家与家庭、国家与个人关系结构变迁状况，更反映社区环境、社区需要、社区问题、社区组织、社区服务和社区生活状况总体发展方向。

改革开放四十年来，中央政府先后针对社区服务、社区建设、社区发展和社区福利议题颁布制定若干重要法律和政策，集中体现政府高层决策者、社会管理者和党国领导人对社区理解。有鉴于此，本文主要运用“内容分析”方法，通过主要政策法规相关主题的纵向比较研究，分析现有社区服务体系存在主要问题，发现城乡社区生活结构性变迁的规律性和总体趋势，为中国特色社区福利制度框架设计和现代型社区福利制度体系建设奠定多方面的制度基础。

第一，改革开放四十年来，中国政府社区政策框架目标任务体系发生重大和结构性变化，由“推动社区服务业全面快速、发展”转变为“积极推进和谐社区建设”，成就与问题并存。一般来说，社区政策目标任务通常由宏观和具体政策目标任务组成，反映当时社会主要需要。一方面，国家全面性、系统性、综合性、建设性社区政策目标体系的内涵外延不断丰富发展。

另一方面，政策目标体系长期聚焦于有限的地理社区范围、社区服务活动和社区管理体系，发展社区福利体系所需的“前提条件”和“手段工具”，“蜕变”为国家社区政策目标本身，目的和手段，目标与途径，方法与内容、形式与功能之间发生错位，社区政策偏离社区目标。社区居民的个人福利、家庭福利和以社区为基础的综合性社会福利体系建设发展缓慢滞后。总体来说，改革开放四十年来，国家有关社区政策法律的宏观政策目标主要聚焦于城乡社区组织建设，聚焦于贯彻落实国家大政方针，聚焦于城乡社区服务体系建设和具体工作目标，目标的宏观性、政治性、组织性、工作性特征明显，社会性、福利性、系统性和个性化不足。

表3　改革开放三十年来国家有关社区生活主要政策法律目标变迁状况一览表

时间	政策法律	主要政策法律中有关宏观与具体工作目标任务的陈述
1989.12	居委会法	为了加强城市居民委员会建设，由城市居民委员会群众依法办理群众自己的事情，促进城市基层社会主义民主和城市社会主义物质文明、精神文明的发展
1993.12	社区服务业宏观政策目标体系	为了贯彻落实党的十四大精神和《中共中央国务院关于加快发展第三产业的决定》，适应社会主义市场经济的需要，加快建立健全社会保障体系和社会化服务体系，推动社区服务业全面、快速地发展
1993.12	社区服务业具体工作目标体系	社区服务业的发展目标是：到21世纪末，基本建成多种经济成分并存、服务门类齐全、服务质量和管理水平较高的社区服务网络。社区服务业产值每年要以13.6%的速度增长；每千人口拥有的服务网点要有很大增长，各类社区服务设施达到26万个；85%以上街道兴办一所社区服务中心，一所老年公寓（托老所）、一所残疾人收托所和一所以上托幼机构
1998.11	村委会法	为了保障农村村民实行自治，由村民群众依法办理自己的事情，发展农村基层民主，促进农村社会主义物质文明和精神文明建设
2000.11	社区建设宏观政策目标体系	大力推进城市社区建设，是新形势下坚持党的群众路线、做好群众工作和加强基层政权建设的重要内容，是面向新世纪我国城市现代化建设的重要途径。切实加强城市社区建设，对于促进经济和社会协调发展，提高人民的生活水平和生活质量，扩大基层民主，维护社区稳定，推动城市改革与发展，具有十分重要的意义

续表

时间	政策法律	主要政策法律中有关宏观与具体工作目标任务的陈述
2000.11	社区建设 具体工作目标体系	今后五到十年城市社区建设的主要目标是：(1)适应城市现代化的要求，加强社区党的组织和社区居民自治组织建设，建立起以地域性为特征、以认同感为纽带的新型社区，构建新的社区组织体系；(2)以拓展社区服务为龙头，不断丰富社区建设的内容，增加服务的发展项目，促进社区服务网络化和产业化，努力提高居民生活质量，不断满足人民群众日益增长的物质文化需求；(3)加强社区管理，理顺社区关系，完善社区功能，改革城市基层管理体制，建立与社会主义市场经济体制相适应的社区管理体制和运行机制；(4)坚持政府指导和社会共同参与相结合，充分发挥社区力量，合理配置社区资源，大力发展社区事业，不断提高居民的素质和整个社区的文明程度，努力建设管理有序、服务完善、环境优美、治安良好、生活便利、人际关系和谐的新型现代化社区
2009.11	和谐社区 宏观政策目标体系	为深入贯彻落实党的十七大和十七届三中、四中全会精神，把服务居民、造福群众作为出发点和落脚点，充分发挥社区在构建社会主义和谐社会中的重要基础作用，加快形成城乡经济社会发展一体化新格局，加强和改进基层社会管理、提高居民生活质量、维护社会和谐稳定、密切党和政府同人民群众的关系，为实现全面建设小康社会奋斗目标和构建社会主义和谐社会奠定更加坚实的基础
2009.11	和谐社区 具体工作目标体系	力争用五年的时间，把全国80%以上的城乡社区建设成为管理有序、服务完善、文明祥和的社会生活共同体；到建党100周年时，把所有城乡社区全面建设成为管理有序、服务完善、文明祥和的社会生活共同体

第二，改革开放四十年来，中国城乡社区问题的数量、结构、性质、类型、规模、影响均发生重大变化，反映社区环境、社区结构、社区需要和社区生活环境结构性变迁的轨迹。实际上，社区问题的变化反映社区需

要结构变化，社区需要通常以社区问题的形式表现出来。需要强调的是，社区问题与社区需要界定主体，界定角度、界定方式方法与界定标准的不同，可能出现迥然不同的数据结果，得到不同的研究发现和研究结论，“看到”不同的社会问题。一般来说，最佳社区需要界定模式是社区居民、决策者和社区服务机构管理者三方合作。本文的分析文本主要来源是改革开放四十年来中央政府有关城乡社区工作的主要政策法规，主要反映政府官员和国家高层决策者对社区问题与社区需要的认识理解，形势判断和回应。

总体来说，改革开放四十年来，中国城乡社区问题的成因、结构、类型与影响发生重大变化。一是城镇化、工业化、市场化、现代化过程、社会结构与人口结构变动、经济体制改革实践，从宏观层面深刻影响社区生活、社区需要与社区问题。社区既是变迁对象，又是变迁的主体；二是长期以来，对社区服务、社区建设与社区福利，一些部门和地区还存在思想认识不到位，有些地方党组织对街道、社区党建工作重视不够，有些街道干部和社区工作者为社区群众和驻区单位服务的自觉性不高，有些驻区单位和党员参与社区建设的积极性不高等思想认识，价值观念、工作态度和缺乏工作动机等思想认识问题突出，亟待解放思想，更新价值理念；三是似乎城市居民委员会与农村村民委员会组织建设，既是城乡社区问题的主要组织成因，又是城乡社区问题的主要类型，还是城乡社区组织建设的主体，长期处于核心与关键性地位；四是长期以来，城市居民委员会与农村村民委员会组织建设始终面临一系列“老大难问题”，如居民委员会行政化管理现象严重，组织不健全，工作关系不顺，服务设施薄弱、数量不足，功能单一，在管理和服务上力不从心，存在责权利不统一、职责任务不明确、社区协调机制不完善，管辖范围过小，工作人员老化与素质偏低，工作条件不配套和条件差，社区卫生服务资源短缺、服务能力不强，社区服务体系建设和发展缺乏稳定投入机制，投资主体不明确，资金总量不足，工作经费难落实，驻区单位、党员和社区居民参与社区建设积极性不高等，凸显现有社区政策法规目标定位和及时回应社区需要，有效解决社区问题上亟待改善。

表 4　改革开放三十年来中央政府有关“社区问题”界定状况一览表

日期	政策法规	中央政府有关社区政策法规界定的主要“社区问题”
1993.12	社区服务业政策	在我国社会主义市场经济条件下，随着经济的发展，家庭结构小型化，人口老龄化，以及人民生活水平的提高和消费结构的多元化，群众对社会服务需求急剧增加
2000.11	社区建设	长期以来，受计划经济体制的影响，城市居民委员会不同程度地存在行政化管理的现象，居民参与社区建设的程度还不太高。随着改革的深化和居民对社区事务的日益关注，城市居民委员会原有的管理方式很难适应形势发展的需要。面对流动人口、下岗职工、老龄工作、社会治安、计划生育等各种问题，城市居民委员会在管理和服务上力不从心，存在着责权利不统一、职责任务不明确、管辖范围过小、人员老化、工作条件差等问题
2003.6	退休人员社会化管理	但由于这项工作目前尚处于起步阶段，一些部门和地区还存在思想认识不到位、工作条件不配套、职责分工不明确、管理服务不规范等问题
2004.10	社区党建工作	但仍存在一些亟待解决的问题。有些地方党组织对街道、社区党建工作重视不够，党在城市工作的覆盖面有待进一步扩大；有些街道干部和社区工作者为社区群众和驻区单位服务的自觉性不高，工作水平和工作作风与当前社区工作的需要不相适应；有些驻区单位和党员参与社区建设的积极性不高，社区党建工作协调机制尚不完善；有些中小城市和小城镇社区党建工作还比较薄弱
2005.10	工作用房、服务设施建设管理工作	但是，不少地方工作用房和公益性服务设施建设和管理工作存在的问题依然很多，有的社区组织的工作用房陈旧简陋，有的社区组织没有工作用房和公益性服务设施，特别是老年人、青少年活动的公益性服务设施，有的工作用房和公益性服务设施管理不善，没有发挥应有的作用，不能适应新形势下城市改革发展稳定的要求

续表

日期	政策法规	中央政府有关社区政策法规界定的主要“社区问题”
2006.2	城市社区卫生服务政策	在城市卫生事业发展中还存在优质资源过分向大医院集中，社区卫生服务资源短缺、服务能力不强、不能满足群众基本卫生服务需求等问题。这是造成群众看病难、看病贵的重要原因之一
2006.9	农村社区建设与新农村建设	但随着科学发展观的落实，农村经济社会发展中的一些深层次矛盾逐步显现出来，城乡差别呈继续扩大的趋势，农村基础设施落后公共服务薄弱，村民自治组织的行政化倾向严重，凝聚力不强，严重制约着全面建设小康社会的进程，影响着农民群众参与社会主义新农村业设的积极性
2007.5	“十一五”社区服务体系发展规划	我国社区服务总体上仍处于初级发展阶段，社区服务体系建设现状与构建社会主义和谐社会的要求还不相适应，与社区居民日益增长的服务需求还有不小的差距。比较突出的问题表现为：第一，社区作为构建和谐社会基本单元的功能还没有得到充分发挥，一些群众最关心、最直接、最现实的利益问题在社区层面还没有得到根本解决，社区卫生、就业、社会保障等工作需要进一步加强和改进，社区治安仍旧是群众高度关注的问题。第二，服务体系难以为社区健康发展提供有力支撑，多方参与机制还有待于进一步完善，社区服务设施数量不足，功能单一，总体水平不高。第三，社区服务体系建设和发展缺乏稳定的投入机制，投资主体不明确，资金总量不足，部分地方社区基本公共服务的必要支出得不到保障，社区服务基础设施建设资金缺口较大。第四，相关法律法规不健全，缺乏统筹规划和针对性、操作性强的政策措施
2009.11	和谐社区	积极推进和谐社区建设，为加强和改进基层社会管理、提高居民生活质量、维护社会和谐稳定、密切党和政府同人民群众的关系做出了重要贡献，但与我国经济社会发展新要求、人民群众过上美好生活新期待相比仍有很大差距
2010.8	居委建设	但不少社区居民委员会还存在着组织不健全、工作关系不顺、工作人员素质偏低、服务设施薄弱、工作经费难以落实等问题

第三，改革开放四十年来，国家立法者、决策者与管理者对社区问题性质、本质的认识，尤其是对社区服务性质、本质和分类划分的认识理解发生重大变化，间接反映社区问题性质、本质的演变，直接反映人们对社区问题和社区需要的认识、理解和解决社区问题的努力方向。一般来说，社会生活五光十色、丰富多彩，社会问题多种多样、错综复杂，社会现象多样、包罗万象，但是社会问题、社会现象性质、本质是单一性的，需要人们对问题的深度理解。

中外人类社会发展历史经验证明，只有深刻理解社会问题与社会现象的本质、实质和精髓，抽丝剥茧，透过千姿百态和千变万化的社会表面现象，把握社会事物性质、本质和精髓所在，抓住客观事物的主要矛盾和社会现象的本质，我们才能有的放矢，有效回应和解决社会问题。因为事物性质与本质决定责任的社会划分，决定责任的主体和客体，决定社会资源分配制度。需要强调的是，一方面，社区服务性质、本质和类型划分与社区服务职能角色作用密切相关；另一方面，社区服务性质、本质和类型划分与社区范围内容、地位作用和影响效果密切相关。

总体来说，改革开放30年来，国家有关社区服务“性质与类型”划分状况的特征明显。第一，1980年代开始使用“社区服务”的概念，1993年首次使用“社区服务业”的提法，2000年又转变为“社区建设”，2006年新增“养老服务业”，尤其是“公共服务”和“公共服务体系建设”等概念，2009年出现“和谐社区建设”概念，社区政策核心理念不断丰富。其中最重要的是社区服务、社区建设、公共服务和和谐社区建设四大主题，反映社区服务重点。

第二，改革开放30年来，社区服务性质与类型日趋多样，由最初“社会福利”性质与类型，“便民利民”服务业和“职工社会保险管理”服务业组成，是“社会保障”和“社会化服务”体系的重要组成部分。2000年又增加“社会救助”服务性质和类型。2005年增加“社区志愿服务”、社区慈善事业、社区公益事业三种服务性质和类型。2006年则将“养老服务业”服务性质和类型划分为老年“社会福利事业”，社会养老服务机构，鼓励发展居家老人服务，支持发展老年护理、临终关怀服务等多种亚性质和类型。2006 年，社区卫生服务性质与类型属于“公益”性质，不以营利为目的，是政府“社会管理”和“公共服务”职能重要内容。同年新增“自助和互助服务”性质和类型，并且将“文化、教育、卫生、社会保障和社会福利事业”性质和服务类型并列起来。2009 年，社区服务性质与类型又细分为“服务性、公益性、互助性”三类，同时增加“邻里互助”等“群众性自我服务”活动，发展“慈善事业”，推进“社区商业服务”等新型性质与类型，自助互助、慈善公益、社会救助、社会保险、社会保障、社会福利性质服务并存共生，社会服务、公共服务与社会行政管理服务混杂。这种状况的根源在于决策者们对各式各样社区服务性质与本质的认识、理解存在不同观点，尤其是对各类服务的性质与本质认识尚未达成共识，影响责任的社会划分和国家角色。

第三，最为关键的问题是，如何科学合理界定城乡社区层面的社会服务性质与本质的类型，是公共服务为主，还是社会服务为主，或是社会福利服务，或是自助互助与慈善、公益为主？如何科学合理划分各式各样社会服务的社会边界？社区服务本质属性与精髓实质是什么？“社区福利事业”与“社区公共服务”的主要异同之处是什么，这些亟待基础理论研究。例如深圳市将社会治安、社区矫正、公共卫生、计划生育、优抚救济、社区教育、劳动就业、社会保障、社会救助、住房保障、文化体育、消费维权以及老年人、残疾人、未成年人、流动人口权益保障等工作，归纳概括为三种类型的社区公共服务，一是政府提供的以特定人群为对象的服务，如老人服务、残疾人康复服务、家庭和妇女儿童服务、青少年服务、精神病患者治疗服务、滥用药物帮教服务等；二是政府、社会和个人共同承担的，面向全体居民提供的服务，如卫生健康计生服务、社区就业服务、治安法律援助服务、科教文体服务、应急减灾服务等；三是政府提供的以维系社区秩序为目的的管理性服务，如治安和综合治理服务、信访服务、人民调解服务、外来人口服务、社区矫正服务等，划分的角度是责任主体。简言之，社区服务定性是关键问题，社区服务性质关系社区问题的本质与责任的社会划分。

表 5　改革开放三十年来中央政府有关社区服务“性质与类型”划分状况一览表

时间	政策法规	国家有关社区服务“性质与类型”的划分状况
1993. 12	社区服务业的政策	社区服务业是在政府倡导下，为满足社会成员多种需求，以街道、镇和居委会的社区组织为依托，具有社会福利性的居民服务业。社区服务业由社区福利服务业、便民利民服务业和职工社会保险管理服务业组成，是社会保障体系和社会化服务体系中的一个重要行业。社区服务业具有福利性、群众性、服务性、区域性四大特点
2000. 11	社区建设	社区服务主要是开展面向老年人、儿童、残疾人、社会贫困户、优抚对象的社会救助和福利服务，面向社区居民的便民利民服务，面向社区单位的社会化服务，面向下岗职工的再就业服务和社会保障社会化服务
2005. 10	社区志愿服务	社区志愿服务是社会组织和个人自愿用自身的时间、技能等资源，在社区为居民和社区慈善事业、公益事业提供帮助或服务的行为
2006. 2	养老服务业的政策	养老服务业是为老年人提供生活照顾和护理服务，满足老年人特殊生活需求的服务行业。进一步发展老年社会福利事业。大力发展社会养老服务机构。鼓励发展居家老人服务业务。支持发展老年护理、临终关怀服务业务。提高养老服务人员素质。
2006. 2	社区卫生服务	社区卫生服务机构提供公共卫生服务和基本医疗服务，具有公益性质，不以营利为目的。社区卫生服是政府履行社会管理和公共服务职能的一项重要内容
2006. 4	国务院加强社区服务的政策	按照政企分开、政事分开原则，区分不同类型社区服务，实行分类指导。大力推进公共服务体系建设，使政府公共服务覆盖到社区。发展面向基层的公益性文化事业。支持社区居委会组织社区成员开展自助和互助服务。积极开展社区志愿服务活动

续表

时间	政策法规	国家有关社区服务“性质与类型”的划分状况
2007.5	“十一五”社区服务规划	以满足居民公共服务和多样性生活服务需求为目标，发展全方位、多层次的社区服务业。积极发展便民利民服务。积极开展社区就业和社会保险服务，重点开发面向社会福利对象的福利服务岗位。全面促进社区救助服务。完善社区老年服务体系
2006.9	新农村建设	拓展农村基层文化、教育、卫生、社会保障和社会福利事业。引导政府的社会管理和公共服务向农村延伸
2009.11	和谐社区建设政策	大力培育服务性、公益性、互助性社区社会组织；积极推进以就业、社会保险、社会救助、社会治安、医疗卫生、计划生育、文化、教育、体育为主要内容的政府公共服务覆盖到社区；支持驻社区单位和社区居民开展邻里互助等群众性自我服务活动，为低收入人群、老年人、残疾人、优抚对象、城市流浪儿童和农村“留守儿童”等提供各种服务，发展慈善事业。鼓励各类组织、企业和个人兴办与居民生活密切相关的城乡社区服务业，推进社区商业服务规模化、集约化、产业化；构筑政府基本公共服务、农民志愿服务和互助性服务、市场商业性服务相衔接的新型农村社区服务体系。将社区服务纳入政府社会管理和公共服务职能范畴
2010.8	社区居委会建设	社区居委会承担的社会管理任务更加繁重、维护社会稳定的功能更加突出；开展多种形式的社会主义精神文明建设活动；办理本社区居民的公共事务和公益事业；开展便民利民的社区服务活动，推动社区互助和志愿服务；要积极培育社区服务性、公益性、互助性社会组织，积极引导各种社会组织和各类志愿者参与社区管理和服务，鼓励和支持社区居民开展互助服务；普遍推行社区公共服务事项准入制度

第四，社区服务性质、根本属性与精髓本质类型划分不清的基本社会结果是，自然机制、行政机制、法律机制、互助机制、志愿机制、慈善机制、公益机制、市场机制、社会机制、国家机制和国际机制并存共生，以满足民生需要为基础的社区服务体系内容庞杂。社区服务应以哪种机制、性质和类型的服务为主，社区服务的本质与根本目的是什么，国家与社区的最佳相互关系模式是什么，如何使社区服务充分发挥应有作用和功能？这些基础理论问题直接关系社区服务政策目标、性质与本质、服务范围和功能、作用。

第五，改革开放四十年来，社区服务范围不断扩大，内容不断增多，社区服务成为一个什么都能装的“筐”。社区服务体系应以什么性质和类型的服务为主，社区服务的基本单元与基本对象是什么，社区服务的基本内容与核心服务领域是什么，城乡社区不同发展阶段中社区服务体系优先领域与战略重点是什么，中外社区服务体系发展变化的普遍规律是什么，中国社区服务体系发展的战略规划与基本趋势是什么，这些都是迫切需要回答的基本问题。

总体来说，改革开放四十年来，社区服务体系范围与内容界定呈现诸多引人注目结构性特征，一是城乡社区服务的范围与内容最初由“社区福利服务业、便民利民服务业和职工社会保险管理服务业”，扩大为“社区建设服务”“公共服务体系建设”，及“和谐社区建设服务”，社区服务范围与内容成为公共服务、社会服务、福利服务、互助和慈善公益服务重要部分。

二是长期以来，社区服务范围与内容的界定主体、界定角度多种多样，多种标准并存共生，导致不同时期、不同界定部门、不同部门制定的政策法规、不同界定视角、不同界定标准的社区服务范围内容迥然不同，相差悬殊，致使人们对社区服务基本范围与主要内容缺乏共识。例如，是按照“体系”，还是按照政府职能部门分工，或是以社区居民需要建立社区服务体系？是按照社区服务的整个“体系框架”，还是按照各部门具体分散服务项目建设社区服务体系？是从政府与社区组织关系的角度，还是从社区居民需要满足的角度界定社区服务范围内容？是从服务“性质”角度，还是从社区需要居民和社区服务体系规律性角度界定服务范围内容？是从全国社区服务示范城区标准与社区建设示范城标准，还是从社区居民生活质量的角度？

表6　改革开放三十年来中央政府有关社区服务“范围与内容”状况一览表

时间	政策法规	中央政府有关社区服务体系的“范围与内容”状况
1993.12	社区服务业的范围与内容	社区服务业由社区福利服务业、便民利民服务业和职工社会保险管理服务业组成。社区服务业的基本任务是开展各种便民家庭服务、婚丧服务、初级卫生保健服务、文体健身娱乐服务、婴幼儿教育服务、残疾儿童教育训练和寄托服务、养老服务、避孕节育咨询、优生优育优教咨询、心理咨询等服务项目
2000.11	社区建设范围内容	促进城市社区建设各项工作开展，因地制宜地确定社区建设发展的内容。1. 拓展社区服务；2. 发展社区卫生；3. 繁荣社区文化；4. 美化社区环境；5. 加强社区治安
2000.12	社区残疾人工作范围与内容	1. 推进残疾人社区康复；2. 为残疾人提供切实服务。落实城市最低生活保障制度，保障残疾人基本生活；安置残疾人就业，扶持残疾人个体从业，社区便民服务网点优先安排条件适合的残疾人；市民求助系统等公共服务网络为残疾人提供优质服务，解决他们的实际困难；关心残疾儿童和残疾人子女的教育问题，对生活困难的，提供支持和帮助；采取党政干部“帮扶结对”等多种形式，组织志愿者为残疾人提供帮扶服务；3. 活跃残疾人的文化生活；4. 建设社区无障碍环境；5. 保障残疾人合法权益
2003.6	企业退休人员社会化管理范围与内容	街道和社区的社会化管理服务工作主要包括：配合社会保险经办机构做好确保养老金按时足额发放工作，保障企业退休人员的基本生活；为企业退休人员提供社会保险政策咨询和各项查询服务；跟踪了解企业退休人员生存状况，协助社会保险经办机构进行领取养老金资格认证；帮助死亡企业退休人员的家属申请丧葬补助金和遗属津贴；集中管理企业退休人员的人事档案；组织企业退休人员中的党员经常开展组织活动，加强企业退休人员的思想政治工作；建立企业退休人员健康档案，有计划地开展健康教育、疾病预防控制和保健工作，提供方便的医疗、护理和康复服务；组织企业退休人员开展文化体育健身活动，指导和帮助他们通过各种形式的社会公益活动发挥余热，开展自我管理和互助服务。

续表

时间	政策法规	中央政府有关社区服务体系的“范围与内容”状况
2005. 10	社区志愿服务	社区志愿服务是社会组织和个人自愿用自身的时间、技能等资源，在社区为居民和社区慈善事业、公益事业提供帮助或服务的行为
2006. 2.	养老服务业的范围内容	1. 进一步发展老年社会福利事业；2. 大力发展社会养老服务机构；3. 鼓励发展居家老人服务业务；4. 支持发展老年护理、临终关怀服务业务；5. 促进老年用品市场开发；6. 加强教育培训，提高养老服务人员素质。
2006. 2.	社区卫生服务范围	社区卫生服务机构要以社区、家庭和居民为服务对象，以妇女、儿童、老年人、慢性病人、残疾人、贫困居民等为服务重点，以主动服务、上门服务为主，开展健康教育、预防、保健、康复、计划生育技术服务和一般常见病、多发病的诊疗服务
2006. 4	加强和改进社区服务的内容	大力推进公共服务体系建设，使政府公共服务覆盖到社区。1. 推进社区就业服务;2. 推进社区社会保障服务；3. 推进社区救助服务；4. 推进社区卫生和计划生育服务；5. 推进社区文化、教育、体育服务；6. 推进社区流动人口管理和服务；7. 推进社区安全服务；8. 不断改进政府公共服务方式；9. 组织社区成员开展自助和互助服务
2007. 5	“十一五”社区服务体系发展规划	1. 积极发展便民利民服务，满足群众日常生活需要，拉动居民消费；2. 积极开展社区就业和社会保险服务；3. 全面促进社区救助服务，加快发展新型社区救助服务体系；4. 进一步加强社区卫生和计划生育服务；5. 建立健全社区治安防控网络，加快社区警务室（站）的建设；6. 发展社区文化、教育和体育；7. 完善社区老年服务体系;8. 加强社区环境整治和环境保护；9. 建设完善一批集党建、劳动保障、社会救助、卫生和计划生育、社区治安、文化、教育和体育、养老托幼、残疾人康复、便民利民等多项功能为一体的综合社区服务设施

续表

时间	政策法规	中央政府有关社区服务体系的“范围与内容”状况
2006. 9	新农村建设	拓展农村基层文化、教育、卫生、社会保障和社会福利事业
2009. 11	和谐社区建设政策	积极推进以就业、社会保险、社会救助、社会治安、医疗卫生、计划生育、文化、教育、体育为主要内容的政府公共服务覆盖到社区，实现城乡基本公共服务均等化；构筑政府基本公共服务、农民志愿服务和互助性服务、市场商业性服务相衔接的新型农村社区服务体系
2010. 8	社区居委会建设	1. 城市基层人民政府或它的派出机关要大力推进服务型政府建设，履行好社会管理和公共服务的职责。在街道社区服务中心设立“一站式”服务大厅，为社区及居民群众提供方便快捷优质的服务；2. 组织居民开展自治活动；3. 协助城市基层人民政府或它的派出机关开展工作。做好与居民利益有关的社会治安、社区矫正、公共卫生、计划生育、优抚救济、社区教育、劳动就业、社会保障、社会救助、住房保障、文化体育、消费维权以及老年人、残疾人、未成年人、流动人口权益保障等工作；4. 依法组织开展有关监督活动；5. 推动社区互助服务和志愿服务活动等

更为重要的是，改革开放四十年以来，由于社区是社会的基本单元，是人们社会生活的共同体和人居的基本平台。加强社会管理的重心在社区，改善民生的依托在社区，维护稳定的根基在社区。社区日益成为各种利益关系的交会点、各种社会矛盾的集聚点、社会建设的着力点和党在基层执政的支撑点，各种社会事务“进社区”成为一种社会风尚和政策发展趋势，导致社区服务范围内容、数量规模急剧增加扩大，社区服务范围内容条块分隔状况明显。如“廉政文化进社区工作”“科技、文化、法律、卫生进社区和四下乡”，进而导致社区党建工作与社区服务体系建设的关系，社区廉政文化建设与社区服务体系建设的关系等议题，社区服务活动的“泛政治化和意识形态化”色彩浓厚。

与此同时，社区服务活动的“生活化与福利化”色彩相对薄弱，社区由此成为政治生活、道德规范和文化宣传教育的社会场所，因为社区廉政服务建设的主要范围内容是以社区居民为对象，开展反腐倡廉主题教育活动；以党员干部家庭为对象，开展“家庭共筑防腐墙”的家庭助廉主题活动；以青少年学生为对象，开展“敬廉崇洁”为主题的爱廉教育活动；以驻社区的企业为对象，开展“廉洁诚信、依法经营”为主题的自律教育活动。农村社区普遍实行村务公开和民主管理活动同样如此。当然，作为社会生活基本单元的社区固然具有政治、意识形态和文化宣传教育的功能作用。但是，总体来说，社区最重要功能与本质是社会化、生活化、个性化和福利化的微观生活场所。

四　中国特色社区福利制度框架范围内容与战略重点

以全面系统中国社区福利制度发展研究为基础，根据中外社会福利制度建设普遍规律，尤其是中国改革开放和社区服务体系建设实践四十的历史经验教训，针对城乡社区现行的主要社区问题，特别是全体国民追求社会公平、追求幸福美好新生活的社会需要与新期待，充分考虑中国社会结构转型处境和社会福利文化传统，我们设计中国特色社区福利制度框架，明确界定社区福利制度的范围与内容，指出未来社区福利制度建设的战略重点与优先领域，目的是为完整系统中国特色社会福利制度框架设计与社会福利体系建设奠定社区福利基础。

众所周知，现代社会制度本质是社会福利取向的，目的是营造良好社会秩序，增进社会福祉。如果从广义的社会体系角度说，中国社会政策框架与社会福利体系主要包括国际福利、环境福利、宗教福利、政治福利、经济福利、狭义社会福利、文化福利与精神心理福利等部分。社区福利体系既是现代社会福利制度的重要组成部分，又是现代社会福利制度的集中体现。

需要指出的是，我们是按照服务领域和服务性质两类标准，主要是以直接的福利服务为主、间接的福利服务为辅原则，界定中国特色社区福利制度框架范围内容，确定优先发展领域。

总体来说，我们将社区服务性质分为超国家服务、公共服务、社会服务、狭义福利服务四类，将社区福利服务政策目标分为社会秩序、社会公平、社会整合、社会福利、家庭福利、住房福利、健康福利、公共福利、妇女福利、就业福利、生活福利、社会博爱、社会利他和个人发展福利等多种目标。实际上，这些目标也反映社区福利制度发挥的作用与承担的社会功能。需要指出的是，社区福利服务对象包罗万象，主要分为外国人和在华长期工作生活的外国居民，不分国籍的所有居民，适龄青年人，具有中华人民共和国公民权的所有公民，所有的妇幼，不分国籍的所有就业者，老弱病残、鳏寡孤独等弱势、劣势群体和所有需要帮助的人。从服务现状角度看，“亟待建立和亟待加强”的领域就是未来社区福利制度建设的战略重点。

表 7　　中国特色社区福利制度框架范围内容与战略重点一览表

范围内容	服务性质	服务目标	服务对象	服务现状
国际社区服务	超国家服务	社会秩序	外国人和居民	孕育萌芽
环境健康服务	公共服务	社会福利	所有的居民	亟待加强
婚姻家庭服务	社会服务	家庭福利	适龄青年人	亟待加强
住房福利服务	社会服务	住房福利	所有的公民	亟待加强
医药卫生服务	社会服务	健康福利	所有的公民	亟待改善
公共卫生服务	公共服务	公共福利	所有的居民	亟待完善
优生优育服务	社会服务	健康福利	所有的公民	亟待完善
妇幼保健服务	福利服务	妇女福利	所有的妇幼	亟待加强
就业支援服务	社会服务	就业福利	所有就业者	亟待完善
社会保险服务	社会服务	社会预防	所有的公民	亟待完善
个人福利服务	福利服务	个人福利	所有的居民	亟待建立
社会救助服务	福利服务	生活保障	弱劣势和需要人	亟待完善
慈善公益服务	福利服务	社会博爱	所有的居民	亟待加强
社区志愿服务	福利服务	社会利他	所有的居民	亟待加强
自助互助服务	福利服务	社会互助	所有的居民	亟待完善
社区综合服务	福利服务	社会整合	所有的公民	亟待建立
公共安全服务	公共服务	公共秩序	所有的居民	亟待完善
文化教育体育	社会服务	文教体福利	所有的居民	亟待调整
旅游休闲娱乐	社会服务	个人发展福利	所有的居民	亟待加强

五 国家—社区互动关系模式与国家战略规划行动议程

改革开放四十多年来，国家与社区的关系模式发生重大结构转变，国家与社区关系已成为广泛全面深刻影响中国社会结构变迁、总体社会福利和社会生活质量的基本社会关系之一。改革开放前，由于城乡二元分隔、计划经济体制和“单位制”盛行，地理社区“隐没于国”。改革开放政策以来，伴随市场经济体制改革深化、市民社会和 NGO 不断涌现，“国家”等同“社会”的状况发生重大转变。作为一种独立社会实体的“社会”形成，国家与社会的关系逐渐具有特别重要的社会意义。与此同时，一方面，地域社区是社会结构的重要组成部分；另一方面，国家与社区关系是国家与社会关系重要部分，社区具有举足轻重的战略地位。

更为重要的是，改革开放以来，地理社区最重要社会功能既不是国家政治功能的延续和发展，又不是市场经济体系的主要组成部分，而是成为公民个人生活与社会生活的主要社会场所。换言之，改革开放以前，作为地域社区的街道办事处、居委会和作为功能社区的工作单位，最主要的社会功能是社会分隔、社会分层、社会排斥和以社会身份为主的等级性象征制度。在政治、经济、社会、文化功能高度交织的背景下，政治功能成为最强和最具有决定性因素。

令人鼓舞的是，改革开放四十多年来，总体性社会结构、国家与社会的关系，总体性社区结构，国家与社区的关系均发生翻天覆地的变化，总体性社会结构和社区结构转型最主要趋势是，地理社区成最重要生活场所，社会性、家庭化、生活性、个体性和福利性功能日趋重要。中国社区结构、功能、角色、地位、作用转变的基础在于社会需要和社区需要结构性变迁，社会需要与社区需要结构转型状况、发展趋势，实际上决定国家战略规划与未来行动议程。

总体来说，中国社区福利制框架度建设的国家战略规划与未来行动议程由多部分组成。第一，中国社区发展与社区福利制度框架建设的长远战略规划研究，目的是在社会现代化建设宏大社会背景下，科学合理准确地为地理社区和功能社区性质目标、功能角色、地位作用定位，预测性描绘国家与社区关系模式结构性转变的“时间表”“路线图”和总体发展方向，探索社区生活状况与社区福利制度发展的普遍规律，为国家宏观社区政策与立法奠定基础。

第二，全面、系统、科学、历史地梳理和评估新中国成立60年来国家有关社区的立法和政策体系，总结历史经验教训，发现现存的主要问题，科学界定不断变迁的社会需要与社区需要体系，针对社区发展主要问题与主要矛盾，重新制定有中国特色的社区立法框架与社区政策体系。

第三，结合城乡基层社区组织建设，尤其是各式各样草根性和社区型NGO迅猛发展的状况，以老年人、残疾人、“40”“50”人员为主的社区福利性、保护性、公益性和保障性就业支援服务，建立以社会目标和福利功能为宗旨的“社会经济”“社会企业”理念和“社会经济体系”，创造中国特色的社会经济制度框架，为社区福利体系的健康发展奠定坚实的经济基础。

第四，适应政府职能转变、社区需要结构转型和以社区为基础社区型组织建设的客观需要，尤其是妥善处理国家与社区互动关系模式的发展问题，探寻国家与社区关系演变发展规律，组建全国性、跨部门、跨地区、跨行业、跨学科《中国社区建设与社区福利协会》的条件，已成熟，为国家治理社区，协调国家与社区的关系，提高社区福利和改善生活质量奠定基础。

第五，更为重要的是，利用“社会工作者进社区”的战略机遇，在全国范围开展多种多样的社区服务与社区发展试验项目，将政策研究、制度建设、社区需要研究、社区福利制度建设、社区社会工作者培养、社区实务模式建构、理论创新、政策倡导和有计划社区变迁结合起来，通过全国性社区服务、社区建设与社区发展试验项目，建立中国特色的社区福利制度框架。

第六，进一步加强有关社会结构变迁、工业化、城镇化、现代化、社区发展、国家与社会关系议题的基础性理论研究和应用性政策研究，建立《中国社区建设与社区福利政策研究院》，创办《中国社区建设》杂志，广泛开展各类社区建设与社区福利制度建设国际比较研究，为中国特色社会福利制度与社区福利制度建设提供超前性和指导性的理论支撑与思想基础。

六　简要讨论与基本结论

2010 年将是世界历史和中国历史上具有时代意义的时刻，中国社会蜕变为崭新的社会，进入崭新的时代。中国新社会与新时代的基本特征是，中国社会进入社会政策、社会立法、社会福利、社会服务时代，“社会福利元年”和以改善民生活为重点的社会建设是主要标志。中国新社会与新时代发展主题是国家与社会、国家与社区、国家与公民之间新型“社会契约”。中国改革开放政策、社会结构转型与体制改革实践既彻底改变了国家与社会互动关系模式，中国社会环境、价值观念、社会面貌、社会结构、社会需要、社会生活和行为模式发生变化，国家与社区的互动关系模式开始具有特别重要的现实意义、理论意义、政策意义和国际意义，不仅社会生活广泛深刻影响社区生活，而且社区生活也在重塑社会生活面貌，互动关系明显，更为重要的是，社区与国家的互动关系将在相当大程度上直接决定和影响社会生活的状况。因为改革开放四十年来，中国社会结构转型与社区结构分化实践的最大社会后果是社区功能与社区角色的历史性转变，地域社区与功能社区由“政治单元”转变为“市民公共生活空间”，社区由“身份地位型社区”转变为“生活福利型社区”，社区福利制度建设成为时代性主题。

中国特色社区福利制度框架与社区福利体系建设议题的出现并非偶然，它既是改革开放三十多年来社区环境、社区结构分化、社区需要结构变迁和社区生活发展必然结果与客观要求，又是中国社区生活、社区服务、社区建设、社区发展、社区管理、社区融合共同的发展方向，是社区问题性质与类型，尤其是国人社会需要与社区需要结构战略性升级与转型发展趋势，是广义和最高层次的社会福祉观念，中观、一般性意义和狭义社会福利观念发展转变结果，是以人为本、科学发展、执政为民、以改善民生活为重点的社会建设等新理念的具体体现，是观察、分析中国进入社会政策、社会立法、社会福利、社会服务时代的最佳视角与场所。因为地域社区与功能社区已成为中国新社会的主要组成部分，是最主要的生活与福利场所。

更为重要的是，当宏观社区环境，尤其是社区问题性质与类型发生重大变化，社区结构分化、社区需要结构战略升级，社区已成为相对独立自主性和高度综合性的社会结构性力量之时，国家有关社区立法、社区政策目标、社区组织建设方针、社区服务模式、社区工作队伍建设、社区管理体制与社区行政管理的运行机制、社区治理的价值理念等尚未做出及时有效调整，进而导致社区名义地位重要，实际基础薄弱；社区居委会和村民委员会名为群众自治组织，实为变异的政府派出机构，行政化色彩浓厚；社区功能理论上主要是市民的生活与福利场所，实际上社区生活政治化与意识形态化严重；理论上，责任的社会划分与社会福利、社区福利责任主体明确清晰，实际上，行政机制、互助机制、志愿机制、慈善公益机制、市场机制，在社区层面高度相互交织，公共政策、社会政策、社会福利政策间和社会福利责任边界不清。中国社区服务、社区建设、社区发展和社区福利制度面临诸多结构性矛盾，亟待政策调整。

根据中国社会结构与社区结构转型的现实状况，依据社会福利和社会建设等理论视角，尤其是国家有关社区的社会立法、社区政策的决策模式战略转变，立足回应问题和解决问题，为避免社区政策目标与任务太多，社区服务与社区建设政治功能过强，生活福利功能薄弱，各式各样社区组织建设过程中社区以改善民生为重点的社会建设、社区需要满足、改善生活质量等社会性、家庭化、个性化、生活化、福利性功能难以有效发挥应有作用的老大难问题，笔者选择宏观社会环境、社会人群与主要服务对象、社会服务与社区服务体系，以及社会制度建设的前提条件与制度保障四部分作为分析框架，首次提出由国际社区服务、环境健康服务、婚姻家庭服务、住房福利服务、医药卫生服务、公共卫生服务、优生优育服务、妇幼保健服务、就业支援服务、社会保险服务、个人福利服务等 19 部分组成的社区福利制度框架。最后，笔者针对如何建设中国特色社区福利制度，提出若干宏观战略思考与操作化政策建议。

主要参考文献

中共中央：《中国共产党第十七次全国代表大会文件汇编》，人民出版社 2007 年版。

刘继同：《生活质量与需要满足：五十年来中国社会福利研究概述》，《云南社会科学》2003 年第 1 期。

《中国社会福利体系发展战略研讨会在北京举办》，民政部网站：www.mca.gov.cn，2010.12.21。

刘继同：《中国社区工作》，中国社会出版社1995年版。

［英］诺曼·巴里：《福利》，储建国译，吉林人民出版社2005年版。

［英］迈克尔·希尔：《理解社会政策》，刘升华译，商务印书馆2003年版。

白益华、吴忠泽主编：《社会福利》，中国社会出版社1996年版。

费孝通：《费孝通文集》，群言出版社1999年版。

张德江主编：《社区服务文集》，中国社会出版社1987年版。

刘继同：《中国城市社区建设的最佳“突破口”：社区需要研究》，《中国民政》2002年第9期。

刘继同：《国家话语与社区实践：中国社区建设政策目标解读》，《社会科学研究》2003年第3期。

刘继同：《慈善、公益、保障、福利事业与国家职能角色战略定位》，《南京社会科学》2010年第1期。

深圳市民政局：《深圳市社区服务“十二五”规划（征求意见稿）》，2010年12月。

多吉才让主编：《城市社区建设读本》，中国社会出版社2001年版。

刘继同：《由主流到边缘：国家与社区关系的历史演变及其核心议题》，《理论研究》2004年第1期。

刘继同：《从身份社区到生活社区：中国社区福利模式的战略转变》，《浙江社会科学》2003年第6期。

OECD：《社会企业》，刘继同译，社会科学文献出版社，《中国社会工作研究》第二辑2003年第12期。

刘继同、于燕燕：《中、日、韩社区福利比较研究的战略目标、范围内容与基本思路》，《学习与实践》2010年第7期。

本文系与左芙蓉合著文章。原载《学习与实践》（武汉）2013年第3期。此次系全文发表。

第八部分

社区福利财政与地方财政体制

中国特色社区福利财政制度与构建和谐社会的社会基础

摘要： 改革开放四十年来，中国城乡社区经历社区服务、社区建设、社区保障、社区福利与和谐社区建设五大阶段，可持续社区发展、构建和谐社会与中国特色福利社会趋势明显，公共财政、社会公共福利财政和社区福利财政制度框架建设议题应运而生，成为公共政策与社会政策议题的核心议题。本文运用文献回顾和政策分析等研究方法，首次全面、系统论述社区福利财政内涵外延、价值理念、理论基础、目标体系、制度框架、范围内容、功能作用、角色地位、发展规律与基本特征，简要分析目前社区福利财政制度建设面临的观念性障碍、体制性困境、结构性成因与影响因素，简要讨论社区福利财政制度建设面临的若干核心理论政策争论议题，明确提出中国特色公共财政与社区福利财政制度建设国家行动战略与策略，为构建和谐社会和中国特色福利社会的和谐社区基础，奠定社会公共福利财政制度化基础。本文的基本结论是，和谐社会的社会基础是和谐社区，构建和谐社区的关键是社区福利制度；社区福利制度建设的核心是社区福利财政，社区福利财政制度实质是政府福利责任的承担；社区福利财政是社会公共福利财政和公共财政制度框架的基础与主体部分，战略地位显著。

一 中国社区服务发展阶段与社区福利财政制度建设议题

改革开放四十年来，中国城乡社区发展经历社区服务、社区建设、社区保障、社区福利与和谐社区建设五大阶段，公共服务均等化、可持续社区发展、构建和谐社会与中国特色的福利社会发展趋势明显，公共财政和社区福利财政制度建设议题应运而生，成为公共政策与社会政策议题的核心议题，具有特别重要的社会现实意义、理论意义、政策意义和国际意义。综观改革开放四十年来，中国社区发展实践与理论探索可划分为迥然不同的历史发展阶段，每个发展阶段宏观制度背景、主要社会问题、主要社区问题、社区发展主题、社区功能作用、社区地位角色、国家与社区的关系、主要政府机构、社区经费的来源渠道与社区财政议题等，均明显不同，凸显社会结构转型、国家与社会关系框架、经济体制改革和社会发展阶段特征。

总体来说，社区发展理论视角、政策目标、服务性质、发展内容、官方政策话语与工作方法，可以清晰概括为社区服务、社区建设、社区保障、社区福利、和谐社区建设五大鲜明的主题，社区服务尤其是社区福利服务体系建设是战略重点，“社区福利”成为贯穿全程的一条主线。更为重要的是，在深化财税体制改革和构建中国特色公共财政制度框架的宏观制度背景下，社区福利财政制度成为观察财政体制结构转型，建设中国特色公共财政制度的最佳视角。

中国特色福利社会、社区福利体系建设与构建和谐社区，迫切需要社区福利财政制度，以填补国内理论政策研究空白，快速城市化和社区结构全面转型更凸显社区研究重要性。中国实施改革开放政策、社会结构转型、经济体制改革和社会发展三十年来，社区从无到有，从小到大，由少到多，从边缘到主流，社区成独立和重要的社会领域，扮演越来越重要角色。社会结构转型典型表现为国家与社会关系框架的形成，国家与社会关系的框架又集中表现为国家、市场、社区三个部门结构性关系形成，社区从绝对依附到相对自主的发展趋势明显。

更为重要的是，由于社区在社会结构转型、经济体制改革、现代化建设、全面建设小康社会，构建和谐社会的伟大事业中所处基础性与战略性地位，社区发挥社会基础与社会建设作用，成为构建和谐社会与中国特色福利社会的重要社会途径和社会平台，战略地位日益凸现。简言之，社会问题社区化表现与社区化应对策略的现实状况，殷切呼唤社区福利财政研究。

表 1　改革开放四十年来中国城乡社区发展阶段与结构状况分析一览表

分析层面	1986—1990	1991—1995	1996—2000	2001—2005	2006 至今
制度背景	改革开放	市场经济	国企改革	小康社会	和谐社会
社会问题	社会服务	社会公平	下岗失业	社会福利	科学发展
社区问题	单位问题	市场问题	就业机会	生活环境	生活质量
社区地位	孕育萌芽	早期发展	迅猛发展	相对自主	战略重点
政社关系	政企关系	政社关系	依赖关系	主辅关系	伙伴关系
社区主题	社区服务	社区建设	社区保障	社区福利	和谐社区
社区财政	空白之点	社区经济	孕育萌芽	政策议题	发展主题

二　社区福利财政制度的公共财政理论基础与社会福利视角

社区福利财政是公共财政与社会公共福利财政制度框架中的基础层次与重要组成部分，主要体现政府的社会福利责任承担与公民社会权利，是公共财政与社会福利理论的汇合点。世界各国财政体制均具有独特的制度安排与政策模式，反映各国政治经济体制结构性差异。但是，欧美现代“福利国家”财政制度性质基本属于公共财政和社会公共福利财政制度范畴，反映现代财政制度发展变迁结构性规律和发展方向，反映政府干预社会生活领域不断扩大，反映社会福利化发展趋势是人类社会发展的普遍规律和基本方向，反映责任社会划分模式。

从公共财政制度框架纵向的层次结构角度看，社区福利财政是公共财政制度最基础的部分，从公共财政制度框架横向的范围内容角度看，社区福利财政是国防财政、外交财政、科技财政、教育财政、卫生财政等部门、系统性财政与综合性、全面性、结构性地方财政的交会点，基本功能和目标是满足人类不断变迁共同需要与社会需要，改善人类生活状况与社会福利。公共财政制度成为实现社会福利目标的基本制度安排与政策途径，社会福利制度与政策模式体现政府的社会责任承担，体现社会保护、社会照顾、社会团结、社会平等与社会公平目标。因此，公共财政理论与社会福利理论的本质是一致的，关注的主体均是国家角色与政府职责。

目前，欧美国家的公共财政制度框架设计与公共财政理论体系建设普遍较为稳定、成熟，国家、市场与市民社会三个部门之间的社会边界与社会责任划分较为清晰，公共政策、社会政策与社会福利政策的关系清晰明确，公共财政、社会公共福利财政制度与社区福利财政制度之间的关系清晰明确，公共财政制度安排、政策模式与理论研究中似是而非、模糊不清甚至是非颠倒和误解错误观点较少，有助于公共财政制度与社会福利体系的有效运转。但是，当前中国财政体制的情况截然相反，迥然不同，财政体制处于全面性与结构性转型，公共财政理念尚处于早期发展阶段，公共财政制度框架的总体轮廓尚不清晰，还未最后确定，政府职能、责任划分与社会管理方式处于全面性、系统性、快速的和结构性转型过程之中，社会结构转型与社会过渡时期社会边界的模糊不清和双重体制性矛盾并存的现象十分普遍。有鉴于此，中国财税体制改革，尤其是传统财政制度全面、系统的结构转型与转型财政学，成为当代中国财政制度与财政政策模式基本特征，是理解中国公共财政制度框架的基础。

更为重要的是，一方面，我们需要将社区福利财政放在更加宏观的财政与公共财政制度总体框架中通盘考虑，才能科学、准确界定社区福利财政在公共财政制度框架中地位作用与角色。另一方面，我们需要清晰界定和区分公共政策与公共财政、社会政策与社会公共福利财政、社会福利政策与社会福利财政之间异同之处，探寻公共财政制度框架总体特征与内部结构，尤其是确定公共财政制度总体框架中不同体系之间的相互关系、职责边界与体系层次结构，消除人们的思想混乱，为政府职责科学定位奠定财政理论基础，创建中国特色公共财政制度。需要强调的是，公共财政、社会公共福利财政与社会福利财政制度之间的区分具有一定主观性。

总体来说，公共财政、社会公共福利财政制度与社会福利财政制度既具有诸多共同之处，又有若干非本质性结构差异之处，清晰反映现代社会环境、社会结构、社会问题、政府职能角色、社会治理与社会服务方式结构演变规律与发展方向，反映财政制度现代化的发展程度。

具体来说，公共财政、社会公共福利财政制度与社会福利财政制度在诞生时代与历史背景、国家角色与主要职责、价值理念与价值目标、理论基础与学科视角、政策类型与政策性质、政策目标与目标体系、社会问题类型与性质、资金性质与资金构成、财政收入与来源渠道、开支范围与优先领域、服务对象与条件资格、行为主体与政府机关、公民参与和民主管理、动力源泉与发展动因、制度层次与地位角色、功能作用与社会影响等方面均存在结构性差异。实际上，公共财政、社会公共福利财政制度与社会福利财政制度形成现代财政制度连续谱，反映现代公共财政制度系统性、结构性与体制性特征，实质与精髓是责任的社会划分和承担。

需要强调的是，本文社会福利是个狭义概念，主要指社会福利服务，集中体现在民政部门。公共服务与社会服务的主要区别有三，一是公共服务无资格限制，社会服务可能有资格限制；二是公共服务是全民享有和全民性，社会服务是部分公民、部分时间享有和可能是非全民性；三是公共服务是完全免费和均等化分配的，社会服务有时候需要付费和按照个人需要分配。

表 2　公共财政、社会公共福利财政与社区福利财政制度比较状况一览表

分析层面	公共财政	社会公共福利财政	社会福利财政	举例与说明
时代背景	阶级社会	工业化社会	工业社会	福利国家
国家职责	公共利益	社会利益	社会保护	社会契约
价值理念	主权独立	社会福祉	社会公平	国防经费
学科视角	公共经济学	福利经济学	发展经济学	关怀/社会经济学
政策类型	公共政策	社会政策	福利政策	外交政策
适用范围	国家机器	政府 NPO	政府 NPO	政府购买服务
政策目标	公共秩序	社会发展	社会公平	构建和谐社会
需要类型	共同需要	社会需要	基本需要	人类需要层次
问题性质	社会公共问题	社会问题	社会福利问题	公共议题 与个人麻烦
资金性质	公共资金	公私社资金	公私社资金	社会保障基金
财政收入	税费赋捐	税费捐赠	税收捐赠	社会保险费税

续表

分析层面	公共财政	社会公共福利财政	社会福利财政	举例与说明
开支范围（公共卫生）	立法司法行政国防外交公安科技气候环保能源交通运输信息市政	社会保障教育住房医疗照顾文化体育旅游人口计划生育就业服务	个人福利服务社区福利服务宗教福利服务慈善公益事业	国防部与民政部财政部与老龄委教育部与卫生部共青妇与基金会
服务对象	所有居民	部分公民	弱劣群体	老幼病残
服务性质	公共产品	准公共产品	社会福利服务	社区服务
行为主体	财政部门	职能部门	职能部门	财政民政
市场作用	没有作用	补充作用	补充作用	企业公民
第三部门	作用不大	作用较大	作用最大	希望工程
公民参与	民主政治	空间较大	空间较大	公共预算
发展动因	国家安全	社会福利	社会平等	国家能力
制度层次	最低层次	最高层面	中间层次	社区福利财政
功能作用	社会安全	社会发展	社会稳定	政府责任承担
地位角色	公共生活	社会生活	社会基础	守夜人角色
社会影响	公共福利	社会福利	社会保障	构建和谐社区

三　社区福利财政涵义、历史、目标、体系、范围、功能、特点

社区福利财政是个原创性核心概念，基本涵义是指国家、政府针对不同类型地域社区和功能社区福利服务需要提供财政预算资金支持的财政制度安排与社会公共财政过程的总和。顾名思义，社区福利财政主要由三大部分或要素组成，一是社区；二是社区福利；三是财政。社区类型主要包括地域社区和功能社区两大类，前者以街道办事处、社区居民委员会为例，后者以各式各样社会组织和基层社会服务机构为主；社区既是服务对象，又是服务范围内容。社区福利是指地域社区和社区组织为基础的福利体系与制度安排，社区为本是主要特征。

社区福利财政并不是各类社区、社区福利和公共财政体系的简单组合，而是公共财政制度、社会公共福利财政制度、社会福利财政制度与社会福利制度有机结合、相互融合的历史产物，是公共财政、社会公共福利财政制度和社会福利财政制度向社区的延伸、扩展和丰富发展，是社会需要、社会结

构、社区结构现代化、公共财政制度和社会福利制度现代化的集中表现。简言之，社区福利财政是以满足社区公共需要为核心的公共财政制度安排与政策体系总和。社区福利财政的构成要素主要有三，一是社区；二是社区福利体系；三是社区福利财政基础。

欧美国家社区福利财政制度的历史悠久，思想理论渊源深厚，主要分为缓解贫困为主的社区救助财政时期，解决城市问题的社区服务财政时期，解决就业问题的社会保险财政时期，解决城市社区发展问题城市财政时期，解决城市更新改造与均衡发展的社区福利财政时期，解决地方发展与创造更多就业机会问题的地方财政时期，解决社区福祉与可持续发展问题的社区发展财政时期，清晰反映公共财政、社会公共福利制度与社会福利财政制度的演变轨迹。

总体来说，不同类型社区福利财政制度的历史阶段、时代背景、政府职责、主要社区问题、财政资金来源渠道、财政支出范围领域、主要服务对象和社区福利财政地位作用有所不同，反映不同时期国家与社会、国家与社区、国家与市场、国家与家庭、国家与个人关系的变化，反映政府承担责任不断增多，政府干预社会领域不断扩大，国家对个人福利的影响不断提高。

表 3　　欧美国家主要地方社区福利财政体制类型比较状况一览表

	历史时期	政府职责	社区问题	服务对象	资金来源	开支范围
救助财政	16—19 世纪	承担责任	贫困疾病	贫病流浪	教区税捐	生存救助
社区服务	19—20 世纪	社会干预	城市问题	青少年人	慈善捐赠	社会服务
保险财政	20 世纪初	基本保障	社会保障	就业人家	税费收入	保险服务
城市财政	20 世纪二三十年代	城市管理	城市发展	城市居民	税费收入	城市服务
社区福利	20 世纪五六十年代	权利服务	城市贫困	贫困人群	中地财税	服务项目
地方财政	20 世纪七八十年代	经社发展	经济衰退	弱劣人群	中地财税	综合服务
社区发展	20 世纪末	社区治理	社区转型	弱劣社区	中地财税	发展项目

总体来说，20 世纪初期以前，英国是观察社区福利财政体制历史发展最典型的国家，20 世纪初期以来，美国成为观察城市化进程与社区福利财政体制历史发展最典型的国家。其次，欧美福利国家社区福利财政历史演变的轨

迹说明，社会福利财政的历史起源最为悠久，公共财政是财政制度中最基础、最主要和关键的部分，社会公共福利财政是福利国家的产物。第三，欧美福利国家社区福利财政制度基本的体制性特征是“城市财政”与“地方财政”，某种意义上说，社区福利财政制度基本“等同于”城市财政与地方财政，社区等同地方社会。第四，欧美国家政府功能职责、角色作用和政府干预社会范围内容、方式方法发生重大变化，政府由单纯干预社会生活到广泛干预经济生活，由承担有限的责任到广泛的社会保护责任。从财政历史发展阶段看，中国社区福利财政体制基本相当于欧美国家20世纪初期发展阶段。

社区福利财政的宏观目标体系是构建具有地方特色的地方财政制度框架，中观目标是在国家公共财政与地方财政制度框架中构建地方特色的社区福利财政制度，微观和实践目标是在地方财政制度框架中，从公共政策与公共财政政策过程角度，构建地方特色社区财政收入、预算、支出、监察、审计体系，为基层政权与社区为基础社会服务组织运转提供财政基础。最为重要的是，社区福利财政制度建设现实目标、阶段性目标与工作目标是不断发展变化的，这主要取决于国家执政理念、社会发展、民主政治发展、公共财政制度建设和经济发展状况。

地方社区福利财政体系框架的范围与内容是地方社区福利财政体制研究的最基本内容，直接反映地方社区福利财政体系框架范围的大小，内容的多寡，反映公共财政制度成熟程度，反映国家、市场、民间社会三部门互动关系模式，反映政府社会福利责任承担的方式与途径，决定政府公共财政与社会福利财政体系社会责任承担范围、承担内容、承担程度和承担力度。更为重要的是，公共财政制度框架范围、内容决定地方社区福利财政体系框架的范围、内容。

目前，中国学者对中国特色公共财政制度框架的理论政策研究处于早期阶段，研究成果不多，清晰反映中国财政体制由“经济生产型”向“公共财政型”结构性转型、过渡的现实状况。实际上，从地方财政体制改革与发展角度看，地方社区福利财政体系框架范围与内容界定，实质是从地方财政体制角度界定中国特色公共财政制度框架与地方社区福利财政制度框架。

不言而喻，公共财政制度框架的总体设计与范围内容界定是公共财政制度建设核心与关键，笔者从地方社区福利财政体系、体系范围与主要内容、各个体系财政资金来源状况和各体系主管政府职能部门四个层面，首次全面、系统、综合界定地方社区福利财政制度框架范围，尤其是将不同领域财政资金来源状况分为“亟待建立”与“有待完善”两类，说明现实状况。需要强调的是，中国特色地方社区福利财政体系框架范围与内容完全是笔者个人的理论建构。

最重要的是，中国特色地方社区福利财政体系框架范围与内容反映若干值得注意特征，一是地方社区福利财政制度与地方财政、国家公共财政难以清晰区分，相互交织程度较高；二是地方社区福利财政制度框架范围广泛，内容多样，创造现代、广义的公共财政制度框架。传统公共财政制

表 4　　中国特色地方社区福利财政体系框架范围与内容状况一览表

社区福利财政体系	体系范围与主要内容	财政资金来源状况	主管政府职能部门
气候变化持续发展	气候异常生态文明	亟待建立	气象局与外交部等
环境保护环境卫生	环保环卫生态健康	亟待建立	环保局与卫生部等
全球卫生国境检疫	全球卫生疾病控制	亟待建立	卫生部与质检总局
清洁能源能源安全	清洁再生替代能源	亟待建立	发改委与工信部等
人口政策计划生育	人口素质计划生育	亟待完善	计生委与卫生部等
基层政权社区参与	社区选举公民参与	亟待完善	民政部与组织部等
司法公正司法援助	法律服务司法援助	亟待完善	司法部与公检法等
公共安全与社区警务	公共安全社区警务	有待完善	公安部与安全部等
就业服务社区就业	劳动就业社区就业	有待完善	人保部与民政部等
公共住房限经廉租	房屋政策限经廉租	亟待完善	城建部与民政部等
市政交通通信广电	公共设施市政交通	有待完善	城建部与广电部等
公共服务社区服务	公共服务社区服务	亟待完善	城建部与民政部等
公共卫生疾病预防	公共卫生疾病预防	亟待完善	卫生部与外交部等
医疗保险医疗保障	医疗保险医疗救助	亟待完善	卫生部与人保部等
基础教育社区教育	基础教育公民教育	有待完善	教育部与人保部等
文化建设社区文化	文化建设社区文化	有待完善	文化部与体育总局
体育运动全民健身	体育运动社区体育	有待完善	体育总局与卫生部等
旅游休闲家庭娱乐	旅游休闲家庭福利	有待完善	旅游总局与卫生部等
慈善公益 NPO 建设	社团管理 NPO 建设	亟待完善	民政部与民委宗局等

度框架范围并不包括气候变化与可持续发展、清洁能源与能源安全等议题。三是地方社区福利财政制度框架范围鲜明反映中国特色的公共财政、社会公共福利财政与地方社区福利财政制度框架，为构建中国特色的公共财政制度框架提供选择思路与参考模式。四是地方社区福利财政制度框架范围广泛，内容繁多，地方社区福利财政制度的综合性、地方性、系统性、结构性和制度性框架特征非常明显，反映中国社会发展与社会需要客观状况。

五是中国公共财政和地方社区福利财政制度现有的财政预算资金来源状况不容乐观，尚有诸多的空白点，亟待建立和亟待完善的领域众多，迫切需要扩大和发展财政预算资金来源渠道。六是目前各项财政预算经费主要集中为行政管理费用，严重匮乏国际合作经费、服务项目经费、折旧经费、政策研究经费、日常运转和维修保养经费、发展基金和职业福利经费等科目。七是地方社区福利财政制度主要涉及民政部、卫生部、人保部、公安部、城建部等多个部委，政府间财政关系复杂多样，增加中国特色公共财政与地方社区福利财政制度建设难度。八是总体来说，中国公共财政制度框架与预算资金分配出现中央化、部门化、条条化特征，地方财政、地方社区福利财政制度处于边缘地位，亟待发展完善，以适应管理重心下移要求，尤其是适应社区党建、社区选举、社区自治、社区参与、社区经济、社区商业、社区就业、社区治安、社区服务、社区卫生、社区司法、社区文化、社区体育等社区福利发展的需要。

中国特色地方社区福利财政制度具有多种多样政治、经济、社会、文化功能与社会作用，在构建和谐社会与和谐社区中扮演关键角色，发挥社会基础作用，构建福利社会的财政基础。从政治角度看，公共财政、社会福利财政与地方社区财政为政权合法性提供财政保障基础，体现政府治理的合法性与权威性来源，反映执政党的政治意愿、政治承诺和政治承担能力。

有鉴于此，公共财政、福利财政、地方社区财政制度建设与民主政治制度建设密切相关。从经济角度看，公共财政、社会福利财政、地方社区财政与经济发展、金融体制的关系密切，经济发展与财政收入、财政投资与经济发展、财政预算与经济发展、财政支出与经济发展，体现国家与市场、投资与积累、生产与消费、财政与货币、经济效率与社会公平的互动关系，在全球性金融危机背景下，财政体制与金融市场、经济发展与社会福利间关系尤为重要。从社会角度看，公共财政、福利财政、地方社区财政制度建设的目标是提供公共福利服务，回应社会问题，满足公民不断发展变化的社会需要，改善生活质量，增进总体的社会福利，促进社会平等与公平，为构建和谐社会、和谐社区、和谐家庭奠定福利财政制度化基础。从文化角度看，公共财政、福利财政、地方社区财政与主流文化、价值观念形成密切相关。一方面，公共财政、福利财政、地方社区财政制度建设培养和传播社会关怀、社会福利文化；另一方面，以人为本、公民权利、政府责任、社会关怀、社会福利文化深刻影响公民行为，制度环境与个人行为模式之间相互影响，直接影响人们思想观念、态度取向和心理感受。

更为重要的是，中国特色公共财政、社会福利财政、地方社区福利财政制度建设的功能作用，是战略性、全面性、系统性、综合性、结构性、长远性、历史性、社会性、制度化和深层次。我们从政治、经济、社会、文化角度分析，非常容易造成人为地分隔，这是需要特别注意的。最为重要的是，资源分配模式与公共财政、福利财政制度建设深刻影响人们的社会选择行为，影响人们思想观念与社会态度，影响宏观社会环境与组织行为，进而影响政府权威与合法性。改革开放尤其是1990 年代以来，“地方政府公司化”运行方式致命性负面影响已经显露，在公共服务机构，尤其是社会服务与教科文卫体等事业单位中“自负盈亏”体制模式的致命危害影响更加显著，例如“看病难、看病贵”和医患之间结构性紧张状况都源于财政政策。简言之，社会资源分配模式与公共财政制度建设状况，是社会影响中最重要的制度化因素。

中国特色地方社区福利财政制度具有若干突出鲜明和截然不同特征，反映结构性规律。总体来说，地方社区福利财政制度的参照体系是国家财政、中央政府财政和中国制度安排，这些结构性与体制性特征既反映中国财政制度安排特征，又反映中国社会结构的基本特征。一是社区福利财政制度的性质是“地方财政”范畴，这是社区福利财政最基本制度化特征。地方社区福利财政对应物是中央福利财政，凸显地方社区福利财政的基础性与战略性地位；二是地方社区福利财政制度主体部分是城市区级财政体制，市级财政是地方财政最高层次，地域社区缺乏固定的财政收入，基本不属于标准典型的财政制度，区级财政是核心部分。这意味地方社区财政依托的社区概念远远超出街道办事处与社区居委会的地理社区的范围。三是地方社区福利财政制度框架的性质是阶段性与过渡性的，阶段性是指地方社区福利财政制度是中国特色公共财政制度框架建设过程中特定的历史发展阶段，过渡性是指地方社区福利财政制度是生产型财政体制向公共财政制度，尤其是中央集权化中央财政制度向分权化地方财政转型过渡时期，阶段性与过渡性一个问题的两个侧面，反映转型财政学与财政转型。

四是地方社区福利财政制度价值目标与政策目标是社会团结、发展与公共福利，社会公平，发展公共服务与社会服务，尤其是地方社区财政制度是构建和谐社区与家庭社会基础。这意味地方社区福利财政制度与全体公民生活状况、个人福利与家庭福利具有更密切关系。五是地方社区福利财政制度框架范围广泛，内容繁多，纵向体系和横向领域之间相互交织，跨越系统、部门、行业界限，地方性、系统性、综合性、全面性、多样性和生活化特征明显。六是地方社区福利财政制度的责任主体、行为主体和服务提供者身份呈现多元化发展趋势，除国家与政府扮演主角之外，市场、NGO、社区、家庭和个人均扮演举足轻重的补充角色。这意味地方社区福利财政制度复杂性和困难性远大于中央财政，收入难突出和稳定性较低。

四　社区福利财政制度建设的体制困境、障碍与结构性成因

地方社区福利财政制度建设面临一系列结构性与体制性障碍，严重妨碍公共财政、地方社区福利财政制度建设，价值观念、分隔式财政体制是最主要问题，亟待深化财政体制改革。第一，地方社区福利财政制度建设面临的首要障碍是价值观念与价值目标，是政治哲学与财政哲学思考，国家再分配制度基本原则与指导思想是政府政治哲学与财政哲学的集中体现。不言而喻，政治哲学与财经哲学核心问题是公民权利、政治权力和社会资源的分配制度。第二，国家财税法律制度框架与财税政策之间严重脱节，公共财政与地方社区福利财政制度建设缺乏应有的宪法、法律基础与政策框架，财税法律框架与财税政策之间一致性较低。第三，无论是在政治法律制度，还是在责任权力利益划分上，中央政府与地方政府、中央财

政与地方财政之间缺乏权利责任利益明确清晰的划分，财税制度安排成为最典型领域。第四，国家社会发展战略规划与国家预算之间缺乏应有的内在联系，发展规划归发展规划，国家预算归国家预算，发展规划与国家预算之间一致性较低，严重影响发展规划与财政制度。

第五，公共政策、社会政策与国家预算、政府预算之间相互分隔，缺乏应有内在的密切联系，政策与预算分离的后果是导致政策得不到预算的支持，预算执行和支出背离政策目标。第六，财政预算收入与政府财政预算之间缺乏应有的全面性与一致性，预算外财政收入较大，大量预算外资金并未纳入政府预算编制计划，全面预算编制和全额预算管理成为空话。第七，政府预算编制修订与预算实际执行实施，尤其是公共支出管理之间缺乏应有的联系，预算规划与预算计划流于形式，预算刚性和约束力不强，公共支出管理成为薄弱环节。第八，政府预算计划草案与财政决算报告之间缺乏应有的内在联系和前后一致性，预算数与决算数之间差距明显，例如，2007 年国家财政预算收入与决算数之间的差距高达 130. 8%。简言之，目前分裂式和分隔式财税制度是地方社区福利财政制度建设面临最大体制性障碍，政治权力、经济结构与社会转型，尤其是财税制度结构性转型是分裂式财税制度主要成因。

五　社区福利财政制度建设若干核心理论与政策争论议题

中国财税体制改革、公共财政和地方社区福利财政制度框架建设面临诸多核心理论政策争论议题，这些争论议题直接或间接地深刻影响财政体制改革实践，都是财政理论政策研究议程中不可回避的重大现实问题，直接关系到人们的价值态度、行为模式与社会选择模式。更为重要的是，这些核心理论政策争论议题关系什么是财政、公共财政与社会公共福利财政，财政制度的本质与精髓是什么？为什么中国迫切需要发展公共财政与深化财税体制改革？如何积极稳妥发展公共财政制度？中国特色财税制度理论基础是什么？如何妥善处理国家、市场与市民社会关系？如何构建具有中国特色的公共财政与地方社区福利财政制度框架？中国特色公共财政制度框架的基本特征与发展趋势是什么等，一系列基础性理论政策议题。

而且许多争论议题没有固定、标准、最后和正确的答案，只是观点、角度、态度和程度差异。令人欣慰的是，这些核心理论政策争论议题有助于澄清事实，辨别真假，激发思考与反思，有助于深化财税体制改革，有助于形成社会共识与集体行动，有助于财政理论与制度创新。

一是中国财政哲学与政治哲学、法律哲学、发展哲学、经济哲学、社会哲学的相互关系。首先，中国是否具有独特的政治哲学、法律哲学、财政哲学、发展哲学、经济哲学、社会哲学？假如具有中国特色的政治哲学、法律哲学、财政哲学、发展哲学、经济哲学、社会哲学思想，中国特色的政治哲学、法律哲学、财政哲学、发展哲学、经济哲学、社会哲学的特征是什么？

二是国家政治制度、权利政治、权力结构与公共财政制度发展的关系，法律框架、法制建设与公共财政制度建设，科学发展观与公共财政制度的关系，经济发展水平与公共财政状况，构建和谐社会目标与公共财政制度基础，优化财政支出结构、确定财政支出优先领域与社会公平的关系，政治发展目标、经济发展目标、财政制度价值目标、政策目标与财政体制改革发展目标的关系，中国特色公共财政制度框架建设价值目标、价值理念与政策目标是什么？政治哲学、法律哲学、发展哲学、经济哲学、社会哲学又是如何影响国家财政制度建设的？政治哲学与财政哲学关系的核心是回答和解释，为什么需要发展公共财政、社会公共福利财政与地方社区福利财政制度，实质是财经与政治生活，政治权力结构与社会资源配置关系，精髓是国家政府在现代社会治理中功能范围界定、扮演角色战略定位和财政制度框架设计。

三是中国特色公共财政制度框架设计、公共财政制度发展普遍规律与特殊规律之间关系，原始财政、阶级财政、传统国家财政、现代民族主权国家财政与政府公共财政之间关系，发达资本主义国家财政体制、社会主义转型国家财政体制与发展中国家财政体制之间关系，西方国家财政理论体系与社会主义国家财政理论体系之间的关系，马克思主义财政理论与西方国家财政理论之间的关系，市场经济国家公共管理改革与政府预算改革经验教训是什么，中国四十年财政体制改革发展经验教训是什么？公共财政制度是姓“社”，还是姓“资”，或公共财政制度仅是一种中性的、现代的财政制度安排，就像市场经济是“工具手段”一样？

更重要的是，中国社会结构转型、财税体制改革与财政体制结构转型的关系，主要是社会主义财政体制、市场经济背景下财政体制与现代公共财政体制之间的关系，如从社会身份本位到人类需要本位结构性转变，领导预算、财政预算、政府预算与公共预算结构转型关系。中国特色公共财政制度框架设计、公共财政制度发展普遍规律与特殊规律之间关系核心是，回答和解释何谓中国特色公共财政制度，中国特色公共财政制度主要的结构性成因是什么？社会制度性质与公共财政制度之间的关系是什么？社会环境与公共财政制度关系是什么？人类社会发展与现代公共财政制度建设是否具有超越民族、国家、文化的普世规律与特殊性，实质是探索中国宏观的社会环境、政治制度、公民权利、权力结构、经济发展、社会结构与公共财政制度之间的互动关系模式，精髓是探索中外财政与公共财政制度发展的普遍规律。

四是财政体制与公共财政制度本质与基本属性是什么，是财政，还是公共财政更准确？是超越民族、阶级、国家与文化的社会公共需要满足，还是国家权威性的价值分配？是阶级财政，还是国家财政？是英国重商主义贸易差额论，还是早期民族主权国家的国防财政论？是社会政策视角的财政，还是财经政策视角的财政？是公共产品理论，还是公共选择理论？是传统国有制财政、城市财政、经济生产财政组成的二元财政，还是现代的一元公共财政？是以社会权力中心为主体，“以政控财，以财行政”的社会分配关系，即社会集中分配论，还是国家分配关系论？是价值分配论，还是国家资金运动论？是剩余产品分配论，还是再生产前提论？是公共融资论，还是广义财政学学科建设？是财政的本质属性，还是财政职能？是资源配置、收入分配、经济稳定三大职能，还是国家政治意愿、资源再分配与经济发展？是国家政治意愿、权力结构、社会结构、经济发展结合，还是政治经济社会文化综合平衡？不言而喻，财政本质问题的核心是，如何科学正确认识理解财政职能角色定位，科学界定财政的内涵外延与国家职能角色，实质是探索财政的本质属性与基本特征，精髓是深化人们对财政制度的理解，加强对财政制度功能作用地位角色的理论解释，构建公共财政理论体系。

五是政治权力结构、公共政策过程、公共财政过程、经济发展过程与文化价值的关系，尤其是公共财政“环境”与“体制”之间关系，公共财政“过程”与公共财政“结构”关系，例如政治与经济，财政与经济，财税政策与货币金融信用投资融资政策的关系，政府职能角色与市场角色关系，“经济对财政依赖性增强论”和经济发展与公共财政适度分离理论。

更为重要的是，财政收入、预算、支出、监督、审计、评估等诸多财税政策过程之间的关系，如何优化与调整支出结构的问题，如何妥善处理财政支出规模、结构与社会公平间的关系，财政支出与社会公平的关系，中国公共财政制度建设的历史过程与时间跨度问题，中国公共财政制度建设过程与发展阶段是什么，中国需要在多长时间里建立公共财政制度框架，公共财政支出结构调整方向与途径是什么，公共财政体制改革过程与实践宏观评估指标是什么，社会福利财政支出的行业、地区差异问题，公共财政制度与人们行为模式之间关系问题等。公共财政过程问题的核心是公共财政政策流程重组与优化结构，包括优化、调整财政收入流程与结构，优化、调整、重构预算流程与结构，优化、调整、支出流程与结构，优化、调整、重构监督流程与结构，优化、调整、重构审计流程与结构，优化、调整绩效评估流程与结构，关键是探索公共财政制度历史发展阶段与发展规律，核心议题是政治发展、财经制度、经济发展与社会发展之间的关系，实质是中国公共财政体制建设与经济社会协调发展间的关系。

六是公共财政制度框架内部结构功能角色地位作用的结构性分化与制度典范分类问题，公共政策、社会政策与社会福利政策之间的关系，公共财政、社会公共财政与社会福利财政之间的关系，公共财政制度框架、社会公共福利财政框架与社会福利财政框架之间的关系，领导预算、财政预算、政府预算与公共预算之间的关系，全额、差额预算拨款单位预算模式与社会福利机构功能作用角色之间的关系，公共财政制度具体领域的最优组织结构与功能角色是什么，这是公共财政组织结构功能与角色地位结构性分化与制度典范关系应回答问题。

一般来说，政府责任与公共财政主要来源于“市场失败理论”。市场失败主要表现在六方面：其一，不能提供公共商品；其二，不能有效解决外部性问题；其三，市场竞争不完全性；其四，市场信息不充分性；其五，收入分配不公正；其六，宏观经济波动，间接界定财政功能结构角色。公共财政制度内部结构功能角色地位作用结构性分化与制度典范分类问题的核心是，公共财政制度结构功能角色地位科学准确定位与国家社会责任承担，实质是回答什么是最好的公共财政制度，公共财政制度框架设计与公共财政制度建设的结构功能目标是什么，公共财政制度结构转型规律性与方向性是什么，精髓是如何有效发挥公共财政制度积极社会功能作用，最大限度避免公共财政制度组织结构、功能角色、地位作用、影响效果的异化与消极影响。

七是中央财政与地方财政的关系，中央财政、地方财政与中央政府、地方政府、中央政府与地方政府间财政关系，尤其是财政联邦主义与中央—地方政府之间竞争与伙伴关系，中央政府与地方政府财政收入来源与税种、税收分享政策，中央政府预算与地方政府预算，中央政府与地方政府财政支出责任划分，中央政府与地方政府之间的转移支付与购买服务，中央政府与地方政府之间的财政监督与相互制约，中央政府与地方政府财政体制之中的条块分隔、条块结合与地方政府财税制度创新问题，地区间差异与中央财政转移支付效果等。中央财政与地方财政关系的核心是，如何科学合理划分中央政府与地方政府间的财政权力、责任、义务，科学界定中央政府与地方政府的财政职能角色，实质是政府间财政关系模式，精髓是中央政府与地方政府权力、责任、义务边界的合理划分，发挥财政的宏观调控作用。

八是公共财政制度的宏观发展环境、发展动因、动力源泉与影响财政制度绩效的主要因素是什么，尤其是民主政治制度、经济发展、公共财政与社会福利制度之间错综复杂的关系，社会福利财政制度的发展逻辑是以财政型、经济型发展动因为主，还是以民主政治型、社会福利型发展动因为主？发展公共财政制度最主要的社会动因是什么？公共财政制度建设与公共财政制度设计面临主要问题是什么，公共财政与社会福利制度建设最佳突破口是什么？谁是公共财政制度建设的主要推动力量？制约和影响公共财政制度建设主要因素是什么？公共财政制度建设过程中面临最大问题是什么？公共财政发挥正面或负面激励机制？公共财政发展动力源泉问题的核心是，公共财政制度发展与变迁的动力源泉来自何处，实质是探索宏观社会环境、政治发展、经济发展、社会发展、文化价值观念与财政制度之间错综复杂的相互作用机制，精髓是发现妨碍或有利于公共财政制度发展的社会结构性因素。

九是财政体制与社会福利制度之间的互动关系，尤其是不同财政体制类型与社会福利制度之间的互动关系。例如，中国财税体制类型是社会主义财政体制，发展型财政体制，积极稳健型财政体制，还是转型财政体制，中国特色公共财政体制？积极财政政策模式、积极稳健财税政策模式与社会福利制度的关系，国家经济投资与拉动内需的关系，不同性质的国家，如军事国家、经济国家、福利国家、服务型政府与财税制度、社会福利制度之间的互动关系，常见的财政竞争现象与社会福利效应，尤其是财政竞争理论与结构福利效应之间关系。

目前，有关中国财政体制与社会福利制度之间的关系，存在两种针锋相对和截然不同的观点，即社会福利财政“早熟论”与“严重滞后”的争论，财政体制与社会福利的关系引人注目。更普遍的是，国人通常认为经济发展是社会福利开支的前提，“先生产，后生活”思想盛行。最典型的主张是，“中国社会福利制度要慢慢来”，不要过早给财政造成沉重的经济负担。财政体制与社会福利关系问题的核心是，社会福利财政与社会经济发展水平间的关系问题，实质是财政支出与社会公平的关系问题，政府公共服务职能角色定位与经济市场化运转机制之间结构性紧张状态的关系，精髓是政府职能角色定位与中国政府在社会福利制度发展中职能角色的重新定位，关键是重构“积极”社会福利制度与“积极”财政政策之间的相互关系。这种关系的关键是，特定时空处境下财税体制决定社会福利制度安排，财税制度价值理念、政策目标、服务范围和责任承担状况，决定社会福利制度价值理念、政策目标、服务范围和社会责任划分状况，决定福利制度框架设计与范围内容界定，决定公共财政制度框架与国家责任承担能力之间关系，决定国家职能范围内容、社会干预领域不断扩大与个人责任承担。实质是现代“福利国家”或福利社会兴衰与现代社会公共财政理论发展变化的相互关系。

十是公共财政制度与社会保障制度的相互关系模式，这是中国特有的核心理论政策议题。目前，中国学术界有关公共财政制度与社会保障制度的关系模式，存在五种截然不同的观点：（1）“财政应尽量远离社会保障”，即财政与社会保障制度毫无关系观点，不存在社会保障财政体制问题，社会保障基金不纳入财政预算，财政预算资金与社会保障资金并无联系。具体来说，社会保障基金不可纳入财政预算，社会保障基金的性质与财政预算发生冲突。

（2）主张政府应对社会保障承担财政责任，主张从财政问题角度来分析社会保障问题。主张社会保障基金可以纳入财政预算，即社会保障基金是财政预算计划一部分，承认政府对社会保障事业应承担应有财政责任，“社会保障财政”概念与理论是其最典型表述方式。

（3）财政资金与不同项目社会保障资金的关系模式并非完全一样，例如不同性质财政资金与不同项目社会保障资金之间关系，实事求是、区别对待，科学划分二者的相互关系模式。

（4）财政体制与社会保障体制改革的关系，中国社会保障制度改革的基本模式是财政主导，财政体制改革状况决定社会保障改革状况，社会保障体制改革的关键是财政体制改革。

（5）从社会保障财政、社会保障财政收入与社会保障财政支出角度，深入探讨具体政策问题，例如开征社会保障税与社会保险“费转税”问题，是 1990 年代以来讨论较多的基本议题。更重要的问题是，中国财政社会保障支出效率分析、地区差异分析和不同领域地位作用。公共财政与社会保障制度关系问题的核心是，政府在社会保险、社会救助与个人福利服务中扮演角色，发挥作用，实质是公共财政制度框架范围与内容界定，精髓是政府职能与角色。

十一是不同财税政策工具的适用范围、使用效果和各种形式政策工具措施优劣的比较研究。例如财政税收、预算、补贴、补助、津贴、减免税与税收优惠政策、出口退税、转移支付、收支两条线等，构建和谐社会与公共财政制度建设的基本思路是什么。2006 年 12 月 30 日，深圳市首创民生净福利指标体系与指数化调整办法是最适当政策工具和发展方法吗？使用不同的财政政策工具与地方社区福利财政社会效果的关系是什么？地方财政收入来源与土地财政的关系，地方房地产市场与经济的关系，地方财政体制改革理论与实践的关系。这类问题的核心是公共财政、社会福利财政制度以什么样手段和政策工具才能取得最佳的社会效果，达到最大社会公平效果，实质是目的与手段，财政制度建设方法和途径问题，财政制度创新途径与政府职能转变的关系，精髓是用最适当的政策工具取得最佳社会效果。

六　政府责任承担方式与国家社区福利财政制度建设行动战略

国家表达政治意愿，显示政治智慧，实现政策目标与社会目标的方式、途径多种多样，覆盖政治、经济、社会、文化所有领域，其中最重要、最基本和最有效的方式是财政制度。一般来说，政府承担社会责任的主要途径是通过公共财政、社会公共福利财政制度实现的，如果缺乏成熟的公共财政制度，就会出现社会使命伟大光荣，但是缺乏财政制度保障的状况。目前，中国公共财政制度保障与社会发展目标之间分离分隔是普遍存在的结构性问题。因此，政府承担社会责任的方式和途径具有特别重要的现实意义、理论意义和政策意义。我们认为，地方社区福利财政制度建设，成为中国特色公共财政制度框架建设的最佳视角。

总体来说，地方社区福利财政制度建设的国家行动战略有六，覆盖政治经济社会文化领域，一是深化财政体制改革，构建中国特色公共财政制度框架，为构建和谐社会奠定财政基础，尤其是妥善处理中央财政与地方财政的关系，简化和充实地方财政体制，实现财政重心下移；二是高瞻远瞩、统筹规划，制定国家财政体制改革战略规划，清晰描绘社会发展目标；三是推进政府职能与社会管理方式的转变，构建服务型政府，发展社会政策与福利财政；四是拓宽财政收入渠道，强化预算权威地位，优化财政支出结构，构建福利化和谐社会；五是将医疗卫生、义务教育和地方社区福利事业作为国家财政支出的战略重点与优先领域，将有限财力、物力、人力用到最需要人群和地区，使财政资金最大化发挥社会公平作用。六是加快发展民政政治制度，强化社会福利筹资与民主政治制度之间的联系，倡导公民参与，保障公民权利，提高弱势群体、劣势群体和所有需要帮助人群社会福利服务的可及性。

七　简要讨论与基本结论

改革开放四十年来，中国社会与国家的关系发生重大结构性转变，国家与地域社区、功能社区的关系成为公共政策、社会政策与社会福利政策

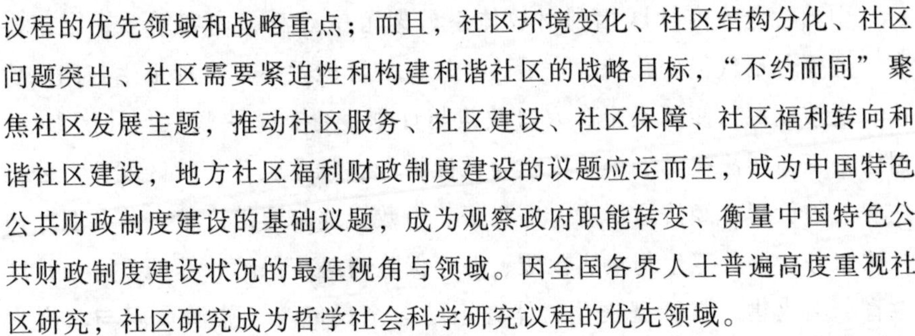

议程的优先领域和战略重点；而且，社区环境变化、社区结构分化、社区问题突出、社区需要紧迫性和构建和谐社区的战略目标，“不约而同”聚焦社区发展主题，推动社区服务、社区建设、社区保障、社区福利转向和谐社区建设，地方社区福利财政制度建设的议题应运而生，成为中国特色公共财政制度建设的基础议题，成为观察政府职能转变、衡量中国特色公共财政制度建设状况的最佳视角与领域。因全国各界人士普遍高度重视社区研究，社区研究成为哲学社会科学研究议程的优先领域。

更为重要的是，地方社区福利财政制度建设成为公共财政、社会公共福利财政与社会福利财政制度建设的共同点与交叉处，成为公共服务、社会服务与社会福利服务的财政制度基础，具有特别重要的现实意义、理论意义、政策意义和国际意义，是构建和谐社区的制度前提。

地方社区福利财政是笔者原创性的核心概念，基本涵义是指国家、政府针对不同类型地域社区和功能社区福利服务需要，提供财政预算资金支持的财政制度安排与社会公共财政过程的总和，实质等同于“地方财政”，精髓是地方财政制度建设，某种程度上成为地方财政制度建设的基础与核心领域，成为衡量公共财政、社会公共福利财政与福利财政的最佳视角。地方社区福利财政的核心理念是构建和谐社区、和谐家庭与和谐社会的社会基础，理念先进。地方社区福利财政的价值目标与政策目标是回应现代城市社区共同体和社会关系崩瓦解的发展趋势，通过公共服务、社会服务与福利服务，巩固强化人们的社区归属感和社区认同感，在现代社会环境下，保持血缘、地缘、业缘和社会关系稳定性、一致性和内在的结构均衡，运用制度化方法解决现代社区崩溃问题，在现代社会环境下形成新型地方社区共同体。

新型地方社区共同体超越狭窄地理范围的限制，扩大地方社区共同体互动人群的数量规模，增加发展地方经济和改善社区居民生活质量，提高地方社区共同体整体社区福利等新功能，新型地方社区共同体的组织、结构、功能、角色、地位、作用和影响均发生重大结构性变化，人类需要结构、社会需要结构、社区需要结构变迁和社会福利视角成为最重要的理论视角，救助财政、社区服务、保险财政、城市财政、社区福利、地方财政、地方社区发展脉络清晰，地方社区共同体等同于“地方社会”，地方社区福利财政等同于“地方财政”，地位重要。

中国特色地方社区福利财政体系框架范围广泛，内容繁多，丰富多彩，主要包括气候变化持续发展、环境保护环境卫生、全球卫生与国境检疫、清洁能源与能源安全、人口政策与计划生育、基层政权与社区参与、司法公正与司法援助、公共安全与社区警务、就业服务与社区就业、公共住房与限价房、经济适用房、廉租房、市政交通与通信广电、公共服务与社区服务、公共卫生与疾病预防、医疗保险与医疗保障、基础教育与社区教育、文化建设与社区文化、体育运动与全民健身、旅游休闲与家庭娱乐、慈善公益与 NPO 建设等 20 个领域，绝大多数地方社区公共服务缺乏稳定财政预算资金保障，地方社区福利财政体系形同虚设。

更为重要的是，本文首次明确提出地方社区福利财政体系的若干制度特征，首次提出地方社区福利财政体系性质属“地方财政”范畴，地方社区福利财政制度主体部分是城市区级财政，地方社区福利财政制度框架性质是阶段性与过渡性的，成为地方财政制度建设最佳突破口。与此同时，笔者简要探讨中国地方社区福利财政制度建设的体制性困境、障碍与结构性成因，关键问题是中央政府与地方政府的财政权力、责任、义务划分，实质是国家的政治契约关系。由于政治体制改革、财政体制改革与社会结构转型，中国地方社区福利财政制度建设面临若干核心理论与政策争论议题，中国特色公共财政制度框架建设正处于生死攸关的关键时刻。简言之，中国地方社区福利财政制度建设的状况与质量，决定和谐社会建设的状况与质量。

主要参考文献

汪立华：《城市社区建设：以增进福利为目标的实践》，《湖北大学学报》2008 年第 5 期。

杨发祥：《公共财政与社区福利：以广州市实地调查为例》，中国社会保障制度建设 30 年：回顾与前瞻学术研讨会论文集，2008 年。

李志刚：《快速城市化下“转型社区”的社区转型研究》，《城市发展研究》2007 年第 5 期。

刘继同：《由主流到边缘：国家与社区关系历史演变及其核心议题》，《理论研究》2004 年第 1 期。

刘继同：《从绝对依附到相对自主：国家、市场与社区关系模式的战略转变》，《毛泽东邓小平理论研究》2003 年第 3 期。

金立光：《构建和谐社区：和谐社会建设的基础工程》，《社会科学论坛》2005 年第 11 期。

［美］理查德·A. 马斯格雷夫：《财政理论与实践》（第五版），邓子基等译，中国财政经济出版社 2003 年版。

［美］Allen，R.：《公共开支管理：供转型经济国家参考的资料》，章彤译，中国财政经济出版社 2009 年版。

沈洁、汪立华：《中国城市社区福利》，社会科学文献出版社 2008 年版。

［美］罗纳德·L. 费雪：《州和地方财政学》（第二版），吴俊培等译，中国人民大学出版社 2000 年版。

浦兴祖：《特大城市城区管理体系的改革走向；兼谈"两级政府，三级管理"的提法》，《政治学研究》1998 年第 3 期。

张馨（主持）：《构建公共财政框架问题研究》，经济科学出版社 2004 年版。

李萍主编：《中国政府间财政关系图解》，中国财政经济出版社 2006 年版。

邹育根、马晓鹏：《深圳市民生净福利体系指数实施效应分析》，《深圳大学学报》2009 年第 4 期。

［美］詹姆斯·M. 布坎南：《民主财政论》，穆怀朋译，商务印书馆 1999 年版。

刘京焕、陈志勇、李景友编著：《财政学原理》，中国财政经济出版社 2005 年版。

何平、李实、王延中：《中国发展型社会福利体系的公共财政支持研究》，《财政研究》2009 年第 6 期。

赵国华、钱继高：《和谐：构建我国公共财政的价值追求》，《山东行政学院学报》2008 年第 6 期。

张斌：《"地方政府公司化"反思》，《决策》2006 年第 11 期。

张成兰：《论"自筹工资""自谋福利"的危害及治理对策》，《党政干部论坛》2001 年第 8 期。

李振洪主编：《北京市西城区财政志》，北京出版社 1999 年版。

陈光焱：《构建和谐社会与财政改革基本思路》，《中南财经政法大学学报》2005 年第 5 期。

李建：《县级财政有五难》，《政策》2003 年第 2 期。

［美］戴维·杜鲁门：《政治过程：政治利益与公共舆论》，陈尧译，天津人民出版社 2005 年版。

朱丘祥：《分税与宪政》，知识产权出版社 2008 年版。

全国人大预算工委编：《中国政府预算法律法规文件汇编》，中国财政经济出版社 2005 年版。

马骏、岳经纶：《整合政策与预算：我国公共治理面临的一个挑战》，《中国公共政策评论》2009 年 3 卷。

付永水、秦中甫：《全面预算管理》，经济科学出版社 2005 年版。

丛树海主编：《财政支出学》，中国人民大学出版社 2002 年版。

傅东主编：《中国财政年鉴 2008》，中国财政杂志社 2008 年版。

何振一：《理论财政学》（第二版），中国财政经济出版社 2005 年版。

高培勇、杨之刚、夏杰长主编：《中国财政经济理论前沿（5）》，社会科学文献出版社 2008 年版。

［法］R. Allen & D. Tommasi：《公共开支管理：供转型经济国家参考的资料》，章彤译，中国财政经济出版社 2009 年版。

贾康：《财政本质与财政调控》，经济科学出版社 1998 年版。

赵杰：《析“经济对财政依赖性增强论”》，《贵州财经学院学报》1999 年第 1 期。

刘京焕、陈志勇、李景友编著：《财政学原理》，中国财政经济出版社 2005 年版。

徐斌：《财政联邦主义理论与地方政府竞争：一个综述》，《当代财经》2003 年第 1 期。

林治芬：《中国社会保障的地区差异及其转移支付》，《财政研究》2002 年第 5 期。

谢旭人主编：《中国财政 60 年（上、下卷）》，经济科学出版社 2009 年版。

王军：《“土地财政”的动力结构》，《瞭望》2005 年第 37 期。

马恩涛：《财政竞争及其结构福利效应研究》，《当代财经》2008 年第 8 期。

寇铁军、孙晓峰：《我国福利财政早熟性分析与对策》，《哈尔滨商业大学学报》2002 年第 5 期。

海鸥：《中国社会福利制度要慢慢来》，《中国经济周刊》2007 年第 39 期。

王传纶：《福利国家的兴衰和资产阶级财政理论变化》，《经济理论与经济管理》1984 年第 2 期。

周占文：《财政应尽量远离社会保障》，《经济师》2002 年第 2 期。

江泽英：《社会保障基金不可纳入财政预算》，《经济理论与经济管理》2002 年第 1 期。

王国星：《试论社会保障财政》，《江西财税与会计》2000 年第 8 期。

陈婷、陈夏婷：《析我国政府对社会保障的财政责任》，《经济体制改革》2007 年第 6 期。

鲁全、赵淑英：《试论财政资金与不同项目社会保障资金的关系》，《贵州财经学院学报》2004 年第 6 期。

马蔡琛：《财政主导型：中国社会保障制度改革基本模式》，《四川财政》1999 年第 9 期。

马国强、谷成：《中国开征社会保障税的几个基本问题》，《财贸经济》2003 年第 5 期。

王晓军、钱珍：《中国财政社会保障支出效率分析》，《福建论坛》2009 年第 5 期。

江子福：《指数化调整：民生财政社会保障支出的新视角》，《地方财政研究》2009 年第 6 期。

陈昕：《首次对财政补贴的经济学分析——读李杨著〈财政补贴经济分析〉》，《学术月刊》1990 年第 11 期。

刘继同：《国家话语与社区实践：中国社区建设政策目标解读》，《社会科学研究》2003 年第 3 期。

胡冰：《服务型政府异化的学理原因浅析》，《湖北社会科学》2005 年第 7 期。

徐月宾、张秀兰：《中国政府在社会福利中的角色重建》，《中国社会科学》2005 年第 5 期。

岳经纶：《和谐社会与政府职能转变：社会政策的视角》，《武汉大学学报》2007 年第 3 期。

朱青：《关注民生：财政支出结构调整的方向与途径》，《财贸经济》2008 年第 7 期。

梁柠欣：《论社会福利政策中的国家角色及其演变》，《中山大学学报论丛》1993 年第 Z2 期。

王思斌：《中国城市社区福利服务的弱可及获得性及其发展》，《吉林大学学报》2009 年第 1 期。

刘继同：《社会基础设施体系建设与构建和谐社会的社会基础》，《福建论坛》2008 年第 3 期。

本文原载《地方财政研究》（沈阳）2010 年第 5 期。此次系全文发表。

第九部分

中国社区社会工作实务模式与社区福利体系

“居家养老”服务与中国特色社区保障模式

摘要：老龄化既是世界各国普遍面临的战略性议题，又是社会福利政策的基础性议题。如何应对老龄化浪潮已成为中国社会政策核心议题。老龄问题关键是老有所养。居家养老首创中国特色社区保障模式，是有效整合社区就业、社区互助和社区建设政策的最佳途径。

社会结构转型与中国养老保障议题

社会结构转型既凸显老龄化问题紧迫性与重要性，又为如何解决老龄问题营造适宜社会环境与制度背景。改革开放以来，中国社会结构与居民生活方式发生翻天覆地革命变化，并典型反映在社区生活之中。1980年代以来，受计划生育政策和人口结构变动等因素影响，1999年底全国老年人口占总人口比例达到10.1%，标志中国已正式进入老年型国家行列。在大中城市之中，某些城区老龄化问题更为严峻。例如大连沙河口区民权街道老年人较多，总人数3234人，占总人口的12.5%，远远高于全市和全区水平，深刻感受老龄化社会压力。与此同时，婚姻关系、家庭生活与生活方式也发生重大结构变化，凸显老龄化问题紧迫性。伴随婚姻自主提高和择偶条件转变，家庭成为典型私人生活空间和追求生活质量风尚流行，已婚妇女扮演贤惠顾家主妇角色的社会需要日趋强烈，如何兼顾就业和家庭矛盾日益突出？

更为重要的是，经济体制改革、产业结构调整和企业减员增效迫使大批女职工“下岗待业”，妇女就业牵涉女性平等地位、就业机会、家庭福利、婚姻稳定性和妇女参与等诸多议题。如何为下岗失业女工提供适合工作岗位，便由单纯经济问题转为复杂政治问题与社会问题。大连沙河口区是个老城区，破产、停工、搬迁企业和居民多，老年人多和下岗失业人员多，全区有大龄下岗失业女工486人。她们绝大部分正处中年，身兼养家糊口与照顾家庭重任。她们的就业既是家庭生活的头等大事，又是地方政府高度关注的核心议题，社会影响广泛。需要特别指出的是，2001年在民政部在全国实施的“社区老年福利服务星光计划”，既为居家养老服务营造适宜的政策环境，又为探索建立“以居家养老为基础，以社区为依托和福利机构为补充”的老年人福利服务体系奠定思想、政策、资金、组织、设施和人员基础。这意味结构转型与老龄化浪潮既为居家养老服务提供必要性、紧迫性、重要性与制度背景，又说明居家养老模式和老年人福利制度创新必然性、动力源泉、发展方向与内在逻辑关系。

居家养老模式既是中国福利制度创新的重要成果，又具有重要现实、理论与政策意义。2002年9月，大连市沙河口区民权街道办事处街道在全国率先选派13名培训过的养护员，为辖区内13户、17位80岁以上的特困孤寡老人提供上门入户的日常生活照顾服务，具有历史性、革命性意义的居家养老模式和“没有围墙的养老院”应运而生。所谓居家养老就是养护员上门为需要的老年人在自己家庭环境中提供职业化的日常生活照顾服务活动。居家养老的革命之处是将养老服务、家庭照顾、社区服务、邻里互助与社区就业联系起来，具有怎样评价都不会过高的重要社会意义。毫无疑问，居家养老是福利社会化的具体体现。更重要的是，居家养老对“未富先老”和老年人口绝对数居世界之最的中国社会是个福音。居家养老服务挑战欧美国家传统主流的社会福利理论，提出许多有待深入探讨的理论议题。居家养老改变机构养老传统与国家养老保障政策模式，迫使我们重新反思老年人福利政策。

居家养老价值基础与系统运作机制

居家养老服务模式价值基础是社会稳定、邻里互助、社区照顾、精神文明和社区建设，政策目标是既为下岗失业女工提供适宜就业机会，又能解决特困孤寡老人日常生活照顾和居家养老问题，政治经济与社会文化目标相互交织，高度重合，价值基础与政策目标吻合一致，典型反映结构转型期中国社会结构特征、经济发展状况、福利制度安排与政策取向。沙河口区实地调查发现，街道举办居家养老服务初衷是为领取最低生活保障金的失业贫困人员提供服务性工作岗位，隐蔽目的是规管、惩罚穷人，工作福利（workfare）的色彩浓厚。尽管以后居家养老服务动机发生变化，但是通过社区就业实现社会稳定的政治性取向鲜明。

居家养老服务兴起发展的社会文化基础是养护员与老年人间熟悉、亲密、信任的邻里关系，而且这种亲密无间的邻里关系和社区互助互济拥有悠久历史传统，降低制度有效运作成本。与此密切相关的是，居家养老服务打破机构养老的习惯做法，为需要照顾老人在家庭环境中提供服务，让老年人仍生活在他们熟悉眷恋的常态化社区中，不割裂老年人的社会网络。

更为重要的是，居家养老客观上弘扬中华民族尊老爱幼、互助互济和守望相助的优良传统，有助社会主义精神文明建设和创建文明社区，满足不断增长物质文化需要和提高生活质量，其核心价值是努力建设管理有序、服务完善、环境优美、治安良好、生活便利、人际关系和谐的新型现代社区。社区建设和建设社区的色彩浓厚。不言而喻，居家养老服务的价值取向自然决定其政策目标。在失业下岗人员大量存在和困苦孤寡老人无人照顾的处境下，居家养老自然成为社区就业与社区养老保障政策的最佳结合点，三者形成互惠的三角关系。这意味为下岗失业妇女创造更多就业机会，解决老龄化问题和社区福利体系建设政策目标三者合一，有机相融。这典型反映中国社会政治经济社会边界模糊和政治取向福利的特征。

目前居家养老服务对象主要由三部分人组成，一是日间生活需要照料的三无老人；二是无子女和享受低保的特困老人；三是中、低收入社会老人。居家养老服务解决了最困难、最需要帮助孤寡老人和子女不在身边老人的日常家庭生活照料问题，满足最困难老人居家养老的基本需要，为探索建立普及性居家养老服务积累宝贵经验和奠定理论、组织性基础。长期以来，城市街区中三无孤寡老人、特困老人和子女不在身边老人的日常生活照料问题一般由居委会承担。居委会主要是通过学雷锋、社区服务、志愿者服务、邻里互助、义务劳动、节假日走访慰问和包户服务等方式提供居家养老服务的，社区互助与志愿服务性质鲜明。

改革开放特别是1990年代以来，一方面企业转制、倒闭、破产造成的老人问题全部进入街道，老年人数量和困苦生活程度均有所增加；另一方面照顾孤寡老人的居委会和志愿者人员有限，时间不固定，缺乏资金，无法从根本上满足老年人的养老和基本生活需要。

更为重要的是，伴随核心家庭小型化、生活节奏加快、市场竞争日趋激烈和生活质量提高，越来越多中、低收入家庭的老人迫切需要日间照顾和居家养老服务，他们已经成为居家养老的主要服务对象。从沙河口区的情况看，目前居家养老服务对象人员构成结构十分典型。三无老人和无子女享受低保的特困老人共有 63 户，占居家养老户数的 1/3，中低收入社会老人 131 户，占居家养老户数的 2/3。毫无疑问，伴随人口结构和生活方式的变化，中低收入社会老人比例将会不断增加。这既意味未来居家养老服务市场的发展潜力巨大无比，又说明社会老人已成为居家养老服务的主要对象，反映由选择转向普及性服务的发展趋势。

居家养老主要服务方式是为需要帮助的老人在自己家庭中提供直接的照顾服务，服务范围主要包括卫生服务、日常生活服务、康复服务、精神心理健康和人际交往等领域，基本覆盖老年人基本生活需要，实现老有所养的服务目标。长期以来，街居组织为辖区老年人提供服务的方式基本是上门服务。这种方式的最大优点是能够满足那些年龄偏大、体弱多病、行动不便和需要照料，但是又不愿、不能或无法去机构颐养天年老年人的养老需要。居家养老方式深受老年人喜爱、且具有旺盛生命力基本原因就是在自己家里享受养老服务，其优点是显而易见和多种多样的。老年人眷恋故土家乡，不愿离开生活一辈子的地方社区。家庭环境方便养护员与老年人的沟通，在服务者与服务对象之间容易建立相互信任的关系。

居家养老服务能够真正体现以人为本原则，可以为老年人提供个性化与多样化的养老服务。居家养老地域覆盖范围广大，家庭布局分散自然，就近方便，避免了舟车劳顿和浪费时间。家庭环境容易营造温馨美满生活氛围，将亲情、友情和关爱融为一体，有助提高心理福祉。居家养老有经济投资少，服务收费低，整体运作成本低但覆盖面广，社会影响巨大的优点。居家养老的服务双方都是社区弱势群体，养护员和老年人在服务中相互帮助、支持和鼓励。最为重要的是，上门服务使老年人在正常社区生活中享受养老服务，确保他们的社区参与，同时避免机构养老的诸多弊端。这意味居家养老将是最符合中国社会文化传统的服务方式。

总体来说，居家养老服务范围广泛，主要包括日常生活料理、卫生服务、康复服务、精神心理健康和人际交往服务等，基本覆盖老年人基本生活需要。伴随社会老人数量增多和生活水平提高，服务范围不断扩大和内容不断增多，非物质性的精神心理健康服务日趋重要，不断提高服务质量和特色服务、品牌服务，已经成为居家养老服务发展的三大基本趋势。

养护员构成主要是辖区中下岗失业女工、享受最低生活保障的人员、志愿者和其他难以就业大龄劣势群体，她们普遍年龄偏大，教育程度偏低，缺乏劳动技能，市场竞争力低。改革开放特别是1990年代以来，失业下岗人员急剧增多，其中尤以40—50岁女工数量最多。她们上有赡养的老人，下有读书的孩子，正处于人生紧要关头，工资就业是她们基本需要。但是由于她们个人素质和社会结构转型，她们首当其冲成为经济改革与产业结构调整的牺牲品，失业下岗回家，难以重新进入竞争性劳动市场，进而影响正常家庭生活和生活质量。下岗失业女工再就业问题也由经济问题变为政治问题与社会问题，引起社会各界广泛关注。

在此背景下，居家养老服务自然为大龄失业下岗女工提供宝贵难得和非常适宜的就业机会。尽管养护员每月工资只有300元左右（大连市低保标准每月210元），但从下岗女工角度看，居家养老服务对她们仍然具有相当大的吸引力，因为她们普遍临近服务的老人。这样她们既可为老年人服务，又可以兼顾自己家庭生活，一举两得，两不耽误，非常适合女工需要。这既是居家养老服务低收费、低工资、低成本和无利润运作的奥秘所在，又是能够将下岗失业女工的就业问题、应对老龄化浪潮、社区服务和社区建设有机结合起来的社会性原因。

居家养老服务经费来源渠道尚不固定，服务补贴标准明显偏低，经费来源渠道与补贴标准制度化和常规化迫在眉睫，刻不容缓。2002年9月，沙河口区政府，民政局领导和辖区有识之士，高瞻远瞩，从解决老龄与下岗职工再就业问题，加强基层政权建设和强化社区管理，建设精神文明和贯彻落实"三个代表"的全局和战略性高度，首创中国居家养老服务，引起社会各界广泛关注。

居家养老服务最关键的是有足够的资金保障，确保选派合格养护人员。创建伊始，沙河口区政府便采取社会化的资金筹集模式，组建由68个单位参加的地区慈善会，并向慈善会注入启动资金5万元，以此带动驻街单位和个人募集资金15.8万元，依靠社会力量解决资金问题。2003年

7月，沙河口区政府出台《沙河口区实施居家养老服务经费补贴办法（试行）》的社区政策，对具备相关条件的老人实施居家养老服务经费全额或定额补贴。区财政则从专项经费中向街道拨发全额和定额的补贴经费。显而易见，目前，沙河口区居家养老投资方式基本已形成以政府为主，社会力量参与为辅的喜人格局。但是，我们访谈中了解到，目前区政府每年下拨1000万元用于购买养护员公益岗位和业务培训，这种状况能否长期维持下去很难说。这主要取决于区政府领导是否变动，区财政有无能力，国家对居家养老政策支持力度。这意味居家养老服务补贴资金来源和拨款方式尚未制度化。

居家养老服务基本是以社区为基础的组织体系，自发性和社区性特征明显，服务监督、管理和政策指导也基本停留在区级政府层次上，亟待更高层次的组织体系和监督管理模式。居家养老服务是沙河口区民权街道办事处的创新，是社区居民对社区问题积极主动的回应，既充分体现了人民群众的创造性和主观能动性，又凸显居家养老服务自发性与社区性特征。

目前，区政府、街道办事处和社区居委会三级居家养老管理机构建设远远滞后形势的发展，如何建立福利性、公益性服务与市场化运作相结合运行机制，如何加强居家养老服务管理，培育居家养老服务组织，提高政策指导和财政支持层次，这是居家养老服务发展当务之急。经过1年多探索实践，初步摸清居家养老服务现状，存在问题，发展前景和规范管理要求，掌握居家养老服务的基本规律，发现居家养老服务市场的运作机制和行之有效的管理模式。总体来说，目前居家养老服务管理和政策指导基本停留在社区层次，统筹规划和宏观指导力度不够，居家养老服务运作过程中暴露的结构性紧张与体制性矛盾迫切需要全国性政策，迫切需要协调中央政府与地方政府，地方政府与区、街道、社区居委会和老人家庭的关系。

中国特色社区保障与理论政策议题

居家养老服务既是中国社会福利制度创新的重要举措，开创有中国特色社区保障制度，又引发系列理论政策议题，为全面规划和科学设计中国老人福利政策框架奠定多方面基础。长期以来，中国老人养老基本分为两大类型，一是国家对三无孤老、五保户和孤老优抚对象提供机构养老，例如，社会福利院、敬老院、老人院和光荣院等；二是绝大多数老人由儿女赡养，在家庭环境中安享晚年。这种状况与计划经济体制和多子女的家庭政策吻合一致。

改革开放以来，计划生育政策和社会结构转型导致人口结构重大变化，核心家庭成为主流，如何应对汹涌澎湃的老龄化浪潮成为政策议程核心议题，传统养老模式的社会基础已动摇，迫切需要探索新型养老服务模式。大连民权街道居家养老院开创中国社会第三种养老模式，具有划时代的历史意义，是“居家养老为基础，社区为依托，福利机构为补充”老人福利政策与服务体系的具体体现，其思想、理论、政策、制度、组织和养老保障方法创新意义是怎样评价都不会过高的，开创独具中国特色的社区保障和家庭养老服务模式。

与此同时，居家养老是项前所未有的制度创新，涉及国家、市场、社区、家庭和个人的复杂互动关系，涉及福利政策与经济政策关系，引发诸多基础性理论议题、政策框架设计和制度安排特征。1970 年代以来，欧美国家改革院舍照顾服务，兴起社区照顾模式，创新老人福利服务模式。毫无疑问，居家养老无论在价值基础、政策目标，还是在服务对象、服务内容均不同社区照顾，十分典型反映中国社会结构特征，制度安排模式、政策框架和社会文化的价值取向。有鉴于此，笔者在潜在比较居家养老和社区照顾处境下，分析居家养老引发理论政策议题，目的是完善居家养老服务制度，建构中国养老政策框架，创建独具中国特色的老人福利制度。

居家养老理念、价值基础和政策目标独具中国特色，反映养老服务发展方向，是中国社会未来养老保障的基本模式。居家养老理念的革命之处是在家庭中接受职业化养老服务，其隐含假设是家庭是最适合老年人养老的场所，比机构养老更好满足老年人养老保障需要，开辟中外历史养老保障新纪元，为老年人使用养老服务增加更多选择空间，社会意义深远。

更为重要的是，居家养老服务体现家庭保障是最好福利，以人为本和服务使用者参与价值，反映民主、自由、平等、博爱、选择、互助、合作、相互依赖和社会团结等普世价值理念。中国是典型发展中国家，人口众多，经济发展水平偏低，未富先老和现代化双重压力交织，如何以最经济、简便易行和最符合中国社会文化的方式应对老龄化浪潮是首要的政策目标。毫无疑问，人性化、个性化、开放化和家庭化的养老服务是世界各国养老服务发展方向，说明居家养老理念与人性化服务目标不谋而合，反映居家养老服务旺盛生命力和发展前途。

居家养老服务打破三无孤老和特困老人服务范围，将养老服务扩大到普通老人，为所有老人养老保障提供可行的选择机会和经济适用方式。长期以来，国家承担养老保障义务十分有限，主要局限于劳动能力、无生活来源、无法定赡养人的三无孤老、孤老优抚对象和精神病人，绝大多数老年人依靠儿女养老。

不言而喻，核心家庭增多和年轻人竞争压力增大势必引发养老保障中深层次的结构性冲突与体制性矛盾。居家养老服务既避免机构养老的弊端，又缓解儿女养老的负担，还突破国家养老保障范围狭小问题，为所有老年人增加养老保障的途径。这意味中国养老保障服务模式由选择性服务向普及性服务的战略转变。这种转变预示更高程度的社会公平与社会平等：凡是需要养老的老人均可以获得应有服务。需要特别指出的是，目前居家养老服务对象公众化步伐尚不理想，那些困难程度超过三无老人，但人均收入水平又超过低保标准的“边缘户”老人的养老保障问题突出，亟待解决。这意味只有居家养老真正覆盖所有老人之时，居家养老服务优势与精髓才能真正显露出来。

居家养老模式的革命之处是在家庭中享受养老服务，它既可避免机构养老的诸多弊端，又减轻子女养老负担和解决老有所养的问题，还提出如何提高居家养老服务质量和监管居家养老服务过程的崭新议题。居家养老服务的最大优点是在家庭环境中享受职业化养老服务，这既是居家养老截然不同机构养老和子女养老之处，又是居家养老最具生命力和革命之处。与此同时，福利解决策者和服务管理者如何监督、管理、评估居家养老服务问题应运而生。毫无疑问，社会福利院、敬老院、老人院和光荣院的现行管理办法与运行机制无法适用居家养老服务，如何管理居家养老服务又无现成经验可资借鉴，迫切需要与之相配套的管理办法。

更为重要的是，如何确保居家养老服务的质量，满足老人不断增长的物质文化需要。目前居家养老服务基本停留在家庭清洁卫生、生活服务、精神援助和健康服务层面，服务的“家庭化”和“生活化”色彩浓厚。目前这对三无孤老和低收入老人群体是可以接受的，但从长远、发展和普通老人角度看，居家养老服务领域范围必须扩大，由家庭化转向以家庭为主、社区为辅，由生活化转向以日常生活和经济保障为主、精神生活和医疗住房为辅。这意味优化社区环境，确保老年人的经济保障，解决老年人看病难、住房差和权益受侵害，同样是居家养老服务不可或缺的重要组成部分。沙河口区实地调查和北京市老年人基本需要调查发现基本吻合一致。需要特别指出的是，居家养老绝不等于低水平和局部性服务。

居家养老养护员队伍主要由下岗失业女工组成，这既说明居家养老服务的低成本运营和非专业化服务状况，又预示养护员队伍构成不久将会发生重大变化，谁来养老问题突出。目前，选择养护员基本出发点是为下岗失业并享受最低生活保障大龄妇女解决再就业问题，她们多数是40—50岁的妇女。那些身体健康、离老人家近和有一定责任心、爱心的大龄妇女是最佳的养护员人选。这种潜在、供过于求的廉价女性劳动市场是居家养老的经济基础，决定居家养老养护员的低工资就业和非专业化服务状况。

但是，需要特别指出的是，一方面，下岗失业和下岗失业女工是中国社会转型期的特有社会现象，历史阶段和过渡性特征明显。这意味若干年后养护员供方市场将发生重大变化，谁愿意和在什么条件下进入养护员市场，是个值得深思的问题。另一方面，伴随普通社会老人更多进入居家养老行列和生活质量提高，居家养老服务范围扩大，内容增多和服务标准提高，专业化服务和综合化服务将势在必行。这种高标准服务和过渡性、低素质养护员队伍之间的结构性矛盾将随老龄化进程不断加剧，由此衍生的一系列问题迫切需要统筹规划，未雨绸缪。欧美国家上门服务工作者基本是由专业社会工作者承担，他们接受专门训练，认同社会工作专业价值观和有专门助人技巧。

这意味如果要想使居家养老服务持续、稳定、健康发展下去，养护员队伍的正常化、年轻化与专业化培训将是至关重要的。令人欣慰的是，中国城市社区社会工作方兴未艾，社区就业、社区服务、社区建设与社区养老政策相互交织，为养护员队伍建设营造适宜社会环境。

政府在居家养老服务中扮演角色与发挥作用，特别是国家与市场、社区、家庭关系，地方政府与中央政府关系，是居家养老服务发展的关键因素。居家养老服务是大连沙河口区民权街道的制度创新，是区领导远见卓识和大胆探索的产物，属于典型由下而上的革命。区政府主要通过高度重视和全力支持居家养老服务理念，组织动员社区资源，建立社区慈善基金会，制定相关优惠政策和提供直接资金支持等方式，成功创造居家养老服务新形式。

毫无疑问，在制度建设与政策实施过程之中，资金来源是国家承担福利责任最具体的形态。客观地说，无论是创办初期，还是一年多运营实践，沙河口区政府扮演总指挥和导演角色，市场、社区和家庭均成为居家养老服务实践的重要角色。但是，区政府支持基础是脆弱的。毫无疑问，随着居家养老服务和组织发展日趋专业化，资金来源与经济保障是关键性议题。目前，当务之急是从战略、全局与长远利益的高度，认真研究政府应该如何给予资金支持，政府按什么方式与比例给予资金支持。

更为重要的是，目前居家养老服务仍然是地方区级政府的局部性和探索性行为，能否持之以恒地长期坚持和在全国范围推广取决于更高政府，取决于地方政府之间、地方政府与中央政府之间的互动关系。这种关系集中反映在居家养老服务资金来源能否纳入社会经济发展计划和各级政府的财政预算。不言而喻，只有将居家养老服务资金来源定性为各级政府公共财政开支重要组成部分，纳入社会福利资金计划，才能确保居家养老服务持续稳定健康的发展。综观世界各国福利制度安排，政府既是养老服务的主要责任人，又是养老资金主要来源，市场、社区和家庭扮演养老服务助手角色。这意味居家养老服务应尽快在全国范围推广，将区级地方政府行为转变为中央政府的行为。

如何规范居家养老服务组织，确保养老服务市场繁荣稳定，强化居家养老服务监管，不断完善居家养老服务政策和制度安排，以创建中国特色社区养老保障体系已成当务之急。自民权街道首创居家养老服务和沙河口全区推广以来，深受广大群众欢迎，发展势头迅猛。在短短 1 年之间，沙河口区居家养老院由最初 13 户发展到 194 户，229 名老人享受居家养老服务，且居家养老服务已普及到大连全市。目前，大连市已成立家庭养老院近 400 户。据调查，大连市仅需要进入居家养老院的特困老人就有 500 户，居家养老的发展潜力巨大。发展速度异常迅猛居家养老服务自然带来组织发展、人员管理、服务监督和服务评估问题。目前，如何能实现投资主体多元化，服务对象公众化，运作机制市场化，服务方式多样化，服务队伍职业化和专业化，这是居家养老服务发展的关键，核心是居家养老院管理规范化。

居家养老服务兴起与发展并非偶然，具有深厚的政治、经济与社会、文化基础和制度环境，但这并不意味居家养老服务一定会持续稳定健康发展，政策导向和规范管理问题至关重要。有鉴于此，如何尽快制定全国性政策、法规，摸清底数和编制全国性、地方性发展规划，在中央与地方政府机构中设立专门化居家养老院管理机构，拟定规章制度和行政审批程序，培训职业化和专门化养护员，制定居家养老院服务规范和服务评估标准等，已成当务之急。这也是在全国范围推广和发展居家养老服务的社会前提与条件，实质是建立相关政策框架。

居家养老服务总体制度设计与政策建议是当务之急，整体、长远、综合性战略规划、制度建设与政策模式选择是未来发展的基础。居家养老服务的出现是世界养老事业的创举，具有重大深远的历史、现实和理论意义，利民利国利社会，指明养老事业未来的发展方向。

具体来说，首先，应大力宣传、推广和普及居家养老服务的概念，将其确定为基本养老模式。其次，尽快归纳总结大连市沙河口区居家养老服务成功经验，推广应用居家养老服务模式，探索在全国范围实施居家养老服务的可行性与必要性。再次，丰富完善国家级“社区老年福利服务计划”，建构系统完整的老年福利政策框架和国家级组织体系，将居家养老放在整个养老保障和社会福利事业大局中通盘考虑。最后，加快居家养老与老年福利相关法规立法和管理机制调研工作与国际比较研究，为建立中国特色社区养老保障事业奠定基础。

简要讨论与基本结论

居家养老服务是世界历史上养老保障事业伟大创举，开创中国特色的社区保障新模式，具有重大现实、理论、政策意义和十分广泛的应用前景。居家养老服务出现并非历史偶然，是经济体制改革、社会结构转型、市场经济发展、民间社会兴起和生活质量提高必然产物，是中国社会对老龄化浪潮、失业问题、社区治安与社区整合，及社区建设问题的积极回应，是基层社区由下而上和人民群众自发的伟大创造，是福利制度创新与政策模式转变的成果。居家养老服务模式划时代、深远社会意义是创造中国特色的社区保障模式和社区福利政策。社区保障服务并非中国社会独有的现象，而是当今世界各国普遍存在制度安排与政策模式。

以居家养老服务为主社区保障模式的“中国特色”主要体现如下几方面：一是居家养老服务的价值基础不是欧美的公民权利与国家责任，而是中国社会邻里互助和社区型集体主义；二是居家养老与社区就业、社区服务、社区建设和社区管理政策高度重合，叠加效应和积极性社会作用难以估量；三是居家养老成功解决欧美国家普遍存在的机构养老与社区照顾之间衔接问题，既避免机构养老的诸多弊端，又确保老人在自然的家庭和社区环境中养老。职业化养护员队伍从根本上解决了欧美国家社区照顾服务中存在的“社区照顾是家庭照顾，家庭照顾是妇女照顾”弊病；四是居家养老服务既是社区养老、社区就业、社区服务、社区文化与社区建设最佳交会点，又对推动社区自治，促进社区经济发展，解决社区问题和弘扬尊老爱幼优良传统发挥综合性整合作用；五是居家养老服务人员主体是下岗失业女工，运作成本低，组织化程度不高，体系简单，因此居家养老有服务极高的推广应用价值，适合不同经济发展地区养老需要，制度运作成本低廉。毫无疑问，居家养老服务组织体系与服务模式小型、分散、低廉、简单、直接既是基本特色，又反映中国社区保障服务现状。简言之，居家养老服务既有助于社会稳定与社会团结，解决大龄下岗失业女工再就业问题，又有效解决老龄化问题，发扬中华民族尊老爱幼的优良传统，促进社会主义精神文明建设。这意味居家养老服务既有重要政治、经济与社会、文化意义，又具有重大理论、政策意义。

居家养老服务是革命性制度创新，地方特色鲜明，而且发展潜力巨大和应用前景广阔，迫切需要站在宏观、战略和长远高度，统筹规划、合理布局，建构制度框架和选择政策模式，确保居家养老服务持续稳定健康发展，并在应对老龄化浪潮和解决社区就业问题发挥基础性作用。居家养老既是大连沙河口区民权街道的创造，又是中国人对世界人民的贡献。这既是项前所未有的开拓性和探索性工作，又是项崭新和处于发展初期的工作，任重道远。

目前，居家养老服务基本局限于大连市范围，社会影响较为有限，尚未发挥应有社会作用。毫无疑问，在经济改革、社会结构转型、市场经济发展、民间社会兴起和生活质量提高的宏观社会背景下，居家养老服务完全适合整个中国社会，社会意义和应有范围是全国性的。这意味如何尽快科学总结大连居家养老服务的宝贵经验，将其推广应用到全国性范围之中，将地方性服务经验与实践智慧上升为全国性政策框架和制度安排，是当务之急，刻不容缓。

不言而喻，居家养老服务是项复杂的社会系统工程，涉及国家、市场、社区与家庭的关系，养老保障制度设计与政策模式选择必须统筹规划，科学设计，确保决策的科学化与民主化。与此同时，在居家养老服务方兴未艾的发展初期，在组织建设、制度建设和队伍建设同时，如何规范居家养老服务活动，加强养老市场动态监管，不断提高居家养老服务的评估标准，提高居家养老服务质量，满足老年人不断增长的物质文化需要，这是目前工作的又一重点。毫无疑问，宏观、总体性制度设计、政策框架建构与微观、具体化的操作性管理并不矛盾，而是相辅相成，相互促进。千姿百态和丰富多彩居家养老服务实践与管理活动为宏观制度设计提供鲜活素材与基本经验，宏观制度设计与政策框架又为一线具体服务提供制度保障。更为重要的是，无论从何种角度看，我们都可以肯定地预期：居家养老服务发展前途光明。

主要参考文献

萧振禹：《人口老龄化与养老保障制度研究》，中国老龄科学研究中心 2001 年版，第 194 页。

民政部法规办：《民政工作文件选编 2001 年》，中国民主法制出版社 2002 年版，第 652 页。

大连沙河口民权街道办事处：《探索居家养老新思路 构建社区保障新模式》，打印稿，2002 年。

多吉才让主编：《城市社区建设读本》，中国社会出版社 2000 年版，第 209 页。

大连沙河口区民政局：《推进社区"居家养老院"建设的初步设想》，打印稿，2003 年。

联合国：《联合国老龄问题资料汇编》，中国老龄问题全国委员会 1993 年版，第 259 页。

刘宝成：《北京市老年人基本需求调查报告》，时正新主编：《中国社会福利与社会进步报告（2000）》，社会科学文献出版社 2000 年版，第 225—235 页。

劳动和社会保障部编：《社区就业工作指南》，中国劳动社会保障出版社 2002

年版。

联合国:《防止老龄危机:保护老年人及促进增长的政策》,劳动部社会保险研究所译,中国财政经济出版社 1996 年版。

大连市民政局:《大连市社会福利社会化发展情况汇报(提纲)》,市民政局(打印稿)。

陶立群主编:《中国老年人社会福利》,中国社会出版社 2002 年版,第 3 页。

Fanning, B. J. (1989) (ed.), *Workfare vs. Welfare*, Wisconsin: Gary E. McCuen.

Barclay, P. M. (1982), *Social Work: Their Role & Tasks*, London: Bedford Square Press.

Wilson, E. (1983), Feminism and Social Policy, pp. 33—45, Loney, M., Boswell, D. & Clarke, J. (eds.), *Social Policy and Social Welfare*, England: Open University Press.

本文原载《北京民政》2004 年第 1 期。此次系全文发表。

从安置保障改革看“社区型”安置保障模式的选择

摘要：本文提出了以社区为结合点推进安置工作社会化的构想。其精髓在于：用社区内各种社会主体共同承担责任和广泛参与代替单一的政府包揽，并列举了目前推进这一主张的有利条件、主要优点及可能面临的问题。

一

军队离退休干部和义务兵退伍安置工作是一项直接关系到国防现代化建设，经济建设与发展，军政、军民团结与社会稳定的大事，是国家社会保障制度的重要组成部分。

党十分重视复员退伍军人的安置工作。早在 1931 年，在《红军优待条例》和《红军抚恤条例》中，就曾作了对残废退伍红军战士给予终身补助的规定。中华人民共和国成立以后，我国人民武装部队从 1950 年开始有计划地整编复员工作。在此期间，从中央到地方普遍成立了复员委员会，1951 年改为转业建设委员会，周总理亲自担任中央复员转业建设委员会主任。毛泽东也曾发出“妥善安置，各得其所”的指示，使 480 万复员志愿兵得到及时妥善安置。1955 年，我国颁布了兵役法，开始实行义务《兵役制》。1958 年国务院颁布了《关于处理义务兵退伍安置的暂行规定》，义务兵退伍安置工作由此开始。从此，我国每年一度的征兵和退伍安置工作走上经常化、正规化和制度化轨道。鉴于国防现代化、正规化建设的需要，我国从 1978 年 3 月起，实行义务兵与志愿兵相结合的兵役制度，民政部门从 1983 年起开始接收安置转业志愿兵。中华人民共和国成立四十多年来，全国妥善安置复员退伍军人共计3000多万人。

党的十一届三中全会以来，党中央、国务院、中央军委加强了对军队干部离退休安置工作的领导。为保证军队精简整编工作的顺利进行，军队离退休干部从1980年开始退出现役，逐步移交地方政府管理和接收安置。截至1994年底，军队已向地方移交了四批军队离退休干部，地方接收安置军队离退休干部6万多人。退伍军人和军队离退休干部安置工作与军供站、军人接待转运站的管理与服务工作一起，构成了独具中国特色的安置保障工作体系，并成为优抚安置保障制度的重要组成部分。

我国现行的安置工作主要任务有三项：一是复员退伍军人安置；二是军队离退休干部安置；三是军供站和军人接待转运站管理。民政部门负责的安置保障主要是指退伍义务兵、转业志愿兵、复员干部、军队离休、退休干部以及无军籍退休退职职工六种现象的接收安置和服务管理。

二

我国现行安置保障制度，具有浓厚的中国特色和时代特征。第一，安置保障工作具有多重属性与独特重要地位。安置工作既是一项经常性的政府工作，又是一项典型的社会保障内容；它既是全党全国的一个重要的政治问题，又是一个联系军地双方的复杂的社会问题；它既具有浓厚的军事色彩，又是重要的民政工作。因此，安置保障工作在国家社会保障体系中占有举足轻重的地位。第二，安置保障工作的主体单一，国家承担无限的责任，在某种程度上成为国家承担的一种“权利性福利工作”。第三，安置工作政策性强、涉及范围广、社会敏感度高，协调任务举足轻重，依法办事、依法管理任重道远。第四，城乡社区安置政策有别，乡村社区历来是安置工作的重点所在。第五，安置保障的重要内容是以劳动就业保障为主，物质保障、生活保障和服务保障为辅，其实质是对退伍安置对象基本生活权益的一种基本保障。

随着社会主义市场经济体制的建立，改革进一步深化，开放进一步扩大，安置工作面临许多新情况、新问题，原有的安置保障制度已越来越不适应新形势的发展和要求。民政部门干部职工本着以改革促开放，以开放促发展的精神，勇于探索，使安置保障逐步走向依靠法律手段保障，采取行政手段调控，通过经济手段搞活的路子，并逐步建立征兵、退伍、安置相衔接，育才、荐才、用才相协调，计划建房、接收安置、服务管理相联系，政府行为、社会行为、市场行为相结合的新型安置保障体系。

纵观安置保障体制的改革历程与举措，一些特点是显而易见的：首先，安置保障体系改革是与国家全面改革开放的大环境相协调一致和同步发展的，是改革开放和社会发展的有机组成部分和必然产物。其次，安置保障体制的改革与发展同国家的劳动、工资、就业、社会保险制度和经济体制改革密切相连，相互影响，安置保障以劳动就业安置为主要内容的特点日显重要。再次，安置保障体制的改革与发展同整个社会保障制度和事业的改革发展相适应，与军事制度、兵役制度的改革发展相协调，并与国防现代化、军队的革命化、正规化建设，以及和平与发展的世界性潮流融为一体，相互促进。复次，在社会转型和建立社会主义市场经济体制的新时期中，民政部门一边探索实践，一边创新改革，将探索与改革发展过程有机地融为一体，初步形成了独具中国特色的安置保障体系。最后，安置保障体制的改革方式多是先由下而上，然后再由上而下，改革的经验都来自基层社区。而且，安置保障工作始终处于一种不断探索、不断创新，持续改革的良性循环中。更为突出的是，安置保障工作从一开始便立足于深化改革，立足于发展，立足于创建独具中国特色的安置保障体系。

三

在市场经济的新形势下，安置保障工作挑战与机遇并存，困难与希望同在。市场经济在为退伍安置保障工作注入活力，带来机遇，有力地促进安置保障工作的改革与发展的同时，也使安置保障工作在新旧体制过渡和社会经济转型过程中的新旧矛盾与问题的严峻性、复杂性、达到了空前的程度，如安置政策法规滞后，有些政策还不够配套和完善，安置过程中供求关系失衡，任务重而安置难，安置渠道单一，安置对象择业的趋高性与社会需求及可能的矛盾日趋尖锐。安置工作资金严重短缺，曲线就业造成的“当兵热”与“安置难”的矛盾异常突出，各地区经济负担畸轻畸重，安置工作中的地区不平衡问题日益突出，军队离退休干部移交地方安置，统一建房工作难度大，周期长、环节多、牵涉面广、统一建房的位置越来越不理想，建房越多，国家负担越重。集中安置与服务管理矛盾多，和平环境中人们对安置保障工作的认识与重视不够等“热点”与“难点”问题不仅没有从根本上解决，而且某些问题的负面影响还有增大的趋势。因此，我们需要对改革的策略与切入点问题进行检讨反思，寻求最佳的改革策略和切入点。

改革开放以来，特别是随着计划经济向市场转变，传统社会向现代社会转变，国家型安置保障政策、法规明显滞后，国家安置保障能力明显弱化，安置保障渠道的单一和安置经费的严重不足，安置保障组织体系与结构不适应日益多元化、市场化、地方化的社会政治经济生活，安置保障需求与安置保障能力之间的差距日益扩大，矛盾日益激化，改革国家型安置保障体制，创建社区安置保障体制已势在必行，且应成为新时期安置保障体制的基本框架。

改革过程实际是一种两难选择的过程，是利益调整和结构重组的过程。在安置工作中，除稳定完善现行的安置政策、法规、办法，建立健全各项服务管理制度、机构和加强队伍建设，加大国家投入之外，更为重要的是适应国家经济体制改革的需要和社会福利社会化的发展趋势，逐步弱化包干安置，进一步扩大劳务市场调节范围，拓宽安置渠道，调动被安置者的主动性和参与率，将政府、社会力量和家庭有机地结合在一起，构建中国的社区型安置保障体系。

社区型安置保障是相对于国家型安置保障而言的。所谓国家型安置保障是指国家在安置保障体制中占有绝对主导地位，发挥多种核心作用的一种组织体系与结构。国家型安置保障体制的最主要特征是国家制定相对统一、集中的安置政策与法规，安置保障的主体为各级政府部门，特别是中央政府扮演主导性角色，安置渠道主要由政府和国家提供，安置保障所需的经费主要由国家负担，安置保障工作是一种典型的政府行为，具有浓厚的政策性、计划性和国家垄断性。它是计划经济体制的必然产物，是传统的集中统一的国家型社会保障制度的一个重要组成部分。

社区型安置保障是指一定地域社会中，有关机构、社会团体、企事业单位和家庭等社会组织，依据自己的需要、能力与资源对退伍军人和军队离退休干部进行接收安置及提供有关服务的一种社会性活动。它不仅仅局限于接收安置工作一个方面，还包括与接收安置有关的一切社会服务活动，既包括直接的，又包括间接的，既有物质上帮助，又包括精神上的支持。社区型安置保障的精髓和重点在于社区中企事业单位、社会团体、家庭及个人承担责任与广泛参与，而不仅仅是国家的责任与义务。

社区型安置保障体制实质是一种综合性、整合性的服务保障工作体系与组织结构。它以保障退伍军人的基本生产与生活权益为主要目标。它的主要特点是适应国家财税体制、政治经济体制和社会保障制度改革的要求，将安置保障工作的负责主体由中央政府和国家变为地方政府，特别是基本社区和各类非政府组织，同时增大安置保障客体的自主性和参与率，倡导“服务使用者的参与”和自决自助，发挥和挖掘民间社会福利服务团体，地区社会经济组织和多元化中介性社会服务组织的安置保障潜力，采取多种安置方法，实现安置保障工作的社区化和多元化。

社区型安置保障体制是社区型社会保障制度的有机组成部分。在安置保障工作中，安置只是安置保障工作体系中的第一步和基础，安置保障工作的重点在安置工作以后。换言之，安置保障工作不仅仅局限于安置工作本身，而且将安置对象的所有需要、回归社会的要求和全面的发展作一整体考虑，将安置保障对象的各种需要和社区发展及国家进步的状况和环境有机结合起来。

有鉴于此，我们认为，社区型安置保障体系与内容应由如下十大方面构成：

（一）是地方性和社区型的安置保障政策、法规，它是国家性安置保障政策和法规的有益补充与发展。其存在价值在于千姿百态的社区状况与国家宏观安置保障政策和原则的有机结合。

（二）是区域经济、军地两用人才开发使用与地区型劳动就业政策及劳动力市场相结合。培育和发展地方和城乡社区经济，保障退伍士兵的劳动就业，将他们推向地方经济建设的主战场，这是社区型安置保障体系的核心问题。没有劳动就业的安置是一种没有保障的安置。

（三）是倡导地方和社区化的职业技术教育和社会教育，为退伍士兵重新回归社区和融入社区经济与社会生活创造条件。

（四）是以社区服务为基础，落实各项生活待遇，为城乡退伍军人提供全面的生活照顾与社会服务，提高他们的生活质量。

（五）是开展社区医疗与社区康复及城乡社区性爱国卫生运动，改善膳食结构，提高营养水平，为退伍的伤病残战士及家属提供社区型的医疗照顾。

（六）是改革军休干部住房制度，规划落实志愿兵安置建房计划，加快城市旧城改造步伐，强化村镇规划与建设，全面规划与管理住宅小区建设，把军安建房与土地开发利用，旧城改造与城市更新和小城镇建设有机地结合起来，为军休干部和退伍军人安居乐业创造条件。

（七）是将义务兵养老保险与农村社会养老保险结合起来，提高养老金统筹的社会化水平，大力发展个人储蓄积累式养老，以实现老有所养和劳动力的自由流动及公平竞争，为军休干部充分自由地参与社会发展，达致社区人力资源开发和构建社区型社会保障制度的框架奠定基础。

（八）是强化社会管理，加强民主与法制建设，发展社区型的法律援助服务体系，同时实行社区的综合治理，一方面充分利用退伍军人的宝贵经验与军事技能；另一方面为其构建社区治安管理与社区矫正制度。

（九）是发展社区文化，培育社区精神，培养军休干部和退伍军人的社区归属感与荣誉感，使其在再社会化的过程中塑造新型的社区性格与人格，达致社区性的精神心理的和谐与整合。

（十）是利用退伍军人的成熟人格与丰富人生经验，对其委以重任，使其在当地社区组织与权力结构中发挥重要作用，从而带动社区组织与社区制度的创新改革，并在社区发展的过程中保障军休干部和退伍军人的潜能的发挥，让他们在社区组织、社区运动和社区综合发展中担当排头兵，充当社区领导队伍的后备军。

现在，社区、社区服务和社区工作等一系列概念对中国人不再陌生，特别是对民政系统的干部而言。按照退伍军人居住的地域分布、城镇户口与非城镇户口的区别和城乡二元社会福利结构的历史传统与影响，我们认为，社区型安置保障体制大致可以划分为三大类：即城市社区型、军休所型和乡村社区型。社区型安置保障的类型学研究不仅符合当代中国的国情，而且有利于安置保障工作的分类指导与改革发展，是新时期安置保障体制选择的最佳模式和最佳介入点，也是市场经济条件下安置保障制度改革的突破口与主攻方向。

改革开放以来，民政部门积极适应新时期社会经济结构转型与发展的

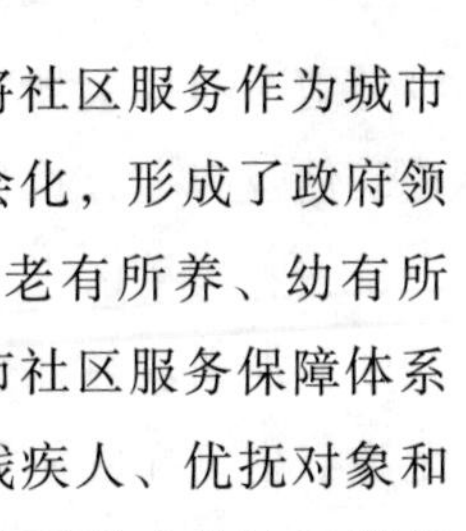

需要，解放思想，转变观念，开拓创新，勇于进取，将社区服务作为城市民政工作综合发展的重要载体，大力推进社区服务社会化，形成了政府领导，民政主管，社会参与的管理体制，逐步建立社区老有所养、幼有所托、孤有所抚、残有所助、贫有所济、难有所帮的城市社区服务保障体系与网络，形成了以社区服务中心为骨干，以老年人、残疾人、优抚对象和便民利民服务为主要内容，以设施服务和社会互助为重要形式的社区服务新格局。而且，社区优抚、社区安置保障、军地社区双拥共建、社区国防教育、军休所与当地社区间的互助互动等已和社区服务有机地融为一体，并成为社区服务体系中不可或缺的组成部分。显而易见，在城镇社区，将安置保障工作与社区服务，将社区服务与退伍安置的社会化大服务结合起来，将安置保障工作纳入城市社区服务网络，从而推动退伍工作向社区化方向发展，这既是城镇社区安置保障的改革策略，也是安置保障和社区服务发展的客观必然。

在军队离退休干部集中安置的干休所和分散安置的地方，实际都是一种典型的社区安置。军休所成为一种不同于普通社区类型的独特的准军事性质的地域社会共同体。他们都从军队离退休，都有着相似的经历和人生，因此，这里既是一种典型的地域社区，又是一种典型的利益社区。

军队离退休干部休养所的主要任务是按照党和政府关于安置军队离退休干部的方针、政策和法规，落实军休干部的政治待遇和生活待遇，发挥他们的作用，使他们安度晚年。军休所一般建在大中城市社区里，有明确的地域范围，人员构成的同质性强，是一种典型的准军事性质的社区。军休所是集中安置军队离退休干部的主要形式。在这种类型的社区安置保障工作中，安置保障工作的重点是将以军休所为主要组织载体的社区养老、社区医疗、社区服务、社区教育、社区文化和社区宣传结合起来，充分考虑军休干部职务与政治觉悟高，人生阅历和经验丰富，组织领导能力强，参与社会和社区生活愿望强烈的基本特点，在组织军休干部看文件、听报告，开展各种文体活动的同时，鼓励军休干部参与军休所的民主管理，创建自我教育，自我服务，自我管理的民主管理组织。积极组织军休干部开展生产性经营，参与当地的社区经济与街道经济，并通过军休干部的现身说法，对社区的青少年和企业单位职工进行坚持四项基本原则，党的方针、路线和政策，艰苦奋斗，革命传统和组织纪律等方面的教育，使他们自觉地参与社会教育与社区文化建设，充分发挥军休专业技术干部的特长，创建有地方特色的军休管理体制。

在农村社区中，由于退伍安置一直贯彻“从哪里来，回哪里去”的原则，加之农村社会的社区性特点十分典型，农村社区的社区型安置特点尤为突出。在农村社区型安置保障体系中，应发展以农业生产经营和农业社会化服务体系及乡镇企业为重要内容的农村社区经济，以军地两用人才开发使用为基本手段，进行多渠道推荐安置，帮助退伍军人发展生产，勤劳致富，使有一定专长的退伍军人尽可能做到人尽其才，才尽其用。对确无住房或严重缺房的农村退伍军人，要通过自力更生，集体帮助，辅之以国家必要补助的办法加以解决。对复员退伍的伤病残军人，开展社区治疗与康复。对普通的农村退伍军人提供多元化和系统化的婚姻家庭与生活服务。比较而言，由于农业户口青年应征服役比例较高，农村籍战士占退伍军人总数的绝大部分，加之农村社区安置保障能力与条件不如城市社区，农村社区安置保障无疑是中国社区型安置保障工作的战略重点。

四

构建中国式的社区型安置保障体系的可能性在于，第一，自20世纪80年代中期开始的社区服务，正从大、中城市和小城镇向乡村集镇扩散延伸，而且，社区服务已有一支专兼职相结合的队伍，有相当的实践经验和理论水平，这为社区型安置保障奠定了组织和队伍基础。第二，城乡社区安置保障工作的实践探索和有益尝试，已得到理论界、政界和社会各界人士的广泛赞誉和首肯。第三，民政部门指导和管理着最基层的社区，城镇的街道办事处和居委会，农村的乡镇和村民委员会，它们既提供了标准的社区，又在一定条件下规定了社区安置保障的范围。第四，社会福利社会化运动为社区型安置保障体系的建立创造了广泛的社会条件。第五，社区型社会福利与安置保障体系的出现也符合国际社会保障的发展趋势。自70年代中期以来，世界各国、特别是西方国家积极改革社会福利制度，调整国家在社会福利发展中承担的角色，检讨和反思“福利国家”的政策和社会效果，以及问题颇多的“院式照顾”，提出了“社区照顾”的新型福利供应模式和相关政策，立足社区、回归社区和“社区为本”的思潮又成为世界性潮流。

第六，国际社会学界的“中观社会学理论”和国内关于社区问题的理论与实证研究，为社区型安置保障提供了丰富的理论素材。第七，社区工作的目标与安置对象的政治、组织优势则为社区型安置保障奠定了人的基础。军队离退休干部和退伍义务兵都经历了部队大学校的锻炼，有崇高的理想和革命人生观，有高度的组织纪律观念和奉献牺牲精神，有艰苦奋斗的创业精神，有自我管理、自我教育、自我服务的综合素质与能力，这些宝贵的品格既符合社区工作的要求，客观上又是开展社区型安置保障工作的宝贵财富，有助于社区精神的形成。

社区型安置保障体系不仅可行，而且具有许多不同于国家型安置保障体系的优点与长处。第一，社区型可以克服国家型、单位型就业安置保障的许多弊端，既可克服单位型保障的狭隘性和封闭性，还可为社会福利社会化的过渡创造条件。需要强调指出的是，社区型安置保障并不等于取消或抹杀国家的责任，而是将国家的责任限定在一个适度的范围内，并将国家责任、社会责任和社区责任的相互关系调整到一个适宜的比例与状态。

第二，社区工作最重要和最基本的信念是互相关怀、互相照顾和市民参与。显然，在国家安置保障体系中，社会互助和社区参与是受到限制的，而在社区型安置保障中，退伍军人之间、退伍军人与家庭、邻里之间、退伍军人与社区间的社会互助可以达到最大程度，安置工作中退伍军人的参与也将受到鼓励和保障，社区模式强调的“用者自负、能者自责、个人责任”原则将得到进一步光大。

第三，社区安置保障体系有利于有效利用、发掘社区资源，最大限度地合理化配置资源，提高安置保障工作的效率。第四，社区安置体系有利于将社区志愿互助、社区教育、社区国防教育、社区服务、社区文化、社区经济、社区政治等工作融合在一起，构建中国式的社区型社会保障体系。第五，社区安置保障体系有利于形成“大安置”的格局，调动社会及社区中一切积极因素，打破民政、劳动、组织等少数部门忙于安置，而基层社区和多数部门参与率不高的被动局面。所谓“大安置”是指安置工作过程不局限于安置就业本身，而扩展到安置以前，安置过程和安置以后的跟踪服务，安置内容不局限于接收安置和就业服务，而且包括与安置就业有关的所有领域与服务管理工作。

第六，最为重要的是，社区型安置保障体系可以解决目前安置工作中的诸多难点问题，如社区安置的地区性与灵活性，可以克服全国大一统安置政策与法规的滞后性；源于社区和回归社区的社区安置保障体系可以解决安置过程中各种关系的不协调；多元化的社区安置可以克服安置渠道的单一性；倡导安置对象自助和参与的社区安置可以大大缓解安置资金严重短缺和各地经济负担畸轻畸重的问题，以分散安置为主要特点的社区安置保障体系还可以解决国家统一建房的诸多弊端以及人们对安置工作重要性的忽视等。

第七，需要特别强调指出的是，在市场经济和社会现代化进程的初期，社区型安置保障模式的建立与运作可能会遇到一定的困难，面临如下一些问题：（1）由于城市基层社区范围一般限于街道、居委会，乡村基层社区范围多限于乡镇，地域范围有限、社区的经济发展水平偏低，就业机会不多，安置保障能力有一定的局限性，不能完全及时、妥善地安置退役军人，保障其基本生活权益。（2）在城市社区中，由于社区范围厂矿企事业单位多寡不一，性质不同，退伍军人的安置保障与劳动就业之间矛盾会比较突出。因此，统筹安排和社区协调的工作量较大。（3）在军休所型社区中，由于集中征地、建房，统一安置的难度日益增大，军休所与当地社区间的双向互动和协调发展大有文章可做。（4）在农村社区，由于缺乏地域性的社会流动，退伍军人的发展机会远比城市社区的少，加之各社区间社会经济发展极不平衡，各社区间安置保障能力存在较大差别。（5）由于国家型安置保障体制的历史传统与组织体系，社区型安置保障的政策与法规建设基本上尚属空白，任重道远。如何将国家层面统一的、宏观的安置保障政策与原则融汇于多姿多彩的各类社区，因地因时而制宜，创造性和灵活性地构建社区型安置保障政策与法规体系，从而完善和补充国家的安置保障政策尚需一定的时间。（6）由于现代社会结构日趋复杂，而许多问题又具有全球性和全国性特点，在社区层面难于解决。如：产业政策、投资政策、计划体制、财政体制、人事政策等，这些宏观性问题又必然对社区层面的安置保障工作产生重大影响。

为克服社区型安置保障体制的前述不足，我们认为，在社区型安置保障体制尚未完全建立健全之前，构建一种既是缓冲型、过渡型，又具有实际意义和长期存续价值的地方型或地域型安置保障体制，以期沟通和联结国家型安置保障体制与社区型安置保障体制，逐渐实现安置保障责任与权力的逐步下放和梯度转移，扭转安置保障工作国家主办、地方承办、社区被动接收安置的不利局面，最终使安置保障工作形成以社区为主、地区协调、国家政策指导的新格局。

主要参考文献

民政部法制办：《民政工作文件选编—1994 年》，中国社会出版社 1995 年版，第 148、152 页。

多吉才让：《新时期中国社会保障体制改革的理论与实践》，中共中央党校出版社 1995 年版，第 256—258 页。

国家体改委：《社会保障体制改革》，改革出版社 1995 年版，第 222 页。

刘继同：《略论社区型社会保障制度》，《中国社会工作》1995 年第 2 期。

本文原载《社会学研究》1997 年第 3 期。与张志鑫合著。

从“个人不幸”到“社区照顾”：中国残疾人福利典范的战略转变

摘要： 残疾人是弱势群体的重要组成部分，是需要国家保护、社会关爱和社区照顾的特殊群体。残疾人生活质量是衡量社会文明和福利制度现代化的主要指标。本文从历史比较角度，从社会价值观念、残疾人服务组织体系、残疾人服务内容与范围、残疾人政策框架与法律保护等层面，首次将中国残疾人福利政策概括为个人不幸与社区照顾典范，并深度描述和分析个人不幸向社区照顾典范的战略转变，阐述中国残疾人福利事业发展制度特征。

残疾人福利议题与本文的理论视角

中国是世界上残疾人数量最多的国家，残疾人福利状况是衡量中国社会发展与社会现代化水平最灵敏的指标。残疾人是指在心理、生理、人体结构上，某种组织、功能丧失或者不正常者，全部或者部分丧失以正常方式从事某种活动能力的人。残疾人包括视力残疾、听力残疾、言语残疾、肢体残疾、智力残疾、精神残疾、多重残疾和其他残疾（如麻风病、侏儒等）的人（全国人大，1991）。残疾人是最可怜、最困难和最需要帮助的弱势群体，他们和老年人、儿童是世界公认的主要福利服务对象。

残疾人是世界性社会问题。残疾给残疾人工作、生活和学习带来极大困难与各种障碍，使他们在社会中处于明显的劣势地位，残疾人正常角色与功能发挥受到极大限制。残疾人是最需要社会关爱、国家保护和无私帮助的群体。1987 年残疾人抽样调查表明，全国各类残疾人总数约为 5164 万人，占全国人口总数的 4.9%，有残疾人家庭占全国家庭总数的

18.1%，其中听力语言残疾约1770万人，智力残疾约1017万人，肢体残疾约755万人，视力残疾约755万人，精神病残疾约194万人，综合残疾约673万人（李正，1988）。中国残疾人绝对数量位居世界各国之首，残疾人生活状况成为社会经济政策议程的优先议题。

残疾人生活状况与福利水平是衡量中国社会发展与社会现代化程度最灵敏的指标。因为残疾人生活状况反映社会对弱者的社会态度与价值取向，反映残疾人在政治经济、社会文化和家庭生活中享有的平等权利；反映残疾人与正常人分享社会发展物质文化成果；反映残疾人平等充分参与社会生活的综合能力；反映中国政府和社会对发展残疾人福利事业的庄严承诺；反映中国社会主义制度的优越性、社会进步与社会精神文明程度。简言之，残疾人生活状况集中体现为残疾人社会福利状况。

中国残疾人理论政策研究缺乏社会福利视角，残疾人福利研究缺乏理论概念。1984年中国残疾人福利基金会和1988年中国残疾人联合会成立以来，残疾人福利事业取得辉煌成就：国务院和地方政府相继建立残疾人事业协调机构，组建各级残疾人联合会，制定《全国残疾人三项康复工作实施方案》和《关于残疾人的世界行动纲领》，参与“联合国残疾人十年（1983—1992年）”活动，颁布《中华人民共和国残疾人保障法》，实施《中国残疾人事业五年工作纲要（1988—1992年）》，中国残疾人事业“八五”计划纲要（1991—1995年）和“九五”计划纲要（1996—2000年），残疾人事业在康复、教育、劳动就业、文化生活、福利、环境、新闻出版、学术团体和残疾人体育等领域取得长足发展。中国残疾人理论政策研究也从无到有。但是遍寻残疾人报纸杂志、理论文章与专业书籍，有关社会福利的论述寥寥无几，缺乏社会福利理论的视角。残疾人理论研究基本停留在工作计划、发展规划、经验总结与宣传报道层次，缺乏高度抽象理论概念，不利于从宏观和整体角度认识和把握残疾人福利事业历史脉络、发展状况、政策模式、现存问题与发展方向。本文从社会福利理论角度，以个人不幸和社区照顾概念为分析框架，全面分析残疾人福利政策模式由个人不幸向社区照顾典范的战略转变，以期丰富和发展残疾人福利理论，改进和完善中国残疾人福利政策。

个人不幸典范与计划经济体制

改革开放以前，残疾人福利政策典范是个人不幸。个人不幸是观察、描述和分析残疾人福利政策模式基本特征的最佳理论化概念。中国残疾人福利政策模式分为两大历史时期与福利典范，一是改革开放前的个人不幸典范；二是改革开放后的社区照顾典范。个人不幸是指国家在残疾人福利事业发展中扮演剩余角色，残疾人问题主要被看作是个人不幸、个人麻烦和个体残疾，而非“社会问题”；残疾人福利主要是需要通过个人责任、家庭保障和社区互助途径，而非国家再分配途径满足的福利政策模式与制度安排（奥利弗，1990）。个人不幸典范适用范围广泛，既可适用残疾人福利政策模式，又可适用贫困成因的解释。

个人不幸典范基本是与自然经济和传统社会结构联系一起的，是计划经济时代的产物，属于传统福利范畴。个人不幸既是一种福利典范，反映福利价值取向，又是一种政策模式，反映制度特征；既是一种福利服务方式，是福利需要满足途径，又说明服务内容，界定服务范围。个人不幸典范反映在诸多方面：例如人们如何看待残疾成因与现象，残疾人福利机构建设状况，残疾人服务内容与范围，残疾人服务方式与需要满足途径，残疾人政策与法律保护等。这些层面既是个人不幸典范的表现形式，又是个人不幸典范的分析层面。

改革开放以前，人们普遍认为残疾是个人悲剧与个人不幸，残疾成因解释基本是个人问题与苦难命运。长期以来，中国社会与普通民众流行的观念是，残疾是个人灾难与个人不幸，是残疾人的命运不好，是残疾人个人及其家庭“倒霉”所致。这种个人主义取向的价值观念导致人们普遍认为，残疾是残疾人个人的问题与灾难，而非社会性问题与灾难。与此同时，人们对待残疾人的态度是歧视和不平等的，残疾人与健全人一样平等全面参与社会生活，享受社会发展成果议题应运而生，并成为衡量社会进步与文明程度的灵敏指标。

更为重要的是，人们主要从个人特质与谴责牺牲者角度解释残疾成因，将残疾主要归咎于残疾人个人的家庭背景、行为操守、人品德行等个人因素。残疾是长辈和家庭成员已往缺德造孽的“报应”，是多行不义的结果，是对做了伤天害理之事的严厉惩罚（马洪路，1993）。残疾成因的谴责牺牲者和个人主义解释色彩浓厚，而非从社会环境与社会结构因素解释残疾成因。需要特别指出的是，残疾的个人模式界定，世人对残疾人的歧视态度，残疾成因的个人主义解释并非中国社会独有的现象，而是世界各国普遍存在的问题。例如在传统社会中，很可能将残疾解释为被恶魔迷惑、对罪恶的惩罚，或是被上帝选中的证明。甚至在以“福利国家”闻名的英国文化中，也把残疾视为个人灾难和个人悲剧。这不仅是英国，而且是工业社会的普遍观点（奥利弗，1990）。这意味残疾问题的个人不幸模式是世界性问题。中国与欧美发达国家都面临如何正确认识残疾问题和满足残疾人基本需要的问题。

改革开放以前，残疾人缺乏互助组织，专门为残疾人服务的福利机构稀少，残疾人福利服务缺乏组织基础和职业化工作队伍。1949 年后，政府逐步建立城乡二元福利制度，而且福利制度以社会救济和社会保险为主要内容。社会救济是指政府对那些收入不足以维持最低生活标准的贫困者提供帮助，以保障他们基本生活的社会福利制度。社会救济对象主要是无依无靠、无生活来源和无固定职业、无固定收入而生活困难的孤老残幼。残疾人是定期定量社会救济主要对象之一（李本公、姜力，1996）。

但是，服务残疾人的机构是在 50 年代后期和 1960 年代初期建立的，当时称为各种生产教养院，1958 年后更名为各种福利院，主要是社会福利院、儿童福利院和精神病人福利院。各种福利院收养的残疾人数量极少。例如当时能够进入儿童福利院的残疾儿童数量稀少。1963 年，全国城市社会福利事业单位共收养青壮年残疾人 11099 人，残疾婴幼儿 1868 人，残疾少年儿童 4545 人，三类残疾人只占收养人员总数的 14.09%（李荣时，1993）。当时残疾人互助组织几乎不存在，绝大多数残疾人待在家里，残疾人生活照顾责任几乎全部由家庭承担。残疾人基本生活需要主要通过家庭照顾方式满足；国家与社会为残疾人服务的专门组织与福利机构凤毛麟角，屈指可数。当时残疾人全国性群众团体只有 1960 年合并组建的中国盲人聋哑人协会，其前身是 1953 年成立的中国盲人福利会和 1956 年成立的中国聋哑人福利会（孟明达，1988）。毋庸置疑，中国盲人聋哑人协会在协助政府服务残疾人方面做了大量卓有成效的工作，为发展盲人聋哑人福利事业做出不可磨灭的贡献。但是由于缺乏残疾人的互助组织，残疾人群众团体数量稀少，提供服务内容与服务范围十分有限，严重影响残疾人福利事业发展。中国残疾人福利事业发展缺乏应有组织基础，专业化与职业化工作队伍无从谈起。

改革开放以前，残疾人服务对象数量稀少，服务范围有限，服务内容不多，服务方式单一，残疾人基本生活需要主要通过家庭照顾方式满足。残疾人及其家庭生活状况与社会认可的一般生活水平之间差距较大，生活质量与福利水平普遍不高，普遍处于贫困边缘。当时除孤残儿童基本通过儿童福利院享受国家保护之外，享受定期定量救济残疾人只占全国残疾人总数的极少部分，绝大多数残疾人没有享受到国家提供的救助性福利服务。残疾人福利服务首要内容是就业服务。残疾人就业服务主要方式是“社会福利生产”，它是1956年内务部在城市残老教养、烈军属贫民生产工作座谈会上首次提出的新概念（孟明达，1988）。社会福利生产是指国家、集体和社会各界为帮助集中安置残疾人劳动就业而组织的各项生产经营活动，从事社会福利生产的单位就是社会福利企业。社会福利企业是以安置残疾人就业为主要目的，而且是具有社会福利性质的特殊企业（白益华、吴忠泽，1996）。

社会福利企业与社会福利生产曾在帮助残疾人就业，充分参与社会经济生活中扮演举足轻重角色，发挥重要作用。例如，1964 年残疾职工占全国城市社会福利生产单位职工总数的 13.74%（李荣时，1993）。这反映中国残疾人福利事业基本特征是劳动福利型，残疾人不是片面享受国家救济，而是既受到国家保护，又从事力所能及社会劳动。

在残疾人教育服务中，政府主要采取设立盲聋哑学校，为残疾儿童少年和青年提供特殊教育服务的模式。但是残疾少年儿童教育始终是普及初等教育最薄弱的环节，以致 1989 年时全国盲聋哑学龄儿童入学率还不足 6%，残疾儿童特殊教育状况十分严峻（国家教委，1989）。

在残疾人体育运动中，除 1957 年举办首届全国聋哑人田径、游泳、乒乓球比赛，1959 年举办首届全国聋哑人篮球赛，在盲聋哑学校设立体育课，由特殊教师担任体育指导和文化学习，使盲聋哑学生在德智体方面得到协调发展之外，残疾人体育运动项目有限，为残疾人提供的体育活动与服务不多（李正，1988）。

在康复服务中，康复医疗在疗养院、中医院，综合医院的中医科、理疗科、体疗科、创伤骨科，以及为接受抗美援朝志愿军伤病员的“康复医院”

中不同程度地有所活动。但是康复医疗服务范围十分有限，康复医学并未成为一门系统的医学专业。残疾人康复服务几乎不存在，残疾预防、残疾检查和功能评定服务稀少，残疾康复治疗手段单一。残疾人既生活在不利的社会环境中，又要承担常人难以理解的生理疾病痛苦。与此同时，残疾人婚姻与家庭、残疾人文化生活、残疾人生存与发展环境等领域的福利服务也微乎其微。总体来说，在计划经济时代，残疾人充分、全面参与社会生活面临诸多社会性与制度性障碍，他们的基本需要满足程度与生活质量有待提高。

改革开放以前，政府缺乏专门、明确的残疾人福利政策，残疾人法律保护程度偏低。当时受“左倾冒进”和“一大二公”意识形态影响，在“先生产、后生活”、经济增长第一、社会发展为辅原则下，福利事业发展较为缓慢（刘继同，2002a）。例如，“一五”时期民政事业费支出25.57亿元，占财政支出的1.9%；“二五”时期支出32.33亿元，占财政支出的1.41%；“三五”时期支出35.83亿元，占财政支出的1.42%（李荣时，1993）。初看起来，虽然民政事业费支出总数逐年有所增加，但其占财政支出比例不仅没有提高，反而有所降低，而且长期徘徊在较低水平之上。

更为重要的是，长期以来，政府普遍缺乏专门明确的残疾人福利政策，残疾人法律保护程度偏低，老弱病残、鳏寡孤独为主弱势群体的生活状况令人堪忧。政府缺乏专门的残疾人福利政策，说明决策者与国家管理者尚没有将残疾人问题看作是需要国家干预的“社会问题”；残疾人法律保护程度偏低，说明社会精英与政治精英认为残疾人问题严峻性尚未达到社会警戒线。在某种意义上说，这既反映残疾人福利事业落后与不发达状况，又反映残疾人福利服务对象稀少、服务内容有限、服务范围狭窄和服务方式单一，还明显暗示千百万残疾人生活状况困苦与生活质量低下。这种状况是当时社会领域、福利事业和残疾人福利事业不发达的证明，说明国家在社会福利与残疾人福利事业中扮演“剩余”角色，发挥有限作用，说明残疾是个人不幸与家庭悲剧，说明残疾人及其家庭承担残疾的社会代价与照顾残疾人的社会责任，说明当时残疾人福利政策是个人不幸典范。

社区照顾典范与市场经济处境

改革开放以来，残疾人福利政策模式由个人不幸转变为社区照顾典范，社区照顾成为观察、描述和分析社会结构转型时期残疾人福利政策模式基本特征的最佳理论化概念。社区照顾是个外来概念，最初起源于1970年代英国人口结构转变和福利国家改革实践。英国老龄化浪潮来临及精神病患者问题日趋复杂化，以及沉重经济压力导致英国政府难以应付日益增长的社会保障需要，引发福利国家财政危机和院舍照顾模式质量的激烈争论（O' Connor，1973）。与此同时，以撒切尔夫人、里根为代表的新右派纷纷上台执政，新自由主义思潮流行和福利多元主义兴起，欧美国家重新发现和回归社区，社会各界对家庭和社区寄予厚望，普遍希望家庭与社区在福利发展与社会整合中扮演更加重要和积极角色，社区照顾理念与政策模式应运而生，并迅速成为风靡英美国家的社会运动（Johnson，1987）。

1990年代初期，伴随经济体制改革深化，国家、市场与社区关系形成，特别是城市社区服务普及提高，社会工作教育恢复发展，社区照顾理念与政策模式通过多种途径介绍到中国（夏学銮，1996）。社区照顾是相对机构照顾或院舍照顾而言的。院舍照顾是指在福利机构中对较多服务对象进行集中照顾的方式，曾是照顾精神病人及心理障碍者的传统服务方式。院舍照顾优点与缺点同样突出。院舍照顾优点是集中照顾众多服务对象，提高照顾服务专业化程度与规模效益，便于对照顾对象的管理等。

但是1960年代以来，英美学者越来越多的经验研究发现，院舍照顾弊端多种多样，亟待改革。人们对院舍照顾的批评主要集中在两方面，一是院舍照顾与机构生活对人产生有害影响，妨碍被照顾对象的人格完善，强化对照顾对象的控制、虐待和标签化倾向。院舍照顾基本建设费用、管理费用和运作成本昂贵等。二是按照社会文化和价值观尽可能过正常生活的“正常化”思想兴起，以期消除院舍照顾对照顾对象生活“变态化”的负面影响（Dalley，1988）。社区照顾理念与政策模式自然成为取代院舍照顾的最佳选择。社区照顾内涵丰富多彩。简单地说，社区照顾是指将照顾对象安置在正常家庭与社区环境中，主要通过对家庭、邻里或附近非亲属居民的支持来照顾老弱病残的社区综合性照顾服务。社区照顾的核心是正常化服务与社区非正式照顾的有机结合，强调国家、社区、家庭在照顾中的合作伙伴关系，突出“正常化”和“服务使用者参与”等世界流行理念。

改革开放以来，决策者和普通民众对残疾概念的社会理解发生了根本变化，1980 年代以来，人们对残疾现象与残疾人福利政策观念发生根本转变，开始科学和全面看待残疾现象与残疾人群体，逐渐将残疾现象看作“社会问题”，而非“个人问题”。人们开始意识和认识到维护残疾人合法权益，发展残疾人福利事业，保障残疾人平等充分参与社会生活，共享社会物质文化成果的必要性、重要性和紧迫性；意识和认识到残疾人在政治经济、社会文化和家庭生活方面享有同其他公民平等的权利；意识和认识到残疾人公民权利和人格尊严应受到法律保护，国家立法禁止歧视、侮辱、侵害残疾人；人们既意识和认识到残疾人的义务，残疾人扶养人、监护人和亲属的责任，又意识和认识到政府发展残疾人福利事业的职责，全社会理解尊重、关心帮助和服务残疾人的社会责任。

这些转变意味着国家与社会对残疾概念的社会理解发生重大转变，说明国家将残疾现象与残疾人群体看作国家有责任解决的“社会问题”，说明国家在残疾人福利事业发展中负担应有责任，扮演日趋重要与积极角色，发挥越来越大作用，说明残疾人服务成为福利服务重要部分，说明残疾人服务成为国家活动重要领域，说明残疾人基本需要满足程度成为衡量社会经济协调发展重要指标，说明人们从社会性与结构性因素角度解释残疾成因，例如战争杀戮、交通事故、运动残疾、婚姻家庭、社会结构转型和文化传统，从心理生理和人体结构角度综合界定残疾。简言之，改革开放以来，人们在理解什么是残疾，如何看待残疾现象与如何对待残疾人，如何解释残疾成因方面发生根本变化，这些观念变化为残疾人福利政策转变奠定思想价值基础。

改革开放以来，残疾人组织建设取得突破性进展，残疾人服务组织体系框架基本形成，政府机关、社区照顾网络和家庭关系在残疾人福利事业发展中共同发挥重要作用。中国残疾人福利事业发展与政策模式转变是从建立健全残疾人专门性服务组织体系开始的。残疾人组织体系分为中央与地方政府两个层次，组织体系建立过程是由上而下的行政推动，而非自下而上的渐进发展。1984 年 3 月 15 日成立中国残疾人福利基金会，拉开了全国性残疾人社会福利组织建设的序幕。国务院和地方政府建立残疾人事业协调机构。1987 年国务院同意组建中国残疾人联合会，享受总局级待遇，由民政部代管，在国家计划中单列户头，与国务院各部门和各省、自治区、直辖市建立业务关系。残疾人联合会地方组织体系确立（民政部政研室，1988）。

1990年代以来，服务残疾人的专门性社区组织大量出现，并呈现多元化发展趋势。这些组织性质由准行政组织、事业单位、学术团体、社会福利企业与经济组织四类组成。它们涉及出版事业，例如1986年成立的华夏出版社，1978年成立的盲文出版社，1980年创刊的《盲聋之音》，1984年创刊的《三月风》和《小儿麻痹》，1986年创刊的《中国康复》等杂志刊物；基金会，例如中国残疾人福利基金会；学术团体，例如1982年成立的中国教育学会特殊教育研究会，1983年成立的中国康复医学研究会和中国伤残人体育协会，1985年成立的中国盲人按摩学会等；各式各样的社会福利机构与事业单位，例如1983年成立的中华聋儿语言听力康复中心、中国康复研究中心、特殊学校和康复医院等；社会福利企业与各类经济组织，例如北京市三露厂等。简言之，改革开放以来，中国残疾人组织体系从无到有，从小到大，从单一群众团体到各类组织建设，为残疾人服务的组织结构与组织体系日趋完善，组织性质与服务领域日趋广泛，涉及政策立法、宣传出版、特殊教育、劳动就业和医疗康复等诸多服务领域，为社区照顾典范奠定组织基础。

改革开放以来，残疾人福利服务模式由院舍照顾转变为社区照顾，家庭照顾、社区照顾网络与非正式照顾在残疾人福利事业发展中扮演越来越重要的角色。1980年代以来，政府首先从全国残疾人抽样调查工作入手，摸清各类残疾人的人数、地区分布、年龄结构、致残原因以及他们的医疗、康复、教育、就业、婚姻、家庭和参与社会生活等状况，为制定残疾人的法规、政策方针和发展规划提供可靠依据，促进残疾人福利事业发展。与此同时，政府官员转变观念，改革传统社会福利制度，将孤残儿童、精神病人和三无孤残老人的院舍照顾（儿童福利院、精神病院和社会福利院）转变为家庭寄养、社区康复和社区居家养老，残疾人院舍照顾模式转变为社区照顾模式。

以孤残儿童为例，改革开放以来，政府对残疾儿童实行“养、治、教”相结合方针，改变已往“重养轻教无治”状况。全国各地建立省市级残疾儿童康复中心，贯彻实施“供养与康复并重”方针，残疾儿童康复工作取得长足发展。例如1982年起，民政部与联合国儿童基金会合作开展“残疾儿童社区康复”项目，合作项目由重点城市扩展到中小城市，由经济发达地区延伸到老少边穷地区，由康复机构进入城乡社区，极大提高了残疾儿童社区康复医疗水平（白益华、吴忠泽，1996）。

更为重要的是，1990年代以来，政府改革孤残儿童养育方式，将已往长期生活在儿童福利院中孤残儿童的养育方式，由单纯集中供养型（院舍照顾）转变为社区照顾型，尽可能为孤残儿童提供家庭寄养、国内外领养、准家庭式机构照顾、社会助养，以及以“周末妈妈”为主的代养等多种养育方式，努力为孤残儿童创造温馨（或准）家庭生活与社区环境，以确保孤残儿童身心健康成长（王素英，2001）。国务院先后于1990年和2000年制定两个《中国儿童发展十年纲要》，将保护关爱儿童福利的意志上升为国家政策与发展规划（国务院，1992、2001），形成国家、社区、家庭、个人和非政府组织共同关心孤残儿童，正式服务与非正式照顾相结合的社区照顾体系。总体来说，改革开放以来，中国孤残儿童福利政策模式由消极救助、教养和社会保护，转为发展取向的参与型儿童福利（刘继同，2002b），孤残儿童院舍照顾向社区照顾模式转变的轨迹和趋势清晰，儿童福利政策模式随之发展战略变化。

改革开放以来，国家对残疾人的就业扶持保护政策日趋完善，残疾人就业渠道与就业方式日趋多元化，典型反映残疾人福利事业由个人不幸向社区照顾模式的战略转变。残疾人就业是残疾人福利事业和服务体系的核心部分，是残疾人平等参与社会生活的前提，是残疾人分享社会经济发展成果的关键。以前，政府对残疾人就业的扶持保护政策缺乏清晰政策意识，保护政策零碎分散和缺乏系统性政策声明。1988年，政府在《中国残疾人事业五年工作纲要（1988—1992年）》中明确规定，“保障残疾人劳动权利，为残疾人劳动就业创造条件，提供机会，使其获得相对稳定的经济收入，要本着集中与分散相结合的原则，采取优惠政策与扶持措施，多渠道、多层次、多种形式安排残疾人劳动就业，使其朝着普及、稳定、合理的方向发展”（民政部政法司，1989）。这意味着残疾人就业方针既与“在国家统筹规划和指导下，实行劳动部门介绍就业、自愿组织起来就业和自谋职业相结合”的国家就业方针一致，又考虑残疾人就业的特殊困难与国家扶持保护必要性。

更为重要的是，目前国家安置残疾人就业途径日趋多元化，由原来单纯集中安置转为因地制宜，分散安置，坚持走小型分散多样道路，采取政府办、城镇街道、居委会办、厂矿企业办、乡镇村办社会福利工厂，兴办按摩诊所，鼓励和支持残疾人自谋职业和个体开业等多种形式，全国近百万残疾人个体从业，残疾人就业比例提高（张安发，1991）。例如1999年全国福利企业单位44573个，就业残疾人达790268人，残疾人就业率达到70%（陈淼，2000）。1992年国家在部分城市开展残疾人就业服务和按比例就业试点工作，分散在普通单位就业的残疾人平均占职工总数的0.93%（国务院，1992）。按比例就业工作旨在改变单纯国家保护，使残疾人机会均等地参与就业竞争，鼓励残疾人尽可能以正常化方式参与劳动市场，努力培育以社区为基础的就业服务体系和社区型就业基地，以努力提高残疾人的就业率。

改革开放以来，政府大力发展盲聋哑、弱智儿童特殊教育和义务教育，适应教育发展国际潮流，改革传统特殊教育体制，办学形式灵活多样，为残疾人提供“正常化”和“社区化”特殊教育。以前，残疾儿童特殊教育政策笼统含糊，缺乏系统性与明确政策意识，有关规定专门性与针对性较低，特殊教育对象主要局限于盲聋哑儿童，弱智儿童特殊教育和成年残疾人职业技术教育基本属未开发领域。特殊教育办学主要形式是将残疾儿童集中起来单独施教，与正常儿童和普通学校隔离开来。1980年政府提出“把盲聋哑教育纳入普及教育轨道”的方针。1986年六届全国人大通过的《中华人民共和国义务教育法》规定，各级政府应重视盲聋哑、弱智等残疾儿童义务教育问题。1990年七届全国人大通过的《中华人民共和国残疾人保障法》规定，残疾人教育实行普及与提高相结合，以普及为重点方针，着重发展义务教育和职业技术教育，积极开展学前教育，逐步发展高级中等以上教育（全国人大，1991）。

政府倡导灵活多样的办学形式，除设特殊学校外，还可在普通小学或初中附设特殊教学班，把那些虽有生理缺陷残疾，但不妨碍学习的儿童吸收到普通中小学上学，为残疾儿童提供正常化和社区化特殊教育机会，为残疾儿童融入社会、身心健康发展和更好参与社会生活奠定教育基础。例如1995年，全国特殊学校1379所，特教班6148个，大量残疾儿童在普通学校随班就读，视力、听力言语、智力残疾儿童少年入学率由20%提高到60%；残疾人职业培训机构445个，使105万残疾人得到职业培训；报考大中专院校达到国家规定录取标准的残疾考生录取率达92%；改革现行盲文，统一规范“中国手语”(国务院残调委，1996)。简言之，普通学校和幼儿园附设特教班，普通中学吸收肢残、轻度弱智、弱视和重听等残疾儿童随班就读，残疾儿童与正常儿童混班、混校办学形式发展等，为残疾儿童特殊教育开辟新领域，有力推动特殊教育向正常化和社区化模式转变。

改革开放以来，残疾人康复服务发展迅猛，社区康复成为康复服务主要方式，个人不幸向社区照顾典范转变在康复服务中表现得最为突出、典型。改革开放以前，中国几乎不存在康复医学和康复服务，缺乏康复医学人才和康复医疗组织，残疾人康复服务基本是个空白点。1981年，结合开展“国际残疾人年”的活动，康复医学与康复服务开始起步，各种形式康复医疗机构、康复组织和专业杂志大量涌现。1988年国务院批准《全国残疾人三项康复工作实施方案》，政府和社会投入大量人力物力，开展白内障复明、小儿麻痹后遗症矫治和聋儿听力语言训练三项康复工程。1990—1995年，107万白内障患者重见光明，3.9万低视力残疾者提高了视力，近6万哑儿开口说话，36万小儿麻痹后遗症患者经矫治手术改善了功能，10万智残儿童增强了认知和自理能力，45万重性精神病患者得到综合防治，共使208万人不同程度地康复（国务院残调委，1996：3）。

更为重要的是，康复医学人才培养方式与康复医疗机构建设切入点是社区（基层）康复，康复服务方式主要是“分散式”社区康复，而非“集中式”康复中心和康复医院服务。社区康复是世界卫生组织1976年倡导的康复服务新模式，特别适合发展中国家的康复需要。中国是发展中国家，80%残疾人生活在农村，残疾人康复需要量大，国家财力有限，康复机构缺乏，康复专业人员不足，社区康复是促进社区发展和提供有效康复服务的最佳选择。

1986年，中国开始社区康复试点，社区康复成为康复服务主要方式（张景元，1991）。社区康复具有许多明显优于康复医院与康复中心的优点：社区康复成本和费用低廉，康复技术简单，有利于残疾人整体性社会康复；有利于残疾人平等参与正常家庭和社会生活；有利于残疾人重返社会和回归社区，充分体现“在社区中训练残疾人”的新型康复服务理念；有利于为残疾人提供初级卫生保健和全面社区照顾。健全的城乡医疗卫生网络，发达的传统中医学，普及的社区服务，新兴的社区卫生为社区康复奠定多方面基础。简言之，中国残疾人康复服务从无到有，从城市扩展到农村，填补残疾人康复服务空白点。更为重要的是，残疾人康复服务方式是风靡世界的社区康复。这意味着残疾人康复服务由个人不幸的家庭照顾直接转变为社区照顾式的社区康复。

改革开放以来，国家级残疾人服务发展规划与实施方案成功实行，残疾人服务政策体系日趋完善，残疾人国家保护与法律保障框架基本形成，全社会已形成尊重关心、保护和帮助残疾人的良好社会环境。以前，残疾人问题没有被纳入社会经济政策议程，缺乏残疾人服务发展规划、政策体系和法律保护。现在政府推进和发展残疾人服务的基本途径与政策措施是，科学合理制订残疾人事业发展五年计划与实施方案。1988 年国家制定《中国残疾人事业五年工作纲要（1988—1992 年）》。为使残疾人事业与经济社会协调发展，国家先后制订实施中国残疾人事业“八五”计划纲要（1991—1995 年）和“九五”计划纲要（1996—2000 年）及配套实施方案，还专门制定《全国残疾人三项康复工作实施方案》，有力推动残疾人福利事业发展（国务院，1992；国务院残调委，1996）。

与此同时，残疾人福利事业发展的政策条例和法规体系日趋完善，国务院先后就残疾人就业与社会福利生产单位减免税、特殊教育与职业技术培训、三项康复与社区康复服务、残疾人福利待遇、残疾人文化生活、体育比赛，以及社会环境议题制定一系列政策规定，确保残疾人平等参与社会生活，共享社会发展成果（国务院新闻办，1991）。

1995 年，国家设立康复扶贫专项贷款，在 505 个县用于扶助残疾人参加生产劳动，使 200 万残疾人脱贫；残疾人文化生活日趋活跃，举办全国残疾人艺术汇演，残疾人艺术团成功出访 10 多个国家和地区；数十万人残疾人参加各种类型运动会，残疾人运动员在奥运会和“远南”运动会上顽强拼搏，为祖国赢得荣誉（国务院残调委，1996）。

更为重要的是，1990 年 12 月七届全国人大常委会第 17 次会议通过《中华人民共和国残疾人保障法》，把维护残疾人合法权益，发展残疾人事业，保障残疾人平等参与社会生活，共享社会物质文化成果的社会意志上升到国家法律的层次。国家规定每年5月第三个星期日为法定“全国助残日”，保障残疾人合法权益（全国人大，1991）。简言之，改革开放以来，国家与社会在营造良好社会环境，改善残疾人生活质量，确保残疾人平等参与社会生活，共享社会发展成果方面扮演举足轻重的角色，发挥越来越大的作用。

简要讨论与基本结论

本文从历史比较角度，运用个人不幸与社区照顾理论概念，从社会价值观念、残疾人服务组织体系、残疾人服务内容与范围、残疾人政策体系与法律保护等层面，描述与分析中国残疾人福利政策模式的战略转变，目的是科学评估检讨残疾人福利事业发展状况，探索未来发展方向。残疾人是特殊社会群体，是需要社会帮助与国家保护的弱势与劣势群体，他们的生活状况与生活质量是衡量社会文明程度的最佳指标。残疾人的基本需要满足程度及其生活状况是中国人口研究与福利政策研究的重要组成部分。

与欧美国家比较而言，中国残疾人福利事业发展策略基本特征是，以组织体系建设为先导和基础；以专项规划、短期规划和实施方案为服务发展策略与基本工作方法；以劳动就业、康复服务、特殊教育、文化生活和体育比赛为主要服务内容；以政策体系完善、建立法律保护框架、促进社会价值观念转变和营造良好社会环境为推进残疾人福利事业发展的实施战略。

中国残疾人福利事业发展经历两大历史时期。改革开放以前，残疾人福利事业发展模式是典型的个人不幸典范，残疾人的基本需要主要通过家庭照顾方式满足，国家与社区在残疾人福利事业发展中扮演剩余角色。改革开放以来，伴随社会结构转型与经济市场化发展，国家责任与社区互助成为残疾人福利事业发展的决定性因素，形成国家保护、社区互助和家庭照顾三足鼎立的局面，残疾人福利政策模式发生根本转变。

需要强调指出的是，在经济市场化与福利社会化处境下，中国残疾人福利发展道路选择了截然不同于欧美国家的发展模式，中国残疾人福利事业发展基本上没有经过集中式院舍照顾阶段，直接由个人不幸典范转变为社区照顾典范，避免了欧美发达国家走过的弯路，而且与当前残疾人福利事业发展的国际潮流不谋而合，殊途同归。个人不幸转向社区照顾典范，这既是中国残疾人福利事业未来发展的基本方向，又是中国残疾人福利事业历史变迁脉络、发展现状与政策模式。社区照顾典范的精髓是正常化服务与社区非正式照顾，其中国式表达方式是“融于一体、适应特性”的服务模式，即将残疾人教育尽可能纳入普通教育体系，残疾人就业尽可能分散到普通单位，残疾人康复尽可能在自然的社区和家庭环境中进行，残疾人文化活动尽可能融于公共文化生活之中，同时针对残疾人特点和需要，辅以专门设施和特殊手段，以便确保残疾人福利的最大化，为建构和谐社会奠定和谐的家庭基础与社会基础。

主要参考文献

1. 马洪路：《回归——残疾人与社会的相思》，华夏出版社 1993 年版。

2. 王素英：《从家庭寄养看我国儿童福利事业的发展趋势》，窦玉沛主编《重构中国社会保障体系的探索》，中国社会科学出版社 2001 年版，第 330—336 页。

3. 白益华、吴忠泽主编：《社会福利》，中国社会出版社 1996 年版。

4. 民政部政策研究室编：《民政工作文件选编（1987 年）》，华夏出版社 1988 年版。

5. 民政部政策法规司编：《民政工作文件选编（1988 年）》，人民出版社 1989 年版。

6. 李正主编：《中国残疾人手册》，地震出版社 1988 年版。

7. 李本公、姜力主编：《救灾救济》，中国社会出版社 1996 年版。

8. 李荣时主编：《民政统计历史资料（1949—1992）》，民政部计划财务司 1993 年版。

9. 全国人大：《中华人民共和国残疾人保障法》，华夏出版社 1991 年版。

10. 刘继同：《儿童福利的四种典范与中国儿童福利政策模式选择》，《青年研究》2002 年第 6b 期。

11. 刘继同：《生活质量与需要满足：五十年来中国社会福利研究概述》，《云南社会科学》2003 年第 1 期。

12. 张景元主编：《社区康复教材》，华夏出版社 1991 年版。

13. 张安发主编：《残疾人劳动就业手册》，华夏出版社 1991 年版。

14. 陈淼主编：《中国民政统计年鉴 2000》，中国统计出版社 2000 年版。

15. 孟明达主编：《民政部大事记（1949—1986年）》，民政部1988年版。

16. 国务院新闻办：《中国的人权状况》，中央文献出版社1991年版。

17. 国务院：《中国儿童发展纲要（2001—2010年）》，中国法制出版社2001年版。

18. 国务院妇工委编：《九十年代中国儿童发展规划纲要》，国务院妇工委1992年版。

19. 国家教委初等教育司编：《特殊教育文件、经验选编》，人民教育出版社1989年版。

20. 国务院：《中国残疾人事业“八五”计划纲要与配套实施方案》，华夏出版社1992年版。

21. 国务院残疾人工作协调委员会：《中国残疾人事业“九五”计划纲要与配套实施方案》，华夏出版社1996年版。

22. 夏学銮主编：《社区照顾的理论、政策与实践》，北京大学出版社1996年版。

23. ［英］迈克尔·奥利弗：《残疾人社会工作》，谢子朴等译，华夏出版社1990年版。

24. Dalley, G. (1988), *Ideologies of Caring*, London: Macmillan.

25. Johnson, N. (1987), *The Welfare State in Transition: The Theory and Practice of Welfare Pluralism*, London: Wheatsheaf Books.

26. O' Connor, J. (1973), *The Fiscal Crisis of the State*, New York: St Martins Press.

本文原载《唯实》（南京）2007年第1期。此次系全文发表。

北京“牛街模式”的社会建构与中国民族社会工作时代的来临

摘要：北京“牛街模式”的诞生，尤其是2010年6月25日，由国家民委与民政部主办，中国社会工作协会承办的“全国民族社区机构试点和社会工作培训班”项目，标志着中国社会工作制度建设进入全面、积极的新发展阶段，标志着中国民族与民族宗教社会工作时代的来临。北京“牛街模式”的基本涵义是以城市民族聚集区为基础的民族宗教社会服务体系与政策，北京“牛街模式”的实质是城市民族聚集区的社区福利制度建设，精髓是民族宗教型福利。北京“牛街模式”的重大现实与理论政策意义是传统民族与民族宗教工作的全面结构转型，“社会工作化改造”是传统民族工作与民族宗教工作全面结构转型与战略升级的最佳途径。

一 北京“牛街模式”与民族宗教社会工作的战略地位

2010年6月，北京市宣武区牛街街道办事处因其首创城市多民族聚集社区社会工作服务模式再度闻名中外，以民族宗教社会工作制度建设为核心的“牛街模式”应运而生，标志中国民族宗教社会工作时代来临，拉开中国社会建设、社会工作制度与和谐社会建设的序幕。牛街街道位于原宣武区中部，东起菜市口大街，西至广安门南街，南起枣林前街、南横西街，北至广安门内大街，辖区总面积1.44平方公里。户籍人口5.4万，共有汉、回、蒙、维等23个民族成分，其中回族1.2万人，占总人口数的23%。辖区共划分为10个社区，在回族较集中6个民族社区中，少数民族人口比例高达60%，成为北京市最具特色的少数民族聚居区。以往牛街因此街为回族聚居区而闻名，因拥有的“牛街礼拜寺”而闻名于世。牛街礼拜寺是北京规模最大、历史最古老、最著名的伊斯兰教清真寺。

改革开放以来，以牛街伊斯兰文化为基础的民族宗教旅游和政府民族政策的象征使牛街蜚声海内外。2010年6月25日，由国家民委与民政部主办，中国社会工作协会承办的“全国民族社区机构试点和社会工作培训班”启动仪式在人民大会堂举行，是具有划时代意义的重大事件。同日国家民委在北京召开“推广北京牛街民族工作经验视频会”，要求全国民族工作部门认真学习和借鉴牛街民族社会工作经验，结合各地实际，创造性地开展工作，努力推进民族团结进步事业的科学发展，不断开创民族宗教工作新局面，标志着中国民族社会工作的诞生。

北京“牛街民族宗教社会工作模式”具有特别重要现实、理论、政策、学科和全球意义。首先，民族团结、民族融和、民族工作、宗教工作和西部大开发是中国重大的现实问题。2009年新疆“7·5事件”尤其是中央新疆工作会议以来，民族宗教问题成为国家战略议题。其次，北京牛街民族工作模式涉及马克思主义民族观、宗教观和民族概念等基础理论议题，为中国学术界有关民族基础理论和民族理论学术话语体系的学术性争论提供实践经验。再次，改革开放三十多年来，中国民族政策、宗教政策和国家发展政策正在经历重大结构调整。在全球化和世界民族宗教问题频发处境下，改革发展完善中国的民族政策已成当务之急。复次，北京“牛街模式”标志着中国民族社会工作，尤其是民族宗教整合型社会工作实务出现，标志着中国社会工作专业建设更加全面、系统，标志着中国民族学与相关学科建设更加深入。最后，在全球化处境尤其是世界各国民族宗教问题尖锐，民族宗教问题长期性与复杂性交织，民族独立与民族平等、民族经济与民族政策、民族团结与国家安全等重大议题突出背景下，北京牛街民族社会工作模式可以为当代世界各国解决棘手民族宗教问题提供“中国式智慧”。

二 “牛街模式”的内涵外延、构成要素与基本制度特征

“牛街模式”的内涵丰富多彩，外延广泛多样，标志着中国民族宗教

社会工作时代的来临。“牛街模式”是笔者的概括。目前，政府和宣传部门使用的权威概念是“牛街民族工作经验”。所谓“牛街模式”是指北京市牛街街道办事处创造的城市少数民族聚集区的社会服务体系。准确地说，“牛街模式”是指城市多民族聚集区为基础民族宗教整合型的社会工作服务体系。

概括来说，“牛街模式”的基本内涵至少有六个方面，一是地域边界清晰明确的北京城市社区范围。二是共由汉、回、蒙、维等23个民族组成，并以伊斯兰教为主的多民族聚集的城市型社区。三是并非单纯的民族社会服务，而是民族与宗教社会服务高度整合的民族宗教融合型服务。四是牛街民族工作经验的核心是城市社区民族社会服务体系，“社会工作”等同“社会服务”。这意味“民族社工”与“民族宗教融合型社工”，等同于“民族与民族宗教融合型社会服务”。五是前述四个基本内涵的有机组合和实践创新，并形成民族宗教融合型城市社区服务体系。六是牛街民族宗教融合型工作经验已初步形成服务模式，基本具备社会工作实务模式要素。所谓社会工作实务模式是指全面性、系统性、结构性与职业化的社会服务体系与政策框架。简言之，牛街模式既反映牛街民族工作的创新革命之处，又反映牛街民族工作的结构性特征。

“牛街模式”尤其是城市多民族聚集区为基础民族宗教整合型社会工作服务体系的构成要素多样，民族宗教社会工作实务与实务模式成为观察、分析现代社会服务体系的最佳视角。实务（practice）或实践泛指所有有形、具体和多种多样社会活动，可谓生活处处皆实务。在社工教育实践、理论研究与专业服务中，社会工作实务与实务模式始终是永恒的主题。长期以来，关于社会工作实务的讨论始终是世界各国社会工作理论研究的基础与热点议题，尤其是有关社会工作实务模式概括总结和理论研究，反映一个国家社会工作专业化程度。

更重要的是，社会工作实务模式构成要素与组成部分是衡量实务是否成为模式的主要标准。目前，世界各国学者对社会工作实务模式的构成要素与组成部分并无权威性、统一性的界定，不同学者针对不同的实务领域和实务议题，主观确定不同的实务模式构成要素与组成部分。美国学者罗斯曼对世界著名地区发展、社会计划和社会行动三个社区工作模式的分析框架，主要包括社区行动的目标类型、关于社区结构和问题状态的假设、基本的变迁策略、变迁策略和技术的特点、实务者的主要角色、变迁的媒介、对权力结构的取向、社区服务对象体系或社区居民的范围界定、关于社区亚部分利益的假设、服务人群或社区居民的概念和服务对象角色概念，共计 11 个领域。这些是他划分三大经典社区工作实务模式的标准和依据。

总体来说，中国社会工作实务范围内容与判断社会工作实务是否上升为模式标准依据，或是主观确定不同社会工作实务模式构成要素与组成部分。笔者认为模式由 20 个部分组成。一是宏观的社会环境，中观的社会服务组织环境，微观的服务对象的家庭与个人生活环境。二是社会主流的价值理念，提供社会服务专业人员的价值观和服务对象所信奉的价值观念。三是执政党信奉的社会理论，社会服务提供机构喜欢的理论取向，服务对象所理解的理论。四是国家的宏观和长远发展战略，社会服务机构的宏观和长远发展战略，包括战略发展规划。五是国家发展的宏观战略目标，社会服务提供机构追求的组织目标，服务对象心目中的目标。

六是国家治理的基本准则，社会服务机构遵循的基本原则，服务对象为人处事的基本准则。七是政府决策者界定的社会问题，社会服务机构针对的社会问题，服务对象具有的个人麻烦。八是政府社会服务规划、决策、管理和直接服务人员，社会服务机构的管理者与服务人员。九是政府政策的主要客体和目标群体，社会服务机构的主要服务对象，如个人、家庭与组织。十是政府责任承担的范围与政策服务的范围内容，主要反映政府社会服务能力与范围水平。

十一是政府社会服务方式方法，社会服务机构提供服务，以及服务对象接受服务的方式方法。十二是政府社会政策过程与社会服务过程，社会服务机构运行和提供社会服务的流程、程序。十三是政府社会服务标准，主要是社会服务机构提供的经济补偿标准和社会服务质量标准。十四是社会服务机构的性质、目标、使命、愿景、组织、结构、功能、规模、历史与人员等。十五是政府财政体制，尤其是公共福利财政与社会福利财政制度，服务机构的资金来源状况。

十六是整个社会与政府治理的运行机制，社会服务机构的运行机制，主要是人财物组合模式。十七是国家政府的社会福利行政制度，包括规划、决策、管理、监管、反馈和行政管理体制。十八是国家社会管理效果评估，社会服务机构的社会服务效果评估，服务对象满意度研究。十九是国家社会政策的社会影响，服务机构社会服务对全社会福利和个人福利水平的影响。二十是社会服务专业理论、政策、实务研究状况，尤其是专业人员对实务模式的研究水平。简言之，从社会工作实务模式构成要素与组成部分角度来看，牛街服务可以称之为“牛街模式”。

“牛街模式”具有鲜明的北京特色、城市社区、民族特点、民族宗教融合、生活化福利、多样化社会服务、连续性社会服务等时代特征，反映中国民族工作由传统“政治—经济”模式向“社会—文化”模式结构转型发展趋势，标志民族宗教社会工作体系建设成为时代主题。第一，“牛街模式”具有鲜明北京特色，牛街模式是北京民族宗教社会工作制度创新的产物。而且北京“牛街模式”在制度背景、服务动机、服务目标、服务方式等方面均不同于上海。第二，“牛街模式”以城市少数民族聚集社区为基础开展服务，城市地域社区范围边界清晰。第三，目前，中央政府是将北京“牛街模式”作为“牛街民族工作经验”向全国推广应用的，为此，我们可称之“城市社区为基础和民族特色的社区服务”，官方定性是“民族团结”。第四，根据伊斯兰教和回民“族教一体、聚居生活和围寺而居”特点，尤其是北京牛街社区服务实际状况，实际上，我们可将牛街模式定性为“民族与宗教融合型的社会工作服务体系”。换言之，牛街模式既非单纯民族社会工作，又非单纯宗教社会工作，而是民族宗教结合体。

目前，中国民族社会工作与宗教社会工作的基本涵义与基本类型多种多样，反映民族与宗教社会工作发展初期的现实状况。一是在民族自治地区由非社工专业人员开展社会工作实务；二是在民族自治地区由专业社工人员开展的社会工作实务；三是在民族自治地区以某个或多个少数民族为服务对象的社会工作实务；四是在非民族自治地区以某个或多个少数民族为服务对象的社会工作实务；五是以某种宗教信仰与宗教文化为基础的宗教社会工作；六是民族社会工作与宗教社会工作实务融为一体的民族宗教融合型社会工作，这主要适用那些“族教一体”和“围寺而居”的少数民族，例如信仰伊斯兰教的回族、东乡族、撒拉族、保安族、维吾尔族、哈萨克族、柯尔克孜族、乌孜别克族、塔塔尔族、塔吉克族，共 10 个少数民族；七是超越民族与宗教社会工作边界，以边疆地区为基础和目标范围的“边疆社会工作”。

第五，北京“牛街模式”服务范围广泛，内容多样，综合性与民族化社会服务体系特征明显。如从少数民族群众饮食、婚姻、节庆、丧葬等特殊的风俗习惯，到各式各样社区就业服务。第六，尽管北京“牛街模式”社会服务范围广泛，内容多样，但是社区服务政策目标与战略重点清晰明确，这就是为牛街社区居民提供生活化与民族化的社会服务，满足其衣食住行等基本生活需要和健康需要，目标是改善社区居民的生活状况，提高生活质量和社区福利水平。

第七，北京“牛街模式”社会服务模式的重要特征是，为回民提供“由摇篮到墓地”连续性与民族化社会服务，从回民婚庆服务、回民妇幼保健、回民幼儿园、回民小学、回民中学，到社区卫生站、建设“民生街”、清真超市、回民医院、民族敬老院、回民殡葬所等服务。

最后，北京“牛街模式”是中国传统民族工作与民族宗教工作全面性、结构性转型的缩影，是由传统“政治—经济型”民族工作模式向“社会—文化型”社会服务模式转型的典型与代表。实际上民族社会工作、宗教社会工作，尤其是民族宗教融合型社会工作并非是概念变化，而是传统民族工作、宗教工作和民族宗教工作模式全面性、系统性、结构性与革命性转型。这意味着我们对民族问题、宗教问题和民族宗教问题的实质与本质属性的认识进一步深化。

三 “牛街模式”实质、精髓与民族工作社会工作化改造

中华人民共和国成立六十年和改革开放三十年来，中国民族工作、宗教工作和民族宗教工作取得显著成绩，初步建立中国特色民族、宗教工作与民族宗教理论体系，其中尤以民族问题本质最为重要。民族问题本质是人们对纷繁复杂和多种多样民族问题根本属性、宗旨目标和发展规律的认识。对民族问题的本质认识为民族工作奠定世界观、方法论和理论基础，决定民族工作的指导方针。改革开放尤其是2000年以来，我国学术界展开对民族问题本质精髓与发展规律的学术争论，有助于我们从认识历史、宏观制度和比较研究角度，更加深刻地理解民族问题的本质与精髓。

总体来说，目前学术界有关民族问题本质争论的理论观点主要有四，反映了人们认识角度差异。首先，1950年代后期，我国民族政策犯“左”倾错误，确立“民族问题实质是阶级问题”的提法，反映“民族问题政治化和阶级斗争化”的本质观，对民族工作产生深远负面影响。有鉴于此，有学者明确提出应从少数族群问题“去政治化”的角度，重新理解民族关系。其次，在社会主义市场经济，尤其是西部民族地区与东部地区经济发展差距扩大的背景下，如何缩小东西部发展差距，尤其是经济发展中贫富差距、区域差异、职业差异和族群差异，成为民族工作和民族政策的战略重点，民族问题“经济化的本质观”呼之欲出，屡见不鲜。众所周知，经济发展是手段与物质基础，社会发展是目的和终极关怀，精髓是社会福利。第三，西方福利国家主流观点是，民族问题本质是文化问题，民族本质“文化化”视角鲜明，有鉴于此，民族矛盾冲突的实质是“文化冲突”，民族社会工作中“二元文化模型”流行。实际上，在某种程度上说，民族问题本质“文化化”的观点反映西方国家处于较高发展水平。

更重要的是，我们认为民族问题本质是“社会问题与发展问题”，即民族问题“社会化”与“发展化”视角更适合中国现实状况，为民族宗教工作全面结构转型，为民族与民族宗教社会工作奠定理论基础。江泽民同志反复强调，我们党运用马列主义、毛泽东思想观察和处理民族问题，在几十年的实践中，形成了一系列基本的观点和政策。这主要是：民族问题是社会总问题的一部分，民族问题只有在解决整个社会问题的过程中才能逐步解决，我国现阶段的民族问题只有在建设社会主义的共同事业中才能逐步解决；民族问题是社会总问题的一部分，革命时期是这样，建设时期仍然是这样。

在新的历史时期，搞好民族工作，增强民族团结的核心问题，就是要积极创造条件，加快发展少数民族和民族地区的经济文化等各项事业，促进各民族的共同繁荣；加快少数民族和民族地区的发展，不仅是一个重大的经济问题，也是一个重大的政治问题。以人为本，全面建设小康社会，统筹城乡发展，全面、协调、可持续发展观，促进经济社会和人的全面发展，构建和谐社会是“中国化智慧”。显而易见，中国民族平等、民族团结、民族区域自治、各民族共同繁荣基本原则和基本政策的实质是改善各族人民的生活质量，提高个人、家庭、社区、民族和社会整体的福利水平，精髓是让各族人民群众过上“幸福美好生活”，满足人民群众不断增长的物质文化需要。

最为重要的是，民族问题本质的“社会问题与发展问题化”的重大现实、理论、政策意义是，为党和国家科学解决民族问题，推动传统民族工作与民族宗教工作实现“社会工作化改造”，促进传统“民族工作与民族宗教工作”向现代“民族社会工作，宗教社会工作与民族宗教社会工作”的战略转型，实现中华各民族的社会平等、社会团结和共同繁荣奠定理论性基础。所谓“社会工作化或社会服务化改造”是指按照社会工作（服务）专业价值观念和工作方法，重新改革、调整、发展、完善国家现有的民族政策与服务体系的社会政策过程和活动的总和。因为社会工作（服务）政策与服务体系最基本的功能是，用科学方法解决现代社会问题。目前社会工作定义众说纷纭，界定角度多种多样。笔者认为最佳界定取向是“社会功能视角”。社会工作（服务）制度是指社会为所有需要帮助的人群，提供专业社会帮助服务活动的总称。中国民族、宗教工作与民族宗教工作“社会工作化改造”的宏观环境与主客观条件已经成熟。

四　中国民族社会工作制度的发展战略与国家行动议程

中国传统民族工作、宗教工作与民族宗教工作处于史无前例和全面、系统、深刻、战略性结构性转型过程之中，结构性转型核心是民族宗教工作“社会工作化或社会服务化改造”，北京“牛街模式”、上海“浦东模式”和中国社会工作协会实施的“全国民族社区社工机构试点和社工培养班”，标志着中国民族社会工作制度框架设计与实务模式建设成为社会建设与社会政策议程的优先领域，标志着中国社会工作制度与服务体系建设进入崭新历史发展阶段，标志着中国民族社会工作时代来临，标志着民族社会工作服务体系与实务模式建设成主题。

当前，人们对什么是民族社工与民族宗教社会工作，为什么中国迫切需要民族宗教社会工作，民族宗教社会工作做什么和如何做等问题，尚存在诸多模糊认识，社会的认知度总体不高。在这种宏观制度背景下，中国民族宗教社会工作的发展战略与国家行动议程显得尤为重要。中国民族宗教社会工作制度建设议题应放在构建和谐社会与社会建设的总体框架中；

放在全面建设小康社会宏伟战略目标；放在深入实施西部大开发战略，培育新的经济增长点，拓展我国经济发展空间的国家战略；放在我国实施互利共赢开放战略，发展全方位对外开放格局重要部署；放在加强民族团结，维护祖国统一，确保边疆长治久安国家发展战略中。简言之，中国民族宗教社工首要发展战略是和谐社会建设，重点是民族宗教工作的“社会工作化或社会服务化改造”，核心是民族宗教工作由“政治—经济型”向“社会—文化型”转变。

总体来说，中国特色民族社会工作与民族宗教社会工作制度框架设计与服务体系建设的战略重点与国家行动议程涉及诸多领域，覆盖立法、政策、服务、人才培养等制度建设议题。第一，大力加强国家社会工作制度建设与社工人才培养战略规划，尤其是北京“牛街模式”、上海“浦东模式”和中国社会工作协会实施“全国民族社区社工机构试点和社工培养班”经验的新闻宣传报道力度，进一步提高社会工作制度的知名度与社会地位，提高社会认知度。

第二，大力加强国务院职能部门之间行政协调和行政沟通，提高国家政策的统一性和一致性。2006 年 10 月 11 日，中共中央十六届六中全会通过《中共中央关于构建社会主义和谐社会若干重大问题的决定》，首次明确提出，“建设宏大的社会工作人才队伍”。2010 年 6 月 7 日，中共中央、国务院颁布《国家中长期人才发展规划纲要（2010—2020 年）》，明确规定将党政人才队伍、企业经营管理人才队伍、专业技术人才队伍、高技能人才队伍、农村实用人才队伍和社会工作六大队伍，列为人才队伍建设战略重点。民族宗教社会工作发展相对滞后。

第三，尽快在全国各地民族社会工作与民族宗教社会工作试点经验基础上，根据具体情况，由国务院制定颁布《民族社会工作条例》，从政策法规角度明确民族宗教社会工作性质目标。第四，根据《国家中长期人才发展规划纲要（2010—2020 年）》精神，建议人力资源与社会保障部、国家民委、教育部、民政部等相关职能部委，制定民族宗教社工人才培养专项规划。第五，根据中国民族教育制度的历史、现状与特点，尽快建立国家级民族社会工作教育体系，紧紧抓住少数民族学生选拔、民族教育课程体系设计和民族社工师资队伍培养等关键环节。第六，充分利用国家试办社会工作专业硕士学位课程（Master of Social Work：MSW）的历史机遇，努力培养一批国家级和中高级民族宗教社会工作人才，为民族宗教社工奠定人才基础。

第七，建议由统战部、国家民委和国家宗教局牵头，在全国民族宗教系统范围内举办全国性各式各样的民族社会工作与民族宗教社会工作试点项目，积累民族社工实务经验，探索规律。第八，一方面尽快开展全国性民族与民族宗教社会工作的现状调查，摸清全国的基本状况；另一方面在全国范围内探索建立民族与民族宗教社工研究基地，总结经验与创建实务模式。第九，大力加强全国性民族与民族宗教社会工作基础理论政策研究，加强中外民族社会工作比较研究与交流合作，借鉴欧美国家有益做法，提炼中国民族社会工作模式，提高民族福利。第十，积极筹建中国民族社会工作研究会等全国性协会，创办《中国民族社会工作》杂志。

五 简要讨论与基本结论

北京市牛街民族工作经验与“牛街模式”的诞生在多方面具有划时代的重大意义，标志着中国传统民族工作与民族宗教工作的战略转型升级，标志着中国民族社会工作与民族宗教社会工作时代的来临，具有特别重要的现实意义、理论意义、政策意义、学科专业和全球性意义。在某种意义上说，北京“牛街模式”不仅是北京和中国，而且是世界各民族和全人类的福祉。

更为重要的是，无论是北京市牛街民族与民族宗教社会工作的“牛街模式”，还是民族认同、民族归属感和民族凝聚力，包括各民族团结、民族融合、民族发展和全国各民族共同繁荣，都是社会建构（social construction）的历史产物。社会建设的实质和精髓是建设新型美好社会。少数民族和汉族既是和谐美好社会建设主体，又是新型社会建设的客体，二者均是建设主体。新型民族社会工作与新型民族宗教社会工作是中国社会建设重要组成部分，战略地位显著。无论从什么角度来看，民族关系与宗教关系均是当代世界和世界各国政治议程的战略重点。

北京“牛街模式”的内涵丰富多彩，外延广泛多样，基本含义是北京城市民族聚集区的民族宗教一体化社会服务体系与政策框架。总体来说，北京牛街民族宗教社会服务实践已达到社会工作“实务模式”的水平，北京民族宗教融合型的社会服务“牛街模式”已初见端倪，标志着中国特色社会工作制度框架与服务体系建设进入崭新的历史发展阶段，标志着中国的社会发展进入全面、积极、可持续的社会建设与社会工作制度框架设计与服务体系建设的新时期，标志着中国特色民族社会工作制度框架设计与实务模式建设成为社会建设、社会政策与社会工作制度建设议程的优先领域与战略重点，成为时代主题。

更为重要的是，北京“牛街模式”的实质是建立新型民族宗教社会工作制度框架与民族宗教一体化社会服务体系，精髓建立健全城市社区福利制度与服务体系，改善全体社区居民福利水平，提高社区居民生活质量。有鉴于此，贯穿北京民族宗教一体化社会工作“牛街模式”的社会建构过程是传统民族宗教工作模式的“社会工作化改造”主题，传统民族宗教工作模式正在向现代新型民族宗教一体化社会工作模式全面结构转型。因为世界历史经验说明，社会工作制度建设是和谐社会建设，尤其是运用各种现代科学方法解决现代社会各式各样社会问题，回应人们不断变迁的需要，创造幸福美好和谐社会建设的制度化途径和最佳专业化方法，是中国民族工作模式的革命。民族宗教工作“社会工作化改造”的实质是用社会服务理念、方法取代传统的行政管理模式，精髓用个性化、生活化、连续性和社区化服务，取代群体性、道德化、分隔性和单位性服务。

最为重要的是，目前中国传统民族工作与宗教工作“社会工作化改造”的宏观社会背景、主客观条件已经具备，我们拥有中华人民共和国成立六十年尤其是改革开放三十年来民族工作与宗教工作经验，有中国特色民族工作理论体系、政策框架与服务体系，特别是全面建设小康社会、科学发展、以人为本、统筹城乡发展、构建和谐社会、让人民群众分享改革发展成果等先进执政理念，有一支扎根边疆地区，吃苦耐劳和民族化的民族工作队伍，发展民族福利的时代已经来临。

毫无疑问，现代政府最主要功能是解决形形色色的社会问题，提高人民的生活质量和福利。换言之，中国政府在传统民族工作与宗教工作“社会工作化改造”的过程中扮演核心角色。根据中国现实状况，笔者提出发展中国特色民族与民族宗教一体化社会工作制度若干建议，例如加强政府职能部门之间的行政协调与战略规划，构建中国特色的民族社会工作政策法规框架，循序渐进地推进民族社会工作立法与政策开发，建立健全民族社会工作教育制度框架，培养国家级和中高级民族社会工作人才队伍，广泛开展民族社会工作试点，探索实务模式等。这些重大的理论创新、政策创新、体制机制创新，既指明北京“牛街模式”的未来发展方向，又预示中国社会发展未来方向，即中国特色的“民主—福利—市场社会主义”和福利社会。福利基本涵义是“幸福美好的生活”。福利制度是实现社会公平与社会发展的最佳制度途径。

主要参考文献

陈昌智：《在“民族地区社会工作与社会建设论坛暨民族社区社工机构试点和社工培训班启动仪式”上的讲话》，2010 年 6 月 25 日。

《国家民委召开推广北京市牛街民族工作经验视频会》，www. gov. cn，2010 年 6 月 28 日。

杨传堂：《在“民族地区社会工作与社会建设论坛暨民族社区社工机构试点和社工培训班启动仪式上”的讲话》，2010 年 6 月 25 日。

江平、黄铸：《构建中国民族理论的学术话语体系》，《中央民族大学学报》2008 年第 1 期。

邹声文、顾瑞珍：《中共中央、国务院召开的新疆工作座谈会在京举行》，www. gov. cn，2010. 5. 20。

闫丽娟：《社会工作介入城市回族社区建设之探讨》，《贵州民族研究》2007 年第 3 期。

李细香：《生活处处皆“实务”》，《社会工作半月刊（实务）》2007 年第 12 期。

文军：《论社会工作模式的形成及其基本类型》，《社会科学研究》2010 年第 3 期。

周利敏：《灾后重建中社工组织多元角色的实践与实务模式选择》，《华南农业大学学报》（社会科学版）2009 年第 3 期。

［美］杰克·罗斯曼等：《社区组织模式和宏观实践观点：它们的融合与阶段》，刘继同译，《国外社会学》2003 年第 1 期。

上海市民族和宗教事务委员会、上海市民政局：《关于开展民族宗教系统社会工作者队伍建设试点工作的通知》，2007 年 8 月 7 日。

《国家民委组织中央新闻单位参访团深入牛街采访报道》，www. seac. gov. cn.

秦惠彬编：《追求真宰：20 世纪中国伊斯兰教文化学术论集》，中国广播电视大学出版社 2000 年版。

李安宅：《边疆社会工作》，中华书局 1944 年版。

沙秀华：《把党和政府的关怀送到家家户户　建设和谐发展的新牛街》，宣武区牛街街道办事处，2010 年 6 月 25 日。

尹崇芳：《努力创新社区管理模式　改进基层公共服务水平》，宣武区牛街街道办事处，2010 年 6 月 25 日。

晏可佳：《专业的社会工作与宗教的社会服务——构建和谐社会的双赢模式》，《上海市社会主义学院学报》2007 年第 1 期。

黄铸：《人民日报特约评论员〈评所谓"民族问题的实质是阶级问题"〉的由来》，《中南民族大学学报》2003 年第 5 期。

马戎：《理解民族关系的新思路——少数族群问题的"去政治化"》，《北京大学学报》2004 年第 6 期。

刘继同、冯喜良主编：《劳动市场与社会福利》，中国劳动社会保障出版社 2007 年版。

［美］威廉姆·法利等：《社会工作概论》（第九版），隋玉杰等译，中国人民大学出版社 2007 年版。

《江泽民论民族工作》，中共中央统战部网站，www. zytzb. cn，2009 年 3 月 13 日。

《中共中央关于构建社会主义和谐社会若干重大问题的决定》，人民出版社 2006 年版。

刘继同：《人类需要理论与社会福利制度运行机制研究》，《中共福建省委党校学报》2004 年第 8 期。

曾家达、殷妙仲、郭红星：《社会工作在中国急剧转变时期的定位——以科学方法处理社会问题》，《社会学研究》2001 年第 2 期。

吴仕民：《上海社区民族工作多有创新、多有亮点》，2010 年 6 月 25 日。

胡锦涛：《在新疆工作座谈会上的讲话》，www. gov. cn，2010 年 5 月 20 日。

中共中央、国务院：《国家中长期人才发展规划纲要（2010—2020）》，《人民日报》2010 年 6 月 7 日。

李德洙、叶小文主编：《当代世界民族宗教》，中共中央党校出版社 2003 年版。

汪立华、沈洁等：《中国城市社区福利》，社会科学文献出版社 2008 年版。

刘继同：《慈善、公益、保障、福利事业与国家职能角色战略定位》，《南京社会科学》2010 年第 1 期。

刘继同：《试论福利—民主—市场社会主义》，《中共福建省委党校学报》2005 年第 5 期。

本文原载《湖南师范大学社会科学学报》2017 年第 1 期。《北京"牛街模式"的社会建构与中国民族社会工作时代的来临》一文被人大报刊复印资料《社会工作》全文转载，2017 年第 6 期。

中国城市社区实务模式研究：二十年来的发展脉络与理论框架

摘要：中国社会结构转型与社区综合发展已进入攻坚阶段。社区实务模式研究是社区理论创新与深化社区体制改革的突破口。本文运用文献回顾方法，全面回顾改革开放以来中国社区实务与社区实务模式研究发展脉络及理论发展，提出原创性社区实务模式理论分析框架。

研究问题与研究方法

社区实务模式研究是社区研究的重要组成部分，属于社区理论体系中的中观理论层次。改革开放以来，宏观背景的社会结构分化与社会结构转型，微观处境的就业场所与生活社区的分离，政治生活领域的政企分开、政社分离和国家职能转变，经济生活领域的企业转换经营机制和劳动、工资与社会保险制度改革，社会生活领域的生活方式转变、生活质量提高和社区服务兴起，文化思想领域的解放思想、价值观念更新和个人主体意识日趋增强，“不约而同”地使社区研究成为中国社会科学、社会学与社会工作研究的重要组成部分。社区首次在中国社会生活中具有全面性的社会涵义：对普通民众具有不可或缺的生活意义；对理论工作者拥有举足轻重的理论意义；对决策者与社区管理者具有重大的现实政策意义。

中国社区研究范围广泛多样，内容丰富多彩，社区实务模式研究是社区研究的基础性议题。社区实务模式研究既关系到宏观取向的国家与社会、国家与市场、社区和家庭的关系，又关系微观取向的社区与社区、社区与市场、家庭的关系，社区内部关系与外部关系，还关系操作层面上社区概念的内涵外延，社区工作范围与内容，社区工作方法与过程等议题。社区实务模式研究在整个社会科学研究和综合性社区研究中的基础、战略地位不言而喻。

更为重要的是，社区实务模式是社区理论体系中的中观理论层次。“中观理论”概念来源于美国著名社会学家默顿。他认为社会系统的一般理论远离特定社会行为、社会组织和社会变迁，已不能解释我们观察到的现象；对于特定事件详尽而系统的描述又缺乏整体的概括性，中层理论介于两者之间（默顿，1990）。社区实务模式既不是社区现象与社区生活的高度抽象与一般性理论概括，又不是社区具体服务实践活动的简单重复与工作经验总结，而是介乎两者之间的中观社区理论层次。社区实务模式既可以指导具体的社区实践活动，又是对千变万化、多姿多彩社区实践活动规律与本质特征的相对性整体概括和理论抽象。

本文运用文献回顾的方法，以社区实务模式研究为主线，对改革开放以来中国社区研究成果予以全面梳理，以期在此基础上建立中国社区实务模式的理论分析框架，完善国家的社区政策，丰富中国的社区研究文献，提高中国的社区研究水平，发展中国的社区理论。社区是世界各国社会结构与社会体系的重要组成部分，社区研究是个公认的国际前沿课题（编辑部，2002）。中国历史背景、文化传统、社会结构与发展经验迥然不同于欧美发达国家，社会发展道路与社区结构变迁具有中国独特的经验。

中国学者的社区研究已取得长足发展，积累了丰富理论素材。现在有必要对中国学者的社区研究成果予以全面归纳、总结和概括，以建构中国的社区工作理论体系，推进中国社区理论研究。与此同时，目前全国各地方兴未艾和蓬勃发展的社区服务与社区建设运动也迫切需要理论指导，社区工作实践殷切呼唤政策支持与理论解释。这为中国社区研究与社区实务模式研究创造了得天独厚的主客观条件。

本研究的时间跨度是改革开放以来的 20 多年，研究的范围主要集中在城市社区实务模式，研究对象主要局限于描述、分析和梳理中国学者对中国城市社区的研究成果，研究方法主要是现存文献回顾与整理。文献回顾的最终目的并不是单纯对社区实务模式研究发展脉络的理论分析与系统梳理，而是希望通过归纳总结梳理过程，最后提出作者的理论分析框架，试图为中国社区理论研究与社区理论发展提供有用的概念化分析工具和独特的理论视角。

社区研究发展阶段与核心议题

改革开放以来，中国社区研究大体经历三个发展阶段，每个阶段都有不同的特征和关注的核心议题。改革开放以来，中国社区研究基本分为三大阶段。第一阶段始于1970年代末期确立改革开放政策，终于1986年城市社区服务萌芽。这个时期大的社会环境与制度背景是百废俱兴与社会全面重建。社区研究总体处于恢复重建和探索起步状况。研究课题主要是较为宏观取向的城乡关系、小城镇研究和城市居民生活状况调查等。研究方法以定性描述为主、定量抽样调查为辅。研究人员基本是非专业化理论工作者，社区研究的理论意识与理论意义普遍较弱（方明，1989）。社区研究总体水平偏低。

第二阶段始于社区服务兴起，终于1990年代初期。这个时期大的社会环境与制度背景是城市综合体制与企业劳动、工资和社会保险制度改革全面启动，城市居民开始深切感受到经济改革的压力与冲击。社区研究总体处于步入正轨和初步发展状况。研究课题是以城市为中心的城市发展模式、城市化道路、城市社区类型、结构与功能、边区开发及人口流动，社区服务研究和国外社区工作介绍等。研究方法以多种混合为主，研究人员由理论工作者、决策者和实际工作者构成，日趋多样化，社区研究的政策、社会意义远大于理论意义。社区研究总体水平明显提高，研究成果大量涌现，理论创新意识强烈（王颉，1989）。

第三个阶段以1991年民政部提出社区建设的思路，1992年初邓小平南方谈话发表，1993年十四届三中全会《关于建立社会主义市场经济体制若干问题的决定》为标志，到目前为止。这个时期大的社会环境与制度背景是逐步确立社会主义市场经济体制，民政部积极探索、局部实验和在全国范围全面推行社区建设政策的过程。社区研究总体处于全面发展与理论研究逐步深入状况。研究课题主要是社区基础理论研究，例如社区概念界定与社区类型、新型城乡关系、边区开发研究、社区组织和社区体制研究、社区服务与社区福利、社区经济与社区管理、社区建设研究、社区文化与社区环境等（丁元竹、1994；王颖，1996）。研究方法不仅日趋多样和成熟，而且引人注目地出现比较研究视角。研究人员构成多样化与专业化训练程度显著提高，社区基础理论研究深度、广度和理论创新程度实现重大突破。社区研究总体水平跃升到新高度。

改革开放以来，中国社区研究模式经历诸多重大变化与历史转折，为深度理解社会结构转型背景下中国社区研究的理论贡献与发展方向奠定基础。回顾20多年社区研究活动，一些重大历史变化与总体性发展趋势引人注目。首先，社区研究发展迅猛，阶段特征明显，及时回应社会结构转型与经济体制改革需要，成为社会学、人类学与社会工作等学科恢复重建与发展的缩影。其次，社会结构转型与经济体制改革既为国家、市场与社区关系形成营造适宜社会环境，凸显社区（含组织）在中国社会经济发展与社会现代化进程中战略地位，又为社区研究提供强大无比动力源泉与千载难逢的历史机遇，极大推动社区研究健康发展。变迁的社会环境与发展的社区研究相互促进、相互依赖关系最为紧密典型，格外引人注目。第三，社区研究目的由实习练兵与回应社会发展需要，参与社会发展和描述社会变迁过程，转为解释中国社会结构转型，注重理论创新和建构中国社区理论体系，理论意识日趋明确。

第四，研究范围由大缩小，研究课题由宏观取向的社会议题转变为微观取向的微型社区议题，研究的重心由城乡关系、小城镇研究转变为城市社区研究，城市中心主义的色彩日趋浓厚。第五，研究领域由社区外部环境与关系转变为社区内部结构与关系，研究主题由社区状况、类型描述转变为社区组织与社区结构理论分析，研究路向由外及里，由表及里，由浅入深。第六，研究队伍与研究活动由分成迥然不同的两大部分，一是不同学科的理论工作者；二是行政管理决策和基层社区实际工作者，转变为两部分人员优势互补的整合式队伍与研究。第七，研究方法与理论视角日趋多样化，定性与定量、历史与国际比较、理论与政策研究日臻成熟，社会学、人类学、社会工作、民族学和政治学等学科均不约而同“聚焦”社区。

中国社区研究核心议题由如何看待中国社会状况与城市化发展道路，为何和如何发展社区服务，转变成为何和如何实现社区综合发展与有计划变迁，社区研究发展主线由宏观取向的城乡关系转向微观取向的社区组织与结构，社区理论发展演变脉络是中国化与社区化。核心议题就是社区研究的主要问题与核心争论，它们既是贯穿社区研究活动的主线，又是观察社区理论发展演变脉络的基础。中国社区研究是在城市社区居民生活与家庭婚姻调查，农村经济改革背景下（江村）农民社会生活状况调查起步的，并以小城镇和城乡关系为主题。1980 年代中期，在乡镇企业异军突起与小城镇迅猛发展处境下，小城镇研究重点逻辑性转移到城乡关系和城市化研究，理论界对如何选择中国的城市化道路展开了广泛热烈讨论。

与此同时，在社会结构模式研究兴起与城市综合改革处境下，理论工作者开始对城市社区结构、功能与作用高度关注，民政部门则努力探索发展城市社区服务的必要性、重要性与紧迫性。1980 年代晚期与 1990 年代初期，伴随社区研究的深化，如何界定社区，特别是社区研究对象定位在什么类型社区上成为理论研究的重大突破，地域范围清楚的微型社区成为社区研究的标准对象（丁元竹、江迅清，1991）。社区概念内涵外延澄清与社区类型划分细化为城市社区结构和制度层面理论分析创造条件，城市社区研究主题由外在的社区环境与管理秩序问题，转为内在的社区结构、社区发展和有计划社区变迁，社区意识、社区参与、社区归属感、社区文化和城市社区管理是理论研究和实地调查的主要议题（王军，1989）。

1990 年代中期，在经济体制改革深化和下岗待业人员猛增背景下，社区建设与城市管理成为社区研究主要议题，如何在社区结构变迁处境下增强社区归属感与重建秩序，建立国家、市场与社区的关系，为经济改革与社会发展营造良好社会环境与稳固社会基础是核心议题（王颖，2000）。与此同时，民间组织异军突起和迅猛发展为社区发展和社区管理增加新内涵，街居体制改革与新型社区运行机制、国家社区政策、社区、市场与民间组织的关系、城市社区与市民社会的关系等议题，是城市社区理论研究日趋深化的集中表现（编辑部，2002）。总体来说，社区研究主题由描述中国城乡社区如何，经由说明社区是什么，分析社区结构，解释社区是如何运作，转变为如何建设城市社区，如何谋求社区发展与国家发展和谐一致。

长期以来，中国社区研究分为理论研究与实务研究两大阵营，整合理论研究与实务研究的政策研究较为落后，社区实务模式研究是个没有受到足够重视的基础性理论政策课题。1980 年代中期，伴随企业劳动、工资与社会保险制度改革进入实质阶段，劳动合同与企业破产成为人们关注的焦点，就业压力增强和社会竞争加剧，形成“单位人”向“社会人”转变问题。人口老龄化、家庭小型化趋势日渐明显，人们的价值观念、生活方式与社会需要发生重大变化，城市居民对社会服务的需求愈来愈迫切。1987 年 9 月民政部在武汉召开全国社区服务座谈会，明确社区服务的指导思想和任务，要求建立和完善城市社区服务体系（张德江，1991）。从此以后，民政部门开始与社区研究结下不解之缘。

中国社区研究队伍与内容也分为两大阵营，一是以大学科研机构为主的理论工作者，社区研究侧重点是社区基础理论与理论研究，例如社区概念界定、社区类型划分和城市发展模式等。二是以民政系统为主的行政决策者和一线实际工作者，社区研究侧重点是实际具体的社区工作问题，例如 1980 年代后期关注什么是、为什么和如何开展社区服务，1990 年代以来关注为什么社区服务要向社区建设转移，什么是、为什么和如何开展社区建设等。

总体来说，两种研究泾渭分明，自成体系与相互独立，整合理论研究与实务研究的社区政策研究较为落后。这既说明理论工作者对现实社区问题回应的敏感性较低，说明社区理论与社区实务研究之间整合性较差，又说明专家学者参与国家社区政策决策的程度有限，说明社区政策研究和社区实务模式研究没有受到足够重视。因为社区实务模式在社区理论体系中处于中观理论地位，它既要求研究者具有相当的社区理论功底和理论分析能力，又需要具有丰富的实务经验，对社区服务与社区建设实际状况了如指掌。两大流派相对分隔的格局自然会影响社区实务模式研究。

社区工作与社区实务模式界定

社区、社区实务和社区工作概念界定与内涵外延澄清，是从事社区实务模式研究的基础性理论工作，是理解中国社区实务模式发展演变脉络与基本特征的基础。中国社区概念界定拥有两种传统，一是行政区划和实际工作的传统界定。2000 年以前，城市社区主要是以街道办事处所辖行政区域为界，农村是以乡、村为单位的社区。2000 年 11 月中办、国办转发的《民政部关于在全国推进城市社区建设的意见》明确规定，目前城市社区的范围，一般是指经过社区体制改革后作了规模调整的居民委员会辖区（多吉才让，2001）。这种社区范围与界定角度主要反映“微型社区”理念。微型社区是指居住在较小地理范围内，具有较密切联系的人群共同体。这种界定取向历史悠久，争议不大。二是理论界定与理论建构传统。社区概念理论界定与争论始于1980年代中期社区服务的兴起，1990年代初期达到高潮。

概括来说，具有代表性的中国社区概念界定取向有三，一是具有相对独立性的地域社会（吴鹏森，1992）；二是地域性社会组织与社会实体（中大社会学系，1985）；三是聚集在一定地域中的人群的生活共同体（崔乃夫，1989，p. 142）。社区界定总体趋势由宏观转为微观。目前，聚居在一定地域范围内人们所组成的社会生活共同体是主流观点。

社区实务（community practice）或社区实践是英美国家习惯的概念，泛指所有在地域社区中组织、规划、发展和变迁的过程、方法和实践技术（Weil，1996）。中国社会缺乏社区实务概念，对应的是狭义的社区服务与社区建设，广义的街居工作或城区工作。社区工作同样是个在英美国家流行的概念，中国学术界则较少使用（刘继同，1995）。社区工作既是社会工作专业的三大基本方法之一，又是社会福利服务内容的重要组成部分。从社会工作专业角度看，社区工作泛指在特定社区中满足弱势、劣势群体和社区居民基本需要的所有直接与间接服务活动，以及增强他们能力的过程（Popple，1995）。中国社会缺乏社区工作概念，相近概念是街居工作。简言之，中国社会对社区与社区实务等核心概念具有自己的理解。

中国社区实务与社区实务模式概念的涵义比较具体与狭义，其范围远远小于英美国家。中国社区实务概念的内涵外延主要是指社区服务与社区建设。社区实务范围主要局限于直接、具体的服务活动与服务设施，间接、非物质的行政管理、组织动员、社区规划、社区发展和有计划社会变迁基本没有纳入社区服务与社区建设范畴。因此，社区实务模式自然演变为社区服务模式与社区建设模式。中国的模式概念也与英美国家有所不同。

概括来说，中国社会关于模式的界定有“标准样式”“服务形态”“模型与范式”和“工作模式”四种基本取向。首先，模式就是某种事物的标准形式或使人可以照着做的标准样式。社区服务模式一般是指一种相对稳定的社区功能结构方式，也就是根据社区服务需要的变化，把辖区内部有关组织的功能进行优化组合，构成一套区域共同体一体化的社区服务管理方式（奚从清、沈赓方，1989）。其次，实际工作部门流行的模式概念的基本涵义是指社区服务形态与运行机制，即社区服务是如何和通过什么途径提供的（郭崇德，1993）。第三，有的学者的基本观点是，所谓模式包含“模型”和“范式”两层意义。从模型的角度看，模式具有理论意义，它是一种实施理论或操作理论。从范式角度看，模式又具有实践意义，它是一种榜样或样式（夏学銮，2001）。这意味模式具有模型与范式两种涵义。第四种模式概念的涵义是指，如何推进社区服务或社区发展实务的操作化工作模式（赵彬，2001）。

总体来说，中国学者与实际工作者对模式概念的理解由窄变宽，由单层面变为综合化，由社区服务变为社区建设，由服务形态上升为理论范式，人们的思想认识不断深入。按照美国著名社区工作专家罗斯曼的看法，模式是较为具体、详细和紧凑的内在型式或典范。模式处于较为松散的一般性取向和较为严谨组织的“理想类型”之间的位置（Rothman & Tropman，1987）。不言而喻，中国人对社区实务与模式概念的理解决定了社区实务模式。

社区实务模式演进与理论发展

中国社区实务模式发展演变的基本脉络是由城市社区服务模式转变为社区建设模式。1986 年民政部门提出社区服务概念后，社区服务迅速在全国大中城市兴起，社区概念也通过社区服务方式为城市市民所广泛知晓，妇孺皆知。当时，民政部门关注的核心问题是，什么是和如何开展社区服务，目标是解决思想认识与具体工作思路问题。在这种背景下，一是社区服务模式实际被理解为社区服务的体系结构，即怎样开展社区服务的工作模式。二是思想认识极不统一，存在各式各样的看法。第一种意见认为，“社区服务无固定模式”，认为社区服务是群众性福利事业，应该让各地群众八仙过海，各显其能，不应有固定模式。第二种意见认为，“借用西方国家的模式”，认为西方国家社区服务搞了多年，形成了一套做法，我们拿过来就是了，用不着从头摸索。第三种意见认为，“从实践中探索模式的看法”，认为社区服务基本模式不是来自国外，不是来自人们的头脑，只能来自中国城市的社区服务实践（邹骏成、陈以新，1992）。经过几年的探索，是否应有模式的问题，逐渐让位于中国社区服务基本模式是什么的问题。1990 年代以来，有关社区服务模式的理论探讨成果开始出现。

更为重要的是，由于绝大多数研究来自民政部门的决策者和一线的社区工作者，而且研究者对模式概念的理解千差万别，因此社区服务模式发展演变脉络基本是沿着服务形态、运行机制与工作模式，而不是按照标准样式、服务模型或服务范式思路发展的。与此同时，伴随社区服务逐渐向社区建设工作转移，社区实务模式总体发展脉络也由社区服务模式转变过渡为社区建设模式，由此形成社区实务模式发展演变的两个截然不同的阶段。

社区服务模式发展脉络基本是按照不同类型社区的服务、服务形态和运行机制演化的。文献回顾显示，最初的社区服务基本模式是指在不同类型社区中提供的社会服务，不同的社区类型等同于不同的社区实务模式。例如从不同类型社区的角度来看，可分为三种社区服务基本模式，一是混合型社区服务模式。混合型社区主要是指处于城市中心区域，一般来说是城市政治、经济、交通和商业贸易中心的街道社区。二是单一型社区服务模式。它又包括工矿社区服务模式、商业社区服务模式和文化社区服务模式。所谓单一型社区就是由于工矿、商业或文教事业单位相对集中，职工、职工家属和居民三者同住在社区身份重合的同一街道社区。三是边缘型社区服务模式。边缘型社区主要是指城市与农村边缘交错连接的那部分城市社区（奚从清、沈赓方，1989）。这种模式的基本理论假设是，不同社区结构与社区类型的社区成员面临不同的社区问题，具有不同的社区需要，需要不同的社区服务。不同类型社区“自然而然”形成迥然不同的社区服务模式，实质是社区类型决定服务模式。以不同地区类型为基础的社区服务模式，是这种取向社区服务模式研究的扩大与自然发展。例如江苏省从苏中、苏南和苏北三个地区经济社会发展的不同状况出发，总结出三种不同类型的社区服务形式，即南京形式、无锡形式和徐州形式（民政部社会福利司，1995）。

1990 年代，社区服务模式变为服务形态、服务方式和运行机制，并成为社区服务模式研究主流。1989 年，民政系统理论工作者根据全国各地实践经验，将社区服务基本模式归纳为“政府领导资助的街（委）、企（事）结合的，多层次、全方位、社会化的，形式多样的，由街道居委会直接组织实施的社区服务”。这种模式的关键是，把项目实体即设施作为服务的全部手段，把设施网络化状况作为社区服务发展水平的基本标志，把筹集资金作为发展社区服务的唯一前提。在社区服务实践过程和全国各地发展状况极不平衡，特别是志愿性居民服务兴起与各地经济发展状况差别较大的背景下，他们的认识有所提高和改变，并适时提出新的社区服务基本模式。他们认为设施服务与社区居民互助服务相结合的模式，是目前中国式社区服务基本模式。设施服务与居民互助服务功能互补，比翼齐飞和相辅相成（邹骏成、陈以新，1992）。简言之，在社区服务蓬勃发展状况下，社区服务模式界定角度日趋多样。

1990 年代初期，社区服务基本模式理论探讨达到高潮，社区服务基本模式呈现多元化发展趋势，但是研究者对模式概念理解仍然停留在社区服务形态涵义上，并无实质性改变。依据城市社区发展发展历程，社区服务先后形成设施网络说，两翼起飞说、三元整合说、四轮驱动说四种基本模式。“设施网络说”是指建设多层次、多形态、多系列服务设施和依托服务设施网络开展服务活动，是规划和实现社区服务的主导方面，旨在通过老年人、残疾人、青少年、医疗防治、文化教育、治安民调和环境卫生等设施网络满足社区居民需要。市区街道居委会社区服务中心、敬老院、福利厂、残疾儿童寄托所、烈军属活动站、家庭劳动服务站等是主要设施，形成以设施服务诸多要素有机结合为社区服务基本模式的格局。

“两翼起飞说”是指设施服务与居民互助服务相互结合，并存共生和相互补充，服务设施与志愿互助服务犹如社区服务主体的两翼，共同构成社区服务基本模式。居民互助服务形式多种多样，双向服务、单向服务、协同包护服务、设点互助服务、单项服务和集中服务等。

“三元整合说”是指将扶助、互助和指导自助整合起来，以建构三元复合型服务体系。三元是指扶助、互助和指导自助。扶助是对有困难的人给予关怀、扶持和帮助。互助是居民间志愿服务，指导自助是指尽力发掘和提高个人、家庭自我解决问题的能力。

“四轮驱动说”是指将以社区为基础的“上门服务”作为社区服务基本形态，而且侧重于将家庭照顾、社区照顾、机构照顾和志愿组织的四重照顾结合起来，以发挥家庭、单位、社区和志愿者四方面的优势与合力，共同建构综合与整合性的社区服务体系（郭崇德，1993）。显而易见，研究者将社区服务模式理解为社区服务形态与方法的倾向十分明显。这既意味着现存社区服务模式十分狭义，完全局限于社区服务活动本身，又意味着社区服务模式并不是对社区服务活动基本规律与本质特征的高度抽象与理论概括，而是社区服务形态的模式。

1990 年代兴起的社区建设概念与实践导致社区服务模式研究逐渐转变为社区建设模式研究，标志着中国城市社区工作模式与社区实务模式研究进入新的历史阶段。社区服务向社区建设转变具有深厚政治经济和社会文化根源，政治经济体制改革、社会结构转型、发展基层民主和社会发展都需要社区建设。社区建设是实践与基层工作者的伟大创造（王青山，2001）。

1990 年代初期，城市社区工作集中在社区建设概念界定，论证社区建设的必要性、重要性与紧迫性，阐述社区服务与社区建设关系，准备和实施社区建设实验（刘继同，1995）。1990 年代末期出现社区建设模式。目前社区建设实践与模式研究均处于迅猛发展阶段。1990 年代中晚期以来，全国各地根据本地实际情况，因地制宜，对社区建设内容、方法和途径进行探索和实践，形成一些全国闻名的地方性社区建设基本模式。例如上海以街道作为社区地域范围，建立“两级政府、三级管理、四级网络”的模式。南京、青岛以区为社区地域范围，建立了“以社区服务为社区建设的龙头，发展社区经济，拓展社区建设项目”的模式。沈阳在街道以下，将调整后的居委会作为社区地域范围，建立了“社区定位，划分新的社区，建立新型社区组织体系”的模式等。在此基础上，整体性与综合性的中国社区建设模式基本形成。这种模式可表述为“党的领导、政府主导、社区主办和各方参与”四大层面（杨军，2001）。

更有学者明确提出，衡量社区建设的标准有五，一是地域范围比较大，至少超过市辖区的范围；二是层次较高，是市以上单位；三是有一套可供评估的政策和文件；四是既符合社区建设总原则，又有自己鲜明特色；五是运行机制和推进过程看得见、摸得着，已被大家所公认。按照这五条标准，全国社区建设分为自发式模式、上海模式、石家庄模式、青岛模式、沈阳模式、重庆模式（马学理、张秀兰，2001）。显而易见，在社区建设方兴未艾和蓬勃发展的处境下，什么是社区建设模式，是否已形成社区建设模式，衡量社区建设模式标准是什么，社区建设与社区服务模式的异同之处是什么，这些都是值得探讨的基础理论问题。更为重要的是，社区建设模式范畴明显大于社区服务，但模式概念的涵义有时是城市社区工作，有时是社区运行机制和管理模式，尚无社会共识。

社区实务模式要素与理论框架

中国社区实务模式构成要素范围主要局限社区服务模式和社区建设模式的构成要素，社区实务模式构成要素演变趋势是由社区服务模式转变为社区建设模式。模式构成要素范围不断扩大，模式构成要素数量不断增多，社区实务模式及其理论分析框架日趋多元复杂。一般来说，社区服务模式构成要素通常集中在社区服务活动本身。例如，社区服务模式的基本要素包括社会化的管理体系，系统化的项目设置，多渠道的经费来源和有区别的收费原则，义务和专职相结合的服务队伍，宏观调控社区服务的政策法规（奚从清，沈赓方，1989）。这意味着社区服务的设施服务网络模式把服务对象、服务组织系统、服务队伍、服务资金、服务政策法规、服务项目实体作为服务模式的构成要素（邹骏成、陈以新，1992）。

但是，1990 年代晚期以来，社区建设模式构成要素通常比社区服务模式构成要素宽泛得多。因为社区建设是中国式社区发展，涉及社区政治经济、社会文化的全面发展与综合性发展。例如，有的基层民政工作者认为，社区建设模式的构成要素包括党的领导、政府指导、社区自治、社会参与、社团中介五大工作领域（赵彬，2001）。比较而言，社区建设模式构成要素远比社区服务宽泛得多，基本覆盖城市街道、居委会工作的所有领域和范围。

更为重要的是，社区建设模式构成要素内容涉及党的领导、政府职能、社区地位、社区居民与社区组织的角色，以及民间组织在社区建设扮演角色与发挥作用，涉及政治经济体制改革与社会文化生活，社区建设范围接近西方意义的“社区实务”与社区实务模式构成要素。这意味着城市社区建设模式分析框架应建基于对城区工作的全面认识与深度理解基础上，意味着从综合性发展与城区工作角度建构社区建设分析框架，意味着从社区工作角度认识社区。.

城市社区建设模式构成要素是多元和综合取向的，理论分析框架包括社区环境，国家、市场与社区关系，社区服务等实务变量，以综合全面研究社区实务与模式。按照欧美国家社区工作概念界定，中国社区建设模式构成要素应是多元和综合取向的，模式构成要素应覆盖全部城区工作，以充分体现城市社区建设工作的全面性与综合性特征。在欧美国家社区工作中，社区实务模式构成要素通常以“实务变量”著称。不同实务变量与相同实务变量的不同组合可能产生不同实务模式（Rothman & Tropman, 1987）。这些实务变量可分为社区环境、国家角色与社区建设实务三大层面。

概括来说，中国城市社区建设模式构成要素与分析框架应由七部分组成：一是社区环境与结构特征，包含宏观社会环境、社区性质与类型、社区居民构成与年龄结构、社会价值观与制度环境等。这是社区建设模式的背景，说明特定社区建设模式的社区环境，将社区建设模式放在特定时空关系中动态考察；二是党的领导和政府职能，包括社区党建与党的领导，政府职能转变与社区管理体制，说明国家与社区关系，从国家与社区关系角度分析社区发展过程；三是市场作用与影响，包含市场机制作用与影响，有计划变迁与社区规划等，主要说明市场与社区建设关系，从市场与社区关系角度分析社区建设实务；四是社区为基础民间组织的地位与角色，包括社会团体、基金会、民办非企业单位和社区互助组织状况，主要说明民间组织在社区建设中所处的地位与扮演的角色，从民间组织与社区关系角度分析社区建设运行机制；五是社区工作者作用与角色，包括社区工作者性别与年龄结构、受教育和专业化程度，社区工作目标与方法，主要说明社区工作者在社区建设中发挥的作用与扮演的角色。社区工作者是社区工作中最活跃和最能动因素；六是社区服务对象、服务内容和范围，包括弱势与劣势群体、普通社区居民与社区服务过程等，主要说明社区建设的实务活动与工作过程，分析社区建设实务的特征；七是社区资源结构与状况，包括各式各样社会资源分布与资金筹集渠道，主要说明社区建设的物质基础与资源结构状况。简言之，社区环境、国家角色、市场作用、民间组织作用和社区工作者等因素，既是社区建设模式的构成要素，又构成分析社区建设模式的理论框架。

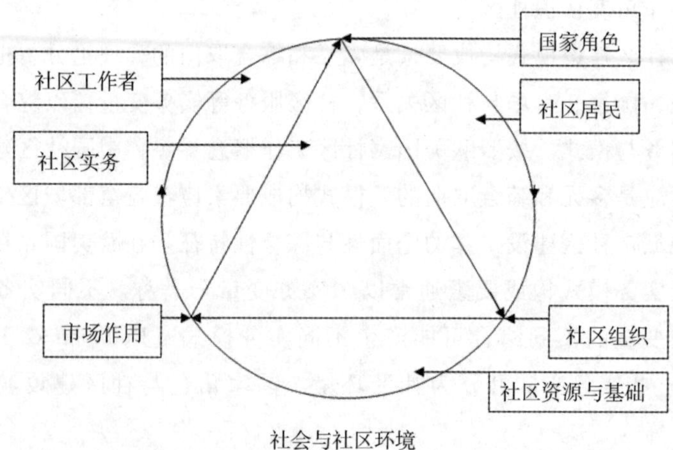

图 1 中国社区建设实务模式分析层面与理论框架

简要讨论与基本结论

本文运用文献回顾方法，从中西比较角度，从研究问题与研究方法，社区研究发展阶段与核心议题，社区工作与社区实务模式界定，社区实务模式演进与理论发展，社区实务模式要素与理论框架层面，历史和全面地回顾中国城市社区实务模式研究状况，划分改革开放以来社区实务模式研究发展阶段与核心议题，澄清社区工作与社区实务模式等相关核心概念的基本涵义，描述社区实务模式演进路向与社区理论发展脉络，总结社区实务模式构成要素，最后在此基础上提出笔者首创与建构的社区建设模式分析层面与理论框架，以期完善社区建设政策和发展中国特色的社区工作理论体系。

社区实务模式是社区理论体系重要组成部分，是介于一般社区理论与社区实务经验之间的中观理论层次。社区实务模式既可指导具体的社区实践活动，又是对丰富多彩社区实践活动规律与本质特征的高度概括和理论抽象。社区实务模式发展状况反映社区实务类型化与社区理论的成熟程度，反映社会工作专业，而非社会学与人类学专业角度的社区研究、社会工作专业化与职业化水平，反映社区实现有计划社区变迁的能力，反映社区发展与国家发展的协调程度，反映中国社会现代化与社会科学理论研究特别是社区理论中国化发展状况，理论政策意义十分重大。这意味着社区研究与社区理论建构在中国社会科学研究与本土化理论发展中具有战略地位。小社区、大问题，因为社区是社会的缩影，是观察社会结构变迁与社会现代化的最佳视角。

中国社区服务和社区建设实践与社会结构变迁密切相关，但是社区理论研究相对滞后于迅猛发展和多姿多彩的社区实践。根据社会环境、社区实践主题与社区研究重点，中国社区研究可分为特征明显的三个阶段。社区研究核心议题由宏观取向的城乡关系与城市化发展道路，转变为微观取向的社区结构变迁、社区功能转变与社区组织发展。社区研究重点由社区外部关系转为社区内部结构，由外在社区服务与社区建设变为内在的社区体制改革和发展，由社区发展变为社区发展与国家发展和谐一致。社区研究的核心议题由社会发展与城市化进程中的社区定位，转变为社会结构转型与社会现代化进程中的社区结构变迁与综合发展。这既反映中国经济体制改革路径由农村转入城市，由城市企业转向地域社区，又说明经济改革与社会结构转型日趋深化。社区理论研究分为理论工作者与实务工作者两派，而以社区理论研究处于主流地位，说明中国的社区社会学与城市社会学研究较为发达，社会工作专业与社会政策视角的社区研究较为落后，而且理论研究严重滞后。在某种意义上说，这解释了社区实务模式研究落后的原因。

总体来说，中国社区概念的二元性特征明显，地域社区与功能社区相互分离，缺乏整合性的社区概念（夏学銮，2001）。中国主流社区概念是地域范围明确和固定静态的微型社区。这种社区概念直接影响社区工作和社区实务等核心概念的社会理解与专业理解。中国缺乏社区工作的概念，社区工作被狭义地理解为社区服务与社区建设，缺乏宏观和综合取向的社区观。这说明中国社区研究的对象主要是社区中的群体和服务活动，而不是社区结构与社区生活本身，社区成为研究处境。人们对模式的理解也多种多样，主要涵义是服务形态与运作机制。这与欧美国家社区工作的根本属性、本质特征与社区实务类型化的理解有所不同。社区实务模式发展演变基本轨迹是由社区服务模式转向社区建设模式，社区理论演进脉络与理论发展视野由狭义转向广义，这从单一化社区服务模式构成要素转向多元化社区建设模式构成要素中得到验证。这既说明社区工作由单纯社区服务向社区综合发展转变，说明社会结构变迁导致中国社区观趋同欧美国家社区工作，又说明中国社区研究逐步深入，社区结构变迁规律成为研究主题。

回顾改革开放以来社区实务模式研究的基本目的是，全面检视社区实务模式研究优秀理论成果，梳理社区理论与社区观发展演变的思想理论脉络。历史研究目的是为现实服务。中国社区实务与社区理论研究实践证明，社区实务模式研究是深化社区理论研究与创建中国特色社区理论的突破口，科学合理确定社区实务模式的构成要素是模式研究的理论基础。总体来说，中国社区结构变迁与社区发展刚刚开始，社区实务范围与社区实务模式尚未最后定型，正处于急遽变迁过程中。这意味人们对社区概念、社区实务和社区实务模式的认识正在不断深化，中国社区研究与社区理论都是发展中的问题，社区研究探索性特征明显。虽然如此，中国社区研究与社区发展的基本趋势是清晰明确的，人们已开始把社区作为研究对象而非研究处境。社区研究发展基本脉络是由社区类型，社区服务形态与方式，运行机制，转变为社区结构、社区组织与有计划变迁，由单纯研究社区实务转为从宏观社会环境，国家、市场与社区互动关系角度，从社区工作者与社区居民互动关系的角度研究社区。

有鉴于此，笔者在全面回顾现有社区实务模式构成要素的基础上，从社区工作与社区发展角度，创造性地提出社区实务模式的构成要素与理论框架。概括来说，社区环境、国家职能、市场作用、民间组织作用、社区工作者角色、社区服务对象、内容和范围，以及社区资源结构与状况等因素，既是社区建设模式的构成要素，又构成分析社区建设模式的理论框架。这意味着我们应从更加宏观、全面和综合性角度，从城区工作而不是从社区服务角度建构社区实务模式，从社区环境，国家、市场与社区关系，社区实务三大层面分析社区实务模式，把社区实务与社区实务模式放在中国社会结构转型时期特定时空结构中动态考察。因为只有这样才能真正创建中国特色的社区理论体系，才能建构中国特色的社区实务模式，才能与欧美国家社区社区理论研究者和社区实务工作者交流对话，丰富发展社区理论体系，深化我们对社区结构与社区生活的理解，改善生活环境与提供生活质量，实现福利最大化。

主要参考文献

丁元竹：《社区研究发展概述》，载陆学艺主编《中国社会学年鉴（1992.7—1995.6）》，中国大百科全书出版社1989年版，第42—50页。

丁元竹、江迅清：《社会学和人类学对“社区”的界定》，《社会学研究》1991年第3期。

马学理、张秀兰主编：《中国社区建设发展之路》，红旗出版社2001年版。

本刊编辑部：《2001：中国社会学前沿报告》，《社会学研究》2002年第2期，第1—29页。

王颉：《社区研究十年》，《社会学研究》1989年第3期，第12—30页。

王颖：《城市发展研究的回顾与前瞻》，《社会学研究》2000年第1期。

王颖：《社区研究综述》，陆学艺主编《中国社会学年鉴（1992.7—1995.6）》，中国大百科全书出版社1989年版，第65—71页。

王军：《我国城市居民社区意识研究》，《社会工作研究》1989年第3期。

王青山主编：《社区建设与发展读本》，中共中央党校出版社2001年版。

王振耀、白益华主编：《街道工作与居委会建设》，中国社会出版社1996年版。

王思斌主编：《转型中的城市基层社区组织——北京市基层社区组织与社区发展研究》，北京大学出版社2001年版。

中山大学社会学系编：《社区研究论文集》，中山大学社会学系，1985年。

民政部社福司编：《全国社区服务经验交流会议文件汇编》，民政部社会福利司1995年版。

吴鹏森：《社区：具有相对独立性的地域社会》，《社会学研究》1992年第2期。

刘继同：《中国社区工作》，中国社会出版社1995年版。

刘继同：《全国社区建设研讨会综述》《社会学研究》1994年第2期。

杨军主编：《城市社区建设指南》，辽宁大学出版社2002年版。

崔乃夫：《民政工作的探索》，人民出版社1989年版。

张德江主编：《社区服务工作文集》，中国社会出版社1991年版。

夏学銮主编：《中国城市社区建设》，中国文联出版社2001年版。

邹骏成、陈以新：《社区服务基本模式研究》，《社会工作研究》1992年第2期。

奚从清、沈赓方主编：《城市社区服务》，浙江大学出版社1989年版。

赵彬：《试论新型社区建设模式的要素》，《现代领导》2001年增刊，2001年。

郭崇德编著:《中国城市社区服务发展道路》，中国社会出版社 1993 年版。

方明:《社区研究的进展》，陆学艺主编:《中国社会学年鉴（1979—1989）》，中国大百科全书出版社 1989 年版，第 98—104 页。

［美］罗伯特·金·默顿：《论理论社会学》，何凡兴等译，华夏出版社 1990 年版。

Popple，K. （1995），*Analysing Community Work*，Buckingham：Open University Press.

Rothman，J. & Tropman，J. E. （1987），Models of Community Organization and Macro Practice Perspectives：Their Mixing and Phasing，pp. 3—26，Rothman，J.，Erlick，J. L. & Tropman，J. E. （eds.），*Strategies Community Intervention*，New York：Peacock.

Weil，M. （1996），Model Development in Community Practice：A Historical Perspective，*Journal of Community Practice*，Vol. （3/4）：pp. 5—67.

本文原载《学术论坛》（南宁）2003 年第 4 期。此次系全文发表。

第十部分

欧美社区社会工作经典实务模式与发展趋势

英美社区实务模式的历史演进及其发展趋势

摘要： 社区理论是社会理论研究的重要组成部分，社区实务与实务模式是社区理论的主体部分。本文采取文献回顾方式，首次全面梳理英美社区理论演进脉络，系统回顾社区实务模式，并从模式产生环境、理论渊源、目标群体和社区实务等层面，全面介绍英美社区实务模式。

社区工作方法与社区理论层次

社区工作是社会工作专业的主要工作方法之一。社区工作方法适用领域广泛，在经济发展与社会福利事业发展中扮演越来越重要的角色，发挥越来越大的作用。社区工作是欧美国家社会工作专业的主要方法之一，是继个案工作、小组工作之后的第三种专业助人工作方法。1929—1933 年资本主义世界经济危机与大萧条，极大刺激和推动了国家对社会经济生活的干预。美国人深切感受到社会结构力量和社会功能紊乱对正常化社会经济生活秩序的致命冲击，宏观和综合取向的社区工作方法应运而生。当时，罗斯福的“新政”政策、通过社会保障法案以及设立紧急救济总署等，都极大促进美国社会工作专业化发展和社区工作方法日趋成熟。

1938 年，美国学者罗伯特·P. 莱恩受美国社会工作教育协会委托所做的关于社区工作与社会工作专业方法之间关系的专题研究报告公开发表。这标志着作为独立的社会工作专业方法之一的社区工作在美国已经正式形成（Lane，1938）。但是令人奇怪的是，在事隔 20 年之后，由于深受美国社会工作方法的分类与全美社会工作教育协会的影响，1959 年英国的扬·哈斯本（Young husband）报告也将社会工作方法分为个案、小组和社区工作三大方法（Jone，1981）。这意味着社区工作也在1950年代正式成为英国社会工作专业方法的重要组成部分。

需要特别指出的是，尽管学术界对社区工作的概念争论不休，但是社区工作理念与手法的应用范围广泛，基层民主政治和社区政治参与、市场营销与社区商业网络、地区组织与社区生活、文化市场与社区文化领域均可看到社区工作的影响。实际上，社区工作可以适用于地方社会生活的所有领域。更为重要的是，近些年来，由于社会结构、社会问题与社会影响越来越复杂多样，欧美国家重新发现和回归社区，以地域社区和功能社区（组织）为主要工作领域的宏观社会工作实务模式日趋流行（Netting，Kettner & McMurtry，1998）。社区工作方法在社会经济发展与社会福利事业发展中扮演越来越重要的角色，发挥越来越大的作用。

社区理论是“中观层次”的理论体系，社区实务模式是社区理论体系中的“中观层次”。社区理论是对社区变迁规律、社区结构特征与社区生活状况的理论说明，是社会理论体系的重要组成部分。社会理论体系宏大，思想流派纷呈，层次结构分明，宏观、中观和微观层次相互交织。社会学先驱和帕森斯创造宏大抽象的理论体系。社会学家默则顿独辟蹊径，创立中观层次的理论。中观理论上接宏观取向的理论思考，下连微观具体的社会实践，处于宏观与微观理论之间的层次（默顿，1990）。

一般来说，人们普遍有充足的理由将社区理论归入中观理论层次。欧美国家社区理论渊源主要由社区社会学与社区工作理论组成。社区社会学主要是从社会学角度描述、分析和解释社区变迁规律，理论取向主要是宏观的（Bell & Newby，1971）。社区工作理论主要是从社区社会工作实践角度描述、分析和解释社区变迁规律，理论取向主要是中观层次的，介于社区社会学理论与具体而微的社区工作实务之间。

英国学者塔斯克认为，社区工作理论形式分为四种基本类型：一是社会政策理论形式；二是社区社会学理论形式；三是社区实务模式理论形式；四是社区工作的“实务理论”（practice theory）形式（Tasker，1980：50）。显而易见，社区实务模式在社区工作理论体系中处于中观理论层次。社区实务模式既来源于千变万化和多姿多彩的社区实践活动，是对社区实践规律的理论概括，又可指导具体的社区实践活动，为社区实践指明发展方向。

社区工作实务与社区实务模式

社区工作实务内容多样，范围广泛，涉及地域社区和功能社区层面上所有服务活动。实务（practice）或译为“实践”，是社会工作专业服务的核心概念，具有丰富多彩的内涵外延。实务概念是相对理论概念而言的。在社会工作专业领域中，“社会工作实务”泛指社会工作者在各种处境中帮助各类服务对象和从事管理工作的活动总称（Coulshed，1988）。在社区工作领域中，“社区实务”概念的内涵外延并无实质变化，是社会工作实务概念的自然演变。社区工作实务就是社区工作者在社区处境下开展服务活动的总称，通常简称为“社区实务”。与社会工作实务概念相比，社区实务概念的内容更加具体，范围更加明确，意义更加清楚。

按照美国社区专家韦尔的界定，社区实务包括组织、规划、发展和变迁的过程、方法和实践技巧。组织是为了更好的社会环境和为了社会公平将人们组织起来。规划是从短期、中期和长期角度设计人类服务。发展是指社会、经济和可持续的发展以便改善生活状况和保护环境。社会变迁是指从教育运动到旨在强化服务的联合，或者是由改变政策到社会运动，以解决社会不公正的一系列社会行动和社会变迁战略（Weil，1996）。

这意味着社区实务是个十分宽泛的概念，既包括在社区层面上提供的直接服务，又包括为社区利益的间接活动；既包括微观取向的面对面的直接服务，又包括宏观取向的社区组织、社会政策和行政管理活动；既包括面对社区居民的福利服务，又包括以各类社会组织为目标的组织性服务活动；既包括各式各样的社区工作过程，又包括千姿百态、变化多端和具体而微的社区工作任务。因此社区实务是个无所不包的概念，泛指社区工作者在地域社区与功能社区里的一切活动。总体来说，欧美国家的社区实务模式基本是以这种宽泛取向的“社区实务”概念为基础的。

社区实务模式是对社区实务规律与社区工作本质特征的理论概括，既源自社区实务，又指导社区实务。社区实务与社区实务模式的关系，实质便是社区实践与社区理论的关系。

名词概念模式的（model）基本涵义有二，一是某物的代表与模型，二是堪称别人学习的典型。美国著名社区专家罗斯曼认为，模式是专门、具体和结构严谨的内部模式，是组织化的“理想类型”（Rothman & Tropman，1987：3）。具体来说，在社区工作与社区实务的处境下，社区实务模式是对某类社区实务共同特征的高度理论概括和概念化抽象，是对社区实务活动的类型化概括，是对社区工作基本规律与社区实务本质特征的理论化说明。社区实务模式既来自社区实务，又可以指导和改善社区实务。反之，社区实务既可验证社区实务模式，又为社区实务模式发展提供丰富素材。社区的实务与理论相互依赖、相互促进和相互作用。

总体来说，社区实务模式基本特征有四，一是高度的理论概括。社区实务模式不是社区实务的简单总结，而是对社区实务本质特征的高度理论概括。这种高度理论概括表现为若干核心概念，如社区发展和社区规划。在这种意义上说，实务模式实际是一种概念模式。二是相对的稳定性。伴随经济发展与社会进步，社区实务内容会不断增多，范围会不断扩大，以回应不断变迁的社区需要。但是，社区实务模式是对特定处境下纷繁复杂和千变万化社区实务共同特征的高度理论抽象。它们既来自具体的社区实务，但又超脱具体的社区实务，形成相对稳定的结构模式。社区实务模式的相对稳定性反映社区结构与社区实务相对稳定性。例如自社区发展模式诞生以来，模式本身一直保持相当的稳定性。三是相当大的代表性。社区实务模式是对特定时空处境下一定范围社区实务的理论概括，核心理论概念反映相关社区实务的根本属性与本质特征，代表千差万别和丰富多彩的同类社区实务。例如，社区行动模式代表和涵盖抗议、罢工、示威、游行、联合抵制和请愿等社会行动策略。四是强烈的排他性和有效的区分性。每种社区实务模式都应有自己独特的价值基础、政策目标、实务内容、服务对象和行动策略，各种实务模式之间不能兼容并包。这样才能区分各种实务模式的异同之处，加深人们对不同社区实务模式的理解，准确和全面地把握社区工作。

文献回顾：英美社区实务模式的演进

英美学者对社区实务模式认识不断深化，他们已总结概括出各式各样的社区实务模式。按照历史发展顺序，英美学者先后提出不同类型的社区实务模式。1955 年加拿大学者罗斯出版《社区组织：理论·原则和实务》一书，开创社区理论的先河，首次系统提出社区组织实务模式，成为 1950 年代最具影响力的著作（Ross & Lappin，1967）。1967 年英国社区发展工作者巴腾出版《群体和社区工作中的非指导性方法》一书，标志着英国人首次尝试建构社区发展取向的社区工作理论，明确提出非指导性（Non－directive）社区实务模式（Batten，1965，1967）。1968 年美国学者罗斯曼在全国社会福利会议上发表《社区组织实务的三个模式》一文，标志着地区发展、社会规划和社会行动三大经典模式的形成（Rothman & Tropman，1987：1—26）。1985 年，美国学者泰勒和罗伯特等提出社区发展、政治行动方法、多元主义和参与、项目发展与协调、社会计划和社区联系五种社区实务模式（Taylor & Roberts，1985）。

1995 年，英国社区专家波普尔出版《分析社区工作：它的历史与实务》一书，将社区实务分为社区照顾、社区组织、社区发展、社会/社区规划、社区教育、社区行动、女性主义社区工作，黑人和反种族主义社区工作八种模式（Popple，1995）。1996 年，美国学者魏尔在发表《社区实务中的模式发展：一个历史性视角》的长篇专题论文中，系统提出邻里和社区组织、组织功能性社区、社区社会发展和经济发展、社会规划、项目发展和社区联系、政治行动和社会行动、联合、社会运动八个模式（Weil，1996）。简言之，英美国家最常见和最主要的社区实务模式是社区发展、社会规划、社会行动和社区照顾等。

英美社区工作历史悠久，社区实务丰富多彩，社区实务模式分析与分类方法多种多样。英国既是世界上第一个工业化国家，又是社区工作发源地。美国是 20 世纪世界经济发展水平最高的国家，社区组织非常发达，社区实务模式最典型。这意味着英美社区实务模式代表和反映当今世界最高发展水平。如果回溯到 18 世纪“殖民地办公室”时代，英国社区工作已有 200 多年的历史。自殖民地社区工作开始，社区实务领域不断拓宽，社区实务模式多种多样，日趋成熟。

目前英美社区实务模式分类角度有四：一是按照国别划分，例如英国、美国的社区实务模式；二是按照学者的分类，例如罗斯曼、韦尔和波普尔的划分；三是按照社区实务模式出现的先后顺序分类，例如先有社区协调与社区规划，后有社区发展；四是从全新角度，采取综合分类方法，例如打破国别和学者的局限，按照历史发展顺序，全面介绍社区实务模式。

本文主要采取最后这种方法简要介绍英美著名的社区实务模式。本文按照历史发展和社区实务模式演进顺序，主要从模式产生时代背景与社会环境、兴盛年代和适用范围、理论渊源和思想基础、核心概念与基本主张、价值基础与理论假设、工作目标与目标群体、实务内容与工作领域、变迁策略与工作手法、工作者角色与社会使命的分析层面与理论框架，全面介绍英美社区实务模式，描述各种社区实务模式之间的关系，梳理社区理论演进的基本脉络，分析社区工作发展趋势，以理解欧美国家的社会结构与文化。

表1 英美国家代表性社区实务模式分类与代表人物一览表

年代	代表人物	社区实务模式分类
1955	Ross & Lappin	社区组织（社区发展、社区组织和社区关系）
1957	Batten	非指导性方法的社区工作模式
1968	罗斯曼	地区发展、社会规划、社会行动
1985	Taylor & Roberts	社区发展、政治行动方法：多元主义和参与、项目发展与协调、社会计划、社区联系
1995	Popple	社区照顾、社区组织、社区发展、社会/社区规划、社区教育、社区行动、女性主义社区工作，黑人和反种族主义社区工作
1996	Weil	邻里和社区组织、组织功能性社区、社区社会发展和经济发展、社会规划、项目发展和社区联系、政治行动和社会行动、联合、社会运动

慈善服务与社区互助模式。英国社区工作起源于19世纪末期宗教团体的慈善服务和社区互助互济，并形成首个社区实务模式。19世纪后半期，英国社会阶级结构是小资产阶级和城市无产阶级占据主导地位，国家开始干预社会经济生活，承担相应社会福利责任。自1870年起，英国经济发展首次感受到来自欧洲大陆和美国的激烈竞争，自由放任的经济政策

受到多方置疑，越来越多的人认同市场失败和国家干预社会经济的必要性。费边社会主义和马克思主义又为人们意识提升、观念转变和加剧社会冲突提供适宜的社会思想环境。在此背景下，1869 年建立的慈善组织会社标志着英国慈善服务与社区互助模式的正式诞生（Popple，1995）。

慈善服务与社区互助模式兴盛的年代由 19 世纪中期到 20 世纪初期，这正是英美国家现代社会福利制度初创和奠基的关键时期。这种模式不仅存在于英美两国，而且普遍存在于世界各国社区工作发展的早期阶段；慈善服务与社区互助的思想渊源主要是基督宗教博爱世人、牺牲奉献和服务社会的思想。理念基础是互助论。人类是互助性最强的生物，互助本能和法则是人类社会的基本法则。互助是解决人类问题的基本途径（克鲁泡特金，1997）。价值基础是慷慨仁慈的父权主义和恩赐施舍。假如穷人获得平等的待遇，阶级冲突和矛盾将会消失。

慈善服务与社区互助模式的核心概念是慈善、服务和互助。慈善概念内涵外延丰富多彩，基本的构成要素是施舍、给予和帮助。给予的范围广泛，内容包括爱、信任、友谊、鼓励、同情、帮助、机会和建议等，以满足他人的需要，缓解他人的痛苦与不幸（Bremner，1994）。基本主张是人们应向贫困和有需要之人伸出援手，人们可以在贫困社区中建立提供教育和娱乐机会的安置所（settlement houses）和直接服务机构，如教会、大学和汤恩比馆；目标群体主要是穷困之人、无产阶级、老弱病残孤和其他需要帮助的人。工作目标是改善城市贫困社区中穷人的生活状况，满足他们最基本的生活需要，缓解社会冲突与阶级矛盾，确保正常的社会秩序（Piven & Cloward，1993）。

社区工作内容主要以直接的贫困救济、教育服务、福利服务、健康服务和娱乐性服务为主，服务领域涉及社区福利主要服务；社区变迁策略主要是社区服务组织协调和渐进社会改革，工作手法主要是直接服务、妇女选举权运动、20 世纪初期的劳工运动和社会立法等；社区工作者主要是教会人士、上流社会的妇女、大学生、志愿者和其他社会人士。社区工作者主要扮演爱心使者、服务提供者和社区志愿服务者角色，是最早非专业化的社会工作者和社区工作者（Popple，1995）。简言之，慈善服务与社区互助既是英美社区工作的原型，又是最早的社会工作和社区实务模式，为英美社会工作与社区工作发展奠定多方面的基础。

社区发展模式最初起源于发展中国家的社区实践，后传入欧美发达国家，成为世界范围内长盛不衰的著名社区实务模式。20世纪初期，帝国主义列强对世界霸权和殖民地争夺、掠夺达到白热化程度，由此导致两次世界大战和1930年代经济危机。西方人开始反思西方文明的弊端和批判单向的进步观，寻求在快速社会变迁与社会需要产生的处境下，如何谋求更加积极、人道和以人为本的发展。一些人甚至到亚非拉等传统社会中进行谋求社会公正和公平分配资源的社区发展实验，改变已往分割的、危机取向和单纯经济处境下对人类需要与社会问题的回应模式，社会发展运动与社区发展模式应运而生（Sanders，1982）。

社区发展思想萌芽于英国人巴腾1920年代实验的非指导性方法，发展和兴盛于1950年代联合国积极倡导和全力推动的社区发展运动，1970年代成为完整的理论体系并在欧美国家学术界与社会政策议程中流行起来（Midgley，1995）；非指导性方法、回应社区需要、自决、参与、合作、自助互助，既是社区发展模式的理论渊源，又是社区发展模式的价值基础。非指导性方法是社区发展模式的前身，是相对于指导性方法而言的。非指导性方法是指决定和行为掌握在社区成员自己手里，其特点是群体确定自己的需要，制订自己的计划和主要通过自助工作实现它们的自决过程（Batten，1967；Boyle，1973）。

社区发展、社区需要、自决、参与、合作等是社区发展的核心概念。在欧美国家的习惯用法和学术传统中，“社区发展”概念最初是指发展中国家中帮助社区的各种努力（Ross & Lappin，1967）。社区发展既是一种社会运动，一种观点，又是一种实务模式（Sanders，1982）。社区发展模式基本主张是，通过发现社区需要、意识提升、社区参与和能力建设，解决贫困、住房和环境等社区问题，有效改善个人、家庭和社区的功能，促进社区综合发展（Boyle，1973）；普通社区成员、有需要的人和社会组织是社区发展的目标群体。在社会工作实务中，社区发展模式是宏观实务领域中（特别是社区组织、政策发展、发展计划和行政）整合性和变迁取向的实务技巧框架，目的是制度性创新和全面性发展。社区发展通常与特定地方有关，主要工作目的是共识基础上的意识提升、社区合作、能力建设和社区整合（Sanders，1982）。

社区发展服务内容广泛，涉及经济发展、民主政治、社会服务与文化建设等层面，覆盖社区经济与就业、社区组织活动、教育培训、医疗卫生、住房、儿童福利和妇女地位等诸多领域（联合国，1988）；变迁策略是通过社区组织、参与和能力建设，特别是自助互助和社区合作过程，及时回应社区问题，有效满足社区需要，改善社区环境与社区关系。组织动员、宣传鼓动、教育培训、培育社区领袖和提供社区服务是社区发展的基本工作手法；在发展中国家，社区工作者通常不是专业社会工作者，很多情况下或是政府官员，或是社区志愿服务者。社区工作者主要扮演社区管理者与社区控制者角色，是国家在基层社区的代理人和执行者。

在英美国家中，社区工作者既是社会工作者群体的重要组成部分，又是专业性工作者。他们既扮演直接服务提供者角色，又处在国家与社区居民中间的位置，具有专业群体利益（Henderson，Jones & Thomas，1980）。社区工作者在社区发展过程中扮演使能者，而非指导者或管理者角色。简言之，社区发展模式起源传统社会，但已扩散到欧美发达国家。社区发展模式旺盛的生命力和广泛的适用性根源于它所追求的目标和使用的手段，根源于它符合人类的本性与社会发展客观规律，是个普及性的社区实务模式。

社区规划模式似乎与传统印象中资本主义社会不相吻合，实际上社区规划已成为民主福利资本主义社会结构中不可或缺的重要组成部分，而且随社会复杂程度提高越来越重要。社区规划历史悠久，起源于 19 世纪晚期的英国。当时，大量民间慈善组织提供贫困救济和社区服务，但是如何有效救助“值得帮助”的人，防止贫困救济中的欺诈，加强社区层面上民间福利组织的协调与合作，改善服务质量和提高行政效率，成为制约和影响社区福利服务发展的最大障碍，1869 年英国慈善组织会社应运而生（Popple，1995）；自此以后，伴随国家承担的社会福利责任日趋增大，特别是 1930 年代经济危机、1960 年代欧美国家重新“发现”贫困，实施大规模的反贫困社区发展项目，城市更新运动和都市规划专业日趋成熟，社区规划模式日趋流行，适用范围日趋广泛，由地方社区福利规划扩展到新市镇规划、城市更新、大都市和地区规划，以及国家发展规划（Perlman & Gurin，1972）。

社区规划的思想渊源是社会主义、费边社会主义和集体主义，价值基础是合作、公平、效率、机会均等、解决社会问题和有计划变迁（Walker，1984）；社会规划、社区规划、社区福利规划、福利委员会、规划委员会和部门规划等是理解社区规划模式的核心概念。社区规划是个有问题的概念，位处于行动取向的基层组织和技术性社会行政之间。社区规划又称地方社会福利规划（Brilliant，1986）。社区规划的基本主张是更公平地分配社会福利资源，改善服务质量，挖掘社区资源以满足社区需要，有效解决社区问题，促进以社区为基础福利组织之间的协调与合作。国家有必要干预社会生活，实施社区干预和有计划的变迁（Weil，1996）；社区规划目标群体主要是地域社区，特别是涉及社区管理者、社区福利组织者和进行规划的各种技术专家，社区成员成为社区规划活动结果的服务使用者、消费者和接受者，而不是社区规划的主要目标群体。社区规划的主要目的是善用社区资源，通过有计划的社会变迁解决地域社区面临的社会问题，例如社区环境、地域空间结构分布和城镇规划等。

社区规划实务活动范围广泛，内容丰富多彩，主要实务包括界定社区问题和确定社区需要，确定计划目标和相关社区政策，组织实施社区规划和监控计划实施过程，回应实施过程中出现的问题，对未预料到的问题采取有效管理，及时和局部调整规划目标。社区规划的适用领域广泛，范围不断扩大，由最初社区福利服务组织协调扩展到城市更新，由城市社区服务扩展到新城镇建设，由大都市规划扩展到地区规划，由福利规划转变为经济规划与社会规划，服务领域几乎涵盖社会生活所有领域（Perlman & Gurin，1972）；社区规划的变迁策略是尽可能收集有关社区问题与社区需要的信息、资料，尽可能采取多学科和跨学科角度进行规划，实质是信息不全的渐进规划与决策模式（林布隆，1988）。

在工作手法上，可采取技术专家咨询，技术专家、社区居民和社区管理者三方合作的方式（Bebbington，Turvey & Janzon，1996）；在社区规划活动中，社区工作者不是规划方面的技术专家，主要扮演信息提供和社区分析者、组织者、联络员、中介人和规划实施者角色，处在技术专家和社区居民之间。无论在何种意义上说，社区工作者均属于协助者与组织者。简言之，实际上社区规划模式历史悠久，它直接起源于19世纪末期英国社区福利组织之间的行政性协调。在英美反贫困之战与社会现代化处境下，社区规划模式适用范围不断扩大。更为重要的是，社会计划已成为民主—福利—资本主义社会结构中不可或缺的重要组成部分。

社会行动模式起源于欧美国家1960年代的反贫困项目。1960年代，欧美国家在经济繁荣和社会富裕处境下重新“发现”贫困，社会各界对富裕社会中的贫困问题感到震惊，认为贫困是文明社会的耻辱，政府发动大规模反贫困行动是理所应当（Galbranth，1958）。如何将穷人组织起来，为穷人提供服务，缓解贫困成为优先议题。与此同时，风起云涌和波澜壮阔的新社会运动为社会行动模式兴起与发展奠定适宜的社会环境基础。当时学生运动、妇女运动、反核和环境保护运动、种族民权运动，反战和平运动参与者追求的共同目标是更多的政治参与和更高程度的自主（Rucht，1991）；社会行动模式形成于1960年代，成熟于1970年代和1980年代，其标志是社区分析方法由以社会体系为主转向以社会冲突与社会行动为主（桑德斯，1982）。社会行动模式适用范围广泛，主要包括反贫困项目和穷人能力建设、民主政治生活、经济利益、各式各样社会冲突与社会运动，在英美国家社会工作实践与福利发展中扮演越来越重要角色，是压力团体、专业组织、工会和政治组织的常用工作方法。

社会行动思想渊源丰富多彩，既包括马克思主义与社会主义理论，又包括阶级斗争、社会冲突与社会运动理论，“左派”和激进主义是主流的思想。参与、平等、权利特别是福利权利等是社会行动模式的价值基础；冲突、紧张、变迁、革命、抗议、冲突与社会行动、不稳定、社会秩序是社会行动模式的核心概念。社会行动模式的基本主张是，社会中充满社会不平等、不公正、剥夺和剥削压迫，存在各式各样处于不利社会地位的劣势群体和无权无势的人，他们需要被组织起来，以便争取应得的社会资源和获得更公平对待；社会问题的出现是由于社会上不同利益群体间存在利益冲突，社会变迁是利益争取的结果。这意味社会冲突根源是资源得不到合理分配和制度安排上出现对劣势群体的不公平对待；社会行动本质不是推翻整个社会制度，而是改良政治经济与社会制度，追求更公平的社会（Rothman & Tropman，1987）。

社会行动的目标群体是无劳动能力的弱势群体，例如儿童、老年人、残疾人、长期病患者、盲人和精神病人。更主要是那些在社会结构中处于不利地位的劣势群体，他们包括穷人、少数民族、妓女、失业者、黑人和有色人种、移民、妇女、流浪乞讨者、吸毒者、单亲父母、窃贼和前罪犯等。他们是社会工作者的主要和传统服务对象（Wilson，1987）。社会行动的主要工作目标有二，一是将无权无势的劣势群体组织起来，培养他们控制资源和生活命运的能力，赋予他们应有的政治权力和福利性权利；二是通过集体行动方式改变权力关系与资源，谋求制度性变迁，实现平等、公正、和平、合作、教育机会平等、充分就业、健康及和谐社会环境的民主梦想（Alinsky，1971）。

社会行动实务内容广泛多样，主要包括宣传鼓动、启蒙教育、组织动员、沟通协调，进行谈判和集体议价，组织抗议、罢工、抵制、绝食请愿、游行示威等。社会行动服务领域广阔，既存在于政治斗争和社区福利服务活动中，又频繁出现在经济利益冲突和形形色色的社会运动之中；社会行动变迁策略是将议题具体化，并且将人们组织起来，采取具体行动反对目标敌人。一般来说，社会行动变迁策略有二，一是议价和谈判策略；二是对峙和抗议策略。社会行动的工作手法多种多样，需要根据冲突性质和行动目标而定，主要工作手法包括采取集体行动，由社区居民的切身问题及具体事件介入，较多运用冲突策略及非建制的途径，争取第三者的支持和舆论支持，目的是争取让步而非破坏（甘炳光等，1994）。

在社区行动模式中，社区工作者处于进退维谷的两难处境，一方面他们具体承担国家资助的社区发展项目；另一方面他们又从事反对地方政府的工作。表面上看，他们主要扮演组织、动员劣势群体反对国家和当权者的角色，实质上他们扮演缓解国家与社区之间紧张、矛盾和冲突的角色，通过宣泄不满的途径在社会控制与社会稳定中发挥积极作用。简言之，英美社区行动模式出现于1960年代，但其思想渊源深远。更为重要的是，社会改良主义和渐进式社会行动模式并非资本主义社会中的破坏性力量，而是建设性和更高级的社会稳定机制，是社会现代化进程中谋求社区发展与国家发展不可或缺的重要组成部分。

社区照顾模式起源于1970年代福利国家危机和重新发现社区，它既是当今世界最流行的社区实务模式，又是最具世界性意义的社区实务模式。1970年代初期，海湾石油危机引发世界范围的经济危机和福利国家的财政危机，英美极右势力先后上台执政，极力推行福利改革，以国家再分配、市场就业、社区互助、家庭保障和个人责任为主的福利多元主义应运而生（Johnson，1987）。与此同时，欧美国家重新“发现”和“回归”地域社区，大力倡导家庭保障和个人责任，试图恢复传统社会价值，社区照顾模式应运而生（Walker，1982）。

社区照顾模式发展于1980年代，兴盛于1990年代，适用范围主要局限于社区福利；社区照顾思想渊源久远，萌芽于人类社会的互助、自助本性，公民的权利与义务观念（克鲁泡特金，1997）。社区照顾的价值基础是个人责任、社区互助、家庭保障、自力更生、福利多元主义和混合经济；社区照顾的核心概念是社会照顾、在社区中提供照顾、社区康复、社区支持网络、治疗性社区、社区增权、院舍照顾、正规服务和非正规服务等（陈丽云、罗观翠，1994）。

社区照顾的基本主张是，改变或消除已往院舍服务对服务对象的负面影响，特别是儿童院、精神病院和老人院等院舍照顾机构。在社区内为需要人士提供服务。国家、市场、社区、家庭、个人和非政府组织共同承担福利责任，以形成多元化福利体系（Dalley，1988）；社区照顾服务对象主要是老年人、精神病人、弱智人士、残疾人、孤儿、单亲家庭、长期病患者和其他需要社会照顾的人群，他们构成社区照顾中的被照顾者。妇女特别是已婚妇女是主要的照顾者。社区照顾实质是家庭照顾，家庭照顾实质是妇女照顾（Wilson，1983）。

社区照顾服务目标是在社区中建立互助互爱的关系，尽可能在自然和社区环境中提供照顾服务，充分发挥非正规服务在需要满足中的作用，正规服务与非正规服务相结合，相互补充，协助服务对象正常融入社区生活，鼓励服务对象通过参与的方式表达他们的需要，最终建立关爱和关怀的社区（夏学銮，1996）。

社区照顾服务的内容是为需要者提供照顾服务，照顾服务领域主要是饮食起居和日常生活服务、社区居民社交技巧训练、社区居民的参与、残疾人和精神病人的社区康复、单亲家庭的互助组织、边缘青少年的社区照顾、老年人临终关怀等；社区照顾变迁策略是为照顾者提供服务，提倡社区权益倡导，促进服务整合化，具体工作手法包括资源调动、社区联络、倡议、社区教育、训练、社区预防、社会立法等（甘炳光，1994）；社区工作者在社区照顾实践中的身份既是服务提供者和照顾者，又是照顾服务的组织者和协调者。他们主要扮演辅助、支持、保护和调解的角色（陈丽云、罗观翠，1994）。简言之，社区照顾既是当今世界最流行的社区实务模式，也是最具生命力和最有发展前途的社区实务模式，代表社区实务发展方向。

英美社区实务模式的发展趋势

英美社区理论研究日趋深入，社区实务模式争奇斗艳，呈现出若干值得注意的发展趋势。自19世纪末期始，英美社区工作先后出现三次发展高潮，一是慈善组织会社时代；二是1960年代反贫困和城市社区发展项目；三是1970年代以来重新发现和回归社区。总体来说，1910年以前社会科学文献中很少有关社区概念的讨论。社区理论研究基本停留在社会哲学层次上，滕尼斯的经典著作是典型例证（滕尼斯，1999）。1910—1950年代，社区研究取向主要是社区社会学，社区主要是作为地方社区来研究的（Bell & Newby，1971）。1960年代以来，社会工作专业和社区工作者成为社区研究的主力军，社区实务模式研究也同时起步。

需要特别指出的是，加拿大和美国学者长期主导社区理论与社区实务模式研究。社区理论与社区实务模式的“英国化”是1970年代以来的事情。毋庸置疑，英美社区理论研究日趋深化，这不仅突出表现在社区实务模式丰富多彩，争奇斗艳，而且呈现出若干值得高度注意的发展趋势。这些发展趋势对我们深刻理解和准确把握世界社区工作发展脉络大有益处，有助于我们及时回应社区问题，有效满足变迁中社区需要，改善社区居民的生活质量，谋求社区发展与国家发展的协调一致，优化社区结构与环境，实现社会现代化。

社区实务模式的多样化发展趋势。千姿百态与变化多端的社区实务必然产生多样化的社区实务模式，因为社区实务模式是对社区实务规律的理论升华。纵观英美社区实务模式，我们可以清楚地看到，社区实务模式由少到多，社区实务模式日趋多样化。例如，慈善组织会社时期，社区实务模式是尚属雏形的慈善服务与社区互助模式。1960年代形成罗斯曼的三大经典模式，社区实务模式多样化趋势清晰可见。

1970年代以来，伴随福利国家改革、女性主义兴起和激进主义思潮的日渐流行，社区照顾、女性主义社区工作，黑人和反种族主义的社区工作应运而生。社区实务模式突破传统的三大经典模式，呈现多样化发展趋势。例如韦尔将1990年代中期的社区实务概括为邻里和社区组织、组织功能性社区、社区社会发展和经济发展、社会规划、项目发展和社区联系、政治行动和社会行动、联合、社会运动八种模式，其中社区社会和经济发展等完全是新提出来的实务模式（Weil，1996）。毫无疑问，伴随社区服务对象增多，社区实务范围扩大，社区实务领域拓宽，社区实务模式多样化发展趋势将会愈来愈明显。这意味着社区实务模式多样化是不可逆转的发展趋势。

社区实务模式的专门化与综合化发展趋势。社区实务形成独具特色的模式标明社区实务和助人技巧的专门化程度不断提高，标明某些社区实务已有特定的服务对象和服务领域，说明社区理论和社区实务模式研究已具备相应的实务基础。在社区工作发展初期，社区实务存在浓厚的综合性特征，不同社区实务领域间的界限模糊不清。例如北美洲的社区组织是个内涵外延模糊不清的核心概念，通常泛指社区工作。1920 年代，英美学者们开始尝试将社区组织作为独立领域区分开来。当时社区著作的两个主题是改善社会供应和社会服务，改变社会关系。前者强调确定需要并发展服务以有效满足需要，后者侧重社区中的群体和改善群体的相处能力（Perlman & Gurin，1972）。到 1950 年代，社区组织已分化为社区发展、社区组织和社区关系三个概念。社区发展泛指发展中国家的发展努力。社区组织泛指北美社区中计划福利服务的活动。社区关系泛指组织、机构参与其所在社区生活的努力（Ross & Lappin，1967）。

1960 年代末期，美国学者罗斯曼将社区组织界定为地区发展、社会规划和社会行动三种经典模式。这种专门化发展趋势是正常和自然的现象。与此同时，在专门化达到一定程度后，在更高基础上的综合化发展趋势更为重要。例如社区照顾模式是对正规院舍照顾、非正规家庭照顾、邻里互助和社会支持网络模式的综合，是对国家福利、市场福利、社区福利和家庭福利的融合。这种综合化优势是吸取不同实务模式的优点，避免各种实务模式的不足之处，形成新的实务模式，最大化满足社区成员的需要，提高服务质量。实际上社区实务模式的综合化发展趋势对社区工作者提出更高要求。

社区实务主题由组织协调、意识提升转变为社会计划，社区实务模式性质由服务转变为干预行动和社会照顾，社区实务模式价值基础由渐进式改良主义转变为“左派”的社会批判。

社区实务主题是特定时空处境下社区工作的优先领域和主要关注点。从历史发展角度来看，19世纪末期慈善服务与社区互助模式的主题是社区福利组织之间的组织协调。社区发展模式主要是意识提升和能力建设。社会规划的主题是有计划的社会变迁和社会计划。这意味着社区实务的主题不仅日趋丰富多彩，而且由关注组织协调转为关注服务对象和社区实务功能。

与此同时，社区实务模式的性质由最初的“救济服务”，经过社会干预取向的“社会行动”，最后达到综合性服务取向的“社区照顾”（Popple，1995）。总体来说，社区照顾、社区组织、社区发展、社区规划代表社区工作中多元主义的传统，社区行动、女性主义、黑人和反种族主义模式反映激进主义和社会主义的取向（Popple，1995）。更为重要的是，社区实务模式价值基础由19世纪晚期的社会改良转为当代世界“左派”和激进主义的社会批判。这其中以女性主义社区工作、黑人和反种族主义社区工作尤为重要，十分典型突出。

社区实务与社区实务模式的目的与功能由少到多，由单项转为综合，由相互分离到相互交织。社区实务模式覆盖的范围由狭小的地域邻里扩大到全球性关怀，社区实务模式的目的与功能同样如此。

按照美国学者韦尔的看法，社区实务模式的基本功能与目的反映了社区实务的四种主要过程：一是发展过程，主要包括社会和经济发展模式。二是组织过程，主要包括邻里和社区组织、组织功能性社区两种模式。三是计划过程，主要是指项目发展和社区联系、各种层次上的社会规划模式。四是变迁过程，主要是指政治行动和社会行动、联合、社会运动三种模式（Weil，1996）。实际上，社区实务模式功能与目的之间的相互重叠与相互交织的现象是十分明显的，发展、组织、规划和变迁过程的划分是人为的，这是需要特别注意的。这意味社区实务模式功能与目的越来越多，相互交织程度越来越高。实际上，这从一个侧面间接反映了现代地域社区与功能社区结构越来越复杂多样，社区与社区实务在世界各国社会经济发展中扮演越来越重要的角色，发挥不可或缺的重要作用。

社区实务模式的民族性与国家化特征日趋淡化，与此同时，国际性特征日趋明显，适用范围不断扩大，社区实务模式的普世性原则与社区特色有机结合起来。综观英美社区实务与社区实务模式发展过程，一个突出特征是社区实务与社区实务模式的民族性和国家化特征日趋淡化，社区实务模式反映的基本原则与助人技巧的适用范围不断扩大，逐渐淡化和超越国家、民族、社会、文化的界线，成为世界各国普遍适用的基本原则。例如社区发展模式最初起源于发展中国家。但是 1960 年代以来，伴随英美反贫困社区发展项目不断增多，发展观念的根本转变和放弃经济增长的模式，社区发展理念和助人技巧开始在欧美国家流行起来。1968—1978 年间英国的 12 个社区发展项目是典型例证（Loney，1983）。

更为重要的是，在全球化和普遍实施经济改革处境下，由于受各国间“政策学习”的影响，特别是受各国社会发展道路趋同性的影响，世界各国“不约而同”地采取社区照顾的政策与实务模式，尽管各国社区照顾的实务与服务技巧有所不同。例如在欧美国家福利改革与福利多元主义兴起的同时，中国政府自主和独立地推行社会福利制度改革，实施社会福利社会化政策。中西方国家不谋而合，殊途同归。这种发展趋势的最大影响是极大弱化了社区实务与社区实务模式所依托的民族、国家、社会与文化特殊性，凸显了社区实务模式的普遍性与广泛适用性。这既说明世界各国社会结构与社区结构的趋同性发展趋势，又反映社区实务模式的普世性应用价值和社会意义，还反映世界各国社区工作者交流合作与相互学习的必要性。

简要讨论与基本结论

本文主要从历史发展顺序和横向结构分析相结合的角度，界定了英美国家的社区工作与社区实务概念的内涵外延，分析了社区理论结构、层次与社区实务模式之间的相互关系，全面回顾了英美国家社区实务与实务模式演进的基本脉络，分析性介绍最主要的实务模式，简要描绘了社区实务与社区实务模式的发展趋势，主要目的是全面了解英美社区研究与社区理论的历史与现状，系统介绍英美社区实务与社区实务模式的发展脉络，以便为中国社会方兴未艾和如火如荼的社区建设运动提供历史比较、国际经验与参考借鉴，同时梳理英美国家社区理论研究与社区实务模式的演进过程，总结中国社会特有的社区理论与社区实务模式，以丰富和发展世界社区理论与社区实务模式，创造更加幸福美好的社区生活环境。

文献回顾表明，中国和英美国家的社区生活与社区理论研究在社会生活与社会理论研究中都扮演越来越重要的角色，社会工作与社区工作也因社区地位重要性的不断提高而显著上升。更为重要的是，在分权化和去中央集权的社会处境下，中西方国家地域社区普遍具有发展成为“地方社会”的趋势，社区、社区工作、社区实务与社区实务模式自然成为观察、描述、了解、分析和理解英美社会环境、社会组织体系、社会价值观念、生活方式和社会结构变迁趋势的最佳社会视角。有鉴于此，一方面社区研究、社区理论与社区实务模式的理论意义、政策意义和现实意义影响深远，举足轻重；另一方面社区研究的必要性、重要性和紧迫性怎样估计也不会过高，成为当代中国社会科学研究和社区研究的当务之急。

英美社区实务范围与内容基本稳定，社区实务模式的功能与作用定位相对清楚，社区实务模式是社区理论与社区实务研究的核心组成部分，成为中国社会学习和借鉴的重要参照。文献回顾表明，经过近百年的历史发展，英美社会工作专业与社区工作方法日趋成熟，社区实务范围与服务领域已基本稳定下来，社区政治、经济、社会与文化服务相互交织，高度整合，相关领域的社区实务模式已经形成。尽管不同学者划分和分析社区实务模式的标准及实务变量有所不同，但是社区实务模式的功能与作用定位已获得决策者、理论工作者和社区实务工作者的普遍认同，形成若干社会共识。社区工作的核心是社区实务，社区实务的核心是社区实务模式，社区实务模式的核心是社区结构与社区体系特征，社区结构的核心是国家与家庭、国家与社区、国家与社会的关系。

更为重要的是，英美社区实务与社区实务模式反映英美国家社会经济发展脉络与历史进程，反映当代世界社会经济发展方向与普遍性规律。这既为中国社会发展与社区发展提供有益国际经验，又为中国社会工作专业与社区工作发展指明方向，提供可资借鉴和学习的榜样。还可以通过国际比较的途径，发现和总结中国社区理论、社区工作和社区实务的独特之处，探寻中西方社区理论、社区工作与社区实务的异同之处，推动社区福利与社会福利制度创新。

从历史发展顺序和横向结构分析相结合的角度来看，英美社区实务模式可以概括为基督教会慈善服务与社区互助模式、社区发展模式、社区规划模式、社会行动模式、社区照顾模式、激进和新马克思主义的实务模式。这些模式基本覆盖社区实务的所有领域。虽然社区实务模式越来越专门化，出现一些新的社区实务模式，例如社区教育、政治行动方法、政治行动和社会行动、联合、多元主义和参与、项目发展与协调、项目发展和社区联系、社区联系、社区社会发展和经济发展，但其实质都属罗斯曼三大经典模式的延伸，均可以归纳到地区发展、社会规划和社会行动的模式之中。

与此同时，英美国家社区实务模式演进及其发展趋势研究发现，中国社会环境与社区工作模式同英美国家存在巨大差别。例如目前中国社会缺乏社区工作的概念，社区实务概念的内涵外延比较狭窄，社区实务模式研究比较滞后，社会工作专业取向的社区理论研究明显落后于社会学专业的社区研究，国家与社区的良性互动关系正处于探索建构阶段等。这意味着中国社区理论与社区工作研究领域的国际交流合作与接轨任重道远。

主要参考文献

甘炳光等编：《社区工作：理论与实践》，香港中文大学出版社 1994 年版。

夏学銮主编：《社区照顾的理论、政策与实践》，北京大学出版社 1996 年版。

陈丽云、罗观翠主编：《社区工作：社区照顾实践》，香港社会工作人员协会 1994 年版。

联合国新闻部编：《联合国手册（第十版）》，张家珠等译，中国对外翻译出版公司 1988 年版。

[俄] 克鲁泡特金：《互助论》，李平沤译，商务印书馆 1997 年版。

[美] 桑德斯：《社区论》，徐震译，黎明文化事业股份有限公司 1982 年版。

[德] 斐迪南·滕尼斯：《共同体与社区》，林荣远译，商务印书馆 1999 年版。

[美] 查尔斯·E. 林布隆：《政策制定过程》，朱国斌译，华夏出版社 1988 年版。

[美] 罗伯特·金·默顿：《论理论社会学》，何凡兴等译，华夏出版社 1990 年版。

Alinsky, S. D. (1971), *Rules for Radicals: A practical Primer for Realistic Radical*, New York: Vintage Books.

Batten, T. R. & Batten, M. (1967), *The Non - directive Approach in Group and Community Work*, London: Oxford University Press.

Batten, T. R. (1965), *Training for Community Development: A Critical Study of Method*, London: Oxford University Press.

Bebbington, A., Turvey, K. & Janzon, K. (1996), *Needs Based Planing for Community Care*, Canterbury: PSSRU, University of Kent at Canterbury, Discussion Paper 1206/2.

Bell, C. & Newby, H. (1971), *Community Studies: An Introduction to the Sociology of Local Community*, London: George Allen and Unwin.

Boyle, L. H. (1973), *Current Issues in Community Work: A Study by the Community Work Group*, London: Routledge & Kegan Paul.

Bremner, R. H. (1994), *Giving: Charity and Philanthropy in History*, New Brunswick: Transaction Publishers.

Brilliant, E. L. (1986), Community Planning and Community Problem Solving: Past, Present and Future, *Social Service Review* (December), pp. 568 - 589.

Coulshed, V. (1988), *Social Work Practice: An Introduction*, London: Macmillan, Dalley, G. (1988), *Ideologies of Caring*, London: Macmillan.

Galbranth, J. K. (1958), *The Affluent Society*, New York: Pelican Books.

Henderson, P., Jones, D. & Thomas, D. N. (eds.) (1980), *The Boundaries of Change in Community Work*, London: George Allen & Unwin.

Jones, D. G. (1981), *Community Work in the United Kingdom*, pp. 5—10, Henderson, P. & Thomas, D. N. (eds.), *Readings in Community Work.* London: George Allen & Unwin.

Johnson, N. (1987), *The Welfare State in Transition: The Theory and Practice of Welfare Pluralism*, London: Wheatsheaf Books.

Lane, R. (1938), The Field of Community Organisation, *National Conference of Social Work Proceedings*, New York: National Conference of Social Work.

Loney, M. (1983), *Community against Government: The British Community Development Project* 1968—1978. London: Heinemann Educational Books.

Midgley, J. (1995), *Social Development: The Developmental Perspective in Social Welfare*, London: Sage.

Netting, F. E., Kettner, P. M. & McMurtry, S. L. (1998), *Social Work Macro Practice*, NY: Longman.

Perlman, R. & Gurin, A. (1972), *Community Organization and Social Planning*, New York: John Wiley & Sons, Ine.

Piven, F. F. & Cloward, R. A. (1993), *Regulating the Poor: The Functions of Public Welfare*, Updated Edition, New York: Vintage Books.

Popple, K. (1995), *Analysing Community Work: Its History and Practice*, Bucking-

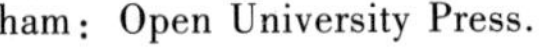

ham: Open University Press.

Ross, M. & Lappin, B. W. (1967), *Community Organization: Theory, Principles and Practice*, Second Edition. New York: Harper & Row.

Rothman, J. & Tropman, J. E. (1987), Models of Community Organization and Macro Practice Perspectives: Their Mixing and Phasing, pp. 3 – 26.

Rothman, J., Erlick, J. L. & Tropman, J. E. (eds.), *Strategies Community Intervention*, New York: Peacock.

Rucht, D. (ed.) (1991), *Research on Social Movements: The State of the Art in Western Europe and theUSA*, Colorado: Westview Press.

Sanders, D. S. (1982), *The Developmental Perspective in Social Work*, Hawaii: University of Hawaii.

Tasker, L. J. (1980), Practice and Theory in Community Work: a Case for Reconciliation.

Henderson, P., Jones, D. & Thomas, D. N. (eds.), *The Boundaries of Change in Community Work*, London: George Allen & Unwin.

Taylor, S. H. & Roberts, R. W. (eds.) (1985), *Theory and Practice of Community Social Work*, New York: Columbia University Press.

Walker, A. (1984), *Social Planning: A Strategy for Socialist Welfare*, Oxford: Basil Blackwell.

Walker, A. (1982) (ed.), *Community Care: The Family, the State and Social Policy*, Oxford: Basil Blackwell.

Weil, M. (1996), Model Development in Community Practice: A Historical Perspective, *Journal of Community Practice*, Vol. (3/4): pp. 5 – 67.

Wilson, E. (1983), Feminism and Social Policy, pp. 33 – 45, Loney, M., Boswell, D. & Clarke, J. (eds.), *Social Policy and Social Welfare*, England: Open University Press.

Wilson, W. J. (1987), *The Truly Disadvantaged: the Inner City, the Underclass, and Public Policy*, Chicago: The University of Chicago Press.

本文原载《华东理工大学学报》(上海) 2004 年第 4 期。此次系全文发表。

社区组织的模式和宏观实务的视角：它们的融合与阶段

摘要：本文是英美社区研究与社区社会工作实务模式的经典文献，首次将社区社会工作实务划分为地区发展、社会计划、社会行动三个模式。社区工作既是社会工作的基本方法之一，又是宏观社会工作的实务主体部分，在社会工作理论、实务、方法和体系中占据举足轻重地位。英美经典社区社会工作实务模式对构建中国特色社区社会工作实务模式具有重要借鉴意义。

导　言

本文是早期题目为《社区组织实务的三种模式：它们的融合与阶段》一文的扩展版。① 本文讨论的内容同早先的论文基本上仍然是一样的。在这种情况下，我们将要做的是：把社区组织放置于更为广阔的宏观社会工作实务处境中考察。这牵涉对宏观干预方法网络中的政策视角和行政视角的考虑。

宏观干预牵涉那些目标系统高于个人、群体和家庭的层面：这就是说涉及那些目标系统是组织、社区、地区和全国性实体的各类专业性变迁方法。宏观实务处理那些“非临床”性质人类服务活动的诸多层面，但是宏观实务主要聚焦在更为广泛的人类改善的社会方法之上。宏观实务强调诸如发展启发性社会政策，组织有效的服务提供，强化社区生活和预防社会弊端一类的服务。因此，宏观实务包括社区组织、社会政策和行政领

---

①　杰克·罗斯曼《社区组织实务三种模式》的扩展版，源于全国社会福利大会，《社会工作实务》，纽约：哥伦比亚大学出版社 1968 年版。版权为 1968 年全国社会福利大会，1978 年修正。

域。既从整体上看待这些方法，又从这些方法相互之间的关系看待它们，这是有用和有益的。因为这些方法之间的界线通常是模糊不清的，而且许多社会工作学院在概论性课程中整体性讲授这些方法，而不是作为相互分离的专门领域讲授。我们把政策、社区组织和行政三个领域称之为宏观实务中的视角。从宏观实务之中不同模式的角度看，我们可以进一步区分社区组织领域。为使本文保持同以往版本的一致性，我们将主要和扩展性地讨论社区组织。因此，我们将从把社区组织看作是社会干预的一种视角开始这种讨论，这包括社区组织实务当中的不同模式。这之后紧接着是三种视角及其相互之间关系的一种较为广泛、但简洁的讨论。这个讨论将构成迈向不同宏观视角比较性分析的第一个基础性步骤。

作为我们在本文使用的概念，视角（perspective）表示一种广泛的方法或战略性方向。与此形成对比的是，模式是个较为具体、详细和严谨的内在性模型。这是一种有些宽泛界定的一般性取向和一种较为严谨组织的理想类型之间的对比。这种对比是一种有些松散界定的一般性取向和较为严密组织的理想类型之间的对比。在宏观实务的讨论中，我们将运用一种把社区组织方法与政策实务、行政实务比较的“视角间分析”（interperspective）。为了更为全面地考查社区组织，我们将使用一种聚焦于社区组织干预方法之中不同模式的“视角内分析”（intraperspective）。

社区组织观点及其亚模式

对努力奋斗的实务者和社区组织的教师而言，存在一种千差万别、截然对立，以及有时候对社区组织实务存在抵触冲突的公式性说明的“大杂烩”，而且这种状况是异常错综复杂和困难不便的根源之一。泰勒和罗伯特描述了社区组织理论的流动性质。他们认为“折衷主义、实用主义和专业人员的实务智慧，造就了一种使类型化和模式建构成为异常困难工作的混乱性和多样性状况”（Sammul H. Taylor and Robert W. Roberts, 1985：24—25）。克雷默和施佩希特表明：“在社区组织者和社会计划者使用的理论之间存在一些巨大的差距”（Ralph M. Kramer and Harry

Specht，1983：17）。另一位学者将包括社区组织在内的“宏观社会工作”特点描述为“是一种寻求某些理论的实务”（Edward E. Schwartz，1997：201—227）。

社区组织和社区计划层面专业性领域中普遍缺乏概念性发展。在诸如社会工作、教育（成人教育）和心理学（社区心理学）一类的领域中，社区组织层面有些边缘性，而且处于专业的主要推动力之外。直到近些年来，城市规划的社会计划层面还受到类似的忽视。因此，这些领域面临着概念化不足和研究努力不够的困扰。

以前面的描述作为背景，我们将主要致力于实现社区组织实务中概念化的澄清。这个主题的一个困难是，学者们最初尝试建立一个单一的模式，或是假定包括这种所有专业实务形式的社区组织概念。实际上，这些模式通常是分开的，涉及实务的不同层面，或是对目标、方法或价值观提出不同的假设。本文在此所持的谨慎态度是，在经验性现实中存在不同形式的社区干预，而且在这种实务理论发展的现阶段当中，最好是捕捉和描述这些不同形式的社区干预，而不是试图去建立一种宏大的、无所不包的理论或概念。这意味着我们应谈论社区组织的不同方法，而不是特定的社区组织方法。与此同时，我们应该承认那些融合实际和理论的另类选择方法。的确，这种分析的基本意图是鼓励目标明确和技术娴熟地融合这些不同的战略，而且依照这样一种讨论，这种分析将会达到登峰造极的地步。

过去 20 年在当代美国的城市和乡村社区，以及海外社区之中，社区变迁表现出三种深思熟虑或目标明确的重要取向。我们将它们称之为方法或模式 A、模式 B、模式 C，尽管这些模式已被分别命名为地区发展、社会计划和社会行动。当这些概念在随后段落中变得清楚之时，我们将以一种特定方式使用它们。这些行动模式不应被看作是实际可能性或潜在可能性的全部。因为它们在当代的重要性，我们选择这些模式来进行分析。因为经济的理由，在一篇单独发表的文章中，其他的模式将被排除在外，不予考虑。

同样应该注意的是，我们所指的活动是有些连续性质的，而且这种活动还包括负责维持行动过程的工作人员（专业训练或非专业训练的）。这样，那些偶尔发生的、目的在于获得新的准许的特别志愿民事行动，或是罢免傲慢自大公共官员类型的事件并未包括在内。

模式 A 的地方发展假设：可以通过地方社区层面上各式各样人群广泛参与确定目标和行动而最适度地追求社区变迁。地区发展原型可以在通常被称为“社区发展”领域的部分文献中发现。正如联合国的一个主要出版物所言：“由于它的积极参与和最大可能地依赖社区的首创性，我们可以尝试性地将社区发展界定为旨在为了整个社区的经济发展与社会进步而创造条件的一种过程”（Arthur Dunham，1955：6）。依据邓钠姆的说法，地区发展强调的一些主题包括民主的程序、志愿性合作、自助、发展本地的领袖和教育性目标（Arthur Dunham，1963：141—151）。

这里想到的一些社区发展例子包括由睦邻之家，以及其他以社区为基础机构所从事的邻里工作项目：针对美国人的志愿者服务；一些海外社区发展项目中村庄层面上的工作，这包括维持和平部队；成人教育领域中的社区工作，以及各种形式的自助与非正式帮助网络活动。依据模式 A 的标准，比德尔（William W. and Loureide J. Biddle，1965）、亨德森和托马斯（Paul Henderson and David N. Thomas，1980）、迈耶（N. Mayer，1984）、布莱克利（Edward J. Blakely，1979：15—23）、贝迪斯和多尔克（B. C. Bedics and R. Doelker，1983：18—23）以及拉平（Ben Lappin，1985：59—64）的著作表达和阐述了这种社区组织方法。为了表述的目的，我们将特别利用布莱克利和比德尔的著作。

模式 B 的社会计划方法强调对实质性社会问题，例如解决犯罪、住房和精神健康问题的一种技术性过程。这个模式的中心是理性的、深思熟虑的规划和控制性变迁。社区参与可以由相当多到几乎没有而有所不同，这取决于如何提出问题本身和提供什么样的组织性变量。这种方法假定：在一个错综复杂的工业环境中的变迁要求专业规划者，通过运用技术能力，这包括操控大型官僚组织的能力，专业规划者可以技术娴熟地指导错综复杂的变迁过程。当以有效和成本效益的方式实施社会计划之时，社会计划和政策设计是最为重要的。总体说来，这里的关注点是为那些需要社会计划的人们建立、安排和提供商品与服务。建设社区能力，或是培育激进，或是基本性的社会变迁并不扮演主要的角色。

在社会工作领域中，这种方法的特征是强调做出实质性决定的项目。社会计划也出现在大学的公共行政系、都市事务系、城市规划系和诸如此类的系科之中。实际上，社会计划存在于众多联邦政府局和部门之中，存在于房屋委员会的社会规划处之中，存在于一些联合之路和社区福利委员会之中，以及存在于各式各样社区精神健康规划项目的层面之中。一些反映模式 B 的著作包括劳弗（A. Lauffer，1981：588—597）、赖恩（M. Rein，1983）、莫里斯和宾斯托克（Robert Morris and Robert H. Binstock，1966），以及罗斯曼和扎尔德（Jack Rothman and Mayer N. Zald，1985：125—153）的著作。在本文的讨论中，我们将大量涉及莫里斯和宾斯托克的著作。

模式 C 的社会行动方法预先假定：人群中的劣势群体需要被组织起来，可能是与其他人联合起来，以便增加资源或就更加社会公平或民主的待遇而对更大社区提出足够的要求。有时候，社会行动的目标是推动主要制度或社区实务的基本变迁。社会行动通常寻求权力和资源再分配，或者是在社区中做出决定和/或是变迁正式组织的基本政策。社会行动方法的例子包括消费者和环境保护组织、女性主义者行动群体、同性恋和妓女组织、民权和黑人权力组织、墨西哥裔和西班牙裔美国人争取权益的政治运动（La Raza）、阿林斯基的工业区基金项目、工会和激进的政治行动团体。阿林斯基的《激进的号角》和《激进的规则》（Saul D. Alinsky，1972）是社会行动模式取向的典型。最近其他更多的著作也反映了这个取向（Douglas Glasgow，1975：259—265）。社会行动并不享受它曾拥有的成果。社会行动实务更多是时断时续和克制性的。尽管如此，社区组织运用中的机会和方式随意识形态、政治气氛和经济环境变化而兴衰起伏。社会行动方法仍然是成熟社区组织者的工具，在目前处境下，当状况允许时可选择性地使用，或是当历史性力量改变了社会处境时更为广泛地使用。

有几个社会工作学院过去曾依据这三个模式发展了专门的培训项目。因此，位于密苏里大学的社区发展项目是模式 A 的缩影。布朗迪斯大学的博士规划项目是模式 B。以锡拉丘兹大学为基础的社会行动项目是模式 C。

莫里斯和宾斯托克就社区规划和社区行动领域提出一种相似的三分法：

> （A）……通过教育、规劝和一系列刺激自我发展和自我实现的其他方法来改变人们的态度和行为模式。（B）……通过改变正式组织的政策来改变社会状况。这就是调整那些为人们提供商品、服务和设施的数量、质量、可获得性和范围。（C）……在社会的主要法律

> 和功能性制度中去影响改革。这依赖于政治鼓动……和一系列应付强劲趋势与发展的其他工具（Robert Morris and Robert H. Binstock, 1966：14）。

由于从这些模式或理想类型中的每一个出发，这充分证明了我们所说的趋势或侧重点，而且充分证明了在现实的实务中这些取向是相互重叠的，而不是相互分离的。这些取向中的所有实务都可能要求那些在其他取向中是显著突出的技术和方法。例如，邻里社会活动积极分子可能被要求去草拟一份社会计划，以便为预期的项目从 HUD 或 DHHS（模式 C 和模式 B）那里获得资助；或者是社会计划者可能决定：解决对待家庭计划抗拒态度问题的最有效方式是通过广泛的讨论和参与发展一个社区项目（模式 B 和模式 A）。这个议题将在本文结论部分中进行更为深入的讨论。

在这个时候，我们并不试图论述那些可能组成独特的不同模式的变异或融合形式。相反，为了分析目的，我们将把三种方法看作是“纯粹的”形式。当他们谈到他们自己的分类体系之时，莫里斯和宾斯托克提出了这种“纯粹的”形式的益处：

> 类型是有些武断的，因为有时候很难说一个特定计划经验会适合一种类型，而不适合另一种类型。因为这些缘故，特别重要的是尽可能实现将聚焦点收缩到分析计划上，否则系统性对待是根本不可能的（Robert Morris and Robert H. Binstock, 1966：15）。

为了继续进行分析，当按照理想类型的形式确定模式之时，我们将尝试去确定一套有助于描述和比较每种方法的实务变量。每种方法对社区状况的性质、人们的服务人群或社区居民的定义、行动的目标类型、总体性福利的概念、适当的行动战略和诸如此类的实务变量均有所假定。在下面的段落中，我们将讨论这样一套实务性变量。

1. 目标类型。社区组织和宏观实务文献中反复讨论的两个主要目标通常是“任务”和“过程”。任务目标需要完成一项特定的工作，或者是对所界定的有关社区社会体系发挥作用的问题：提供服务、建立新的服务和通过特别社会立法提供解决办法。过程目标更多倾向于系统维持和系统强化，具有诸如在社区群体之间建立合作性的工作关系，建立自我维持的解决社区问题的结构，刺激对社区事务的广泛兴趣和参与，培育合作性态度和习惯，以及增加本土性领袖一类的目标。默里·罗斯将这套目标的特点称为“社区整合”和“社区能力”。过程目标关注于社区系统在发挥功能时的一般性能力或总体性能力。任务目标关注于系统界定的功能性问题的解决办法（Neil Gilbert and Harry Specht，1972：178—183）。

在地方发展模式中，特别强调过程目标。社区的能力变为功能性整合，变为在自助基础上进行合作性地解决问题，以及变为利用民主过程是至关重要的。布莱克利将这种视角表述如下：

> 社区……在实现目标上必须完全牵涉所有的挫折和成功。正是在这个过程之中，在社区（人们之间的关系）中产生成长，而且正是这种过程，而不是其结果刺激和提高了社区发展的科学（Edward J. Blakely，1979：19）。

在社会计划方法中，侧重点放在任务目标上，倾向于解决实质性社会问题的办法。社会计划组织经常被明确地授权以便处理具体的社会问题，而且他们的官方名称表明了这一点：精神健康局、城市规划和住房局、身体康复或酒精中毒委员会等诸如此类的名称。

社会行动方法或是倾向于任务目标，或是倾向于过程目标。一些社会行动机构，例如民权团体和原因取向的组织、强调获得特定立法结果（较高的福利分配）的目标，或是改变特定社会习惯（优先雇佣）的目标。这些目标通常需要修改正式组织的政策。其他的社会行动团体更倾向于过程目标——建设一个有能力获得权力和使用权力的社区居民——这正如索尔·阿林斯基和工业地区基金会、ACORN或早期黑人权力运动所显示的那样。这种建设以地方为基础的权力和决策中心的目标超越了对任何既定问题状况的解决办法。目标通常是从改变权力关系，而不是小规模修修补补，或是短期的解决问题的词语表达的。但是，这些小规模活动通常是受到追捧的，因为它们是可行的，而且它们有助于建立一个组织。创造权力也可能与建设个人的自尊相互密切联系在一起。下面这种二元视角是由卡恩提出来的：

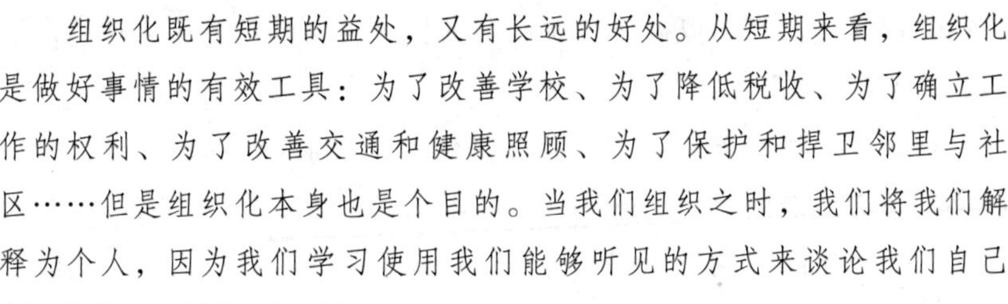

组织化既有短期的益处，又有长远的好处。从短期来看，组织化是做好事情的有效工具：为了改善学校、为了降低税收、为了确立工作的权利、为了改善交通和健康照顾、为了保护和捍卫邻里与社区……但是组织化本身也是个目的。当我们组织之时，我们将我们解释为个人，因为我们学习使用我们能够听见的方式来谈论我们自己（S. Kahn，1982：7—8）。

2. 有关问题状况的假设。在模式 A（地区发展）中，地方社区通常被认为是由更大的社会所掩盖，缺乏赋有成果的人类关系和解决问题的能力，而且人们因为是孤独的个人而遭受失范、异化、失望和通常是精神疾病的痛苦。正如罗斯发展的这个主题，技术变迁迫使社会迈向几乎不顾及对社会关系影响的更高工业化和都市化：

都市化过程几乎毁灭了“人们归属于”一个社区的“感情”……发展或维持共同价值观或共享价值观（融合的基本构成要素）的问题，因为工业化和都市化而变得更加困难……当社区中不同的实体在社区中产生社会紧张、潜在危险之时，对大型亚群体而言，这种趋势是发展融合……假如不是毁灭的话，民主将会削弱，除非支持性机构获得支持和新的制度（满足新的生活方式）获得发展……那些阻止积极参与社会变迁方向的障碍抑制了个人的发展（Murray G. Ross，1955：80—83）。

罗斯将他关于当代社区状况的基本假设总结如下：

这是人们丧失其基本人类尊严的问题。因为人们肯定是被他只是朦胧意识到的力量所压倒，这迫使他屈从于一种不断降低重要性的角色，而且给他带来他没有办法解决的诸多问题。这个核心问题的层面充分表达民主哲学的困难，而且威胁到社会中个体成员的精神健康（Murray G. Ross，1955：84）。

另一种视角是，社区可以被看作是受传统约束、由一小群传统领袖统治的，而且是由那些既缺乏解决问题的技术，又缺乏对民主过程理解的文盲人口所组成的。

规划者在模式 B 中对他的状况提供了一种截然不同的看法。他/她可能将社区看作是由众多实质性社会问题状况，或者是一种有专门利益的具体实质性问题组成的，例如住房、就业或娱乐。在考虑由罗斯描绘的前景的同时，沃伦也表达了一种与社会规划者较为吻合的视角：

> 显而易见，某些类型的“问题”是当代美国社区的普遍性特点。在大都市地区非常显著的同时，绝大多数类型的问题也出现在较小的社区之中。问题以这样的形式出现，例如中心城市的债务不断增多、都市衰败和贫民区的扩散、缺乏人们可以负担得起的足够住房、人口中大量的经济依赖人群、财务困难和员工短缺的学校、高青少年犯罪和犯罪率、对精神疾病人不足够的服务提供、老龄的问题、工业发展的需要、地方和全国性机构为免费捐赠者的金钱而冲突、长期车票使用者以合理价格和合理利润负担高速通行的问题，以及城市中心区的交通堵塞问题。这个单子几乎是没完没了的，而且前面所提到的每个问题都可以再划分为众多有问题的层面（Roland L. Warren，1972：14）。

表 1　　根据所选择的实务变量划分的社区组织实务的三个模式

	模式 A（地区发展）	模式 B（社会计划）	模式 C（社会行动）
1. 社区行动的目标类型	自助；社区能力和社区整合（过程目标）	关于实质性社区问题的解决（任务目标）	权力关系和资源转移；基本性制度性变迁（任务目标或过程目标）
2. 关于社区结构和问题状况的假设	社区崩溃、失范；缺乏关系和民主解决问题的能力；停滞的传统社区	实质性社会问题；精神和生理健康、住房、娱乐	劣势人群、社会不公正、剥夺和不平等
3. 基本的变迁战略	广泛的跨部门的人们参与决策和解决他们自己的问题	收集有关问题和有关最理性行动过程决定的事实	议题的具体化和组织人们采取反对目标敌人的行动

续表

	模式 A（地区发展）	模式 B（社会计划）	模式 C（社会行动）
4. 变迁策略和技术的特点	共识：社区群体和利益间沟通；群体讨论	共识或冲突	冲突或竞争：对抗、直接行动、协商
5. 实务者的主要角色	使能者—催化者，协调者；解决问题技巧和道德价值观的教师	事实收集者和分析者，项目实施者，促进者	积极倡导者：鼓动者，中间人，协调者，党派支持者
6. 变迁的媒介	操控小的任务取向的群体	操控正式组织和资源	操控大规模组织和政治过程
7. 对权力结构的取向	在共同事业中作为合作者的权力结构成员	作为雇主和赞助者的权力结构	作为外在行动目标的权力结构：要压制或推翻压迫者
8. 社区服务对象体系或社区居民的范围界定	整个地域性社区	整个社区或社区部分（包括“功能性”社区）	社区部分
9. 关于社区亚部分利益的假设	共同利益或协调差异	利益协调或冲突	不易协调的冲突利益：稀缺的资源
10. 服务人群或社区居民的概念	公民	消费者	牺牲品
11. 服务对象角色的概念	互动性解决问题过程中的参与者	消费者或接受者	雇员、选民、成员

在模式 C 中，社会行动实务者仍然具有一种截然不同的思路。他们更可能将社区看作是一种由特权和权力的等级结构组成的。社区存在受压迫者、被剥夺者、受忽视者的孤单之人，或是处在压迫者之下，例如“权力结构”、巨大的政府、公司、商业组织或笼统的社会，遭受社会不

公正或剥削之苦的无权无势之人（压迫可能意味着物质剥夺或心理伤害）。卡恩指出了这一点：

> 在当今美国，权力是集中在少数组织良好的个人和公司的手中。这些公司和个人涉及从事那些影响我们所有人生活决定的超常权力……无论它给人们带来的伤害如何……（S. Kahn，1982：3）

此外，我们要提醒的是，前述描述的是主导性主题，而不是个别的类型。许多社会行动者极大地关注于冷漠无情和实质性问题，甚至像一些社会计划者一样既关注于社会关系的质量，又关注于特定的问题。我们界定主导性的趋势，而不是彼此独有的特征。

3. 基本的变迁战略。在地区发展中，变迁战略特点是“让所有人汇聚一起并且讨论之”：一种使广泛范围的社区人群参与决定他们“感觉到的”需要和解决他们自己问题的努力。

在社会计划中，基本的变迁战略是“让我们获得事实，并且逻辑性采取下一步步骤”。换言之，让我们收集有关问题的相关性事实，而且然后决定一个理性和可行的行动过程。实务者在收集和分析事实，以及确定适当服务、项目和行动中扮演一种核心性角色。这可能是在由其他人的参与或是没有其他人的参与下完成的，这取决于计划者参与既定状况的效用感，以及他/她在其中发挥作用的组织性处境。

在社会行动中，变迁战略可以具体表述为“让我们组织起来以便推翻我们的压迫者”。这就是说使议题具体化，这样人们知道谁是他们真正的敌人，而且组织大规模行动以便对所选的目标施加压力。这类目标可能包括一个组织，例如福利局；一个人，例如市长；或者是人群的集合体，例如贫民区的业主们。

4. 变迁策略和技术的特点。在地区发展中，强调共识的策略：在广泛范围内不同个人、群体和部分之中的讨论和沟通。

布莱克利强调合作、深思熟虑的技术对我们称之为地区发展实务的重要性：

> 专门的发展者试图在冲突的处境下强调解决问题，这与赢—输的

> 战略和态度相反。社区发展者的角色是为客观面对问题和明智处理问题提供手段（Edward J. Blakely，1979：21）。

在社会计划中发现事实和分析技巧是举足轻重的。实务者可能使用冲突或共识策略，这取决于实务者对状况的分析。例如，最近关于管理性计划的著作强调合作性参与的层面（T. J. Peters and R. H. Waterman，1982）。

在社会行动中强调冲突策略，这包括像抵抗和直接行动一类的方法。动员相对大量人群的能力是必需的，以便实施联合、游行、联合抵制和纠察员阻止工厂或店铺的行动。卡恩将这个议题表述如下：

> 我们现在拥有的绝大多数权利和福利并没有给予我们。人们组织起来以便获得它们。我们现在认为理所当然的许多事情是过去曾为之奋斗的事情（S. Kahn，1982：6）。

阿林斯基补充到：

> 无争议的议题通常意味着人们对它们并不特别地关注。实际上，由于没有争议，它们不再是议题。议题牵涉差异和争议。历史不会记录一个没有争论的重要议题。争论总是创造的种子（Saul D. Alinsky,1962：7）。

沃伦在他有目的社会变迁类型的讨论中提出冲突策略当中的一种变体：当不同部分之间存在差异，但是最终可以实现议题共识之时的运动战略。而且，当外在群体拒绝承认议题，或者是反对变迁代理人的建议，这样对议题的异议十分广泛和与生俱来时可使用竞争战略（Roland L. Warren，1972）。施佩希特分析了各式各样的扰乱策略（Harry Specht，1969：5—15）。

5. 和 6. 实务者的角色和变迁媒介。在地区发展中，实务者有特点的角色是个“使能者”，或者是如比德尔建议的那样，是个“鼓励者”的角色。根据罗斯的看法，使能者角色是一种促进解决问题的过程，而且这包括诸如帮助人们表达他们的不满、鼓励组织建设、培育良好的人际关系、以及强调共同目标一类的行动（Murray G. Ross，1955）。这个角色是按照如下方式描述的：

> 社区发展者在社区处境下研究群体行为，以便尝试为提升公民意识和社区行动确定新的途径（Edward J. Blakely，1979：21）。

实务者作为一种主要变迁媒介使用的创造和操控小型任务取向的群体，这要求指导发现问题和解决问题的合作性过程的技术。

在社会计划中，更多强调的是技术角色或“专家”的角色，例如发现事实、实施项目、与各式各样官僚的关系，以及与各种不同学科专业人员的关系等。这里再次涉及罗斯，专家角色被认为是包括如下的组成部分：社区诊断、研究技术、有关其他社区的信息、关于组织方法和程序的建议、技术信息和评估。在模式 B 中，实务者使用作为一个主要变迁媒介的操控正式组织（这包括组织之间的关系），以及资源收集和资源分析。

社会行动模式可能并入格罗斯所称的“倡导”和“活动家”角色。依据格罗斯的说法，倡导是“一位社会冲突中的党徒，而且他的专业知识是专门服务于服务对象的利益”（Grosser：18）。在模式 C 中的角色需要组织服务对象群体，以便在一个多元主义的社区场域中代表他们的利益行动。实务者寻求去创造和操控大规模组织与运动，并且将影响政治过程作为一种重要的变迁媒介。大规模组织是必需的，因为社区成员在其纯粹数量优势之外几乎没有资源或权力来源。这种状况可表述如下：

> 许多人的权力汇聚一起，这足以使在一个人几乎不能做些什么的地方发生变迁（S. Kahn，1982：2）。

7. 对权力结构的取向。在地方发展中，权力结构包括在一个无所不包的社区概念之中。社区的所有部分被认为是服务对象体系的一部分。因此，权力结构的成员被认为是共同事业中的合作者。这种结果之一可能是在模式 A 中，只有那些相互同意的目标才变为真正或是相关的目标。那些涉及矛盾利益的目标受到忽略，或是因为不适当而被放弃。价值观和限制将把目标收缩到那些所有成员都可以同意的目标之上。因此，那些涉及权力构成和资源控制上基本性改变的目标可能被排除在外。

在社会计划中，权力结构通常表现为实务者的资助者或雇主。资助者可能包括志愿的理事会委员会，或是城市政府的一个部门。莫里斯和宾斯托克说明了这方面的状况："从现实的角度说，难以将计划者从他们所受雇的组织中区分出来。在某种程度上，计划者的利益、动机和手段是他们雇主的"（Robert Morris and Robert H. Binstock，1966：17）。计划者们通常是高度受训的专业性专家，他们的服务要求在薪水上是相当大数量的财务开支，以及采取供应、设备、设施、辅助性技术与文员形式的支持。通常，计划者只能在他们的工作中得到那些在社会中处于掌权地位之人的支持，特别是在财富的占有、政府机器的控制，或者是声望的垄断上而言。正如赖恩指出的那样，相当多的计划是因为那些规划组织当中雇主和决策者的"精英共识"（Martin Rein，1965）所致。这种共识通常是以强而有力的事实性资源为外衣的。

在社会行动中，权力结构被看作是行动的一个外在目标。这就是说，权力结构在服务对象体系或社区成员本身之外，它们是作为一种与服务对象群体反面或是压迫性的力量。

> 事实是这样的：你是否获胜，你的权利通常几乎是无济于事的。有权力或有特权的人们极少放弃它们，因为这样做是"正确的"。问题是：你有权威吗？假如你有权力的话，那么你就可以做些事情（S. Kahn，1982：2）。

因此，权力结构通常表现为一种同服务对象，或者是社区成员群体相对立的力量，而服务对象，或者是社区成员群体的福祉恰恰是实务者承诺要维护的。因此，那些拥有权力的人必须受到抑制或者是被推翻，以便服务对象人群的利益可以得到满足。

8. *服务对象系统或社区成员的范围界定*。在地区发展中，服务对象系统通常是个地域性实体的整个社区，例如城市、邻里或村庄。按照邓纳姆的说法，"社区发展关注于社区中所有群体的参与：关注于男女两性、所有年龄群体、所有种族、民族、宗教、经济、社会和文化群体的参与”（Arthur Dunham，1963：141—151）。布莱克利说道：

> 在社区发展中，发展项目或服务项目要求相当多的计划前的工作或诊断性工作，以便确保整个系统被认为是适当的（Edward J. Blakely，1979：22）。

在社会计划中，服务对象系统可能或是整个地域性社区，或者是一些地区，或者是其功能性亚部分。社区福利委员会和城市计划委员会通常将他们的服务对象群体理解为由最为广泛的社区利益部分所组成。另一方面，有时候社会计划的服务对象人群是较为分散的聚合体：一个既定的邻里、精神病人、老年人、青少年、青少年罪犯或是犹太人社区。

在社会行动中，服务对象通常被理解为社区的一些亚部分，或者是在更大社区下遭受痛苦，而且因此需要实务者特别支持的部分。依据卡恩的说法：

> 当政府中的人们，例如社区计划者和发展者谈论社区发展之时，他们通常意味着整个城市的发展。这种观念是误导的。你不能发展整个城市。对某些人是好的，对其他人并不是好的。假如某些事物对一个群体是好的，其他的群体就会损失很大。一个群体的贫困可能是由另一个群体的获利所导致的（S. Kahn，1982：80）。

在社会行动中，实务者更有可能从社区成员或者是同伴的角度思考，而不是从“服务对象”的概念来考虑，服务对象这个概念可能是高高在上、或者是完全分离和临床性的。

9. *有关利益或亚系统的假设*。在地区发展中，社区中各种不同群体和部分的利益被认为基本上是可以调和的，而且能回应理性劝说、沟通和善良意志的彼此影响。因此：

> 社区发展者接受这样的理念：无论种族、性别、民族或出生地如何，人们可以通过团体努力发现解决他们问题的方法。社区发展运动

在取向上是人文主义的……人际能力要求处理与其他人面对面关系的技巧。这意味着一种允许开放、真诚沟通和反馈的真正的或真实性的关系（Edward J. Blakely，1979：18、21）。

在社会计划中，不存在关于冲突利益难以驾驭程度的普遍性假设。这个方法看来是实用的，倾向于特定问题和身陷其中的行为者。莫里斯和宾斯托克确定的社会计划取向如下：

不能期望一位计划者他在寻求一种政策改变的每个复杂组织中去适应部分性状况，他也不能总是意识到主导性部分的最主要利益。在计划者为进行可信赖的预测拥有充分指引，以便应对各种不同的可能性状况之前，需要相当多的研究，以及部分和各种类型中主导性利益的分析（Robert Morris and Robert H. Binstock，1966：112）。

社会行动模式假定：社区亚部分之间的利益是千差万别和无法调和的，而且在进行有意义的调整之前必须经常运用强制性的影响（立法、联合抵制、政治和社会大变动）。那些拥有权力或特权，以及那些从其他的劣势社群那里牟利之人并不轻易地放弃他们的优越之处。自私自利的力量将使期望他们放弃优越之处的做法是愚蠢的。阿林斯基说道：

所有主要控制性的利益必需被接纳：接纳统治集团的政策和决定。所有运动或组织都因不满而出现，或者是寻求独立的变迁，以及被主导性权力者界定为一种威胁，这些都会引起强烈的反对、公共和私人的诋毁，以及对其存在的攻击（Saul D. Alinsky，1962：6）。

10. 服务对象人群或社区成员的概念。在地区发展模式中，服务对象可能被认为是那些没有充分发展的拥有相当力量的一般公民，以及那些需要实务者的服务以便帮助他们释放和聚焦于那些内在固有能力的人。比德尔将这种视角表述如下：

（1）每个人都是有价值的，而且有能力朝着更高的社会敏感和社会责任发展。

a. 每个人在开创性、原创性和领导能力上是欠缺的。这些品质是可以培养和加强的（Biddle and Biddle：60）。

在社会计划中，服务对象更可能被认为是服务的消费者，那些将获得和使用那些作为社会计划过程成果的项目及服务的人：精神健康、公共房屋、娱乐、福利津贴和诸如此类服务。莫里斯和宾斯托克在他们社会计划分析框架中明确称为“消费者”，而不是“服务对象”。

在社会行动模式中，服务对象或社区成员可能被认为是“制度的”牺牲品，最为宽泛地说，或者是其中一部分，例如贫民区的住客、教育制度、城市政府。那些代表他们行动的人最初经常是以“受欺压的人”为特征的。

11. 服务对象或社区成员角色的概念。在地区发展模式中，服务对象被看作是在一个彼此互动过程中和与实务者互动过程中的积极参与者。它主要强调的是在社区中作为学习和成长媒介的群体。服务对象从事一种表达他们“感觉到需要”的集中性群体过程，确定预期的目标和采取适当的联合行动。

在计划模式中，服务对象是服务的接受者。服务对象在消费服务中，而不是在政策或目标的决定中是活跃的，这种功能留给了计划者或是一些决策工具，例如理事会或委员会的董事会。依据莫里斯和宾斯托克的说法：

> 成员和消费者确定政策的机会是十分有限的，因为他们并不总是为此目的而组织起来。假如他们被组织起来，而且假如使他们汇聚一起的核心议题是足够强烈的话，他们可能退出以便组成一个单独的组织。假如这个议题是微弱的话，控制政策的机会是短命的，因为联合将解体，缺乏足够的动机以便使其他不同的构成要素汇聚在一起（Robert Morris and Robert H. Binstock，1966：109—110）。

因此，决定是计划者通过与一些通常是由精英组成的社区群体的合作而做出的，这些精英或是被假定代表整体的社区，或是被假定是服务对象群体最佳利益的代表者。

在社会行动模式中，受益群体可能是由实务者或社区成员的雇主所组成。在联合中，理想的成员资格贯穿于组织之中。阿林斯基的工业区基金会理想上不进入目标地区，直到那里的人们在组织运作中获得一种控制和独立的声音。这里强调的是作为雇员和人民公仆的组织者概念。卡恩认为，“假如有的话，组织员工的领导者应该是直接向董事会交代，而且应该由董事会掌握交代”（S. Kahn，1982：70）。无论是雇主或社区成员，服务对象群体是处于决定广泛目标和政策位置上的。这些不是处于连续性或核心性参与性角色的人，可能更多的是时断时续地参与大规模行动和压力团体活动，例如游行或联合抵制。

垂直性地看待社区组织模式

我们已水平地考察了三个模式。这就是说，我们以一种比较性地跨越实务变量的方式考察了这些模式。通过从前述不同实务变量的角度分别描述每种模式，我们也从垂重性视角看待模式。我们用两个例子说明这一点——地区发展和社会行动——我们将它们的结果描述如下。

地区发展

在地区发展的模式 A 中，行动目标包括自助、增强社区能力和社区整合。社区特别是在都市处境下社区被看作是崩溃的和分隔的，遭受失范之苦，而且缺乏良好的人际关系和民主解决问题的技巧。基本性变迁战略涉及使各部分人们广泛参与研究和对他们的问题采取行动。使用共识战略，这涉及小群体讨论和在社区亚部分（阶级、种族等）之间的培育、沟通。实务者发挥的功能是使能者、催化者和解决问题技巧与道德价值观的教师。他/她要特别擅于操控和指导小团体的互动。权力结构的成员是一种共同努力中的合作者，因为社区服务对象系统的概念包括整个地理性社区。实务者将社区理解为是由共同利益或者是可以调和的差异性组成的。服务对象被认为是从事一种共同性社区事业的公民，而且他们的角色是互动性解决问题过程中的一个参与者。

社会行动

在社会行动模式中，目标包括权力、资源和社会中决策地点的转移，在短期的基础上改变正式组织的政策。系统变迁被认为是关键性的。由于存在一群遭受劣势或社会不公正待遇的被剥夺人群，社区被理解为是由一种特权和权力的等级结构所组成的。基本的变迁战略涉及将议题具体化，并且代表他们组织本地人采取反对他们敌对目标的行动。变迁策略通常包括冲突技术，例如抵抗和联合、游行、联合抵制或者是精明性讨价还价的直接行动。实务者发挥积极分子、鼓动者、中介人、精明谈判人和同党的角色。他/她擅于操控大规模的组织和政治过程。权力结构被看作是行动的一个外在目标：压迫者或剥削者需要抑制或被废除。服务对象群体或社区成员是社区的劣势部分（黑人、穷人、妇女、同性恋和工人）。社会行动假定：在相关党派之间的利益是冲突的或是不易调和的，因为那些拥有权力、资源和威望的人不情愿放弃或是分享它们。服务对象被认为是社会中各种力量和利益的牺牲品，而且他们的角色是实务者的雇主或社区成员，以及大规模行动和压力群体活动的参与者。

各种宏观视角的比较

由于已经提出和剖析了社区组织实务的视角，我们准备将其放置在政策和行政实务视角的处境之中。这个讨论是进入主题和提出其分析性效用的开端。对本文长度和复杂性的考虑表现为一种简洁和实用性处理。为了讨论的方便，我们将概括地讨论每种视角，这就是说，将依据这些实务的主导性概念化模式来讨论。现在，我们将在包括三个模式的较为抽象的层面上论述社区组织。这种方法有所得也有所失。行政管理至少可以再细分为两个模式：等级性模式和参与性模式。同样，政策过程存在理性主义和政治性概念化。为了分析的便利，我们将在我们讨论的每种情况下强调前述的概念。

我们将用社会政策形成和实施：这种最宽泛或最包容的宏观视角开始这个阶段的讨论。社会政策通常在社会工作中发挥作用的所有其他领域中建立框架。社会政策通常变得有必要采取新的政策或改变现存的政策，以便建构其他宏观方法可以最适度发挥作用的条件。而且社会政策通常在社会或国家层面上运作，提供最为广泛的覆盖范围和影响范围。

接下来的层次是社区，而且我们已经讨论过了。最后，我们将依据行政视角的考虑得出结论，行政视角聚焦于提供项目和服务的机构或组织。组织性单位是我们将讨论的最小单元，或者是最受限制的宏观体系。

政策实务

政策过程有几个阶段，这包括最初想法的产生，选择一些进一步考虑的目标，对批准过程本身的管理，而且在批准之后与更为详细的计划和设计，与项目和评估相联系的阶段。典型的政策包括确定目标和建立实施规则。绝大多数学者就政策方法建立了一套类似于前述五个步骤的阶段（John E. Tropman）。

政策实务一般需要发展和改善文字，以及正式批准的行动指导原则（John E. Tropman, 1984）。在通常可以认为政策是政府，特别是联邦政府或全国性政府所作所为的同时，实际上，政策可以在社会干预的每个层次上：个人、家庭/群体、组织、社区，以及州/全国性领域中进行。个人目标声明、遗嘱、婚姻契约、由机构董事会通过的指引、城市条例和全国性法律均属政策的范畴。最近，这种政策领域的扩展性视角在皮尔斯、詹森和特罗普曼的著作中得到发展（Dean Pierce, 1984）。

政策管理的观念是个具有比已往的政策定义更倾向于积极或与实务相关联概念的特点。这种定义经常聚焦于学习已经存在的政策和那些影响社会福利关怀的政策。政策分析的另一个步骤是，有时候运用各种不同分析技术，从资源、涵义和影响的角度分析政策（John E. Tropman, 1984）。这些努力都倾向于集中在政策文件上。最近的概念化已经为政策实务增加了几个元素，这包括聚焦于刚才提及的政策过程、政策处境（那些发展某些政策和推迟其他政策的结构与信念）、政策实施（政策通过以后所发生的事情），以及政策管理（透过一系列要求步骤的政策过程交响曲，以及注意增加新政策视角的供应）。这样像社区组织者和行政者一样，政策管理者成为一个积极寻求改善决策过程的个人，就像管理者为特定服务对象寻求改善状况那样。我们此处所讲的政策是一种专业性实务方法，而不仅仅是一种认知性理解社会福利项目和服务的分析工具。

毫无疑问，这些努力是鲍姆海尔和肖尔（Edward C. Baumheier and Alvin L. Schorr, 1977：1453—1462）在他们四种政策实务角色（立法和规定、建议、研究社会问题和倡导）的早期讨论中涉及的，但是现在政策实务扩展了范围，而且明确了这些活动实施的方式。在某种意义上说，政策实务涉及通过决定过程来动员和指导的观念。这个过程通常是偶然接触到的，正如在“垃圾罐决定模式”中建议的那样（M. Cohen，J. G. March and J. Olsen，1972：1—25）。但是，政策管理可以通过明确地注意基本因素（信息、人群）和政策的构成而改善决策过程，注意通过技巧和技术的使用而改善政策过程（调解、谈判、中介、决定结构技术），以及在决定过程中（研究者、记录者和促进者）使用那些指定的角色。

关于政策的一些较为限定性视角的出现，可能是因为社会工作集中在一种形式的政策上：社会政策。但是，关于什么是社会政策，而且从其有效范围的角度看，社会政策包括什么，不包括什么，甚至今天仍然存有相当大的混乱（罗普曼，1984）。但是，无论如何，社会政策是从公共政策角度看待的，这就是说主要是政府的所作所为。因此，这里存在一种将政策活动看作是政府，而且可能特别是关注于劣势社群的趋势。在我们重新肯定社会工作对劣势群体的历史性关怀的同时，变得越来越困难的是将那些有关劣势群体的政策与那些有关其他群体的政策区分开来，把有关“穷人”的“福利”政策与有关“富人”（税收支持等）的“福利”政策区分开来。我们的视角是：那些关注于人们和他们生活的决定是政策实务的适当目标，而且应注意到那些决定是可以在社会秩序的所有层面上发生的。例如，将通过社会保障年金提供的保护需要与那些由人们的就业场所提供（或不提供）的相同保护一起来考虑。社会政策是关于论述人类服务过程和宣布人类服务范围的。

行政管理性实务

行政管理性视角认为：社区组织和其他的社会工作方法是组织之中的实务（Armand Lauffer，1984；Robert D. Vinter and Rhea Kish，1984；Yeheskel Hasenfeld，1983）。问题的关键是，这些组织的功能是社区组织实务者和政策实务者有效果与有效率干预的一个必要条件，但不是充分条件。尽管存在某些不确定，但是行政管理被认为是社会工作干预和社会工作本身的一种合法性方法。《社会工作中的行政》杂志为行政管理实务者提供了相关领域的文章。社区组织者和行政者通常是一个人和同一个人，而且转变的是角色，而不是个人本身。社会工作学院越来越多地提供专门的行政管理，而且一些社会工作学院为此目的与商业学院联合发展。此外，一些管理学院，例如耶鲁和加州大学洛杉基分校的管理学院将非牟利部门作为工作岗位的来源。在非牟利部门并不是单单由社会工作机构组成的同时，非牟利部门包括“人类服务机构”，人类服务机构是社会工作实务的传统性处境。

组织结构提供了通过它的服务和项目可以形成与实施的途径。组织通过具体化的行动提供资源、合法性、人力、专门技能、“美好意愿”和其他的工具。

组织通常是专业性活动的目标。实务者的目标通常是对一些在组织之外，或是社区中机构的政策或实务予以修改。服务机构从其他组织寻求服务对象和信息，并且为了转介目的而使用它们。规划机构试图协调机构之间的项目。地区发展机构将由公民群体的社区机构带入深思熟虑的过程，以便评估社区需要和发展改善行动中的合作。社会行动组织通常迫使组织和机构放弃某些政策和项目，或者是采取某些新的政策和项目。

组织在许多状况下也充当实务发生于其中的处境。组织之间现存的良好合作和沟通模式可能导致将组织转变为一个行动模式，一种将提出一种截然不同做法的猜疑和冲突气氛。同样如此，假如机构总体上显示高水平的专业主义，或是拥有一个充足的资源基础，一个变迁机构的行动方式将与拥有一种低水平专业知识，或者是为项目目的可用的资源贫乏之时会有所不同。

假如组织是行动发生于其中的框架，行政管理就是组织发展和操控的实务。行政管理是组织形成和指引所追求的特定目标，并且是实施特定战略和项目的途径。在行政管理被看作是社会工作实务中的一种描述方法的同时，行政管理也涉及其他所有的实务方法。行政管理为操控直接性服务组织的组织过程提供了一个基础。这对三类社区组织模式是一样的，无论是社会计划模式、地区发展模式，还是社会行动模式。在相似状况下，政策发展和行动应该在这样一种组织性框架之中形成，即这种方式允许政策过程以最佳化的形式表现出来。

可以挑选出行政管理的特定因素以便确定实务的事实。首先，这里存在选择一个组织应该追求的目标，并且确定与实现这些目标相一致战略和项目的事情。这依靠行政管理者在实施领导上的技巧，这些技巧包括评估社区需要、设计项目、维持社区关系和促成组织性成员之间形成共识的能力。其次，以一种有效方式实施战略和服务的能力。这些实施的技术性任务要求动员人们、信息和资源，以便对所处理的需要或问题施加影响的能力。此外，还有管理组织运作的任务。从最简单的角度来看，这可以表述为维持组织的运作。这种维持性活动涉及像可用的纸张供应，在适当的时间和适当的地点获得适当的员工，获得和使设备与设施保持在项目实施所需的良好状况等一类基础性事情上。帕森斯（Talcott Parsons，1960）将这些维持性活动分别确定为制度性、技术性和管理性层面的行政管理性功能。

由于已经描述了三种宏观的视角，如果将这套相同的应用分析运用在社区组织实务中可供选择模式的实务变量上，就有可能从横切面角度考察三种宏观视角。我们将从事这种拟议的分析类型，选择极少数实务变量以便说明这种方法的效用。较为清楚的说明将要求按照一种差异性分析来论述。

首先考察变迁策略和技术的特点，政策实务不是共识取向的，就是冲突取向的。政治权力及其运用是考虑的核心。特定的议题和利益的类型，以及围绕议题的力量可能导致一种或另一种策略性方法。在社区组织实务中，不同的模式倾向于不同共识，或者是冲突的方向。地区发展主要依赖于共识，社会行动主要依赖于冲突。行政管理性实务通常涉及作为一种影响模式，以及总体上有利于稳定、美好意愿、经济和有效率运作的正式权威的使用。但是，这是一种偏好，而不是一种“命令性”的策略，而且当组织性目标被认为是通过这种首创而获得增强之时，行政管理者也将使用冲突策略。

考察实务者的角色提供了令人感兴趣的洞察。在政策实务中，存在两种基本性角色：研究政策形成以便寻找弱点和不足的政策分析者，以及指导政策产生和发展过程的政策管理者。政策实务者通常依附于政策委员会，这要求他或她以员工能力的方式支持委员会。社区组织实务者在使能者、事实收集者和活跃分子角色中的功能发挥取决于既定的行动模式。行政管理实务者倾向于依赖他们在核心角色中的一种权威性地位，例如行政管理者、助理行政管理者，或是督导者。

每种视角中的变迁媒介是十分不同的。对政策实务者而言，两种媒介是核心性的。一种媒介是决策群体。这个群体可以是一个委员会、一个行政管理委员会、一位立法者，或者是具有正式批准权力的其他群体。第二种媒介是影响群体行为的事务：政策草案或文件，换言之，实际的法律本身。法律文本和规定中的变化是变迁的重要媒介。社区组织实务者是与其他形式的群体一道工作的：邻里群体、各式各样的协会和正式组织。计划者也处理资源。对行政管理实务者而言，核心性媒介是人类服务机构本身。人类服务机构中结构和项目的变化，是这些变迁得以发生的媒介。

在每种视角中，对结构存在某些不同的取向。在绝大多数状况下，政策实务者是与权力结构一道工作的，但是是在力所能及的范围之内。在政策实务者通常不是权力结构成员的同时，他们确实参与其中。在某种意义上说，当他们也了解“群体之外”视角之时，政策实务者拥有一种边缘或力所能及的关系。社区组织实务者与权力结构具有变化的关系，这种关系从雇员、联盟者到军事敌人，这取决于行为的模式。从一种行政管理性实务的角度看，总干事通常是作为项目和服务实施的权力结构。令人感兴趣的是，有时候，那些变成行政管理者的实务者发现：他们自己本身已成为他们过去曾反对他们前任的技术目标。

服务对象角色的概念在每种视角之中是截然不同的。政策实务者将精英参与者看作是高度参与和活跃的，但是倾向于将非精英看作是评估和同意，或者是不同意政策的方向。在社区组织实务中，服务对象角色是各式各样的，由积极角色到被动角色，这取决于实务的模式。行政管理实务者，特别是在服务提供机构中的行政管理实务者倾向于使用同计划者一样的方式看待服务对象，这就是说，将服务对象看作是机构产品的消费者。在这种意义上说，服务对象是组织性体系中的从属参与者。因此，服务对象在行政管理中的角色是被动的，需要消费者或接受者形式的参与者。消费者在寻找和获得服务中可能是积极性的，但是在决定服务的形式和可获得的服务之中，典型的消费者不是积极性的。

这种相同类型的分析可以应用到所有的实务性变量上，以作为对不同视角予以更强概念性掌握的一种方式。我们要面对的更大问题是建构这种类型的价值。

多种方法的涵义

建构实务类型存在各式各样的涵义。首先，对实务者而言，重要的是专心于这些他或她意识到作为基础的视角，或是模式中的一个组织性和方法性争论的中心。这种状况的基本假设、对待服务对象的取向、喜欢的行动方法等是什么？按照这种方式，实务者可以恰当地、与其他相关行为者的期望吻合地来行事。

超越那些现存的一致性，实务者可以处在一个创造一种行为形式以处理特定问题的位置上。我们可以勾勒出一些大体凭经验臆测的指导原则。在社区组织中，当人们同质性之时，或者是当各式各样社区亚部分和利益之间存在共识之时，使用地区发展模式将是有用的。当亚群体是敌对的，而且利益无法通过常规的讨论性方法来调和的话，可以功能性地使用社会行动模式。当问题相当常规化，并且通过事实性信息的应用而导致问题适用于解决方法之时，看来社会计划将是受欢迎的行为模式。当问题似乎位于组织结构本身当中之时，需要聚焦于行政管理技巧。在涉及立法和规管政治制度的地方，重要的是使用政策技巧。

当通过评估一种或另一种行动方式是合适，或是不合适之时，实务者采取一种分析的、解决问题的立场，而且并不应该成为某种特定意识形态或方法论办法实务的俘虏。结果，实务者通过每种方法的不同效用的训练，以及获得允许他们似乎是恰当和必要的利用每种方法的知识与技巧来协调。为改变组织性目标和变迁中角色的特定战略与技术已经形成（Jack Rothman，1981）。

多种方法的融合和阶段

社区实务者也应该对这些技术在一种单一实务处境下的融合使用变得敏感，因为问题要求这种融合，而且组织性结构可能允许适应。这样，实务者将能够在一种对人们有意义参与或是漠不关心的社会计划，或是政策方法之间做出必要的调整，或者是在一个强调以牺牲处理紧迫社区问题为代价的没完没了的群体讨论的社区发展方法之中做出必要的调整。当道路可以为议题通过讨论或协商而赋有成果的解决开放之时，或者是在一种对政策方向或服务对象的回应无动于衷的行政性方法之中时，变迁可以按照运用一种冲突性社会行动方法来进行。在任何既定的方法中，其他方法的层面可能扮演一种重要角色。这样，实务者在社会行动中可以相当大程度上在他自己社区成员当中与之间使用地区发展技术。一位主要局限于有关服务的社区健康计划咨询者可能欣赏他外部社会行动项目努力的贡献，并以一种积极和支持性方式看待社会行动项目，而不是以一种怀疑或敌对的方式看待社会行动项目。

这种视角由格里表述如下：

> 我们的实地研究产生了大量需要（各种各样）角色的证据，但是并不总是在相同的时间和相同的地点。在我们的初始阶段之中，赋有挑战性的问题是更为清楚地界定一种或另一种特定状况，或者是还适合其他实务类型的特定状况。我们在未来实务者中需要的技术是从事一种状况的诊断技术，以及将导致他从事最适合手边工作方法的适当选择分析（Arnold Gurin，1966：30）。

某些类型的融合可以比其他的类型更为可行。例如在同一个组织中，地区发展和社会计划的综合可以轻易地卓有成效。正如贫困项目所展示的那样，社会行动方法并不愿意与其他两种行动模式融合。这里的不同在于资助、地理位置，或是允许使用两种方法的资助者。所有的行动形式均要求行政性技巧。计划技巧在政策发展的实施阶段中是有用的。

除融合之外，在不同方法之间存在一种阶段性关系。一个既定的变迁项目可以在一个模式开始，然后在后来阶段转移到另一个模式。例如，当一个社会行动组织取得成功和获得资源之时，这个组织可能发现：它最有效率地发挥作用可能源自一种社会计划模式。工会运动达到一种充分展示这种阶段类型的程度。当实现了组织性成长和可行性之时，社会政策和行政管理性考虑可能变得更为显著突出。而且正如我们已说的那样，总是需要一些行政管理性因素。在应用可供选择的方案之时，实务者需要适合的过渡点。

在过去，专业实务和概念化是以对实务的特定价值取向为特色的。社会工作专业的价值体系被认为是将实务限定在特定的形式中。因此许多年来，使能者角色和强调多样性群体之中与之间合作性关系的干预，被认为是社会工作方法中唯一正当和合法的手段。一种更新的视角接纳不同的价值取向，而且强调专业中的框架。下面的评论清楚地表达了这种假设：

> 社会工作价值观为决策提供了一些架构，但是它们太宽泛以致无法提供具体的答案。社会工作总体上既承诺于社会制度的改善，又承诺于个人和家庭生活的充实，但是对决定这些目标如何可以在任何特定时间最好的实现并没有具体的公式，甚至是在一个作为社会工作核心的收入维持领域中也没有具体的公式。因此，社会工作专业必须能够包容一些意识形态，其中一些意识形态可能在某些点上甚至是相互冲突的（Wytt C. Jones and Armand Lauffer，1968：9）。

关于专业价值观经验发现的考查导致这样的结论："就存在一种划定范围、统一接纳的价值体系而言，人类服务专业似乎并不是高度整合的"（Jack Rothman，1974：100）。实质上，本文中提议的不同方法就是处于这样一种状态。政策管理者将利用社会政策中倡导的足够的价值观和公平的价值观。地区发展实务者将可能看重那些强调在人类事务中和谐与沟通的社会工作价值体系内容。社会行动者将建立在强调对社会公平的社会工作价值观承诺的基础之上。计划者将理性置于优先领域。行政管理性实务者在为人们提供服务中可能喜欢经济和舒适自在。这些价值观取向在人类服务的每一种专业传统中都发现了支持和证明。宣称一个或另一个是出类拔萃的优先领域是困难的。的确，最近的思想认为：价值观一定是多元主义和冲突的，而且可能以一对类似对立的承诺出现。刚刚提及的一对：足够与公平就是一个例子。还有一些其他一对的例子（John E. Tropman，1984）。当在既定时间里追求多个价值观之时，融合就发生了。

但是，显而易见的是：尽管强调多样化价值观，这些选择可以以这样一种方式应用于培育、支持社会变迁，以及人类状况的改善。本文这里采取的姿态是：在接纳每种价值取向合法性的同时，鼓励由此起源的各式各样宏观实务干预模式之间相互关联性发展。在缺乏研究或确定只有一个核心优越性的经验之时，变迁代理人的能力只有通过这种宏观实务技术的多样性发展才能充实提高，社会只有通过这种宏观实务技术的多样性发展才能受益。适当的融合和阶段可以出现在这样一种发展之中。

主要参考文献

1. Sammul H. Taylor and Robert W. Roberts (eds.), *Theory and Practice of Community Social Work*, New York: Columbia University Press, 1985. 塞缪尔·H. 泰勒和 R. W. 罗伯特编：《社区社会工作的理论与实务》，纽约：哥伦比亚大学出版社，1985 年。

2. Ralph M. Kramer and Harry Specht (eds.), *Readings in Community Organization Practice*, third edition, Englewood Cliffs, NJ: Prentice Hall, 1983. 拉尔夫·M. 克雷默和哈里·施佩希特编：《社区组织实务读物》（第三版），新泽西：学徒馆，1983 年。

3. Edward E. Schwartz, Macro Social Work: a Practice in Search of Some Theory, *Social Service Review*, 1997, No. 2, pp. 201 – 222. 爱德·E. 施瓦茨：《宏观社会工作：一种寻求某些理论的实务》，《社会服务评论》1977 年第 2 期。

4. United Nations, *Social Progress through Community Development*, New York: United Nations, 1955. 联合国：《通过社区发展达致社会进步》，纽约：联合国，1955 年。

5. Arthur Dunham, Some Principles of Community Development, *International Review of Community Development*, 1963, No. 11. 阿瑟·邓钠姆：《社区发展的一些原则》，《社区发展国际评论》1963 年第 11 期。

6. William W. and Loureide J. Biddle, *The Community Development Process: The Rediscovery of Local Initiative*, New York: Holt, Rinehart & Winstion, 1965. 威廉·W. 和 L. J. 比德尔：《社区发展过程：地方首创的再发现》，纽约：霍尔特，莱恩哈特和温斯顿，1965 年。

7. Paul Henderson and David N. Thomas, *Skills in Neighborhood Work*, Winchester, MA: Allen& Unwin, 1980. 亨德森·P. 和托马斯·D. N.：《邻里工作技巧》。温彻斯特：艾伦和昂温，1980 年。

8. N. Mayer, *Neighborhood Organization and Community Development*, Washington D. C.: Urban Institute, 1984. 迈耶·N.：《邻里组织和社区发展》，华盛顿：都市研究所，1984 年。

9. Edward J. Blakely, Toward a Science of Community Development, in Edward J.

Blakely (ed.), *Community Development Research*: *Concepts*, *Issues and Strategies*, New York : Human Sciences Press, 1979 布莱克利 · E. J. :《迈向社区发展的科学》, 载《社区发展研究：概念、议题和战略》, 纽约：人文科学出版社, 1979 年。

10. B. C. Bedics and R. Doelker, Mobilizing Informal Resources in Rural Communities, Human Services in the Rural Environment, 1983, 8, Vol. 1. 贝迪斯 · B. C. 和多尔克 · R. :《在乡村社区中动员非正式资源》,《乡村环境中的人类服务》, 1983 年第 8 卷第 1 期。

11. Ben Lappin, Community Development: Beginnings in Social Work Enabling, in Samuel H. Taylor and Robert W. Roberts (eds.), *Theory and Practice of Community Social Work*, New York: Columbia University Press, 1985. 拉平 · B. :《社区发展：始于社会工作的使能》。载塞缪尔 · H. 泰勒和罗伯特 · W. 罗伯特编《社区社会工作的理论与实务》, 纽约：哥伦比亚大学出版社, 1985 年。

12. A. Lauffer, The Practice of Social Planning, in Neil Gilbert and Harry Specht (eds.), *Handbook of the Social Services* , Englewood Cliffs, NJ: Prentice Hall, 1981, pp. 588 – 197. 劳弗 · A. :《社会计划的实务》, 载尼尔 · 吉尔伯特和哈里 · 施佩希特编《社会服务手册》, 新泽西：学徒馆, 1981 年, 第 588—197 页。

13. M. Rein, *Social Policy*: *Issues of Choice and Change* , White Plains, NY: M. E. Sharpe, 1983. 赖恩 · M. : 《社会政策：选择和变迁的议题》。纽约：M. E. 夏普, 1983 年。

14. Robert Morris and Robert H. Binstock, *Feasible Planning for Social Change*, New York: Columbia University Press, 1966. 罗伯特 · 莫里斯和罗伯特 · H. 宾斯托克:《社会变迁的可行性规划》, 纽约：哥伦比亚大学出版社, 1966 年。

15. Jack Rothman and Mayer N. Zald, Planning Theory in Social Work Community Practice, in Samuel H. Taylor and Robert W. Roberts (eds.), *Theory and Practice of Community Social Work* , New York : Columbia University Press, 1985, 杰克 · 罗斯曼和迈耶 · N. 扎尔德:《社区社会工作实务中的规划理论》, 载塞缪 · H. 泰勒和罗伯特 · W. 罗伯特编《社区社会工作的理论与实务》, 纽约：哥伦比亚大学出版社, 1985 年。

16. Saul D. Alinsky, *Reveille for Radicals*, Chicago: University of Chicago Press, 1946; *Rules for Radicals*, New York: Random House, 1972. 阿林斯基 · S. D. :《激进的号角》, 芝加哥大学出版社, 1946 年。《激进的规则》, 纽约：随意房, 1972 年。

17. Douglas Glasgow, Black Power through Community Control, *Social Work*, XVII, 1972, No. 3; Jeffry H. Galper, *The Politics of Social Services*, Englewood Cliffs, NJ: Prentice Hall, 1975. Roy Bailey and Mike Brake, Radical Social Work, New York: Pantheon Books, 1975. S. Burghardt, *Organizing for Community Action*, Beverly Hill: Sage Publica-

tions, 1982. R. Browning, *Protest is Not Enough*, Berkeley: University of California Press, 1984. S. Burghardt, *The Other Side of Organizing*, Cambridge, MA: Schenkman, 1982. Richard Cloward and Frances Piven, *Poor People' s Movements*, New York : Pantheon, 1977. R. E. Roberts and R. M. Kloss, *Social Movements: between the Balcony and the Barricade*, St. Louis: C. V. Mosby Co., 1974. S. Weisner, *Fighting Back: A Critical Analysis of Coalition Building in the Human Services* , 1983, 57（2）, S. Kahn, *Organizing* , New York: McGraw_ Hill Book Co., 1982. 道格拉斯·格拉斯哥：《凭借社区控制的黑人权力》,《社会工作》1972 年第 3 期；杰弗里·H. 加尔玻：《社会服务政治学》，新泽西：学徒馆，1975 年；罗伊·贝利和迈克·布雷克：《激进社会工作》，纽约：万神殿丛书，1975 年；S. 伯格哈特：《社会行动的组织》，贝弗里·希尔斯：塞奇出版社，1982 年；R. 布朗宁：《抗议是不足够的》，伯克利：加里弗尼亚出版社，1984 年；S. 伯格哈特：《组织的另一面》，剑桥：1982 年；理查德·克洛沃德和弗朗西丝·皮文：《穷人的运动》，纽约：万神殿丛书，1977 年；R. E. 罗伯特和 R. M. 克洛斯：《社会运动：位于阳台和栅栏之间》，圣路易斯：C. V. 莫斯比，1974 年；S. 韦斯钠：《抵抗：人类服务中联合建设的批判性分析》，《社会服务评论》1983 年第 57 卷第 2 期；S. 卡恩：《组织》，纽约：麦格里—黑尔图书公司，1982 年。

18. Robert Morris and Robert H. Binstock, Feasible Planning for Social Change, New York: Columbia University Press, 1966. 莫里斯和宾斯托克：《社会变迁的可行性规划》，1966 年。

19. Neil Gilbert and Harry Specht, Process Versus Task in Social Planning, *Social Work*, XXII, 1977, No. 3,; also Jack Rothman, An Analysis of Goals and Roles in Community Organization Practice, *Social Work*, IX, 1964, No. 2. 尼尔·吉尔伯特和哈里·施佩希特：《社会计划中的过程与任务》,《社会工作》1972 年第 3 期；也参见杰克·罗斯曼《社区组织实务中目标和角色的分析》,《社会工作》1964 年第 2 期。

20. Edward J. Blakely, Toward a Science of Community Development, in Edward J. Blakely (ed.), *Community Development Research: Concepts, Issues and Strategies* , New York: Human Sciences Press, 1979, p. 19.

21. Murray G. Ross, *Community Organization: Theory and Principles*, New York: Harper and Brothers, 1955. 默里·G. 罗斯：《社区组织：理论和原则》。纽约：哈铂和兄弟，1955 年。

22. Roland L. Warren, *The Community in America*, Chicago: Rand McNally & Company, 1963; rev. 1972, . 罗兰·L. 沃伦：《美国的社区》，芝加哥：兰德·麦克钠利公司，1972 年修订版。

23. T. J. Peters and R. H. Waterman, *In Search of Excellence* , New York: Harper &

Row, 1982. T. J. 彼得和 R. H. 沃特曼：《追求卓越》，纽约：哈铂和罗，1982 年。

24. Saul D. Alinsky , *Citizen Participation and Community Organization in Planning and Urban Renewal* , Chicago: Industrial Areas Foundation, mimeographed, 1962, p. 7. 阿林斯基 · S. D. :《在规划和都市更新中的公民参与和社区组织》。芝加哥：工业地区基金会，1962 年。

25. Harry Specht, Disruptive Tactics, *Social Work*, XIV, 1969, No. 2. 哈里 · 施佩希特:《扰乱性策略》,《社会工作》，1969 年第 2 期。

26. Martin Rein, *Strategies of Planned Change*, American Orthopsychiatric Association, 1965. 马丁 · 赖恩:《计划变迁的战略》，美国精神健康协会，1965 年。

27. William Gamson, *Power and Discontent*, Homewood, IL: Dorsey Press, 1968. 威廉 · 甘姆森:《权力和不满意》，多尔西出版社，1968 年。

28. John E. Tropman, Methods and Techniques for Social Policy Analysis: The Practice of Policy Management, *The Encyclopedia of Social Work* , New York: NASW, Forthcomings. 约翰 · E. 特罗普曼:《社会政策分析的方法与技巧：政策管理的实务》。《社会工作百科全书》，纽约：全美社会工作者协会，即将出版。

29. John E. Tropman, *Policy Management in the Human Services*, New York: Columbia University Press, 1984，约翰 · E. 特罗普曼:《人类服务中的政策管理》。纽约：哥伦比亚大学出版社，1984 年。

30. Dean Pierce, *Policy for Social Work Practice*, New York: Longman, 1984. Bruce Jansson, *Theory and Practice of Social Welfare Policy*, Belmont, CA: Wadsworth Publishing, 1984. And Tropman, ibid. 皮尔斯 · D. :《社会工作实务的政策》，纽约：朗曼，1984 年；詹森 · B. :《社会福利政策的理论与实务》，沃慈沃思出版社，1984 年；特罗普曼:《政策管理的实务》。

31. Edward C. Baumheier and Alvin L. Schorr, Social Policy, *The Encyclopedia of Social Work* , New York: NASW, 1977. 鲍姆海尔 · E. C. 和肖尔 · A. L. :《社会政策》,《社会工作百科全书》，纽约：全美社会工作者联合会，1977 年。

32. M. Cohen, J. G . March and J. Olsen, A Garbage can Model of Organizational Choice, Administrative Science Quarterly, 1972, 17 (1) . 科汉 · M. , 马奇 · J. G. 和奥尔森 · J. :《组织选择的垃圾罐模式》,《行政科学季刊》，1972 年第 17 卷第 1.

33. Armand Lauffer, *Strategies of Marketing*, New York: Basic Books, 1984. Robert D. Vinter and Rhea Kish, *Budgeting for Non - profit Organizations*, New York: Free Press, 1984. Yeheskel Hasenfeld, *Human Service Organizations*, Englewood Cliffs, NJ: Prentice - Hall, 1983. 参见阿曼德 · 劳弗:《市场营销的战略》，纽约：基础丛书，1984 年；罗伯特 · D. 文特和雷匹 · 基什:《非营利组织预算》，纽约：自由出版社，1984 年；耶

合斯科尔·汉森菲尔德：《人类服务组织》，新泽西：学徒馆，1983 年。

34. Talcott Parsons, *Structure and Process in Modern Societies* , New York: Free Press, 1960. 帕森斯·T.：《现代社会的结构与过程》。纽约：自由出版社，1960 年。

35. Jack Rothman, John L. Erlich and Joseph G. Teresa, *Changing Organizations and Community Programs*, Beverly Hills, CA: Sage Publications, 1981. 杰克·罗斯曼，约翰·L. 厄利克和约瑟夫·G. 特里萨：《变迁中的组织和社区项目》，塞奇出版社，1981 年。

36. Arnold Gurin, *Current Issues in Community Organization Practice and Education*, Brandeis University Reprint Series, No. 21, Florence Heller Graduate School for Advanced Studies in Social Welfare, 1966. 阿诺德·格里：《当前社区组织实务和教育的议题》，布兰代斯大学重印系列，21 号，弗洛伦斯·赫勒研究生院的高级社会福利研究，1966 年。

37. Wytt C. Jones and Armand Lauffer, *Implications of the Community Organization Curriculum Project for Practice and Education*, Professional Symposium of NASW, National Conference on Social Welfare, 1968. 怀亚特·C. 琼斯和阿曼德·劳弗：《社区组织课程项目的实务和教育涵义》，全美社会工作者人员协会专业研讨会，全国社会福利大会，1968 年。

38. Jack Rothman, *Planning and Organizing for Social Change: Action Principles from Social Science Research*, New York: Columbia University Press, 1974. 杰克·罗斯曼：《社会变迁的计划和组织：来自社会科学研究中的行动原则》，纽约：哥伦比亚大学出版社，1974 年。

39. John E. Tropman, Value Conflict in Decision, Making in F. M. Cox et al, *Tactics and Techniques of Community Practice*, Second Edition , Itasca, IL; FEPeacock, 1984. 约翰·E. 特罗普曼：《决策中的价值冲突》。载 F. M. 考克斯等编《社区实务策略和技术》（第二版），伊萨卡：孔雀，1984 年。

本文系刘继同译自弗雷德·M. 考克斯，约翰·L. 厄利克，杰克·罗斯曼（J. Rothman），约翰·E. 特罗普曼（J. E. Tropman）（编辑）的《社区组织的战略：宏观实务》（1987 年第四版）一书，作者系美国著名社区组织专家杰克·罗斯曼。译者特别感谢中国社会科学院社会学研究所苏国勋先生的专业眼光和纤夫、履霜二位编辑首译稿的润色、斧正。首译稿刊登于《国外社会学》2003 年 1 期。本次重译的主要修改之处有三：一是将原译为 practices（实践）的概念，全部修改为“实务”概念，以体现社会工作专业特征；二是增加“摘要和关键词”，以便于专业理解；三是译者对照原文，重新校译了全文，修改某些不甚理想的译法，力争实现“信达雅”目标，以方便中国读者的专业理解。重译稿以上、下两期刊于《社会福利》（北京）2015 年 1—2 期。

第十一部分

“东亚福利模式”与社区福利体系比较研究

日本社区福利制度的历史、现状、前景与历史经验

摘要：2010 年是中国社会福利元年，标志着中国从此进入以改善民生为重点的社会建设和社会福利时代。社区福利制度是现代社会福利制度框架重要组成部分。本文主要以日本社区福利学者的研究成果为基础，首次全面简介日本社区福利制度的历史发展过程，概要描述日本社区福利制度与社区福利体系的现实状况与面临的挑战，简要分析日本社区福利体系发展趋势，重点是总结日本社区福利制度发展变迁的历史经验教训和结构性变迁规律，以便为构建和谐家庭、和谐社区与和谐社会，尤其是中国特色社区福利制度建设提供参考、借鉴。

一　中日社区福利研讨会与日本社区福利议题

2012 年 3 月 13 日，由北京社区研究基地、北京市社会科学院城市问题研究所主办，中国社会福利基金会社区发展基金联合主办的“中日社区福利研讨会”在北京社会科学院召开，来自民政部、北京大学、中国人民大学、北京市哲学社会科学规划办、北京市社会科学院、中国社会福利基金会和 6 位日方专家学者出席会议。这是当代中国社会福利史上首次、专题性中日社区福利研讨会。在 2010 年成为中国社会福利元年，标志着中国从此进入以改善民生为重点的社会建设和社会政策、社会立法、社会服务、社会治理和社会福利时代宏观背景下，中日社区福利研讨会具有特别重要的现实、理论、政策、社会工作专业学科和全球性意义。

城乡社区是世界各国最基础、最重要和最基层的社会组织，是观察社

会结构变迁的最佳场所。在统筹城乡发展和城市化运动背景下，社区理论如古典共同体理论，20 世纪早期的城市生态学与城市社会学理论，20 世纪中期的社区组织与社区发展理论，20 世纪末期的社群理论，伴随世界各国社区福利实践发达，社区福利理论体系逐渐成熟，社区福利理论模式日趋重要。综观世界各国社会发展进程，公共政策和社会政策，尤其是社区政策扮演越来越重要的角色。中国社会工作尤其是社区社会工作历史悠久，社区服务、社区发展、社区建设实务模式多样。更重要的是，2012 年是中日邦交正常化 30 年，日本是亚洲地区唯一实现福利现代化的国家，日本社会福利制度框架设计与福利体系建设，包括社区福利制度是最值得中国学习的榜样。本文既是对中日社区福利研讨会的综述，又是对日本社区福利制度的介绍、导读和综合评介。

二 日本社区福利制度历史发展与结构性特征

日本社区福利制度历史发展阶段明显，社区福利制度在社会生活与社会福利制度中地位“由边缘到主流”的历史变迁轨迹清晰，反映现代社会福利与社区福利制度发展结构性规律。1868 年 1 月 3 日日本明治天皇颁布著名“五政复古”诏书，标志着日本明治维新运动的开始。日本明治维新运动的重要历史成果是“地方自治制度”和“市区町村”体系的形成与变化。第二次世界大战后，美军占领、美国主导改革与战后地方自治制度确立是历史性特征。同时，战后日本地方自治制度发展主题是中央与地方关系调整和地方分权改革运动。这意味着日本社区福利制度发展初始阶段以地方自治、地方社会行政和地方分权为主。

按照东京大学武川正吾教授的观点，日本社区福利制度发展可以划分三个历史阶段，第一阶段是社会福利协议会主导时期，时间是 1970—1980 年代，社区福利服务主要是以“社区组织化”和“居家福利”活动为主。第二个阶段是行政化时期，时间是 1990—2000 年代，社区福利服务主要是以“地域福利活动计划、充实居家福利、居民参与型福利”和“自治型地域福利”为主。第三个阶段是当前“地域福利主流化”时期，地域福利成为日常社会生活和整个社会福利制度的基础性部分，而且医疗健康和社会福利政策成为地域福利战略重点。

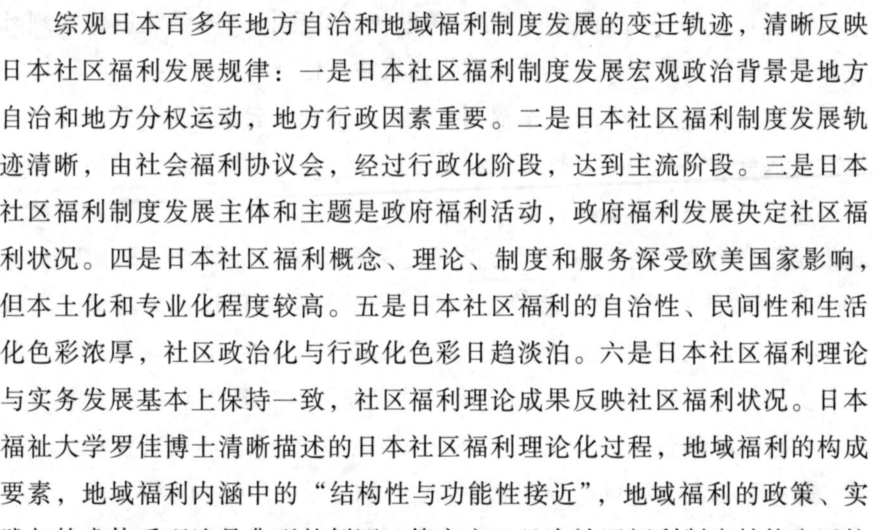

综观日本百多年地方自治和地域福利制度发展的变迁轨迹，清晰反映日本社区福利发展规律：一是日本社区福利制度发展宏观政治背景是地方自治和地方分权运动，地方行政因素重要。二是日本社区福利制度发展轨迹清晰，由社会福利协议会，经过行政化阶段，达到主流阶段。三是日本社区福利制度发展主体和主题是政府福利活动，政府福利发展决定社区福利状况。四是日本社区福利概念、理论、制度和服务深受欧美国家影响，但本土化和专业化程度较高。五是日本社区福利的自治性、民间性和生活化色彩浓厚，社区政治化与行政化色彩日趋淡泊。六是日本社区福利理论与实务发展基本上保持一致，社区福利理论成果反映社区福利状况。日本福祉大学罗佳博士清晰描述的日本社区福利理论化过程，地域福利的构成要素，地域福利内涵中的“结构性与功能性接近”，地域福利的政策、实践与技术体系理论是典型的例证。简言之，日本社区福利制度结构变迁轨迹典型反映日本社会福利制度现代化过程，意义重大。

三　日本社区福利制度现状与面临的主要挑战

日本社区福利制度正处于全面性、系统性和结构性转型过程之中，一方面社区福利制度处于社会各界高度关注的主流化状况，社区福利体系发展成为社会福利制度发展核心领域；另一方面，社区福利体系发展又面临诸多严峻挑战，发展机会与困难同在，机遇与挑战并存。第一，2000 年日本修订的《社会福利法》和“地域福利法定化”，有力推动社会福利制度的基础设施体系改革。如何通过发展社区福利体系，解决日本面临的诸多社会问题是当务之急。第二，21 世纪的日本是超少子、老龄化、人口减少的社会，加之国际化、信息化和分权化，如何利用社会福利法中规定的“地域福利计划”，通过社区居民对社区福利的“主体性参与”，实现社区重构与创建新型社会服务体系，推动社区福利由剩余性向制度性转变已刻不容缓。日本明治学院大学和气康太教授从开展社区福利的必要条件，社区福利目的、社区福利主体、社区福利对象、社区福利方法和技术等层面，系统分析新型社区福利体系基本框架和内涵，强调由“集权型”社区福利向“分权型”社区福利模式结构性转变的必要性、重要性和紧迫性，强调由“社会负担”视角向“社区福利规划、社区参与视角和社会投资视角”转变的必要性，指明通过新型社区福利体系建设而实现社会福利体系结构性改革与体系化重构的战略目标。

第三，社区福利不像儿童福利、残疾人福利、老年人福利那样是一个以具体人群为对象服务，社区福利服务的综合性、地域范围的社区性和福利制度的体系性要求更高，但是难度更大。第四，日本社会面临最严峻的挑战是超高龄化社会来临，成为世界上老龄化程度最高的国家。20 世纪 70 年代开始日本社会经历老龄化社会，老龄社会，现正朝着超级老龄社会迈进，老龄化比例在亚洲乃至世界均属第一。老年人的照顾经历了由家庭负责到社会承担的质变。2000 年 4 月实施的《护理保险法》是重要标志。广岛大学的包敏详细介绍《护理保险法》。如何在超高龄化社会处境中，以社区福利为基础，确保老年人生活质量是日本福利首要任务。

第五，在日本新型社区福利与社会福利体系建设过程中，在鼓励社区居民广泛参与的同时，如何重构政府与公民间的相互关系，如何妥善处理公助、自助和区域共助三者之间的关系，如何妥善处理政府专业服务与社区居民自发志愿服务间关系，形成“新的相互支撑”体系和社区为基础的社会支持网络和生活安全网，是关西大学人类福利系牧里每治教授探讨的议题。牧里每治教授的精彩之处是，他认为区域共助和社区合作过程实质是“社区需要分类过程”。第六，针对超高龄社会和少子化人口危机，经济和财政危机及家庭、社区和社会体系危机，日本社会福祉大学野口教授从了中日社区福利比较视角，从社会资本的积累，社区商业的培养，社区社会工作的开展，社会治理的形成，清晰描述了中日社区福利实践活动的四个发展方向。

四　日本社区福利制度的历史经验与政策启迪

日本社会福利和社区福利制度百多年结构变迁过程为我们提供了一个典型的国家个案，积累丰富的历史经验教训，这对刚刚进入社会福利时代的中国来说具有特别重要的政策涵义。第一，明治维新以来，日本社会开始由传统社会走向现代社会，现代化发展主题鲜明突出。某种意义上说，明治维新基本实现政治现代化的目标，为日本经济发展和军事扩张奠定基础。第二次世界大战后，日本经济振兴、重建和经济高速发展的黄金 20

年基本实现经济现代化，与此同时，日本社会福利制度在1960年代开始起步，社会福利现代化基本上与经济现代化保持一致，经济发展与社会发展之间基本上是步调一致的，确保日本社会稳定和可持续发展。这种政治发展时序的优先性，经济发展与社会福利发展基本上协调一致是最重要历史经验。

第二，日本社区福利制度历史发展过程显示，从社会福利制度与服务发展时序角度看，与具体和个人福利比较起来，如儿童福利、残疾人福利、老年人福利、病人福利、贫困人群福利，社区福利体系既是较晚出现的领域，又是不易具体操作实施的领域，体系建设难度相对较高。社区福利体系发展时序上的滞后性与其在整个社会福利制度框架中的基础性地位反差明显。

第三，从以改善民生为重点的社会建设角度看，日本社区福利体系和社会福利制度框架建设的历史成就是有目共睹的，日本人预期寿命、公众生活质量、物质福利与社会福利设施体系、主观幸福感、社会稳定团结和总体性社会整合状况，都是世界各国中公认最高和最好的国家。日本福利化和谐社会建设的成功历史经验对当前中国的社会建设具有重要的参考借鉴意义。

综观中国近现代史，尤其是中日关系史，我们看到中国人对日本的关注和学习高潮有两次，第一次是在19世纪末期和20世纪初期，关注重点是强国之术；第二次是在改革开放后的1980年代，关注重点是日本经济管理模式。现在应该是中国第三次向日本学习的最佳时机，学习和借鉴重点是以改善民生为重点的社会建设，是本土化社会福利与社区福利制度建设。某种意义上，社会福利制度是现代社会生活与社会运行依赖的“社会性基础结构设施体系”。

第四，更重要的是，日本社会福利与社区福利制度发展基本历史经验是社会福利法制化建设，发达、完善和与时俱进社会福利、社区福利立法是社会福利制度运行的基础结构设施体系。与中国社会福利理论研究风格比较，日本的社会福利立法、社会福利理论、社区福利理论研究都紧密联系本土化社会福利实践，社会福利理论与社区福利理论是福利实践的理论升华。

第五，日本社会福利与社区福利制度的基本目标都是为了“生活化福利”，为了巩固人们之间无价的社会关系、社会联系、社会合作、社会互助、社会团结、社会整合和社会公平正义，为了保护和维护社会传统、社会资本、社会联系、社会连带责任、家庭责任和传统的美德，社会福利与社区福利服务体系中“去商品化和制度化平等”制度设计理念与政策随处可见，实际上创造日本版的“现代生活福利理论”，极大丰富和发展了欧美国家传统的“物质福利理论”。

第六，日本社会福利与社区福利制度安排基本特征和历史经验是“福利体系和一体化”视角，社会福利行政和社区福利行政主体明确，国家政府、家庭、社区、企业、个人责任边界清晰。对于多个福利行政管理主体并存的中国来说，为大部制和深化行政管理体制改革提供案例。日本厚生劳动省的职责范围相等于中国的卫生部、民政部、人力资源与社会保障部等部委。

第七，日本社会福利制度与社区福利服务体系的个性化、专业化、精致化尤其值得中国学习。日本福利制度与政策框架的实施和操作性极强，个性化与专业化福利服务达到相当的高度。这对于中国依然十分盛行的行政化与群体化社会服务来说，是个极好的学习榜样和成功案例。

第八，日本社会福利与社区福利制度框架的战略重点和最基本服务单位是家庭与家庭福利，家庭生活、家庭功能结构、家庭生活质量、儿童福利、家庭津贴和各式家庭福利支持计划，是日本社会福利制度的基础，是日本社会和谐稳定和团结的基础，是生活化福利社会的基础。

本文系笔者与于燕燕合著。原载于《社会福利》（北京）2012 年第 6 期。

中、日、韩社区福利比较研究的战略目标、范围内容与基本思路

摘要： 中、日、韩既是东亚地区的主要国家，又是亚太地区和世界范围有影响力的重要国家，在谋求世界和平与发展，尤其是在重建世界政治经济新秩序议程中扮演举足轻重的战略角色。中、日、韩三国学者开创的社区福利比较研究项目，标志着中、日、韩社区福利时代的来临。本文首次全面、系统地阐述中国学者对中、日、韩三国社区福利比较研究总体设想、目的目标、范围内容、研究方法、政策转化与基本思路等议题的看法，目的是为中、日、韩社区福利比较研究项目奠定共同基础，谋求中、日、韩三国学者的思想理论共识和共同的理论分析框架，以便通过比较社区福利研究的最佳视角，探索发现中、日、韩三国社会发展共同规律与方向，寻找中、日、韩三国社会发展差异之处与结构性成因，为谋求东亚和世界和平、发展与秩序，尤其是改善中、日、韩三国人民的生活质量与社会福祉，提供深度的相互理解与政策建议。

一　世界和平、发展主题与中、日、韩的战略地位

世界和平与发展是人类社会发展的永恒主题。在全球化处境和重构世界政治经济新秩序的背景下，中、日、韩三国在地区合作、世界和平与发展议程中扮演越来越重要的战略地位。工业革命和两次世界大战，尤其是2000年联合国确立新千年发展目标和世界金融危机以来，和平、发展和重建世界政治经济新秩序再度成为人类社会发展议程的优先议题和战略目标。在“美国一强和多个区域中心”的宏观国际背景下，中、日、韩三

国在亚太地区区域交流合作、区域经济发展、地区和平与发展、重构世界政治经济新秩序和世界和平与发展进程中扮演越来越重要的战略地位，中、日、韩国民经济总量在世界经济贸易总量中所占份额、比重越来越大，中、日、韩三国对世界和平发展的政治、经济、社会、文化影响越来越大，国际地位日益提高。如 2007 年，中、日、韩三国国内生产总值合计占世界国内生产总值的 15.87%，即约占六分之一。2000 年，中、日、韩三国货物出口贸易额合计占世界货物出口贸易总额的 13.95%，影响力显著。2006 年，中、日、韩三国货物出口贸易额合计占世界货物出口贸易总额的 16%，增长幅度较大。2007 年，中日韩三国货物出口贸易额合计占世界货物出口贸易总额 16.46%，增长趋势明显。

表 1　　中、日、韩三国在世界经济贸易格局中所处地位状况一览表

比较分析层面	中国（不含港澳台）	日本	韩国	占世界总量的%
人均国民总收入	2360（美元）	37670/2007 年	19690	7958：世界总计
国内生产总值	32801（亿美元）	43767/2007 年	9698	15.87%：世界总计
货物出口贸易额	2492（亿美元）	4792/2000 年	1723	13.95%：世界总计
货物出口贸易额	9690（亿美元）	6467/2006 年	3255	16%：世界总计
货物出口贸易额	12186（亿美元）	7143/2007 年	3715	16.46%：世界总计

资料来源：国家统计局编：《2009 中国统计摘要》，中国统计出版社 2009 年版，第 212—215 页。

更为重要的是，1980 年代以来，亚洲“四小虎”（中国台湾、中国香港、韩国和新加坡）的经济发展奇迹，以中、日、韩三国为主的“东亚福利模式”研究逐渐兴起，旨在探寻东亚国家经济社会发展的奥秘和规律，发现中、日、韩三国经济发展奇迹的社会根源与异同之处。简言之，以中、日、韩三国为主的经济发展奇迹和东亚福利模式蕴涵着人类社会发展的普世规律。

二　中、日、韩社区福利比较研究与宏观战略目标

中、日、韩社会发展普世规律与东亚福利模式研究项目，选择社区福

利的理由多种多样，社区福利体系是观察、理解社会生活状况，进行社会研究和比较社会政策研究的最佳视角。第一，地域社区与功能社区是现代社会结构体系的重要组成部分和基本社会单元，地位重要。第二，改革开放四十年来，国家与社会关系发生重大变化，国家与社区关系成为关键问题。其次，社区研究独特的“中观层面”优势是重要考虑，社区上接更加宏大复杂的社会体系，下连丰富多彩家庭和微观活跃的个体，是联结宏观与微观、国家与个人之间的中观视角。第三，社区福利体系是更为宏大的国家社会福利体系与社会政策框架的“缩影”和典型代表。第四，社区党建、社区权力、社区自治、社区治理、社区经济、社区商业、社区就业、社区发展、社区环境保护、社区福利与社区服务、社区文化体育等诸多重大现实问题亟待研究。第五，长期以来，由于社区的综合性、系统性、典型性、代表性、中观性和现实性优势特征，社区研究成为观察理解社会最佳途径和视角，受到世界各国学者的青睐，研究价值巨大。第六，改革开放尤其是2000年以来，中国社区福利与社区建设实践积累丰富的经验、教训，有系统、有影响的社区研究成果不断涌现，为中、日、韩社区福利比较研究奠定理论研究基础。

中、日、韩社区福利研究性质是开放性、应用性、系统性、连续性、地区性、跨学科的比较研究项目，是中、日、韩地区交流、经贸合作、人文外交、民间外交与亚太地区和平发展的重要内容。开放性是指中、日、韩社区福利研究目的意义、范围内容、参加人员、时间跨度均无限制性条件，只要有条件、机会、可能与人员，均能进行，并非局限于少数人、少数议题和限定性框架。应用性是指中、日、韩社区福利研究直接目的是探讨东亚发展、社会福利制度结构性变迁规律，间接目的和最终目的是要服务于各国社会福利制度建设，服务于社会政策与社区福利政策。换言之，应用性可以理解为政策性，理论研究目的是服务政策框架设计与推动福利制度创新。系统性是指全面、系统研究社区福利与相关现实、理论、政策议题，既不局限于某些议题，又不局限于某些方面，而是将社区福利放在社会发展与社会福利制度总体框架中全面研究。

连续性既是指时间跨度上的连续性，最终形成系列化研究成果，又是指研究工作的连续性，研究工作不是局限于某个时点上的活动和某次会议，而是有规划、有计划的长期性研究活动。地区性是指研究对象的范围局限于中、日、韩三国和亚太地区社区福利制度与相关的议题。跨学科是指中、日、韩社区福利研究参与者专业背景不应是单纯的社会福利学家，而应包括哲学家（福利哲学）、政治学家（福利政治学）、政府福利部门官员（福利政治学与福利行政管理）、财政学家与公共福利财政学家（社区福利财政）、法学家（社会福利立法）、外交与国际关系学家（人文福祉外交）、社会学家（福利社会学）、文化学家与人类学（福利文化学与福利人类学），每个学科的专家学者均可以从各自的学科角度，共同研究中、日、韩社区福利与相关议题。简言之，中日韩社区福利是个高层次、专题性与综合性研究相结合的比较社会福利政策研究。

中、日、韩社区福利研究的宏观战略目标多样，涵盖现实、理论、政策和世界和平发展目标。首先，中日韩社区福利研究针对三国社会发展、社区发展、社区福利与相关重大现实问题，其次，中日韩社区福利研究重点是探索社区福利制度的发展规律、结构、过程、模式与特征，形成独具特色的中、日、韩社区福利理论体系、理论框架与理论视角，创造东亚的社会福利理论。再次，中日韩社区福利研究重点是回应各国社区福利发展重大现实问题，创新社区福利政策，通过社会政策框架设计与社会福祉制度建设，建立独具各国特色社区福利政策框架与体系。这是中、日、韩社区福利研究的最高目标和最终目的，理论研究是个手段，政策研究才是最终目的。最后，中、日、韩三国是亚太地区和世界范围内有影响力的重要国家，对世界和平发展有重要贡献，通过中、日、韩三国社区福利比较研究，我们可为人类社会发展与世界和平发展贡献东亚智慧。

三　中、日、韩社区福利比较研究思路与理论框架

中、日、韩三国社区福利比较研究基本思路有五，集中体现中国学者对此议题认识与看法，希望为中、日、韩三国社区福利比较研究提供共同的理论基础与分析框架，确定正确研究方向。实际上，研究思路实质是研究设计、研究的指导思想、基本原则和研究目标的集中综合体现。第一，中、日、韩社区福利比较研究的首要思路是各国社会福利制度宏观研究与社区福利体系中观研究相结合，将社区福利体系议题放在国家宏观社会政策框架与福利制度框架之中研究，从宏观中透视中观和微观，从中观和微

观中抽象概括宏观，为整个研究提供制度与理论基础。第二，中、日、韩社区福利比较研究思路是纵向历史发展过程与横向结构功能分析比较相结合，客观、全面描述、分析、梳理各国社区发展与社区福利发展历史进程，基本阶段与时代特征，与此同时，从宏观社会环境与中观社区环境、社区组织结构、功能作用、角色地位等角度，全面、系统分析和比较各国社区发展、社区福利体系，从纵横交织与结构功能角度进行研究。第三，基础理论研究、国家政策研究和政策倡导、行动取向研究相结合，专家学者、政府官员、社区福利机构管理者和工作人员相结合，发挥各自优势，取长补短，相互理解与影响，最终目的是通过比较研究与互动过程，改善各国社区福利政策框架，提高社区福利体系质量。第四，深度定性访谈与大样本定量分析、文献回顾与抽样调查、内容分析与政策文本解读、个案研究与群体研究、实地考察与参与观察、学术研究与服务实践相结合，全面系统和立体交叉地研究各国社区福利体系，从多方面收集资料，以客观、全面、系统描绘社区福利体系。第五，中、日、韩社区福利体系的运行机制、保障机制、实践经验、理论总结、政策框架设计、制度创新、未来发展趋势预测与发展方向确立相结合，以发现各国社区福利体系发展规律，总结各国社区福利发展经验，探索各国社区福利体系的异同之处，丰富发展东亚福利模式。

更为重要的是，中、日、韩三国社区福利比较研究理论基础与分析框架，这是决定研究结果、研究质量和研究方向的关键所在，集中体现研究设计战略高度、研究广度、深度和理论视角。站的角度和高度的不同，将会使我们看到截然不同的社会现实、社会真相，得到不同的答案。这意味着立场决定观点；理论决定深度；高度决定视野；总体框架决定范围；质量决定结果。总体来说，中、日、韩三国社区福利比较研究立足、面向东亚三国社区福利服务实践与政策框架，但是最终目的是探寻人类社会发展普遍规律，发现世界各国社会发展模式与道路异同之处，区分哪些是西方国家社会发展的共同之处，哪些是中日韩三国社会发展的相似与差异之处。

有鉴于此，中、日、韩三国社区福利比较研究理论基础与理论视角是社会福利与社会福祉学说，而不是社会福利制度框架中层次结构较低的“社会保障与社会救助”理论，这是至关重要的。社会保障与社会福利制度的价值理念、性质、目标、对象、服务范围内容、方式本质不同。从制度体系的内部结构与层次结构角度看，社会政策框架与社会福利制度是有高低层次的，社区福利服务通常与家庭、邻里、社区的非正式服务体系、社区救助服务体系相互交织一起，有时候社区服务与家庭服务、公共服务、社会服务、社会保险、就业服务的边界难以划分，尽管如此，我们应采纳广义和现代的社会福利理论，将社会福祉作为福利制度发展方向。

具体来说，中、日、韩三国社区福利比较研究理论分析框架应该是多方面、综合性和系统性的，以便于发现中、日、韩三国社区福利体系发展演变的历史轨迹、时代特征、普遍规律和异同之处。从比较研究角度看，我们建议从国际背景与国内形势、价值观念与主流思想、社区政治与社区权力结构、发展目标与政策目标、制度框架与政策模式、福利立法与专门法律、服务对象与界定标准、服务范围与主要内容、服务方式方法、服务机构与NGO角色、组织结构与机构管理、服务团队与社工角色、资金来源与福利财政体制、服务过程与服务标准、社区福利服务面临主要问题与障碍、社区自治与社区福利管理、社区福利服务效果与影响等层面去研究。不言而喻，共同的分析框架有助于发现中、日、韩三国社区福利体系的异同之处，加强相互理解。

四　中、日、韩社区福利比较研究范围与主要议题

中、日、韩社区福利比较研究的范围内容与主要议题是个需要高度社会共识的基础性议题，主要回答研究什么和研究范围多大，研究内容多少的问题，实际是确定研究范围与优先领域。一般来说，划分研究范围内容与确定优先领域主要取决于人们对核心概念的认识理解程度，中、日、韩社区福利比较研究项目中的主要概念是中、日、韩三国、社区、社区福利三个核心概念。中国研究范围主要指中国大陆，香港特别行政区、澳门特别行政区和台湾省不属本研究范围。社区概念理解至关重要。日本流行地域与地域福祉概念，中国盛行社区与社区福利等概念。福利是西方社会科学基本概念，比较容易与保障、福祉两个概念混淆起来，内涵外延丰富。因此，中、日、韩社区福利比较研究的首要议题是探索社区、福利、社区福利等核心概念在各国社会文化中的理解，人们思想认识的历史变化轨迹

与过程，内涵外延的社会文化建构与要素，各国对核心概念认识理解的特征，核心概念之间的相互关系与内在联系，各国理解差异之处，各国核心概念流行的宏观社会背景与制度环境，界定核心概念的主要取向和主导理论视角。简言之，探索各国对核心概念的社会文化建构与异同之处，这是本研究的首要条件与任务。

第二，各国社会政策框架、社会福利制度、社会福利服务体系与社区福利体系关系模式，这是中日韩社区福利比较研究必须回答的基础性与制度背景性问题，目的是要将社区福利体制放置于国家宏观社会福利制度框架中全面考察，妥善处理宏观与中观、总体与局部的关系。众所周知，地区或社区均是社会生活与社会制度的重要组成部分，中观性与局部性特征明显。历史经验证明，只有具备宏观战略、全部整体、全面系统的眼光，才能深刻认识客观事物，否则非常可能出现盲人摸象，只见树木、不见森林，不识庐山真面目，只缘身在此山中现象。这意味我们只有清晰描述各国宏观的社会政策框架与社会福利制度框架之后，才能科学准确确定社区福利体系在国家发展与社会生活中所处地位、扮演角色与发挥作用，才能更加深刻准确理解社区福利体系结构功能、地位作用与运行机制，才能更好认识社会生活与社区福利。简言之，将社区福利体系置于宏观制度框架中考察，再通过社区福利体系反观国家制度框架。

第三，全面、系统、客观描述、评价介绍各国盛行的价值观念、社会思想和流行的社区理论、福利理论流派，这是中、日、韩社区福利比较研究的理论基础与思想基础，战略地位不言而喻。众所周知，价值观念反映人们对客观事物与客观规律的认识状况，反映社会发展的价值基础与价值目标，决定人们的行为模式与社会选择，影响政府的政策导向和职能角色，地位重要，是一只真正看不见的“无形之手”。更重要的是，价值观念与理论思想密切相关，相互影响。价值观念、价值目标是思想理论的基本构成要素与灵魂，反映思想理论的基本取向和目标。换言之，不同思想理论流派差异的实质是不同价值观念、价值目标的差异。价值决定理论。理论反映价值取向和社会现实状况。理论取向决定人们的认识、立场、观点、看法和态度。如中国社区服务、社区建设、社区就业、社区经济和社区管理理论均带有极强时代烙印。简言之，价值观念与思想理论演变脉络的梳理、区分、澄清和分析是件精细的理论研究工作。

第四，各国社会发展目标、社会政策目标、社会福利制度目标与社区福利目标体系的历史演变轨迹与结构性特征，这是中、日、韩社区福利比较研究的重要内容与优先领域，地位重要。目前，世界各国发展实践与发展经验教训说明，目标问题看似简单明了，实际存在诸多误区，例如，一般来说，发展目标应该是明确清晰的，实际上发展目标常常模糊不清，误导公众；二是发展目标应该是科学正确的，实际上发展目标常常是错误的，将发展实践引入歧途末路；三是价值目标、发展目标与福利政策目标之间应该是高度一致的，实际上是高度分离的；四是目标定位和服务对象范围应该准确无误，但是实际上常常是目的与手段严重混淆。

第五，地方自治、社区自治与公民社区参与的关系，这是社区福利的政治层面与重要组成部分，是了解社区政治生态、社区政治关系、社区权力结构、社区政治精英构成与特征、地方立法与社区立法、社区治理模式与决策模式等诸多重大政治、司法类议题的基本途径。不言而喻，社区政治体制、权力结构、社区法律制度决定社区经济、社会、文化结构与体制。中、日、韩近代化或现代化以来，地方政府、社区治理与中央政府之间的关系发生重大结构转型，地方社区政治体制、权威来源、法理基础、公民权利、权力结构和政治生活发生重大转变，形成各具特色的地方自治模式和社区治理机制，积累丰富经验和有益教训，值得总结提炼。

第六，中、日、韩财政体制，尤其是社会公共福利财政与地方财政制度框架与政策模式，包括中央财政与地方财政的关系，这是中日韩社区福利比较研究的战略重点与优先领域之一。社会福利与社会保障制度是现代政府基本职能，体现调节收入分配和追求社会公平的目标，社会福利与社会保障制度的实质是国家财政承担提供物质福利与社会福利服务保障的责任，精髓是国家通过财政制度再分配社会资源，反映国家政治意愿与福利责任的承担能力。社会福利与社区福利是国家财税福利制度的外在表现形式，关键是公共福利财政制度建设。因此，中、日、韩财税体制，尤其是地方财税和公共福利财税体制特征、发展规律是研究重点。

第七，地方经济、社区就业、社区经济发展与社区福利、和谐社区的关系，实质是地方社区层面上经济与社会、国家与市场、国家、市场与社区、经济福利与社会福利之间的关系，这是地方社区生活的主要部分，是社区研究的永恒主题之一，是地方社会与市民社会的基础。长期以来，在

"蒂特马斯国家福利典范"的影响下，国家与市场、市场与社区、经济与福利之间似乎毫无关系，二者之间社会边界划分得清清楚楚，市场似乎对福利没有积极贡献。实际上，中、日、韩和其他发展中国家的发展经验均说明，成熟的市场经济是社区福利的经济基础，地方财税政策、社区投资机制、社区经济发展、社区商业布局、社区就业机会、社区合作社等社区经贸活动，通过直接或间接方式对社区生活，尤其是社区福利产生广泛深刻影响。简言之，我们需要总结、提炼中、日、韩"生产型福利或经济型福利"典范，探寻普遍规律。

第八，地方组织、市民社会、社区为基础 NGO 或 NPO、社区型慈善公益福利机构的历史演变、宗旨使命、结构—功能、活动范围与服务领域、治理结构、生态布局、创设条件与审批程序、人员构成与专业特征、资金来源与筹资模式、运行机制与生存环境、社会影响与社会效果等诸多方面，核心是探讨 NGO 组织在社区福利与社区发展中的功能、角色、地位、作用、影响。众所周知，地方自治、市民社会、地方社会、地方社区、社区组织、NGO、慈善与公益服务、地方社会经济发展、社区权力结构与资源分配，尤其是国家、市场与第三部门之间关系密切，这是地方社区与社区福利研究重要内容，是探寻中日韩地方发展与社区福利最佳视角。

第九，地方社会，尤其是社区结构与社区社会生活结构、社区群体构成、阶级阶层结构、社会分层与社会流动、社区资源动员模式、城乡经济社会发展差别与城乡社区之间互动模式、社区人口结构、经济结构、产业结构、消费结构、社会结构和需要结构历史发展与变化趋势，这些是发展社区福利体系必须回答的基本问题，反映地方社区生活与社区结构发展规律，实质是反映社区问题的性质类型、社区需要结构层次和社区回应社会问题机制的发展状况。需要强调的是，社区问题、社区动员、社区组织、社区福利、社区服务与社区结构变迁关系，尤其是社区权力结构与决策机制、社区分层与社区流动最佳观察视角是社区需要研究。社区需要结构体系研究是社会福利与社区福利体系设计、政策模式选择和运行监管的基础，是最能体现社区福利体系特色和社区福利文化特质的领域，也是最难以了解和认识的事务。简言之，人类需要结构体系的发展过程、发展阶段、发展速度、发展趋势和发展规律是核心。

第十，社会福利文化，尤其是地方社区福利文化模式与传统，正式与非正式服务习俗，包括社区居民的社会观念、社区观念、公民权利意识、福利观念、安全保障观、求助关系、求助模式、国家形象、政府信任程度、取舍关系、给予和赠与行为、慈善公益和捐赠行为等，都是社会福利与社区福利文化研究范围，以发现社会福利行为模式的深层次文化规律。简言之，社区福利观念意识、文化传统、风俗习惯、感觉情感和态度倾向是重要结构因素。

第十一，各国社会福利理论与政策，尤其是有关社区福利理论与政策的核心争论议题，争论议题出现的时间、背景，争论议题的性质、目标、类型，争论议题的影响范围与程度，争论议题反映的实质与关键问题，争论议题的社会影响、理论影响、政策影响和服务影响，包括谁首先提出争论议题，争论议题涉及的政府职能部门与管理体制，争论议题反映的问题，这些是社会福利政策与理论研究不可缺少重要组成部分，在福利发展中发挥重要作用。令人遗憾的是，中、日、韩三国社会共同的文化特征是"讲究面子""中庸之道"和缺乏理性批判精神，因此许多重大理论政策争论议题是以"内部话题"或纯粹"学术讨论"形式出现，缺乏公开讨论、争论和政论渠道、形式和机会，许多公共政策与社会政策议题严重匮乏公共参与。

第十二，中、日、韩三国社区工作，尤其是社区福利实务模式、社区福利服务过程与流程、社区福利服务标准与程序、社区福利服务运行机制与保障体制机制、社区实务模式基本类型，社区实务理论模式等议题是中、日、韩三国社区福利比较研究的重要内容，反映社区福利制度与社会服务体系专业成熟程度，是观察理解、比较和分析中、日、韩社区福利体系的重要视角。从社会工作专业与社区工作模式角度看，社区工作实务模式是社区福利服务体系集中体现。众所周知，美国学者罗斯曼提出著名的"地区发展、社会规划与社会行动"实务模式，并不能涵盖中日韩社区工作和社区福利实践，东亚国家创造诸多新型的社区福利实务模式。例如中国的社区服务、社区组织与社区动员、社区建设，及日本的生活区与生活圈理论等。

第十三，地方政府工作人员，尤其是社区工作者与社区福利服务队伍建设议题，社区层面上不同行业、不同学科和不同类型专业技术人员的交流合作模式，社区工作者构成与特征，社会工作者专业教育培养、使用晋升、继续教育、任免奖励和专业组织协会、专业自主权与专业资格审查、专业伦理和专业价值观念的内化状况、专业人员职业压力与专业人员流失率、专业人员就业状况和职业福利待遇，社区工作者在社区福利服务队伍中角色、地位、作用等，这些是社区福利研究应回答的问题，是观察社区福利体系异同和普遍规律的最佳角度。

第十四，地方政府组织结构功能与地方行政管理体制，尤其是社区发展规划、社区政策、社区服务机构管理、社区管理模式、社区福利运行机制和保障机制、社区项目评估研究等，是中、日、韩社区福利比较研究的重要内容，主要是回答谁治理地方社区？如何治理地方社区？地方社区政策过程如何？等管理类问题，为全面、系统地了解各国社会福利行政框架与体系，特别是政府福利行政管理机构的设置，政府间不同部门、不同行业行政协调机制奠定基础。在管理主义盛行和东亚威权国家政府宏观背景下，国家权威至高无上的影响格外突出。

更为重要的是，中国是个地区、部门、行业、领域、群体高度分隔的国家，条条与块块问题、条块结合与政府职能整合、政府间行政协调关系，政府、市场与市民社会之间的社会边界等管理类议题突出，社会管理的制度化整合、综合和系统管理能力亟待提高，以降低社会成本，例如中国政府的机构设置与职能分工是卫生保健服务与狭义社会福利事业，由卫生部、民政部、人力资源与社会保障部、国家发展与改革委员会、国家工商行政管理局、国家质量检验检疫总局等多个部门管理，行政管理效率和效果亟待提高，健康与福利整合成当务之急。简言之，地方社区的福利行政管理机构、职能分工、体制机制和福利财政管理是核心议题。

五　简要讨论与基本结论

2000 年尤其是 2009 年世界金融危机以来，人类社会发展模式和世界政治经济格局均面临重大结构调整，人类社会发展经验教训赋予世界和平与发展主题全新的内涵外延。从比较研究角度看，与英国贝弗里奇式古典福利国家、德国社会政策与社会保险式福利国家、北欧社会民主与积极劳动市场的斯堪的纳维亚式福利国家、美国市场与国家责任相结合的自由主义式福利国家，拉丁美洲中等发展水平式福利国家相比，以中、日、韩三国为主体的东亚福利模式创造了新型的社会发展模式，尤其是在国家与社会、国家与市场、国家与家庭关系等方面，社会发展与社会福利实践超越蒂特马斯“公共福利、职业福利和财税福利”的经典分类，创造就业福利、市场福利、社区福利等新型福利类型，丰富社会发展与社会福利的内涵。

在全球社会政策与全球公民理念盛行，世界金融危机和人类相互依赖的程度显著提高，尤其是东西方社会发展与福利制度趋同的处境下，中、日、韩社区福利比较研究恰逢其时。总体来说，中、日、韩社区福利比较研究的战略目标是探索人类社会发展与社会福利普遍规律，探索中、日、韩三国间社会发展与社会福利制度异同之处、发展经验教训和东亚福利模式特征，尤其是中央政府与地方政府，中央政府与地方社区、地方政府与地方社区的“宪法规则”。

社区研究的基本特征是社会性、综合性、系统性、中观性、政策性、宏观性与微观性相结合，社区是观察社会制度、社会政策、社会结构、社会关系、社会发展和社会福利的最佳视角。社会政策与社会福利理论，尤其是地方自治、地方经济发展、社区福利体系与社区生活结构，是最适合理论框架，典型反映国家政治意愿、决策模式、权力结构与公共财政制度特征。社会福利制度关键是财税体制，实质是国家责任承担方式范围与能力，精髓是责任社会划分核心是中央政府与地方政府、各级政府间责任政治、法律划分和财税责任的社会划分。

中、日、韩社区福利比较研究范围广泛，内容繁多，基本研究思路是跳出社区看社区福利，将社区福利议题放在人类和平发展、东亚地区交流合作、中、日、韩社会发展与经济发展规律的普遍发展规律与宏大战略格局中全面、系统、综合和比较研究。主要议题涉及社会福利哲学、福利政治学、福利经济学、公共福利财政、福利社会学、福利人类学和比较社会政策研究等所有学科和所有领域，并非局限于狭义的社区福利议题本身，而是在全局中看局部，由局部推断总体，探寻总体与局部的相互关系，发现人类社会发展的普遍规律与东亚发展的特殊性。我们应从人类社会发展普遍规律角度，探索中日韩社区福利历史变迁、发展规律、现存主要问题、解决问题的基本思路与未来发展方向，为世界和平发展稳定和人类社会福祉贡献智慧。

具体来说，中、日、韩社区福利比较研究的首要议题是探索各国对社区、福利、社区福利与福祉等核心概念的社会建构与社会理解，探索各国核心概念的异同之处，确定最主要的发展趋势。第二，中、日、韩社会政策框架、社会福利制度、社会福利服务体系与社区福利体系的关系模式。第三，中、日、韩三国盛行的价值观念、社会思想和流行的社区理论、福利理论流派与思想基础。第四，中、日、韩发展目标、政策目标、福利制度目标与社区福利目标体系历史演变轨迹与特征。第五，地方自治、地方社区自治、地方社会治理、公民社区参与与地方社区生活状况的关系。第六，中、日、韩财政体制，尤其是中央与地方财政，国家公共福利财政与地方财政制度的关系。第七，地方社区经济发展与社区福利、和谐社区建设的关系，尤其是市场与社区之间的关系。第八，地方社会、市民社会、社区为基础 NGO、地方经济发展与社区型慈善公益福利的关系。第九，地方社区结构与社区生活结构、社区阶级阶层结构、社会分层与社会流动间互动模式。第十，社会福利文化，尤其是地方社区福利文化模式与传统，正式与非正式服务习俗的关系。简言之，地方社区福利财政制度安排、社区福利核心理论政策争论议题、社区福利实务模式、社区工作者队伍建设、地方社区治理模式与运行机制，是中、日、韩社区福利比较研究的核心议题。

主要参考文献

Goodman, R., White, G. & Kwon, H. J. (1998), *The East Asian Welfare Model: Welfare Orientalism and the State*, London: Routledge.

刘继同：《从绝对依附到相对自主：国家、市场与社区关系模式的战略转变》，《毛泽东邓小平理论研究》2003 年第 3 期。

刘继同：《中国社区工作》，中国社会出版社 1995 年版。

刘继同：《社区就业与社区福利》，社会科学文献出版社 2003 年版。

方明、王颖：《观察社会的新视角——社区新论》，知识出版社 1991 年版。

于燕燕主编：《中国社区发展报告（2008—2009）》，社会科学文献出版社 2009 年版。

刘继同：《社会福利与社会保障界定的“国际惯例”及其中国版涵义》，《学术界》2003 年第 2 期。

刘继同：《慈善、公益、保障、福利事业与国家职能角色战略定位》，《南京社会科学》2010年第1期。

［英］诺曼·巴里：《福利》，储建国译，吉林人民出版社2005年版。

刘继同：《社区建设的几个基本理论问题》，《民政论坛》1994年第2期。

刘继同：《国家话语与社区实践：中国社区建设政策目标解读》，《社会科学研究》2003年第3期。

刘继同：《网络控制与基层组织体系建构：五十年代城市社区工作模式初探》，《华东理工大学学报》2003年第2期。

刘继同：《中国特色公共财政制度框架建设与构建福利化和谐社会》，《学习与实践》2010年第1期。

刘继同：《“蒂特马斯典范”与费边社会主义福利理论综介》，《人文杂志》2004年第1期。

刘继同：《街居经济与社区参与革命》，《民政论坛》1995年第6期。

［韩］金渊明：《超越“生产主义福利体制”：韩国的经验》，载杨团、张秀兰主编《当代社会政策研究Ⅱ》，中国劳动社会保障出版社2007年版，第76—98页。

刘继同：《社区型NGO与城市社区服务转型》，《上海城市管理职业技术学院学报》2007年第5期。

刘继同：《从身份社区到生活社区：中国社区福利模式的战略转变》，《浙江社会科学》2003年第6期。

刘继同：《中国城市社区建设的最佳“突破口”：社区需要研究》，《中国民政》2002年第9期。

刘继同：《组织性个人主义：社会转型期中国社会的福利文化与理论框架》，《中国社会科学评论》2004年第2期。

刘继同：《中国城市社区健康服务政策状况与核心争论议题》，《甘肃理论学刊》2008年第4期。

刘继同：《中国社会政策框架特征与社会工作发展战略》，《南开大学学报》2006年第6期。

刘继同：《中国城市社区实务模式研究：二十年来的发展脉络与理论框架》，《学术论坛》2003年第4期。

［美］罗斯曼：《社区组织模式和宏观实践观点：它们的融合与阶段》，刘继同译，《国外社会学》2003年第1期。

刘继同：《中国乡村医生的未来与医务社会工作队伍建设工程》，《中国卫生人才》2007年第3期。

梁祖彬、颜可亲：《权威与仁慈：中国的社会福利》，香港中文大学出版社1996

年版。

刘继同:《世界各国卫生行政管理体制特征与组建“卫生福利部”的建议》,《东岳论丛》2007 年第 7 期。

[英] R. 蒂特马斯:《福利的社会划分:对追寻公平的一些反思》,刘继同译,《社会保障研究》2007 年第 2 期。

刘继同、冯喜良主编:《劳动市场与社会福利》,中国劳动社会保障出版社 2007 年版。

新华社:《中日韩三国伙伴关系确立》,《京华时报》2008 年第 12、14 期。

肖滨:《在辩论中选择宪法规则——美国制宪会议为什么能成功?》,《南方周末》2006 年第 4、6 期。

朱丘祥:《分税与宪政》,知识产权出版社 2008 年版。

新华社:《新华社连发 5 篇评论批评土地财政及腐败推高房价》,《扬子晚报》2010 年第 4 期。

本文系笔者与于燕燕合著。原载于《学习与实践》(武汉)2010 年第 7 期。该文被人大报刊复印资料《社会学》,2007 年第 10 期全文转载。

后　记

当我翻阅、查看、筛选、整理、编辑这本《中国社区福利体系研究》文集之时，1990 年代我在民政部民政管理学院暨民政部培训中心从事教学、科研与社会服务的情况历历在目。2001 年我从香港中文大学博士毕业后，进入北京大学社会学系从事社会学博士后研究工作。当时我申报的博士后科研课题是《中国城市社区实务模式研究》。在站期间，我承接民政部、教育部留学回国人员科研启动基金、亚洲基金会和日本国际交流基金会资助的多个项目。2004 年我博士后顺利出站，但我有关中国社区实务模式研究的出站报告始终未正式发表，这成为我心里的一种遗憾。2004 年我正式进入北京大学之后，仍从事多个有关社区福利的研究项目，发表一些有关社区社会工作、社区社会工作实务模式和社区福利的理论、政策文章。

2010 年以后，三个原因促使我更加全面、系统和深刻地认识、理解中国社区结构变迁。首先，中国社区结构转型与社区生活逐渐成为观察、理解、分析和研究中国社会的最佳场域。虽然我有关社区福利的理论、政策文章的数量减少，但是我更加密切关注中国社会结构战略转型，尤其是社区结构变迁和社区福利状况。我在亲历、用心体悟社区结构变迁和社区生活革命。其次，2013 年 8 月，中国社区发展协会（China Community Development Association，CCDA）在北京成立。这是中国首个有关社区的全国社团。我不仅亲身参与中国社区发展协会的成立大会，而且成为中国社区发展协会首届理事，为我国社区福利理论政策研究提供国家平台。最后，2015 年，我担任民政部《全国社区治理动态监测平台及深度观察点网络建设研究》政策咨询专家，使我有更多机会亲身认识、感知、观察和研究全国最佳社区实践。因此，《中国社区福利体系研究》是我 30 年社区福利理论、政策与社区社会工作实务研究的阶段性成果，从某个侧面全面、系统、忠实地记录中国社会结构与社区生活变迁轨迹。

最重要的是，在《中国社区福利体系研究》出版之时，我要感谢那些逝去的学术前辈，感谢那些为我研究工作提供各种帮助的人和机构，感谢那些曾激励和鞭策我研究的服务对象。首先，感谢我在北京大学社会学系社会学博士后流动站的合作老师王思斌教授。感谢民政部社会工作教育研究中心王青山教授和笔者承担国家科委的国家软科学研究项目“中国城市社区建设模式研究”。笔者尤其感谢上海市、浦东新区、上海市受访四区，沈阳市特别是沈河区民政局为课题的实地调查所提供的无价帮助，也向所有被访者表示诚挚谢意。感谢北京市社区服务中心主任张素改，新街口街道社区服务中心主任李明路提供的无价帮助。感谢中国社区发展协会米有录会长（第二任）的多种专业帮助服务。感谢首都经贸大学劳动经济学院杨河清院长和冯喜良院长提供全方位专业帮助和专业支持。感谢北京社科院于燕燕所长的帮助。感谢日本福祉大学野口定九周到安排和其夫人难忘的礼物，尤其是罗佳博士的专业翻译服务。

其次，笔者最需要感谢的是国家哲学社会科学基金会项目规划办公室和民政部政策研究中心王杰秀主任。本书是 2005 年笔者主持国家哲学社会科学基金项目（批准号：05BSH040）《社会转型期社会政策框架与卫生政策战略地位》课题终期成果之一。2010 年笔者主持国家社会科学基金项目（批准号：10BSH060）《中国特色医务社会工作实务模式研究》课题终期成果之一。2015 年笔者主持民政部《全国社区治理动态监测平台及深度观察点网络建设研究》课题终期成果之一。2015 年笔者主持国家社会科学基金重点项目（批准号：15ASH008）《中国特色现代社会福利体系建构研究》阶段性成果之一，特此说明与致谢。

最后，笔者感谢中国社会科学出版社总编室主任陈彪博士，尤其是责任编辑王莎莎博士高效、温馨和专业的编辑服务。

2017 年 7 月 24 日，酷暑难耐“桑拿天”于北京大学办公室